城市更新理论与实践研究系列　主编 阳建强
国家自然科学基金项目(52108047,52278049,51278113)

城市土地混合利用
英美旧城中心区百年更新实践的审视及思考

陈　阳·著

东南大学出版社
SOUTHEAST UNIVERSITY PRESS
·南京·

内容提要

当前我国正处于向高品质存量发展的重要时刻，土地混合利用因具备多维度可持续效应潜力，成为城市更新的重要目标，如何在动态更新过程中持续提升土地混合利用水平也就成为重要议题。

本书意在明晰过往研究对土地混合利用演变规律解析的不足，基于可持续更新目标，构建新的审视框架，以土地混合利用理念复苏发源地"旧城中心区"为研究对象，全面系统梳理了英、美等国1900年代至2010年代"瓦解—复苏—衍化"的百年更新实践历程，归纳了英、美等国为实现可持续效应经历的土地混合利用路径演变历程的规律，辨析土地混合利用的土地功能要素、土地利用形式和土地利用权力的协同演变特征及内在机制，从而深化了土地混合利用、土地混合利用优化的内涵和本质特征的认识，有助于把握实践过程中土地混合利用是否在向发挥可持续效应的良性方向演变，以及解决如何保障实现良性演变和正确理解良性演变等一系列科学问题。

本书可供城乡规划学、建筑学、地理学、历史学及相关领域的专业人员阅读，也可作为大专院校有关专业的参考教材。

图书在版编目(CIP)数据

城市土地混合利用：英美旧城中心区百年更新实践的审视及思考 / 陈阳著. —南京：东南大学出版社，2023.12

(城市更新理论与实践研究系列 / 阳建强主编)

ISBN 978-7-5766-0845-8

Ⅰ．①城… Ⅱ．①陈… Ⅲ．①城市土地—土地利用—研究—中国 Ⅳ．①F299.232

中国国家版本馆CIP数据核字(2023)第158673号

责任编辑：曹胜玫　责任校对：张万莹　封面设计：王玥　责任印制：周荣虎

城市土地混合利用——英美旧城中心区百年更新实践的审视及思考

CHENGSHI TUDI HUNHE LIYONG——YING-MEI JIUCHENG ZHONGXINQU BAINIAN GENGXIN SHIJIAN DE SHENSHI JI SIKAO

著　者	陈　阳
出版发行	东南大学出版社
出 版 人	白云飞
社　址	南京市四牌楼2号　邮编：210096
网　址	http://www.seupress.com
电子邮箱	press@seupress.com
经　销	全国各地新华书店
印　刷	南京迅驰彩色印刷有限公司
开　本	889 mm×1194 mm　1/16
印　张	20.5
字　数	551千字
版　次	2023年12月第1版
印　次	2023年12月第1次印刷
书　号	ISBN 978-7-5766-0845-8
定　价	110.00元

本社图书若有印装质量问题，请直接与营销部联系。电话(传真)：025-83791830

序 言

　　城市更新是国际城市规划学术界持续关注的重要课题。随着世界城市化进程的演进与发展，现代城市更新已被看作是整个社会发展的有机组成部分，其涉及的学科领域亦日趋广泛。对于城市更新的全面科学理解需要特别强调两个方面：①不仅仅将城市更新看作一种建设行为活动，更重要的是需要将其作为城市发展的调节机制。城市是一个有机的生命体，从城市发展的客观规律来看，城市都会经历一个"发展—衰落—更新—再发展"的新陈代谢过程，通过日常不断的、渐进的城市有机更新和结构调适，实现新的动态平衡，适应未来社会和经济的发展。②城市更新涉及城市社会、经济和物质空间环境等诸多方面，是一项综合性、全局性、政策性和战略性很强的社会系统工程，需要摆脱过去很长一段时间仅注重"增长""效率"和"产出"的单一经济价值观，重新树立"以人为核心"的指导思想，以提高群众福祉，保障改善民生，完善城市功能，传承历史文化，保护生态环境，提升城市品质，彰显地域特色，提高城市内在活力以及构建宜居环境为根本目标，实现城市的可持续与和谐全面发展。

　　回顾我国城市更新发展历程，大致经历了几个重要阶段。中华人民共和国成立初期至改革开放前，城市更新总的思想是充分利用旧城，更新改造对象主要为旧城居住区和环境恶劣地区。改革开放以后，随着市场经济体制的建立、土地的有偿使用、房地产业的发展和大量外资的引进，城市更新由过去单一的"旧房改造"和"旧区改造"转向"旧区再开发"。改革开放初期，为了解决城市住房紧张问题，满足城市居民改善居住条件和出行条件的需求，以及偿还城市基础设施领域的欠债等问题，城市更新活动在全国各地展开。之后，各大城市借助土地有偿使用的市场化运作，通过房地产业、金融业与更新改造的结合，推动了以"退二进三"为标志的大范围旧城更新改造。企业工人的转岗、下岗培训与再就业成为这一阶段城市更新所面临的最大的挑战，城市更新涉及的一些深层社会问题开始涌现出来。同时，一些城市出现了拆迁规模过大、片面提高城市再开发强度，以及城市传统文化遗产遭受破坏等突出问题。如何实现城市更新中社会、环境和经济效益的综合平衡，并为之提供持续高效而又公平公正的制度框架，以及如何正确处理大规模城市更新改造与城乡文化遗产保护传承的关系，成为各个城市面临的巨大挑战。

　　进入新型城镇化阶段后，城市更新所处的发展背景与过去相比，无论是更新目标、更新模式还是实际需求，均发生了很大变化，今天的城市更新在严格管理城市增长边界、注重城市内涵发展、提升城市品质、促进产业转型的趋势下日益受到关注。在更新目标上，开始从注重还清历史欠账和物质环境开发建设的旧城改造，向注重社会、经济、生态、文化综合发展目标的城市更新转变，更加强调以人为本，更加注重人民生活质量的提高、城市整体机能和活力的提升；更新方式上也变得更加丰富多元，既有注重宏观尺度的人居环境改善、城市结构调整和城市产业升级，中观尺度的中心地区空间优化、产业园区转型、城中村改造和轨道交通基础设施改造等功能区级存量更新，也有微观尺度下从社区这一城市最基本单元和细胞出发，与群众日常生活息息相关的注重社区营造和街道环境提升等城市微更新。

　　东南大学城市规划学科长期以来致力于城市更新方面的研究，具有优良的学术传统。早在1980年代至1990年代，东南大学城市更新研究团队在吴明伟先生的引领下，结合地方城市建设的需求开展了绍兴解放路规划、南京中心区综合改建规划、泉州古城保护与更新规划、烟台商埠区复兴改造规划、南京中华门地区更新规划、苏州历史街区保护利用规划等重要的城市更新规划，在实践的基础上相继完成了"旧城结构与形态""中国城市再开发研究""中国城市土地综合开发与规划调控研究"等多项国家自然科学基金项目和"旧城改建理论方法研究"国家教育委员会博士点基金项目。笔者正是沉醉在这样浓郁的学术氛围里，跟随吴先生并在先生的悉心指导下完成了城市更新方面的博士论文，于1999年整理出版《现代城市更新》一书，之后又结合在欧洲的学术访问与研究完成了《西欧城市更新》的写作。

博士毕业留校后，在吴先生的殷切教诲下，笔者带领团队继续开展城市更新方面的研究，三十多年来，完成"高速城市化时期城市更新规划理论与技术方法研究""后工业化时期城市老工业区转型与更新再发展研究""基于系统耦合与功能提升的城市中心再开发研究""基于价值导向的历史街区保护利用综合评价体系、方法及机制研究"等国家自然科学基金课题和"中国与西欧城市更新的比较研究""江苏省大城市旧城更新中的土地政策研究"等多项省部级科研课题，并在北京、南京、广州、杭州、郑州、青岛、常州、南通、无锡、苏州、厦门、安庆等地开展了90余项城市更新规划，围绕以上科研和实践工作，培养了一批年轻有为的博士和硕士研究生。

此次编写"城市更新理论与实践研究系列"，初衷是对我们学科团队多年来围绕城市更新开展的教学、科研以及实践工作进行阶段性的记录和总结。城市更新的理论与实践仍在不断探索之中，加之编写人员水平有限，难免存在诸多问题和不足，殷切希望读者多提宝贵意见。

在丛书出版之际，特别感谢曾在课题研究和论文写作中给予悉心指导的各位师长和同仁，殷切希望系列丛书的出版能为推进城市更新领域的研究尽一份微薄之力，并能够促使大家对此领域进行更为深入的研究与思考。

2020年8月于中大院

前　言

土地混合利用因为具备通过集约利用土地实现多维度可持续效应的作用，一直是城市更新政策实践中的重要议题。在城市更新过程中科学看待土地混合利用的优化需要注意两个方面：①土地混合利用绝不仅仅是功能混合，其应该是一种"促使不同尺度的空间相对均好地发挥多元化可持续效应"的土地利用方式，其空间组织上应该"以功能混合为基本空间框架，整合实现多维度的城市空间特征"，而不仅仅是功能混合单维度优化；②土地混合利用的优化绝不是一种"一次成形"的演变过程，而是长期更新过程中的持续动态演变状态，不同的更新实践面临着"更新起始状态不同""更新条件不同""更新方式不同""更新实践前、中、后时段不同"的多元现实实践需求，而且随着时代发展，土地混合利用的可持续效应也在不断拓展。因此，为了有效保障土地混合利用在城市更新过程中能够向好的方向持续性嬗变，就必须要明确土地混合利用优化的本质内涵、系统特征与保障路径等科学问题，而英美等国家旧城中心区作为现代规划实施以来土地混合利用理念与实践复苏的发源地，其土地混合利用"瓦解—复苏—衍化"的百年实践历程，为我们审视上述科学问题提供了现实依据。

本书是基于笔者博士论文一部分内容的完善的成果，其能够呈现给读者们，离不开身边师友与家人的帮助和支持。感谢我的导师阳建强教授对我研究的悉心指导与帮助，感谢英国卡迪夫大学于立老师在我博士期间提供了宝贵的学习交流机会，能够让我收集到许多详尽的基础资料，并更加明确了我的研究方向。感谢吴晓老师、徐建刚老师、胡明星老师、施梁老师、王承慧老师对我博士论文完善提供的宝贵意见。感谢好友刘晋华、李迎成、赵亮、尹心蕊帮忙收集相关文献与资料。尤其感谢父母、妻子、儿子无私的爱与支持。

本书涉及许多案例，有些是采用了参考文献中的间接资料，已在文中进行了详细标注。学者们丰富的研究成果为本书提供了坚实的基础，在此亦对这些学者表示感谢。

本书受到国家自然科学基金项目"基于步行元分维模型的旧城中心区土地混合利用'非均衡发展'机制解析及调控方法——以南京为例"（批准号：52108047）、国家自然科学基金项目"基于多目标多情景老城容量综合评估与优化决策方法研究——以苏州为例"（批准号：52278049）、国家自然科学基金项目"基于系统耦合与功能提升的城市中心再开发研究"（批准号：51278113）共同资助。在此一并深表感谢！

由于作者精力与水平有限，书中难免存在诸多问题与不足，殷切希望读者批评指正。最后，衷心希望本书的出版能够为我国城市更新过程中土地混合利用的优化研究与实践提供有益借鉴，并能够促进大家的关注与思考。

陈阳

2023年12月于东南大学四牌楼前工院

目　录

第1章　绪论 ·· 1
 1.1　研究背景 ·· 1
  1.1.1　国际背景：西方旧城土地混合利用理念与实践持续强化演变 ············ 1
  1.1.2　国内背景：本土旧城土地混合利用现实与转型需求存在落差 ············ 2
 1.2　研究目标与意义 ·· 3
  1.2.1　拓展完善土地混合利用理论认知 ·· 3
  1.2.2　实现由"静态格局"到"动态演进"的规律总结视角转变 ················ 3
  1.2.3　应对转型期我国旧城的优化需求 ·· 4
 1.3　相关概念 ·· 4
  1.3.1　旧城中心区 ·· 4
   1.3.1.1　概念定义 ·· 4
   1.3.1.2　范围界定 ·· 5
  1.3.2　土地混合利用 ·· 5
 1.4　研究综述 ·· 6
  1.4.1　土地混合利用路径演变相关研究 ·· 6
   1.4.1.1　国际发展历程研究 ·· 6
   1.4.1.2　理论概念演变研究 ·· 6
   1.4.1.3　国际政策与实践演变研究 ·· 7
   1.4.1.4　形成机制与实施成效相关研究 ·· 8
  1.4.2　国际旧城中心区更新路径演变 ·· 9
   1.4.2.1　更新政策实践发展历程研究 ·· 9
   1.4.2.2　演变规律研究 ·· 10
  1.4.3　研究评述 ·· 12
 1.5　本书研究框架 ·· 13

第2章　英美旧城中心区土地混合利用实践的审视框架 ·············· 15
 2.1　新的审视框架创建的必要性 ·· 15
  2.1.1　实现可持续更新是土地混合利用的本质内涵 ·· 15
   2.1.1.1　土地利用方式内涵与准则的理论要求 ···································· 15
   2.1.1.2　土地混合利用实践复苏及兴盛的现实要求 ···························· 16
  2.1.2　过往研究对土地混合利用认知的异同 ·· 16
   2.1.2.1　概念理解差异中存在的模糊化 ·· 16
   2.1.2.2　概念理解共识中的确定与非确定 ·· 18
  2.1.3　新的审视框架构建的必要性 ·· 19

    2.1.3.1 过往研究对演变规律的解析不足 ············ 19
    2.1.3.2 新的审视框架建立的准则 ············ 21
  2.2 可持续更新审视框架的构建 ············ 21
   2.2.1 审视思路 ············ 22
    2.2.1.1 基于土地利用方式的审视内容维度 ············ 22
    2.2.1.2 基于实践方式演变的审视历程维度 ············ 22
    2.2.1.3 基于研究目标的审视规律应用维度 ············ 23
   2.2.2 审视对象及范围 ············ 25
    2.2.2.1 研究对象的确定 ············ 25
    2.2.2.2 时间范围的确定 ············ 26
   2.2.3 审视分析数据基础 ············ 30
  2.3 本章小结 ············ 30

第3章 瓦解：旧城中心区的秩序疏解（1900—1950年代） ············ 31
  3.1 "混杂"成为亟须解决的不可持续根源 ············ 31
   3.1.1 环境维度：拥挤混杂布局引发环境恶化 ············ 31
   3.1.2 社会维度：持续社会隔离加重交通拥堵 ············ 34
   3.1.3 经济维度：混杂权属阻碍商业开发需求 ············ 36
  3.2 基于可持续更新视角的现代规划理论的应对方式评述 ············ 39
   3.2.1 寻求结构秩序性 ············ 39
    3.2.1.1 理性功能主义 ············ 39
    3.2.1.2 交通分区的协同 ············ 42
   3.2.2 疏散人口与功能 ············ 43
    3.2.2.1 霍华德田园城市对旧城中心区的疏散思想 ············ 44
    3.2.2.2 盖迪斯的区域规划对旧城中心区的疏散思想 ············ 45
   3.2.3 现代规划理论的利弊影响与"片面应用"机制 ············ 45
    3.2.3.1 现代规划理论对中心区土地混合利用理念的利弊影响 ············ 45
    3.2.3.2 现代规划理论的片面应用：经济维度至上的中央商务区 ············ 46
  3.3 基于片面应用的中心区土地混合利用的瓦解 ············ 49
   3.3.1 关注经济维度的功能要素分离 ············ 49
    3.3.1.1 政策引导下低价值功能外迁 ············ 49
    3.3.1.2 市场机制下经济性职能集聚 ············ 54
    3.3.1.3 政府掌控下公共空间提升 ············ 58
   3.3.2 追求秩序隔离的时空利用模式 ············ 61
    3.3.2.1 "功能-交通"空间隔离模式 ············ 61
    3.3.2.2 "宏观-微观"时间断裂模式 ············ 64
   3.3.3 强调集权控制的实施政策工具 ············ 65
    3.3.3.1 集权式区划工具的运用 ············ 65
    3.3.3.2 公共征地权下的更新政策 ············ 69
  3.4 本章小结：演变动因、演变重点、实践模式 ············ 71

第4章 批判：瓦解的恶果与混合的呼吁 ································· 74
4.1 秩序疏解造成的不可持续恶果 ··· 74
    4.1.1 社会维度：人口隔离与社会结构断裂 ··························· 74
        4.1.1.1 "宏观-微观"双层面的人口隔离 ························· 74
        4.1.1.2 社会生态结构遭到破坏 ······································ 78
    4.1.2 环境维度：物质空间破坏与环境恶化 ··························· 80
        4.1.2.1 物质空间破坏 ·· 80
        4.1.2.2 生活环境恶化 ·· 82
    4.1.3 经济维度：经济衰退与去工业化灾难 ··························· 83
        4.1.3.1 经济持续衰退 ·· 83
        4.1.3.2 去工业化的灾难影响 ·· 84
    4.1.4 综合结果：安全丧失与不公平的动乱 ··························· 86
        4.1.4.1 秩序与疏解导致安全隐患 ·································· 86
        4.1.4.2 社会不公平引发大规模动乱 ······························· 87
4.2 基于可持续更新视角的后现代规划理论复苏的总体评述 ············· 88
    4.2.1 人本主义的城市多样性 ·· 88
        4.2.1.1 雅各布斯对中心区土地混合利用复苏的主张 ·········· 89
        4.2.1.2 其他多样性拥护者对中心区土地混合利用复苏的主张 ···· 90
    4.2.2 延续历史的城市文脉主义 ··· 92
        4.2.2.1 英国城镇景观运动对中心区土地混合利用复苏的主张 ···· 92
        4.2.2.2 美国文脉主义对中心区土地混合利用复苏的主张 ····· 93
    4.2.3 批判无序蔓延的中心区回归 ······································ 94
        4.2.3.1 对无序蔓延的批判 ··· 95
        4.2.3.2 重归中心区思想对土地混合利用复苏的主张 ·········· 96
    4.2.4 追求社会公正的公众参与 ··· 99
        4.2.4.1 土地利用方式非公正的背后机制 ·························· 99
        4.2.4.2 公众参与成为解决途径 ···································· 100
    4.2.5 后现代规划理论下的复苏框架与"非全面应用"机制 ········· 101
        4.2.5.1 可持续更新视角下土地混合利用理念复苏框架 ······ 101
        4.2.5.2 后现代规划理论的"非全面应用"：侧重经济维度的中央游憩区 ····· 102
4.3 本章小结 ·· 106

第5章 复苏：旧城中心区的活力营造(1960—1980年代) ·············· 107
5.1 侧重经济维度的功能要素混合复苏 ····································· 107
    5.1.1 居住功能的局部恢复及其混合复苏 ···························· 107
        5.1.1.1 自发形成的职住一体化Loft ······························· 107
        5.1.1.2 政府资助的社区环境设施提升 ··························· 108
        5.1.1.3 开发商引领的混合功能项目 ······························ 110
        5.1.1.4 居住功能社会维度的应对失效 ··························· 112
    5.1.2 原有主体功能的混合复苏 ······································· 112

		5.1.2.1 办公引领的功能混合及社会维度关注尝试	112
		5.1.2.2 商业模式转变与中心地位松弛	115
		5.1.2.3 文化休闲的功能与规模多维度复苏	118
		5.1.2.4 公共空间的经济维度转向及空间环境营造	121
5.2	基于涓滴模式的时空混合复苏模式		124
	5.2.1	涓滴网络的空间模式	124
		5.2.1.1 半封闭的局部涓滴空间	124
		5.2.1.2 触媒式网络的整体空间	126
	5.2.2	涓滴渗透的时间模式	128
		5.2.2.1 横向时间维度渗透：历史要素的延续	128
		5.2.2.2 纵向时间维度渗透：夜生活自我复苏	132
5.3	应对弹性合作的实施政策工具		133
	5.3.1	规划体系改革：弹性与约束并存	133
		5.3.1.1 提高管理弹性	133
		5.3.1.2 保障多维要求	137
	5.3.2	更新政策转变：由集权转向合作	143
		5.3.2.1 "公社合作"方式	144
		5.3.2.2 "公私合作"方式	145
5.4	本章小结：演变动因、演变重点、实践模式		147

第6章 反思：复苏的隐忧与衍化的需求 149

6.1	活力营造表面下的不可持续隐忧		149
	6.1.1	社会维度：绅士化、私有化及社区关注不足	149
		6.1.1.1 多维绅士化与空间同质化	149
		6.1.1.2 空间私有化与阴影效应	152
		6.1.1.3 缺乏对社区与弱势群体关注	156
	6.1.2	环境维度：忽视公共环境与公共交通的一体化建设	159
		6.1.2.1 公共环境影响	159
		6.1.2.2 公共交通一体化发展不足	159
	6.1.3	经济维度："人口-商业-办公"裹挟式外迁加剧	161
		6.1.3.1 人口持续郊区化	162
		6.1.3.2 零售购物郊区化	163
		6.1.3.3 办公就业郊区化	164
6.2	可持续更新思想对土地混合利用理念的拓展衍化		167
	6.2.1	可持续发展对土地利用体系的创新需求	167
	6.2.2	可持续更新三种分支理论对土地混合利用理念的衍化	170
		6.2.2.1 物质空间设计	170
		6.2.2.2 城市发展行为改良	173
		6.2.2.3 复杂系统提升	176
	6.2.3	可持续更新理论下的衍化趋势与"耦合应用"机制	179

　　　　6.2.3.1 可持续更新理论影响下土地混合利用理念衍化趋势 …………………… 179
　　　　6.2.3.2 可持续更新理论的"耦合应用"：多维度并重的中央活力区 …………… 180
　6.3 本章小结 ……………………………………………………………………………… 184
第7章 衍化：旧城中心区的品质提升(1990年代至今) ………………………………… 186
　7.1 迈向可持续的功能要素混合衍化 …………………………………………………… 186
　　7.1.1 居住功能提升及其混合衍化 …………………………………………………… 186
　　　7.1.1.1 居住功能大幅度提升 ……………………………………………………… 186
　　　7.1.1.2 居住功能的混合维度衍化 ………………………………………………… 187
　　7.1.2 原有主体功能混合维度衍化 …………………………………………………… 191
　　　7.1.2.1 办公功能的经济、社会维度衍化 ………………………………………… 191
　　　7.1.2.2 商业功能的经济、社会维度衍化 ………………………………………… 195
　　　7.1.2.3 文化休闲功能社会维度衍化 ……………………………………………… 197
　　　7.1.2.4 公共空间的社会维度衍化 ………………………………………………… 199
　　7.1.3 环境维度提升及其混合衍化 …………………………………………………… 201
　　　7.1.3.1 绿色功能提升动力机制与方法 …………………………………………… 201
　　　7.1.3.2 绿色功能的可持续维度衍化 ……………………………………………… 205
　7.2 基于全面提升的时空混合衍化模式 ………………………………………………… 206
　　7.2.1 整体可持续的空间模式 ………………………………………………………… 206
　　　7.2.1.1 可持续维度提升的局部空间 ……………………………………………… 206
　　　7.2.1.2 绿色渗透性提升的整体空间 ……………………………………………… 210
　　7.2.2 连续可持续的时间模式 ………………………………………………………… 214
　　　7.2.2.1 横向时间维度衍化：过去、现在、未来的承接 ………………………… 214
　　　7.2.2.2 纵向时间维度衍化：时间的全面高效化利用 …………………………… 216
　7.3 满足多元需求的实施政策工具 ……………………………………………………… 218
　　7.3.1 规划体系改革：优化土地混合利用效果 ……………………………………… 218
　　　7.3.1.1 进一步提升管理弹性 ……………………………………………………… 218
　　　7.3.1.2 多种方式保障实施质量 …………………………………………………… 222
　　7.3.2 更新政策优化：社会民主制度 ………………………………………………… 237
　　　7.3.2.1 "商业引领"方式 …………………………………………………………… 237
　　　7.3.2.2 "商务引领"方式 …………………………………………………………… 239
　　　7.3.2.3 "居住引领"方式 …………………………………………………………… 240
　7.4 本章小结：演变动因、演变重点、实践模式 ……………………………………… 242
第8章 规律：路径演变的特征、机制与本质 ……………………………………………… 244
　8.1 协同性：混合利用路径演变特征 …………………………………………………… 244
　　8.1.1 功能要素的双重化演变 ………………………………………………………… 244
　　　8.1.1.1 功能混合逻辑的演变 ……………………………………………………… 244
　　　8.1.1.2 可持续维度的提升 ………………………………………………………… 246
　　8.1.2 时空模式的应对性演变 ………………………………………………………… 247
　　　8.1.2.1 空间模式双层级演变 ……………………………………………………… 247

        8.1.2.2 时间模式三层面演进 ·· 252
    8.1.3 权力制度的保障性演变 ·· 253
        8.1.3.1 管理维度的两极拓展 ·· 253
        8.1.3.2 政策权力的多元民主化演变 ·· 256
    8.1.4 "功能-时空-权力"协同演变关系 ·· 257
8.2 三角制：混合利用路径演变机制 ·· 258
    8.2.1 动力机制的演变历程 ·· 259
        8.2.1.1 1990年代前市场的主动应对 ·· 259
        8.2.1.2 1990年代后政策的全面促进 ·· 260
        8.2.1.3 动力机制演变逻辑 ·· 260
    8.2.2 动力机制实施逻辑 ·· 261
        8.2.2.1 社会机制：应对社会生产消费方式是根本需求 ·································· 261
        8.2.2.2 市场机制：把握市场经济规律是直接动力 ·· 265
        8.2.2.3 政策机制：制定立体全面政策是切实保障 ·· 269
        8.2.2.4 三者的相互制约关系 ·· 273
8.3 多面化：混合利用路径演变本质 ·· 274
    8.3.1 路径演变的内在逻辑 ·· 274
        8.3.1.1 体现了实践中概念理解的演变：从物质空间技术到场所氛围营造手段 ····· 274
        8.3.1.2 体现了中心区本质属性的回归："社会活力集聚区"的恢复与超越 ········ 277
        8.3.1.3 体现了"以人为本"的内涵提升：个体需求与共存需求的双重提升 ········ 279
    8.3.2 路径演变的辩证性思考 ·· 281
        8.3.2.1 重点即难点：协调的内容与过程 ·· 281
        8.3.2.2 不是万能药：实践与理论缝隙的不断弥合，并不意味着理论效应实现的必然
                    ·· 283
    8.3.3 基于路径演变的土地混合利用认知 ·· 286
        8.3.3.1 何为土地混合利用 ·· 286
        8.3.3.2 何为土地混合利用的优化 ·· 287
8.4 本章小结 ·· 287
参考文献 ·· 289

第1章 绪论

1.1 研究背景

1.1.1 国际背景：西方旧城土地混合利用理念与实践持续强化演变

工业革命前，土地混合利用是西方旧城长期自然积淀形成的显著特征(Rowley,1996a；Loukaitou-Sideris & Banerjee,1998：7-8)，然而工业城市的急剧发展给这种特征带来了恶劣居住环境、交通拥堵和混杂产权等现实问题。伴随着20世纪初现代城市规划体系的建立，"纯净化"区划思想指导下的大规模更新成为解决这些问题的有力方式，土地混合利用状态随之瓦解。

"空间秩序化"与"功能纯净化"并没有令城市走向振兴，其不但没有解决原有问题，反而导致了人口隔离、社会断裂、肌理破坏、经济衰退、环境动乱等一系列新的状况，这种毫无活力的氛围与丰富多元的后现代社会转型需求格格不入。值此背景，1960年代初，土地混合利用理念在"城市多样性""历史文脉主义""重归中心区""追求社会公正"等社会思想呼吁声中开始复苏，其因契合了以消费导向为目标的活力复苏需求，从而成为旧城更新，尤其是旧城中心区更新实践的遵循原则，各类型混合功能开发项目相继涌现(Witherspoon et al.,1976：3-4)。自此，如何实现土地混合利用开始成为旧城更新的重要议题，这也引发了西方城市规划体系的重要变革。

进入1990年代后，"可持续发展"成为国际公认的城市发展核心战略目标，并迅速与城市更新相结合，形成"可持续更新"理念。土地混合利用因为从理论上对环境可持续性、场所设计质量、社会公平融合等方面具有重要促进作用(Evans,2014；Hirt,2016)，所以成为西方政府可持续更新政策中的热点议题(Rowley,1998；Jabareen,2006；DeLisle & Grissom,2013)，如美国新城市主义和精明增长政策、英国国家规划指引、城市复兴、城市村庄等政策均将其列为重要的核心准则，同时，旧城中心区也被认为是需要推进土地混合利用开发的最重要区域(Grant,2002；Hoppenbrouwer & Louw,2005)。然而，旧城已进行的土地混合利用实践虽然一定程度上复苏了城市活力，但却因为仅仅关注经济利益相关的功能混合建设，从而引发了空间绅士化、同质化、私有化、断裂化、机动车导向化等不可持续问题，这与土地混合利用理念复苏的本意有所偏差，更不符合可持续更新理念对旧城尤其是中心区土地混合利用效应的新时代期许。因此，西方国家持续革新政策措施，促使旧城及其中心区土地混合利用的功能维度和时空状态发生全面显著衍化，从而令其可持续效应得以实现。时至今日，这种革新衍化态势仍在继续，如创新载体、商业社区、包容社会、共享空间、社区花园、城市农场、生态更新等实践现象层出不穷，极大地丰富了土地混合利用理念框架，并促使实践政策发生应对改变。

纵观西方演变历程，土地混合利用的复苏起源于旧城中心区，并一直是旧城中心区更新建设的重要核心原则，自复苏以来，其实践特征呈现持续演变趋势，尤其是在新时期可持续更新的多维要求下，伴随着社会多元化需求的日新月异和其重要性的与日俱增，其早已跳脱了人们心中熟知的"功能混合开发"框架，呈现出更好地实现可持续效应的综合维度衍化特征，有力应对了中心区发展模式转变的全面需求。因此,梳理西方旧城,尤其是旧城中心区土地混合利用路径的演变趋势,不但有助于深化理解新时期土地混合利用理念内涵,而且更有助于把握城市更新背景下土地混合利用实现可持续效应的实践方式,将具有追本溯源的理论研究价值和实践指导意义。

1.1.2 国内背景:本土旧城土地混合利用现实与转型需求存在落差

自2012年党的十八大以来,中国开始步入"新型城镇化"建设阶段,其目标在于应对我国城镇化率突破50%的现实特征(张占斌,2013),改变传统城镇化冒进、粗放、急功近利的既有模式(陆大道和陈明星,2015),摆脱其对未来发展带来的经济效率低下、资源能源浪费、生态环境恶化、社会结构失衡等制约问题(姚士谋等,2014),转向城乡协调、紧凑集约、高效节能、绿色生态、健康和谐的新型发展道路(仇保兴,2012;张占斌,2013),归根结底,就是以提升质量为发展核心目标。

因此,国家严控城市新增建设用地指标、强调既有建成区的功能提升与结构优化,城市规划模式将由增量规划转向存量规划(邹兵,2012;施卫良,2013)。由此可见,城市更新将是未来城市实现新型城镇化的主要发展方式,同时,这也意味着城市更新必须应对新时期要求,体现多元价值导向和复杂系统本质属性,从而迈向可持续更新道路(阳建强,2018)。

根据转型的根本目标,即"通过更新提升质量,实现可持续发展",土地混合利用因为其显著的可持续效应潜力也就势必成为城市更新的重要原则,这体现在国家近些年一系列政策文件当中(表1-1-1)。深圳、上海等城市也先后修订各自的城市用地分类标准,明确提出混合用地相应标准,以鼓励土地混合利用(戚冬瑾和周剑云,2017)。同时,旧城,尤其是旧城中心区,因其稀缺的土地价值、城市经济产业结构和空间联系结构的核心地位、复杂多元的功能和人群属性,以及集中体现了原有城镇化空间资源浪费、产业结构低效、生态环境破坏、人性尺度缺乏、社会价值失衡等问题,成为新时期城市更新的重要目标区域(阳建强,2017)。因此,促进旧城(尤其是中心区)的土地混合利用就成为当前我国规划实践面临的重要议题。然而,虽然我国旧城已经开展了各类土地混合利用实践,但是,我国学界和业界对土地混合利用的可持续效应及其实现途径的认知并不完善,大多囿于"功能混合开发"的理念框架,在"静态模式"下探究其基本概念、布局方式、定量测度(郑红玉等,2018),这远没有系统认识到土地混合利用对经济、社会、环境等多维度促进作用,更缺乏通过城市更新促使土地混合利用发挥可持续效应这一"动态式内涵提升"实践过程的经验,难免令土地混合利用实践沦为空泛的"口号"。所以,既有规划实践的指导理念和实施途径显然无法应对国家提出的转型需求,亟须革新。

表1-1-1 国家政策文件中对土地混合利用的相关强调内容

政策文件	年份	相关内容
中央城镇化工作会议	2013	提高城镇建设用地利用效率,形成生产、生活、生态空间的合理结构
《国家新型城镇化规划(2004—2020年)》	2014	改造提升中心城区功能,完善中心城区功能组合,统筹规划地上地下空间开发,推动商业、办公、居住、生态空间与交通站点的合理布局与综合利用开发
中央城市工作会议	2015	城市发展要把握好生产空间、生活空间、生态空间的内在联系,增强城市内部布局的合理性,提升城市的通透性和微循环能力

(续表)

政策文件	年份	相关内容
《关于深入推进城镇低效用地再开发的指导意见(试行)》	2016	鼓励产业转型升级、优化用地结构,实现经济发展、民生改善、文化传承多赢
《关于加强生态修复城市修补工作的指导意见》	2017	以改善生态环境质量、补足城市基础设施短板、提高公共服务水平为重点,转变城市发展方式,打造和谐宜居、富有活力、各具特色的现代化城市
《节约集约利用土地规定》(修订稿)	2019	统筹制定土地综合开发用地政策,鼓励大型基础设施等建设项目综合开发利用土地,促进功能适度混合、整体设计、合理布局

(资料来源:作者绘制)

提及规划革新,其首先需要判断既有实践路径的问题,判断的依据就尤为重要。作为理论与实践相对后发的国家,中国的规划改革既应该符合我国国情,也应该与"国际规划届业已发生的演变历程方向"相一致(张庭伟,2019)。土地混合利用本就是我国借鉴欧美国家区划政策后随之产生的规划课题,因此,研究可持续更新视角下西方国家旧城(尤其是中心区)的土地混合利用路径演变历程规律,将有助于正确认知我国过往发展路径的成果与不足,对路径优化革新具有重要的理论价值和实践指导意义。

1.2 研究目标与意义

1.2.1 拓展完善土地混合利用理论认知

长期以来,我国对土地混合利用的理论认知固化于"土地利用的混合"(功能混合),着重强调其带来的经济活力、空间活力以及促进绿色交通等方面的时空效应,并据此展开相关理论研究与实践探索。这忽视了土地混合利用本身应该是一种能够发挥多维度可持续效应的土地利用方式,与土地混合利用的理论复苏本质以及当前国际发展衍化现状具有明显差距,这种忽视与差距在土地混合利用理念复苏的发源地旧城中心区尤为突出。

理论认知差距的存在,不但会令土地混合利用研究在一个局部有限范围内故步自封,更有碍于土地混合利用实践呈现正确的建设方式、发挥更为广泛的实际效应。然而,尽管国外对土地混合利用的认知比我国要更为延展,实践方式也更具超前性,但仍未形成统一完整的理论认知体系。因此,跳出功能混合的既有认知桎梏,基于土地利用方式的本质属性,以实现社会、经济、环境等多维度可持续效应为目标,以旧城中心区为研究对象,拓展建立土地混合利用的理论认知体系,就具有重要的理论意义。

1.2.2 实现由"静态格局"到"动态演进"的规律总结视角转变

旧城土地混合利用及其可持续效应并不是一种一成不变的状态,伴随着持续地更新演替,不同阶段的利用方式和实施效应均在发生改变。其演变至今,也许具有一定的演变趋势,但绝不是一种静止的终极状态,这种特征在旧城中心区尤为明显。

但是,对土地混合利用的规律总结,却往往以"终极状态"的角度,归纳土地混合利用的布局方式类型以及应该产生什么效应,并以此为根据,以一种"一次成形"的态度去开展实践或判断研究对象的优劣。这就忽视了土地混合利用的动态演绎复杂性,虽然能够为某一局部地块的近期建设提供一定依据,但却无法应对长远的更新发展需求。

因此,以土地混合利用复苏到当今衍化状态的全过程为研究对象,以"动态演进"视角,归纳解释如何演变为当今状态、为何会发生这种演变,以及怎么实现这种演变等问题,更有利于把握土地混合利用实现可持续效应的趋势规律,对时刻处于再生状态下的城市具有长远意义。

1.2.3 应对转型期我国旧城的优化需求

正如背景中所述,我国当前正处于向"新型城镇化"转型的重要历史时刻,自党的十八大以来,向存量发展模式转变、提升质量、实现可持续发展的转型目标日益坚定明确,其中旧城中心区是转型提升的重要目标区域。

面对当前急迫的转型需求,探索如何转型就比呼吁应该转型更为重要与实际。虽然规划转型参考国际先进经验已成为普遍举措,但往往存在不问缘由与背后机制的生搬硬套、不顾当地切实状况的拿来主义等问题,这种"图名不图实"的决策方式对人力、物力、财力均造成极大的浪费。

所以,系统研究国际演变脉络,总结演变特征、机制与本质,对判断我国既有路径的演变趋势、成效问题以及未来的何去何从将具有重要的实践指导意义。

1.3 相关概念

1.3.1 旧城中心区

1.3.1.1 概念定义

国内外学者对城市中心区的定义已开展了十分丰富的相关研究。总体来说,国外城市中心区因不同地区、不同时期导致名称有所不同,如 Downtown、Central Business District、Central Recreational Business District、Central Area、City Centre、Urban Core、Urban Heart、Central Activities Zone 等,而国内大多以"城市中心区"定义,在一段时期内受西方影响也多称为"中央商务区"(Central Business District,CBD)。"旧城中心区"是相对于"新城中心区"的区别性称谓,指的是位于城市旧城区①、在长期历史发展过程中逐渐形成的中心,往往是城市第一个,也是最符合居民心理认同的中心区。尽管各学者因为研究时期、研究对象、研究角度等因素对旧城中心区的定义各有偏重,但也存在一定共性:

① 结构辐射性,城市中心区位于城市功能网络和空间结构的逻辑中心,是城市居民社会活动的中心集聚区,有别于旧城其他地区的建筑、交通集聚空间,辐射范围广阔,服务人群广泛。

② 功能多元性,虽然各城市旧城中心区主导功能或有不同,但随着中心区日趋发展,其内部不仅仅集中包含第三产业,而是几乎包含了城市生产工作、便利服务、生活居住等各方面功能。

③ 动态演变性,旧城中心区往往是城市发展的起源地,而且其因为高昂的土地价值、便利的可达性、广泛的社会认可度等原因,也大多是城市更新活动最先开始、最为频繁的地区,所以其内部结构处在持续演变过程中,这就令其见证了城市发展的全部历史过程,是城市不同历史断面的记忆载体。

基于以上共性,本书定义"旧城中心区"为:位于城市旧城区内空间结构和功能结构的核心,有别于旧城其他地区,以相对鲜明集聚的空间形态凝聚多元功能、服务广泛人群、承载多维历史,并处在持续动态演变过程中的城市空间区域。

---

① 美国多称为"Central City",英国则多称为"Inner City",我国也有老城区的称呼方式。

1.3.1.2 范围界定

各学者、各城市出于不同的研究角度和不同的城市政策实施需求分别提出了相异的范围界定方法(吴明伟等,1999:5-6;沈磊,2014:18-20),这些方法不但体现了对中心区的区别性认知,也表明了中心区范围界定的困难与莫衷一是。本书重在梳理路径演变脉络,更偏重辨别思想认知与实施方式的不同,定量研究是辅助验证方法,因此除书中特殊指明外,中心区范围不做明确界定。本书对中心区范围的理解即指其"理论定义":中心区职能设施覆盖的空间范围(吴明伟等,1999:5;沈磊,2014:18)①。

1.3.2 土地混合利用

在国外,此理念不仅在学术界一直是一个模糊复杂的概念(Rowley,1996a,1996b,1998;Grant,2002;Hoppenbrouwer & Louw,2005;Foord,2010;Herndon,2011;Evans,2014),而且在实践中也往往存在多元化的理解方式(British Council for Offices,2004;Department for Communities and Local Goverment,2006;Robbins,2013)。但其称谓大多固定为"mixed use"或"mixed land use",在称谓上两者是可以互通的,各方不同定义的差异性主要在于混合功能的种类、混合的范围、混合的方式以及混合的目的,而且随着时代演进,对定义的理解也在发生演变(Robbins,2013;Schwanke et al.,2016:47)。厘清这一系列问题及演变趋势正是本书的目标之一,故在此不展开分析,我们只需确定国外对此概念的理解并不仅仅局限于混合功能开发,随着时代发展其定义变得更为宽泛,但出发点均是对以往"传统分区隔离"的否定。

在国内,虽然各种称呼并未得到统一,如"混合功能开发""混合功能发展""混合用途开发""土地混合使用""土地混合利用"等,但实际上定义此概念最大的分歧在于是从功能角度出发还是从土地利用角度出发,前者在国内大多称为"混合功能发展"(许思扬和陈振光,2012),后者则以"土地混合利用"为主(郑红玉等,2018)。一方面这是由于翻译过程导致的差别,分别源于"mixed use"和"mixed land use",另一方面则是对概念的本质内涵认识存在差异。

本书倾向于从"土地利用"角度出发进行定义,原因有二。

① 从概念源头看,雅各布斯被认为是打响了土地混合利用复兴的第一枪(Procos,1976:7;Witherspoon et al.,1976:96;Rowley,1996a,1996b,1998;Grant,2002;Hoppenbrouwer & Louw,2005;Hirt,2007;Rabianski et al.,2009c;Evans,2014),其提出"基本功用的混合"(mixed primary use)意在促进人们对一个区域不同时间段的使用并产生多维效应(雅各布斯,2006:146-147),而并不仅仅在于将不同"功能"(function)堆砌在一起(方可,2009)。这就说明其出发角度是改革土地空间的利用方式,混合功能仅是手段。

② 从辩证关系看,"土地利用就是由土地质量特性和社会土地需求协调所决定的土地功能过程……土地利用系统的功能是土地利用系统结构的外部表现。"(王万茂和王群,2010:11-14),所以土地利用系统结构(土地混合利用)是根本,而功能表现(混合功能)则是表象。土地混合利用是对以往严格清晰的"功能分区"的否定,而"功能分区"实质上是一种土地利用系统结构的外部表现,所以改革土地利用方式是本质途径。

因此,本书将此概念统一定义为"土地混合利用",认为"mixed use"或"mixed land use"是区别于以往传统的严格清晰的"功能分区"时代的一种土地利用方式。

---

① 文中涉及各城市中心区时,均为不同时期各引用研究文件或统计数据中所指中心区范围,这也在一定程度上体现了不同时期对中心区职能的区别化认知,如 Downtown 时期、CBD 时期、Central Recreational Business District 时期、Central Activities Zone 时期。

1.4 研究综述

1.4.1 土地混合利用路径演变相关研究

1.4.1.1 国际发展历程研究

国外学者对土地混合利用发展历程的概述均是作为相关研究的背景陈述,以城市整体发展历程为对象进行简要发展状况概述。略微详细的如 Procos 以古代、中世纪、文艺复兴、工业城市、复苏复兴为阶段进行大致发展介绍(Procos,1976)。Schwanke 进一步将 1930—1980 年代细分为土地混合利用复苏的先行阶段、早期阶段、爆发阶段、成熟阶段(Schwanke,1987),并于后期更新版本中延展至 1990 年代、2000 年代初期的拓展阶段(Schwanke,2003)。Coupland 阐述了自罗马时期到 1990 年代初期的土地混合利用重要发展区域及重大事件(Coupland,1997)。Robbins 对英国进入可持续时代后(1990 年代以来)的土地混合利用政策进行了总结概括(Robbins,2013)。Hirt 以区划工具角度对土地混合利用复苏以来的发展进行了总结概括(Hirt,2016)。其他学者则仅以背景介绍的形式对土地混合利用历史发展进行了简短描述(Rowley,1996a;Grant,2004;Louw & Bruinsma,2006;Niemira,2007;Tesso,2013)。

国内学者对土地混合利用发展历程的研究较少,以学位论文相关成果为主。如邢琰对土地混合使用的出现与发展进行了历程与动因剖析(邢琰,2005),黄毅对前工业时代、工业时代、走向分区及回归四个阶段进行了简要回顾(黄毅,2008),翟强分传统、自发、工业化时代、功能分区、功能混合五个阶段进行了简述(翟强,2010),朱晓青以"混合功能人居"为视角对西方演进轨迹及我国从传统到现代的演变历程进行了梳理(朱晓青,2014)。

1.4.1.2 理论概念演变研究

1990 年代后,随着土地混合利用成为各国规划政策重要原则,概念内涵就成为需要明确的首要议题,因此国外各学者纷纷在总结前人研究基础上,提出自己的理念界定。Rowley 在总结了英国 1990 年代初各政策概念界定演变基础上,提出了肌理、尺度、位置、形式、互动、产权、时间等土地混合利用七要素(Rowley,1996b)。Coupland 在对比英国、美国、德国、荷兰国家政策概念基础上,以规模尺度及优缺点的形式给出了相关定义(Coupland,1997)。Grant 在总结了雅各布斯、范德莱恩和卡尔索普、美国城市土地协会、新城市主义等学者、机构或理论学派对土地混合利用的概念定义后,提出了强度、多样性、融合度三方面混合要素(Grant,2002)。英国政府办公室在总结了英国皇家特许测量师学会(Royal Institution of Chartered Surveyors,RICS)、运输及地方政府和区域部(Department of Transport,Local Government and the Regions,DTLR)、建筑与环境建设委员会(The Commission for Architecture and the Built Environment,CABE)、城市计划组织(Urban Initiatives)和美国城市土地协会(Urban Land Institution,ULI)等政府组织机构概念定义演变后,提出土地混合利用概念具有多面性,因此只能通过具体意图目标进行定义(British Council for Offices,2004)。Hoppenbrouwer 和 Louw 在对 Jacobs、Lynch、Coupland、Grant、Nijkamp、Rowley 等人理论概念定义演变基础上,提出了共享、水平、垂直、时间等四个土地混合利用要素(Hoppenbrouwer & Louw,2005)。

以上研究成果成为 1990 年代后首批具有代表性的概念界定,也就成为其他学者理论概念演变总结的主要对象,此后的理论概念演变概述皆是在上述研究基础上开展的。Louw 和 Bruinsma 在梳理基础上提出宏观、微观双层次概念模型(Louw & Bruinsma,2006)。Hirt 提出混合重点应是居住与非居住功能的混合,进而批判了美国区划缺乏弹性(Hirt,2016)。Rabianski 等人对前面学者的研究梳理基础上,又融入了紧凑城市、精明发展等理念中的相关定义,认为土地混合利用是一种"场所感"的营造(Rabianski et al.,2009c)。Francis 在梳理前人理念演变后认为,土地混合利用应由"混合功能"向"混合生活方式"转变(Francis,2015)。Robbins 在系统整理的基础上,提出空间、区位、社会、政策四方面要素内容(Robbins,2013)。Tesso 在 Grant 的基础上深化了混合居住与混合功能的融合(Tesso,2013)。Evans 在梳理了前人研究后认为,当前对土地混合利用的界定应该回归到对雅各布斯城市性理论的本质研究上,并应该拓展融入创新产业、中小企业发展、国际化人口等要素(Evans,2014)。此外,还有一批学者以城市多样性的理论视角,从雅各布斯的理论出发,对土地混合利用理念演变进行了梳理,其特征是将理念内涵拓展至社会多样性、经济多样性、空间多样性和时间多样性等角度(Hill,1988;Day,2003;Fainstein,2005;Evans & Foord,2007;Talen,2012)。

国内对理论概念演变的研究则主要是在梳理国外学者研究成果的基础上,进行总结辨析。一部分主要是对《马丘比丘宪章》思想、雅各布斯城市多样性思想、亚历山大城市复杂性思想以及紧凑城市、城市复兴、精明发展、新城市主义等理论的系统梳理(邢琰,2005;黄毅,2008;翟强,2010;王铮,2011;朱俊华等,2014;赵永华,2014;华夏,2016),另一部分则是对国内外研究学者的相关概念界定进行脉络梳理,进而提出自己的概念定义(许松辉和许智东,2009;许思扬和陈振光,2012;郑红玉等,2018)。

1.4.1.3 国际政策与实践演变研究

国外对土地混合利用政策与实践演变历程的研究大多以某一阶段为主,而并非对整体历程的演变研究。Procos 对国际上(主要为英、美国家)1950—1970 年代土地混合利用理念复苏以来的建设实践趋势与相关辅助政策进行了梳理(Procos,1976)。同年,Witherspoon 等人以主要功能混合建设案例、规划发展事项、公共部门作用为主要内容,主要对美国混合功能实践与区划发展进行了梳理(Witherspoon et al.,1976)。Rowley 对 1980 年代末到 1990 年代中后期土地混合利用成为英国全国性政策后的主要实施案例与国家性政策进行了详细梳理(Rowley,1996a;1998)。同时期,Coupland 对以英国为主的欧洲国家进行了典型案例介绍和地方化政策总结(Coupland,1997)。Schwanke 先后于 1987 年、2003 年两次出版著作,对美国土地混合利用复苏到 2000 年代初的市场表现、公共部门工具、规划设计案例、管理运行等方面进行了整理汇总(Schwanke,2003)。

此后,国外相关研究均是对研究发表时当前阶段的新政策、新问题进行的阶段性总结,或对某一具体政策、具体问题进行单独性总结。英国政府部门先后于 2004 年、2006 年对 2000 年代初期阶段时英国全面推行的土地混合利用政策进行了案例实践调研,汇总了土地混合利用的贡献与发展障碍(British Council for Offices,2004;Department for Communities and Local Government,2006)。Aldous、Bohl、Schwanke 等人对城市村庄政策的提出与实施历程进行了总结(Aldous,1992;Bohl,2002)。办公相关混合政策,如产业用地带动混合开发(Daniels,1977;Hamnett & Whitelegg,2007;Jones et al.,2013;Ferm & Jones,2016),办公与居住功能的混合政策(Barlow & Gann,1993;Heath,2001;Beauregard,2005),共享办公政策(Bouncken & Reuschl,2018)等。居住引领的混合功能开发政策实践(Harris,1993;Bullen & Love,2009)。文化引领的混合功能开发实践与相关政策(Montgomery,2003;Mommaas,2004;Miles & Paddison,2005;Mckenzie & Hutton,2015)。夜间经济理念下的土地混合利用实践、政策与问题(Lovatt & O'Connor,1995;Heath,1997;Bromley et al.,2000;Talbot & Böse,2007;Grazian,

2009;Hae,2011;May,2014;Baldwin,2015)。商业引领的混合功能开发实践与政策(Getz,1993;Lowe,2005;Gibbs,2012)。以社区基础设施混合功能利用为主的相关实践与政策(Dynarski et al.,2004;Boyce & Clark,2005;Ogilvie & Zimmerman,2010;Lawson & Van,2016)。绿色空间的混合功能利用及多维度功效(Castleton,2010;Lee & Maheswaran,2011;Hopkins & Goodwin,2011;Foster et al.,2011;Dixon,2014)。

此外,学者还针对不同城市的土地混合利用实践案例进行了详尽的研究。如伦敦(Evans,2014)、伯明翰(Latham & Swenarton,1999;Dixon & Marston,2003;Emery,2006;Coulson & Wright,2013)、克利夫兰(Hirt,2003)、俄亥俄地区(Hirt,2007)、埃文斯顿(Bell,2008)、亚特兰大(Herndon,2011)、西雅图(DeLisle & Grissom,2013)等城市地区,还有美国城市协会在2016年专门详细汇总介绍了9个21世纪以来土地混合利用开发新案例的成功经验(Schwanke et al.,2016)。

国内对国际政策实践的演变研究相对较少,主要是对国际先进经验的简要总结,如英美国家(应盛,2009;庄淑亭和任丽娟,2011;许靖涛等,2014)、荷兰(文雯,2016)、伦敦(陈楠等,2016)、新加坡(陈楠等,2017)。

1.4.1.4 形成机制与实施成效相关研究

与土地混合利用路径演变相关的研究领域还包括促进土地混合利用形成或发生变化的动力机制以及判断土地混合利用是否实现可持续效果的成效判断。

(1) 动力机制方面

国外1990年代前,Procos、Witherspoon等人从社会经济学角度对土地混合利用复苏的原因进行了剖析,认为复苏的原因包括经济效应、社会环境、历史制约等多方面原因(Procos,1976;Witherspoon et al.,1976),Schwanke则主要从经济可行性与政策促进制度等方面对土地混合利用复苏原因进行了分析(Schwanke,1987)。1990年代后,随着土地混合利用政策成为英、美国家性政策,对土地混合利用动力机制的研究日益增多。Rowley从政策角度,分析了英国全面促进土地混合利用政策的原因(Rowley,1996a;1998),Coupland从土地混合利用与可持续发展的关系角度,讨论了强调土地混合利用的内在动因(Coupland,1997),Cheah和Tan以与单纯功能开发进行对比的方式,分析了土地混合利用开发的优劣势(Cheah & Tan,2002),Grant从发展障碍和政府应对政策方面探讨了促进土地混合利用的动力机制(Grant,2004),英国政府办公室从政策、社会、经济三方机制剖析了鼓励土地混合利用的原因(British Council for Offices,2004),Niemira从居民使用调研角度分析了支持土地混合利用的原因及面临问题(Niemira,2007),Rabianski等人从经济学角度,以经济环境、市场分析、协同效应、成本、风险、决策过程、布局方式、规划设计过程、公共政策等方面,详细剖析了土地混合利用的经济运作可行性、必要性与障碍(Rabianski et al.,2009a;2009b),Wardner从现实主义角度,深化了对土地混合利用现象的理解(Wardner,2014),Evans从土地混合利用与生活品质之间的关系,讨论了土地混合利用的必要性(Evans,2014),Hirt从历史角度再次剖析了土地混合利用的形成机制(Hirt,2016),DeLisle和Grissom,以及Trudeau从社会包容性角度强调了土地混合利用的必要性(DeLisle & Grissom,2013;Trudeau,2018)。

国内对动力机制的研究相对薄弱,并未有成体系研究,仅在讨论某种政策时,强调土地混合利用的必要性与重要性。如强调对宜居的重要性(李群芳,2007),对功能多样性与社会多样性的重要性(许松辉和许智东,2009),对紧凑开发的重要性(洪敏和金凤君,2010),土地相容性的必要性(林莉和王英行,2011),对低碳生态建设的重要性(庄淑亭,2011),产住一体化现象的成因(朱晓青,2014),对城市新区建设的重要性(杨静雅,2014),城市新产业空间的需求(张梦竹和周素红,2015),对节能的重要性(黄林琳,2015),半城市化地区发展的必然结果(程哲等,2017),对公共空间活力的重要性(吴嘉慧,2016;宁晓平,2016;谭文勇和张楠,2018),对创新创业的重要性(张京祥等,2021;唐爽等,2023)。

(2) 实施成效方面

近年来,国外学者逐渐从理论概念的研究向混合效果评价方向转变。评价了土地混合利用与相关要素之间、可持续效果之间的关系。如住房价值(Koster,2012)、交通出行(Ewing et al.,2011)、公共空间包容性(Kim,2012)、城市雨水排放(Paule-Mercado et al.,2016)、社会效应(Nabil & Eldayem,2015)、生物多样性(Ehlers Smith et al.,2017)、体育活动(Hajna et al.,2014)、空气质量(Fernández-Olmo et al.,2016)、社区活力(Yue et al.,2017)、可支付性住房(Moos et al.,2018)、犯罪行为(Zahnow,2018)、行人流量(Im & Choi,2019)、社会多样性(Geyer & Quin,2019)等。

国内对土地混合利用成效的研究视角并未像国外如此广泛,王德对土地混合利用成效的国际经验进行了总结(王德等,2019),其余则主要包括对低碳绿色发展的促进和对活力的提升两方面。前者如与公园绿地建设的关系(胡剑双等,2010)、与低碳城市建设的关系(庄淑亭,2011)、与交通出行的关系(钱林波,2000;李铭,2012)、与节能建设的关系(黄林琳,2015)、与职住分离的关系(党云晓等,2015)、与城市紧凑度的关系(郑红玉等,2016)、与非通勤行为的关系(尹超英等,2018)、与出行碳排放的关系(满洲等,2018),后者如与城市宜居性的关系(李群芳,2007)、与社会和谐活力的关系(许松辉和许智东,2009)、与轨道站点活力的关系(李俊芳等,2016)、与公共空间活力的关系(吴嘉慧,2016;赵壬娠和薛姣,2017)、与夜间活力的关系(钟炜菁和王德,2019)。

1.4.2 国际旧城中心区更新路径演变

1.4.2.1 更新政策实践发展历程研究

国外学者对英美国家旧城中心区更新政策实践新发展历程的研究主要区别在于阶段不同、审视角度不同以及审视对象不同。以英国中心区整体演变历程为研究对象的主要有:Riley和Taylor分析了英国第二次世界大战(简称"二战")后到1960年代的城市中心区发展问题、建设政策与实践(Riley & Taylor,1967),Holliday以五个城市为研究对象对英国二战后到1970年代初的中心区更新规划过程进行了汇总整理(Holliday,1973),Evans对英国旧城中心区1950年代到1990年代的城市更新政策实践历程进行了系统梳理,并重点指出了1990年代面临的主要问题(Evans,1997)。以美国中心区整体演变历程为研究对象的主要有:Fogelson对美国中心区1880—1950年代的更新发展进行了历史研究(Fogelson,2001),Frieden和Sagalyn对美国中心区二战后到1980年代的更新发展进行了历史研究(Frieden & Sagalyn,1989),Isenberg从中心区使用者角度对美国中心区20世纪发展历程进行了历史研究(Isenberg,2004),Greun对美国中心区20世纪现代规划影响下的更新规划政策进行了批判式总结并针对其导致的问题提出了应对策略(Gruen,1964),Halpern对美国九个中心区1970年代前的城市设计路径进行了重点汇总整理(Halpern,1978),Lassar对1960—1980年代中心区区划工具演变进行了系统梳理(Lassar,1989),Collins等人对美国中心区1950—1980年代的保护政策进行汇总整理(Collins et al.,1991),Keating和Krumholz对1980年代美国中心区规划趋势进行了总结回顾(Keating & Krumholz,1991),Abbott以五个城市中心区为例对美国二战后规划政策实践进行了总结

(Abbott,1993),Robertson 对美国20世纪的中心区更新政策进行了分类总结(Robertson,1995),Turner 对美国进入后现代社会后的中心区规划政策演变进行了归纳总结(Turner,2002),Faulk 对美国中心区复兴政策对中心区的演变发展产生的影响进行了总结(Faulk,2006),Ryberg-Webster 对美国中心区历史保护政策演变发展进行了总结(Ryberg-Webster,2013)。

此外,还有专门针对某一城市中心区更新发展实践历程进行的梳理研究,如对伦敦道克兰地区更新历程的梳理(Brownill,1990),对布里斯托中心区规划设计历程的梳理(Punter,1990),对旧金山和华盛顿中心区更新历程的梳理(McGovern,1998),对卡迪夫中心区更新历程的梳理(Hooper & Punter,2006),对利物浦中心区2000年代更新项目的介绍(BDP,2009),对曼哈顿中心区历年规划的梳理(Ballon,2012),对芝加哥中心区1950年代到2000年代规划历程的梳理(Hunt & DeVries,2013),对巴尔的摩中心区1960年代到2000年代初规划历程的梳理(Del Rio,2018),对谢菲尔德中心区1990年代到2010年代规划实践历程的梳理(Madanipour, et al.,2018)。

国内学者对国外中心区更新政策历程研究大多以研究背景或阶段性理念政策的形式进行,抑或是着眼于某一方面进行相关研究。刘念雄对欧美中心区购物中心实践演变历程进行了分析(刘念雄,1998),耿慧志对欧美国家二战后到1990年代复兴的过程进行了简要梳理(耿慧志,1998),吴明伟等学者从古代、近代、现代三个阶段对中心区历史发展进程进行了概述(吴明伟等,1999),宋云峰对欧美国家1950—1990年代中心区更新历程进行了概括整理(宋云峰,2006),黄玮对芝加哥二战后到2000年代初的实践政策进行了梳理(黄玮,2006),王兰和刘刚对芝加哥中心区邻里更新模式进行了分析(王兰和刘刚,2011),白韵溪等从立体化交通角度对日本东京汐留中心区更新政策进行了梳理(白韵溪等,2014)。

1.4.2.2 演变规律研究

对中心区的演变规律研究主要分为物质空间结构、产业功能结构、社会结构等三方面。

(1) 物质空间结构演变研究

国外方面:Rannells 在1956年就对费城中心区20世纪上半叶的土地利用空间结构依据功能分类进行了空间布局演变定量研究(Rannells,1956);Griffin 和 Preston 在借鉴中心区边界界定的墨菲指数法基础上,以"转变区"概念对中心区范围变化进行了演变研究(Griffin & Preston,1966);Whitehand 和 Sim 先后对英国格拉斯中心区19世纪末到1970年代的空间更新状况进行了结构性定量演变研究(Whitehand,1978;Sim,1982);Loukaitou-Sideris 和 Banerjee 从城市设计角度对美国中心区形态演变进行了汇总研究(Loukaitou-Sideris & Banerjee,1998);Forbes 对中心区交通结构演变及其动力机制进行了探索研究(Forbes,1998);Kim 以及 Zaleckis 等人运用空间句法分别对中心区步行网络结构和整体结构演变进行了分析(Kim et al.,2007;Zaleckis & Matijošaitienė,2012);Siksna 和 Ryan 从中心区街区形态演变角度分别对美国中心区典型案例城市的演变进行了类型对比演变研究(Siksna,1998;Ryan,2008);Leslie 对菲尼克斯1950—2005年间的更新变化,运用多元核密度方式进行了空间结构演变定量研究(Leslie,2010);Simpson 以及 Bhattacharjee 等分别对中心区公共交通体系和公共交通节点土地利用结构进行了演变分析(Simpson,1988;Bhattacharjee & Goetz,2016);Samsonov 等人利用卫星雷达数据,对中心区地表变化及沉降变化进行了演变对比分析(Samsonov et al.,2016);Levermore 等人和 Wang 等人分别对中心区热岛效应空间演变进行了定量数据分析(Wang et al.,2016;Levermore et al.,2018)。

国内方面：孔孝云和董卫对历史城市中心区空间演变过程进行了分析(孔孝云和董卫，2006)，杨俊宴和史北祥对中心区圈核结构演变过程进行了剖析(杨俊宴和史北祥，2012)，白韵溪等从轨道交通影响角度对中心区更新规律进行了研究(白韵溪等，2014)，夏梦晨对中心区空间形态从建立到发展分四个阶段进行了规律剖析(夏梦晨，2014)，杨俊宴和史宜以类型解构方式对中心区空间形态演替进行了研究(杨俊宴和史宜，2014)，周麟等基于空间句法对中心区空间形态演变进行了分析(周麟等，2015)，叶洋从绿色交通角度，对中心区交通结构演变规律进行了探讨(叶洋，2016)，杨俊宴对亚洲中心区空间结构演变进行了四阶演替研究(杨俊宴，2016)，吴贝西对中心区土地利用结构演变规律进行了总结(吴贝西，2017)，陈伟新和孙延松从空间生产视角分析了街区更新模式(陈伟新和孙延松，2017)，史北祥和杨俊宴探讨了中心区混合用地演变规律(史北祥和杨俊宴，2019)，胡昕宇等对中心区在建用地演变规律进行了分析研究(胡昕宇等，2019)，葛天阳、后文君等从步行优先角度对英国中心区结构演变进行了定量定性研究(葛天阳，2018；后文君等，2019)。

(2) 产业功能结构演变研究

国外方面：Ratcliff 在 1953 年就对麦迪逊中心区的功能结构演变进行了定量分析(Ratcliff，1953)；Rannells 和 Sim 在对费城中心区和格拉斯哥中心区空间结构演变分析的同时，也对各功能比例演变进行了定量总结(Rannells，1956；Sim，1982)；Stansfield 以中心区由中央商务区向游憩区的转变为视角，总结了功能结构变化趋势(Stansfield，1970)；以 Bluestone 和 Harrison 以及 Jackson 等人著作为代表的中心区"去工业化"和中心区功能"郊区化"相关领域研究(Bluestone & Harrison，1982；Jackson，1987)；Davies 等人对英国中心区二战后到 1970 年代末的功能演变分类型进行了汇总整理(Davies & Champion，1983)；Law 等人对英美国家中心区 1960—1980 年代各功能比例进行了汇总整理(Law et al.，1988)；Fainstein 以房地产开发的角度，对伦敦和纽约 1970—1990 年代中心区功能转变进行了梳理(Fainstein，1994)；Sassen 从全球化城市视角，对中心区职能的转变进行了探讨(Sassen，1994)。此外，还有针对不同功能的演变分析研究：如对中心区办公功能及空间布局的演变研究(Evans，1967；Goddard，1973；Frost & Spence，1993)，对中心区商业业态演变及空间布局模式演变的研究(Dawson，1983；Dawson & Lord，1985；Robertson，1997；Padilla & Eastlick，2009；Sneed，2011；Charlton et al.，2013)，对中心区的商业街区功能业态结构演变的研究(Cox et al.，2010；Portas，2011；Peyroux et al.，2012；Drummond-Cole & Bond-Graham，2012)，对中心区文化娱乐带动的更新活动及活动类型演变的研究(Tallon et al.，2006；O'connor & Wynne，2017；Enright & McIntyre，2019)。

国内方面：修春亮对西方中央商务区 1990 年代前的功能结构演变进行了简要分析(修春亮，1998)，吴明伟等学者对 1980—1990 年代我国中心商务区商务商业设施变化进行了研究(吴明伟、孔令龙、陈联，1999)，李沛对 CBD 功能构成及其发展变化进行了分析(李沛，1999)，王量量对我国中心区功能构成从古代一直到改革开放后进行了概要梳理(王量量，2005)，张庭伟和王兰对中心区向中央活力区转型过程中的功能业态演变进行了分析(张庭伟和王兰，2010)，周蓉对中心区更新功能定位过程进行了相关研究(周蓉，2011)，关于和阳建强从资本循环角度对中心区功能要素的演变规律进行了探讨(关于和阳建强，2019)。此外，还有不同学者利用各种技术方式对土地利用结构变化进行了定量研究，如信息图谱(李小英等，2002)、遥感图像分析(黄雄伟，2008)、空间数理模型(罗平等，2010)、自组织理论(诸葛承祥，2014)、元胞自动机(黄喜梅，2018)、信息熵(郭荣中等，2019)。

（3）社会结构演变研究

国外方面：Booth 早在 1889 年就对伦敦中心区进行了居住人口与就业人口空间布局调研，成为中心区社会结构研究的先驱者（Booth，1889）；而在美国则以 Sandburg 对芝加哥种族混乱空间布局调研以及 Hoyt 对美国城市居住结构演变为先期开创研究（Sandburg，1919；Hoyt，1939）；此后逐渐以中心区发展阶段为各社会结构演变的主要议题背景，如以去工业化和郊区化进程中的人口演变为主要研究议题（Hall，1973；Jackson，1985；Wiese，2005），以大规模城市更新过程中社会结构变化为主要研究议题（Young & Wilmott，1957），以中心区复苏阶段就业与居住人口结构变化为主要研究议题（Davies & Champion，1983；Law et al.，1988），以中心区绅士化、学生化过程中人口结构变化为主要研究议题（Glass，1964；Zukin，1987，1989，1998；Hackworth & Smith，2001；Smith，2002，2005；Smith & Holt，2007；Lees，2008；Hertz，2014），以中心区居住人口回流过程中人口结构变化为主要研究议题（Birch，2002，2005，2009；Keating，1986；Gratz & Mintz，2000；Tallon & Bromley，2004；Bromley et al.，2005；Nathan & Urwin，2005；Hamnett，2010；Jonn，2015），以中心区创意创业产业集聚过程中人口结构变化为主要研究议题（Florida，2005，2014）；至今为止，每隔一段时间仍会有学者对中心区就业人口、居住人口、消费人口结构在新时期的演变进行相关研究（Malizia & Song，2016；Grant & Gregory，2016；O'connor & Wynne，2017；Kane et al.，2018；Baum-Snow & Hartley，2020）。

国内方面以中心区为研究对象进行的社会结构演变分析较少。张鸿雁对中心区更新的社会意义进行了探讨（张鸿雁，2001），曹传新对中心区人口空间扩散现象进行了分析（曹传新，2002），肖莹光对中心区社会空间结构演化进行了定量分析（肖莹光，2006），朱喜钢、周敏、洪世键等人对绅士化进行了相关分析（朱喜钢等，2004；周敏等，2013；洪世键和张衔春，2016），康达西和殷洁对中心区流动人口聚居空间规律进行了分析（康达西和殷洁，2018）。研究更多的是以城市、中心城区、主城区等范围为研究对象进行相关分析，如社会空间结构演化（佘娇，2014）、居住空间分异（强欢欢等，2014）、人口时空分布演变（武前波和陈前虎，2015；杨振和雷军，2018）、流动人口就业空间演变（王慧和吴晓，2019）。

1.4.3 研究评述

土地混合利用自 1950 年代末复苏以来，一直是国外学者的研究热点，对其理论与政策实践的关注持续至今，国内于 2000 年代末才开始涌现出大量学者对其进行深入研究，相对国外具有一定滞后性，但随着国家政策与现实实践的双向需求，对其研究的重视程度日益增强，相关研究日益增多。旧城中心区作为土地混合利用理念的复苏发源地，是对土地混合利用实践政策研究的绝佳对象，国内外对土地混合利用和旧城中心区的研究中均有所涉及，丰富的研究成果对本书研究提供了良好的基础，但同时也存在一定不足。

第一，忽视对旧城中心区土地混合利用的系统研究。土地混合利用复苏于旧城中心区，并一直是中心区实践的重要原则与目标，这既说明了土地混合利用对旧城中心区的重要性，又说明对其研究可以从本源上认知土地混合利用规律。然而国内外研究或局限于将土地混合利用作为中心区开发的重要原则加以阐述，或局限于具体案例的分析，抑或是局限于对中心区功能结构、空间结构、社会结构独立式分析，均缺少对土地混合利用的全面系统思考。

第二，忽视对土地混合利用的动态演变研究。虽然土地混合利用目标是确定的，即促进实现可持续效应，但土地混合利用理念、实践途径以及呈现状态均不是一成不变的，对不同阶段或不同环境的发展来说，应采取不同的对待方式。然而国内外研究往往暗含"一次性建设"的内在逻辑,以"静态视角"研究其概念内涵、组织方式类型、阶段性新方法以及相应实施效果,缺乏"动态演变"的思维逻辑,不足以应对长期、持续性的实践指导需求。

第三,常固化于"功能混合"。"土地混合利用"绝不是"土地利用的混合",功能混合仅是其体系框架中的一部分,国内大多数研究仅局限于"功能混合"视角,较国外具有一定差距,不利于指导我国土地混合利用采取"全面系统考量"的实践途径,也就不利于土地混合利用发挥其潜在的全面效应。

第四,常重视理论体系,忽视实践方法体系。国内外研究往往对土地混合利用理论思想进行体系性总结,对实践方式却呈现出片段、个例的研究状态。这固然有因地制宜的考虑,但理论与实践往往存在缝隙,切实研究实践方式的演变规律体系将更有效指导现实实践。

1.5 本书研究框架

本书基于英美国家百年实践路径的梳理,试图明晰旧城中心区土地混合利用从瓦解到复苏再到衍化的实践全历程,明确各阶段实践路径演变的起因、应对的思想理论以及实践的切实转变方式,进而以实现多维可持续效应为目标,基于动态演进视角,归纳总结英美国家旧城中心区土地混合利用路径演变的特征、机制及其本质,从而为我国实践提供借鉴与参考。全书包括绪论在内共8章内容。

第1章"绪论"。本章主要阐述研究的必要性、目标与意义,进而在明确相关概念的基础上,通过既有研究的系统综述,结合研究目标,制定研究的整体思路框架。

第2章"英美旧城中心区土地混合利用实践的审视框架"。本章从土地利用方式内涵的理论角度和现实复苏兴盛的实践需求角度,剖析土地混合利用的本质价值,继而通过对既往研究的共识与差异分析,明确可持续更新视角下新的动态演变规律,审视框架构建的必要性以及构建原则,并尝试基于土地利用方式本质和可持续效应目标,搭建可持续更新审视框架,确定审视内容、审视对象和审视依据,从而为整体实践路径演变的审视及规律总结奠定理论基础。

第3章"瓦解:旧城中心区的秩序疏解(1900—1950年代)"。本章根据可持续更新审视框架,解析英美国家旧城中心区在1900年代到1950年代间,土地混合利用被误解为是不可持续根源的原因,以及当时现代规划理论提出的"结构秩序性""人口功能疏解"等主要解决方式。虽然这些理论并不是完全否定土地混合利用,但在高效建设中央商务区的目标驱使下,它们仅得到"片面应用",因此土地混合利用的功能要素、时空模式、权力模式均发生了明显变化,传统的土地混合利用状态遭到瓦解。

第4章"批判:瓦解的恶果与混合的呼吁"。事实证明,土地混合利用的瓦解并没有实现中心区的活力提升,反而导致了一系列新的不可持续问题。面对这些问题,在后现代背景下,学者们开始呼吁旧城中心区土地混合利用的复苏,"城市多样性""城市文脉主义""中心区回归""追求社会公正"等主张是当时最具代表性的思想理论,他们修正了前一阶段理论的弊端,并建立了包含空间、时间、经济、社会、环境和管理等维度的较为完整的土地混合利用理论框架。但通过分析可得,尽管土地混混合利用契合了当时的中心区活力复苏的需求,但在以经济复苏解决一切不可持续问题的内在逻辑影响下,复苏时期的理论仅得到"非全面应用",这导致了理论与实践的再次脱节。

第5章"复苏:旧城中心区的活力营造(1960—1980年代)"。在1960年代到1980年代间,英美国家旧城中心区土地混合利用实践呈现出明显的复苏现象,但通过梳理复苏阶段实践可以发现,在一切为了经济发展,以及吸引私人资本投资建设、服务消费群体并刺激其消费为目标的背后机制下,这些复苏实践模式呈现了明显的一致性的特征。在功能要素方面,体现出一切能够刺激消费经济增长的功能相互混合;在时空模式方面,采取了有利于私人资本建设与维护的"涓滴式",方并加以延展利用;在权力模式方面,建立了刺激与管控相结合的"双边合作"关系。

第6章"反思:复苏的隐忧与衍化的需求"。1980年代末,全球迈入可持续发展阶段。以可持续发展思想进行审视可以发现,虽然土地混合利用复苏实践给中心区带来了活力,但同时也导致了一系列经济、社会、生态等方面的不可持续的新问题。因此,尽管土地混合利用因为本身具有明显的可持续效应潜力,而被英美国家确立为国家性的城市发展原则与目标,但可持续更新理论学者们依然从物质空间设计、城市发展行为改良、复杂系统提升等三方面,对其提出了拓展衍化要求。而与此同时,在全球化竞争和经济结构变革背景下,多元、共享、包容、绿色、创新的环境氛围营建需求,也终于为土地混合利用理论的全面实践提供了现实土壤。

第7章"衍化:旧城中心区的品质提升(1990年代至今)"。通过实践梳理可以发现,如何在日益固化的空间中实现多维度可持续效应,成为1990年代后英美国家旧城中心区土地混合利用实践演变的重点。在此背景下,实践模式在呈现出多元化特色的同时,也暗含了较为统一的演变趋势。功能要素维度,在促进"职住娱平衡"的基础上,强调提升多维度可持续效应。时空模式维度,为了更好地应对功能要素维度转变,实现了由"混合功能涓滴"转变为"职住娱平衡"的全面提升模式。实施政策维度,与复苏阶段相比,最大的特征是管治逻辑由促进功能混合转向提升土地混合利用效果。在各维度衍化实践下,旧城中心区终于在一定程度上实现了多元可持续效应。

第8章"规律:路径演变的特征、机制与本质"。此章是本书最为重要的结论。通过对英美国家旧城中心区土地混合利用路径百余年的具体历程剖析,本章尝试总结其演变特征、背后机制及演变本质,从而有助于准确把握促进和保障旧城土地混合利用向更好状态演变的正确方向和关键要素。值得注意的是,虽然实践路径终将因为时代的变迁而发生持续嬗变,但从目前看,土地混合利用从功能混合到实现可持续效应的动态过程逻辑,以及社会、市场、政府的三方制约动力机制将一直存在,我们需要正确地认识土地混合利用及其优化过程,因为"通过良性演变为可持续效应提供最大可能性"是土地混合利用对城市长久繁荣的最重要贡献,也是城市管理者与规划者的重要职责。

第 2 章 英美旧城中心区土地混合利用实践的审视框架

为了归纳英美旧城中心区土地混合利用路径为实现可持续效应经历的演变历程规律,首先必须建立科学合理的规律审视框架。这就需要清楚判断三个问题:①过往已有的土地混合利用规律研究框架是否可用?②如不可用,其不足之处在哪,需要从哪几个方面进行优化?③新的框架如何搭建?解决这几个问题将对本书的研究起到至关重要的理论基础作用。

2.1 新的审视框架创建的必要性

2.1.1 实现可持续更新是土地混合利用的本质内涵

2.1.1.1 土地利用方式内涵与准则的理论要求

正如绪论中对土地混合利用概念辨析所述,土地混合利用是区别于传统严格清晰的功能分区的一种土地利用系统结构,本质上是一种土地利用方式。因此,土地混合利用毫无疑问应该具备土地利用的内涵特点,并遵循土地利用的行为准则(图 2-1-1)。

① 内涵特点方面。"土地利用实质上是一个自然、经济、社会和生态等多种因素相互作用的持续运动过程⋯⋯是以土地自然生态子系统和社会经济子系统以及人口子系统为纽带和接口耦合而成的复合系统。"(吴次芳和宋戈,2009:78)。虽然在这一"人地关系"中,人的行为起到决定性作用,但土地利用的实质揭示出,在人们利用土地满足自我需求时,必然受到生态系统、经济系统、社会系统的综合约束,对任一维度的考虑失当或者对任一维度的过度偏私,均将不可避免地遭受到"子系统"的"反制",从而影响土地利用行为活动的"永续性"。

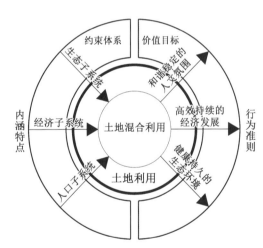

图 2-1-1 土地混合利用具备土地利用的
"内涵特点"和"行为准则"
(资料来源:作者绘制)

② 行为准则方面。促进高效经济发展以满足日益增长的物质需求、保护改善生态环境以维系健康持久的生存发展条件、彰显社会公平正义以营造和谐稳定的人文关怀氛围等三方面是土地利用的核心价值观(田莉,2016:27-30)。这意味着土地利用行为的准则即实现可持续效应,通过精妙均衡地促进经济、生态、社会发展,最终保障城镇居民宜居质量(伯克等,2009:37-40)。因此,在土地已被利用的旧城,土地利用的行为准则就是通过优化土地利用方式,更好地促进可持续发展,即实现可持续更新。

综上,从内涵特点和行为准则两方面看,土地利用必须综合均衡地考量经济、社会、生态子系统的限制影响及其高品质发展。土地混合利用作为高度集中多种土地用途、满足多样化人群需求的一种土地利用方式,就更应该全面体现上述内涵与准则,从而方能实现其真正价值。

2.1.1.2 土地混合利用实践复苏及兴盛的现实要求

以雅各布斯为代表的土地混合利用复苏的倡议者们,当时面临的是"功能纯净化隔离"带来的中心区"失活"现象,"失活"的原因是人口空间分异、社会关系断裂、经济持续衰退、空间环境破败、生态品质破坏等一系列问题。因此,土地混合利用在实践中被大家重新强调,其承载的期许也就包括促进多样化经济发展、社会环境融合稳定、空间环境特色宜人、保护生态环境等多方面。以当今视角看,实质上就是促进可持续更新。

当可持续发展成为国际规划届公认的准则后,土地混合利用成为英美国家各类国家级规划政策理念(如新城市主义、精明增长、城市村庄、城市复兴等)的基本原则,也恰恰是因为其具有实现可持续效应的潜力(Evans,2014;Hirt,2016)。尽管可持续发展的不同理论分支针对中心区土地混合利用复苏后产生的新问题和新的社会环境,对土地混合利用提出了新时期的要求,但其本质上依旧是希望通过土地混合利用实现新时期的可持续更新目标。

由上观之,土地混合利用理念在实践中的复苏及兴盛均不是为了解决某一方面问题或为了实现某一方面目的,如若以单一角度去评价土地混合利用的实践途径及其成效,势必将有失偏颇。

因此,不论是从土地利用方式理论本质角度,还是从实践复苏兴盛角度,实现可持续更新都是土地混合利用的本质内涵,即土地混合利用必须追求经济、社会、生态多维度均衡协同发展及促进更高质量发展两个层次目标。

2.1.2 过往研究对土地混合利用认知的异同

2.1.2.1 概念理解差异中存在的模糊化

土地混合利用的定义一直是模糊的,不同学者出于不同的理解角度或身处不同的社会时代背景,会做出差异化的概念界定(表2-1-1)。

表 2-1-1 各时期土地混合利用典型概念定义

类型	研究者	时间	定义
时空布局形式	Procos	1976	不同功能活动在物理空间上混合
	ULI	1976	是三个及以上能产生收益的功能(如零售、办公、居住、旅馆、娱乐等)紧凑大规模(容积率往往在3以上)的混合开发,彼此之间具有物理和功能上的紧密联系(往往是以不可分割的多维度步行体系连接),是统一连贯的规划的结果
	Rowley	1996	包括肌理、尺度、区位、形式、质量、产权、时间等要素
	ARC	2002	在同一个场所内包括相关的不同功能;每种功能占据一定比例;项目内部及与周边地区具有安全便捷的慢行体系
	Grant	2002	增加土地功能开发强度(如混合住房类型开发);增加功能多样性(如在原有基础上增加其他功能);混合之前隔离功能(如轻工业与住宅功能混合)
	Hoppenbrouwer & Louw	2005	包括共享、水平、垂直、时间等四个土地混合利用要素
	Louw & Bruinsma	2006	长时间对一块土地进行高强度多功能利用
	Hirt	2007	多种功能相互交织地位于一个步行可达的地域内,尤其是居住功能与非居住功能的混合
	黄毅	2008	一定空间或时间内掺杂两种或两种以上城市功能

(续表)

类型	研究者	时间	定义
时空布局形式	翟强	2010	令一定范围内的土地使用和空间形态达到混合功能状态的主动性的综合性开发
	Herndon	2011	多种功能在物质空间和功能业态之间存在联系;通过提高空间使用强度等方式最大化利用土地空间;步行导向开发;项目中各要素符合统一规划
	朱俊华、许靖涛、王进安	2014	邻里、街道、建筑内部的功能混合,通过用地适建性、用地兼容性、混合用地等方式达到功能混合效果
	赵永华	2014	单一地块或建筑中含两种及以上的具有相容互补的功能,且各功能所占比例超过10%
	郑红玉、吴次芳、沈孝强	2018	一个具有空间尺度和时间维度的结构功能系统
环境氛围营造	周岚	1992	通过多功能创造多样化生动的城市环境
	美国第一届土地混合利用开发行业会议	2006	将不同功能综合规划、呈现步行友好和居住-工作-娱乐环境氛围、充分利用空间,具有良好的服务和建筑意向表现,有利于缓解交通和城市扩张的规划项目
	DCLG	2006	一种满足居民居住、工作、生活的多功能的社会文化氛围
	Rabianski et al.	2009	指通过土地混合利用实现的场所氛围及实施效果
社会经济多样性载体	Jacobs	1961	多用途混合建设,满足不同规模企业和不同经济群体使用,呈现高密度建设和街道活力等特征
	Coupland	1997	混合开发,就能够创造一种新的社区,但实际上,社区不仅仅是功能混合,更应该是年龄上、收入上不同的人群混合
	Fainstein	2005	多样化城市空间承载多样化社会结构
	Jabareen	2006	强调城市形态所承载的社会与文化氛围,如人口多样性、文化多样性、经济多样性等,而这些需要通过物质空间的多样性得以实现
	Evans & Foord	2007	包括社会多样性、经济多样性、空间多样性、时间多样性
	Imrie, Lees, and Raco	2009	多样性和混合被认为是经济更新和文化活力的源泉,这首先就是人的包容性混合
	许松辉、许智东	2009	满足人们多功能需求,以功能多样性和社会多样性为重要内涵的土地利用方式
	Francis	2015	真正实现的应该是生活方式的混合(mixed-life place),即不同地位、收入、种族、信仰、年龄、性别、文化背景的人群生活模式的混合
	Tesso	2013	混合功能基础上的混合居住
	Evans	2014	新时期的定义重回对雅各布斯多样性的思考,应容纳中小企业、创新产业,并对新城市性、国际化人口充分考虑
可持续要素整合框架	BCO	2004	开发方式能够创建更具活力的城市形态、高密度开发和可持续的建筑环境
	UTF	2005	一个具有良好设计、紧凑的、较高连接度的城市,其承担多样性功能,人们在一定紧凑的空间内居住、工作并享受休闲时光,这一切都在一个可持续的城市环境中发生
	Smart Growth Network	2011	土地混合利用是为了通过安置满足多样化人群的功能,从而能够令人们获取更好的宜居场所,采取更公平可持续的交通方式、更安全的场所、更具活力的经济,最终能够吸引更多、更丰富的多元人群,促进社区融合,提升生活质量
	许思扬、陈振光	2012	以混合功能发展整合可持续要素的框架,形成品质高、效率高、排放低的城市空间
	ULI	2016	尺度多样化、功能多样化,具有紧密交通联系、多方合作、历史保护特色、可持续性、健康性等特征

(资料来源:作者整理绘制)

笔者认为，对土地混合利用理解的差异主要存在于认知维度和时代维度两方面。

① 认知维度方面。各方概念定义可以划分为"时空布局形式""环境氛围营造""社会经济多样性载体"以及"可持续要素整合框架"等四种明显差异化的认知角度。其中，"时空布局形式"和"环境氛围营造"偏向物质空间设计角度的认知，前者认为土地混合利用的主要特征是将不同性质、比例的城市功能通过一定时空布局方式实现的一种设计行为，后者则进一步强调这种设计行为所烘托的环境感知氛围。而"社会经济多样性载体"和"可持续要素整合框架"更偏向内在结构效应角度，跳脱外在物质空间形态，前一方强调承载社会多样性、经济多样性的内在结构性目标，后一方则拓展至包含空间品质、地方特色、社会融合、经济活力、环境可持续等促进可持续多维度发展的综合结构性作用的内容。

② 时代维度方面。首先，起初的认知主要以"时空布局形式"和"社会经济多样性载体"角度为主，在1990年代可持续发展理念出现后，逐渐出现了"环境氛围营造"和"可持续要素整合框架"认知方式，这本质上是一种"要求提升"，说明对土地混合利用的认知不再过度纠结于组织形式，而更加偏重实施效应的实现。其次，各认知维度内部也在发生着转变，这种转变体现在，对功能数量与种类、混合逻辑与比例、布局形式、形成途径、承载内容等方面不再精准化界定，这种转变可以看作是对纷繁芜杂的新时期现象和新时期需求的应对，也进一步说明"相对于精准的形式，最终效应目标的实现更为重要"。

综合观之，自土地混合利用理念复苏以来，对其概念的理解一直存在差异，而且这种差异在逐渐加剧，同时，对土地混合利用的理解也呈现出趋向本质化、效应化、扩大化的特征。随着时代的推进，一切土地混合利用可能实现的新的效应，以及能够促使这些新效应实现的手段，都被纳入土地混合利用的认知范围，这在逐步提升对土地混合利用要求的同时，也令其概念更加宽泛化、模糊化。同时，这也证明了土地混合利用存在着一条不断优化拓展的现实实践路径。

2.1.2.2 概念理解共识中的确定与非确定

虽然差异化、模糊化的概念理解为土地混合利用规律认知造成了困难，但多方认知中也存在着共识，这也为规律认知提供了基础。这种共识包括起点与目标的共识以及保障途径多元化的共识（图2-1-2）。

① 起点与目标的共识。虽然土地混合利用组织形式和理念框架中承载的内容日益复杂，难以精准界定，但各方认知均认可在一定范围空间内承载多元化功能是土地混合利用的起点，而多维度可持续效应是土地混合利用

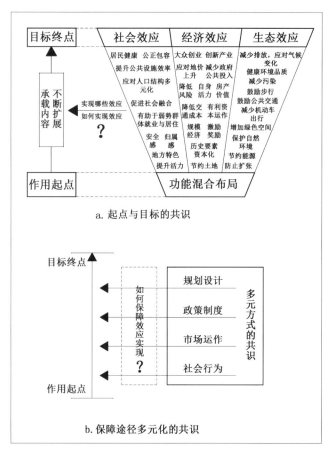

图 2-1-2　多方认知的共识
（资料来源：作者绘制）

的最终目标,"一始一终"成为最无可争议的共识。一方面,"功能空间混合"这一"起始"的共识是构成土地混合利用方式的先决条件,这也是区别于之前"严格纯净化功能分区"的基本特征。"时空布局形式"主要探讨的就是如何更好地进行功能混合的空间布局,而"环境氛围营造""社会经济多样性载体"和"可持续要素整合框架"等认知论也均承认"必须依托功能空间混合,在其基础之上附加其他特征内容,方能实现目标"的必要条件逻辑。另一方面,各方认知均认可土地混合利用的最终目标在于实现社会、经济、生态等多维度可持续效应。尽管随着时代的变迁,人们对土地混合利用效应的希冀不断增加,但新的目标并不是对之前的否认,而是在多维度上进行不断的扩充,相信这种扩充将随着不断涌出的新的时代需求而继续,但是土地混合利用社会、经济、生态的多维度可持续效应价值将一直存在。因此,笔者认为,起点与目标共识的存在,也就说明土地混合利用存在一条由功能混合到实现多维度可持续效应的动态提升过程。

② 保障途径多元化的共识。尽管各方提出了具有差异化的保障效应实现的方法,但是各方认知均认可"为了形成良好的土地混合利用状态,从而尽可能发挥多维度可持续效应以满足人们的多元化需求,就必须通过市场运作、规划设计、政府政策、社会行为等多方途径协同保障"。如"时空布局形式"和"环境氛围营造"等认知角度虽然偏重物质空间设计,但是依旧强调市场运作与政府政策对设计的作用。以美国城市土地协会(ULI)的研究手册《混合功能开发手册》(*Mixed-use Development Handbook*)(1976年)为例,手册提出的定义成为"时空布局形式"认知角度的典型(见表2-1-1),但手册中也同时明确地提出了经济可行性、公共部门角色、市场管理等要求。相似的论调也出现在Rowley为英国政府编写的研究报告中(Rowley,1996a;1998)。而"社会经济多样性载体"和"可持续要素整合框架"认知角度,由于在空间设计基础上强调多维度效应,所以更加重视社会力与政策力在土地混合利用行为中的作用,如城市多样性理论的先驱者雅各布斯早在《美国大城市的死与生》(1961年)中就强调了改革地区管理和规划制度,而城市复兴、新城市主义、精明增长等以土地混合利用为主要原则的可持续理论也均提出了设计、政策、社会组织等一系列举措。因此,确定有哪些多元化途径并明确这些途径对实现多维度可持续效应的作用,就成为促进由功能混合到实现多维度可持续效应动态提升的关键。但同时,随着多维度可持续效应的不断扩充,多元化路径及其作用方式也在不断丰富,这也就再次说明,土地混合利用存在着一条不断优化的路径。

2.1.3 新的审视框架构建的必要性

2.1.3.1 过往研究对演变规律的解析不足

由前两节论述可得出两个明显的结论。

① 土地混合利用具有多维度可持续效应,实现这种效应既是其土地利用方式内涵与准则的本质要求,也是其在实践中复苏兴盛的最根本原因,这种效应的本质包含多维度均衡发展和更高质量发展两个层次,所以我们既不能以片面角度对其进行审视,也不能以某一止步不前的视角对其进行审视。

② 虽然过往研究对土地混合利用概念认知和实施方式的理解具有差异,这导致了概念界定的模糊化,但差异的演变表明,对土地混合利用越来越重视其效应的实现,而非拘泥于某种固定的组织形式。同时,尽管可持续效应的维度内容在不断扩展、发挥可持续效应的机制莫衷一是且不断丰富,但土地混合利用由功能混合到实现多维度可持续效应的"起始关系",以及必须通过多元化途径保障土地混合利用发挥多维度可持续效应的"多元途径论"得到了各方共识。所以,我们在审视土地混合利用时,既不能忽视概念理解、组织形式、形成方式、效应内容均在发生变化的

特征,以及土地混合利用从开始功能混合到逐渐实现多维度可持续效应的动态提升特征,也不能忽视任何能够促进可持续效应实现的途径。

由绪论可知,具备可持续效应潜力正是我国当前为了应对新时期发展需求,日益强调土地混合利用的原因,而如何在未来长期城市更新过程中更好地发挥土地混合利用的可持续效应就成为迫切需要解决的难题。这就要求我们必须站在"长期更新实践过程"的"动态"视角,全面把握土地混合利用的内在规律。然而,过往对土地混合利用规律的研究却是"相对静态"的。这种"相对静态"体现在三个方面。

首先,概念界定与政策手段的"断面静态"(图2-1-3)。不同的定义与政策手段均以其所处时代的新现象与新要求为认知背景,提出"微环境"或"微视角"下的框架理念。这种认知紧跟具体现象,为一定时间、一定区域或一定领域内的实践提供了理论支撑。但是,这种"片段式"的框架总结却缺乏"连续性"思维,无法以促进多维度可持续效应实现为目标,起到"承上启下"的连续作用,甚至会出现"缩小化视角"下的"局限性定义"(如仅从促进功能时空混合布局角度出发进行探讨,或仅从促进空间活力角度出发进行探

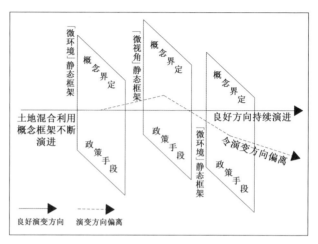

图 2-1-3 概念界定与政策手段的"断面静态"
(资料来源:作者绘制)

讨),这就容易令发展方向"左右摇摆",无法保障向良好方向持续性发展的健康状态。

其次,布局形式的"终极静态"(图2-1-4)。各方定义大多根据自己的理解,或以分类总结方式,或以完整模型方式,提出了较为完善的土地混合利用时空布局形式。这种"蓝图式目标"虽然能够为实践者提供终极状态指引,但是却缺乏对形成过程、形成机制、形成保障的阐述,也缺乏对形成后如何维护以及将来再发展的思考。对于时刻处于更新起始状态不同、更新条件不同、更新方式不同的多元现实实践来说,缺乏有效指导。

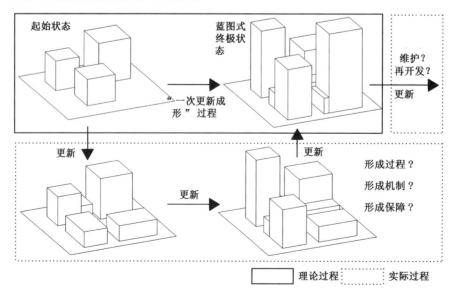

图 2-1-4 布局形式的"终极静态"
(资料来源:作者绘制)

最后，布局状态的"评价静态"（图 2-1-5）。各方研究根据自己对土地混合利用应有状态和效果的理解，建立不同的评价模型，对不同尺度的城市空间进行了定性定量的"混合度评价"。这对识别现有状态的研究问题具有重要意义。但是，这种静态评价方式不但常常偏重简单的功能混合空间布局判断，并未将可持续效应维度全部容纳，而且无法全面回答"以更好地发挥可持续效应目标看，当今状态是否在朝好的方向发展、哪里是发展短板、目前状态是如何形成的、未来该向什么方向发展以及如何发展"等长期实践中面临的科学规律问题。

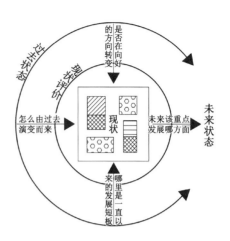

图 2-1-5　布局状态的"评价静态"
（资料来源：作者绘制）

由上可见，尽管过往学者从概念政策、布局模型、状态评价等角度进行了丰富细致的研究，但是却一定程度上暗含了"一次成形"的逻辑，是基于某个时代断面、某种认知角度、某种布局形式的认知框架。这种认知方式对微环境、微视角下的指导具有较高价值，但是从规律认知角度看，无法完全应对土地混合利用认知框架处于不断演变进程的特征以及从功能混合向实现多维度可持续效应的动态提升需求，因此，也就无法对长远动态发展提供历史审视依据和未来预判依据。

2.1.3.2　新的审视框架建立的准则

过去的规律研究视角框架既然不能够针对本书的研究目标提供较为完善的解决方案，那么就需要创建新的审视框架。新的规律解析框架必须满足以下要求。

① 必须秉持社会、经济、生态等可持续更新整体审视框架。因为实现多维度可持续效应是土地混合利用的本质价值，这也是本书规律研究的最终目标。

② 必须综合考虑多元方式对土地混合利用可持续效应的促进作用。因为过往研究已证明，土地混合利用效应的实现不仅仅是一个混合功能的空间布局问题。

③ 必须坚持动态审视逻辑。一方面，因为自复苏以来，土地混合利用认知框架一直处在一个动态演变过程中，以动态的视角审视这一过程，才能厘清演变趋势，归纳具有"审视历史"与"预判未来"价值的规律模型。另一方面，也因为在旧城更新过程中，土地混合利用从功能混合到实现多维度可持续效应不是一个一蹴而就的过程，而是一个持续动态演变过程，把握这一过程的演变特征、演变机制、演变本质，更有利于有效指导实践。

④ 必须以实践路径为审视对象。理论与实践往往存在脱离现象，西方土地混合利用从理念复苏到一定程度上实现可持续效应经历了漫长时间，实践方式的转变至关重要。对我国当前转型需求而言，切实方法也远比空中楼阁的理论更为重要。

⑤ 必须选择国际上具有影响力和时代引领性的国家作为规律总结对象。最大程度上保证规律的普适性以及对我国的借鉴启示意义。

2.2　可持续更新审视框架的构建

根据审视框架创建原则，本书创建基于可持续更新视角的整体性审视框架体系，主要包括审视思路、审视对象及范围、审视分析数据基础三部分内容。

2.2.1 审视思路

2.2.1.1 基于土地利用方式的审视内容维度

为了确保审视视角兼顾"社会-经济-生态"等可持续维度效应(框架建立原则①),以及审视途径能够容纳土地混合利用的多元保障方式(框架建立原则②),本书基于土地混合利用是土地利用方式的本质,从土地利用方式入手,分两步确立整体审视的内容维度(图2-2-1)。

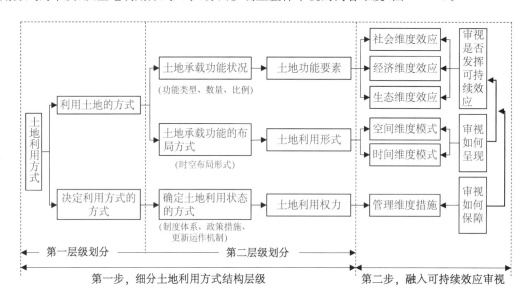

图 2-2-1 可持续更新审视框架审视内容的确定
(资料来源:作者绘制)

第一步,通过细分土地利用方式结构层级,确保能够容纳决定土地混合利用效应的所有要素。土地利用方式包括利用土地的方式以及决定利用方式的方式两个层次:

① 利用土地的方式指土地利用状态,主要指土地承载的功能状况,如功能类型、数量、比例等,以及土地承载功能呈现出的时空布局形式,在本书审视框架中将前者定义为"土地功能要素",将后者定义为"土地利用形式"。

② 决定利用方式的方式指土地利用的背后机制,即如何确定土地利用状态的方式,如制度体系、政策措施、运作机制等,本书的审视框架中将其定义为"土地利用权力"。

第二步,将"社会-经济-生态"可持续效应审视融入利用土地的方式和决定利用方式的方式当中,包括审视各土地功能要素是否承载并发挥了多维度可持续效应,这种承载在土地利用形式中是如何体现的,以及土地利用权力是如何保障其实现的。

至此,可持续更新审视框架的基本审视内容维度搭建完成。

2.2.1.2 基于实践方式演变的审视历程维度

为了保证以动态视角审视实践路径演变历程的完整性(框架建立原则③、④),必须审视西方土地混合利用从瓦解到复苏、再到今日的全历程实践演变过程。

实践演变历程实际上是一个以"发展问题—应对思想—现实实践"为主要步骤的循环往复过程(图2-2-2)。不同阶段实践特征之所以会发生转变,必然是因为某阶段既有实践模式在运作一段时间后,实践模式本身产生了令人难以继续使用的问题或无法应对新时期社会经济需求的转变,从而在新的理论思想的不断冲击下逐渐形成了新的实践模式。

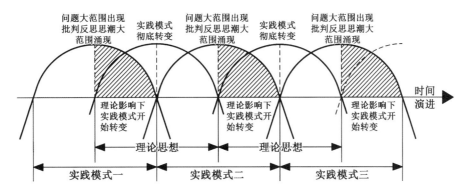

图 2-2-2　实践演变历程
（资料来源：作者绘制）

因此，依据不同阶段，分别分析此阶段面临的社会、生态、经济等方面的不可持续问题，此阶段应对思想及此阶段的实践应对方式进行分析，就实现了对西方土地混合利用实践历程的直接、完整分析（图 2-2-3）。只有对整体实践历程进行系统、全面、刨根问底式的"全景式"呈现，才能有助于清晰地了解：在不同的阶段，促使土地混合利用路径发生演变的动因机制是什么，路径演变需要解决的重点问题是什么，以及此阶段的实践模式具有哪些特点。这一过程能够明晰各阶段实践为了土地混合利用可持续效应的实现做出过哪些努力，与前一阶段有何明显不同，取得了哪些成效，又产生了什么问题，从而为演变规律的解析归纳奠定坚实的基础。

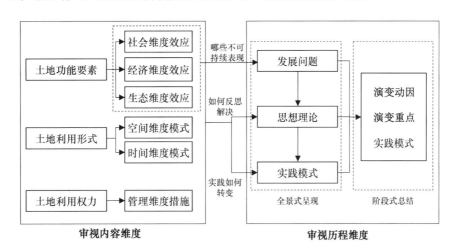

图 2-2-3　审视历程维度
（资料来源：作者绘制）

2.2.1.3　基于研究目标的审视规律应用维度

在实践历程完整分析的基础上，本书基于土地功能要素、土地利用形式和土地利用权力的审视内容维度，归纳西方土地混合利用路径演变特征，基于社会、市场、政策传统演变机制体系[①]，剖析良性路径演变的保障机制，以及进一步辩证性思索良性演变路径的本质逻辑、重点难点及正确认知态度，从而实现动态视角下的演变规律系统解析（图 2-2-4）。

---

① 不论是从混合功能开发角度（BCO，2004；Rabianski et al.，2009c；朱晓青，2014：33-42），还是从城市更新角度（Home，1982：18-32；Couch，1990：49-115；Evans，1997：97-115；耿慧志，1999；阳建强，2017，2018），抑或是城市空间结构角度（张庭伟，2001），社会、市场、政策等三方面均被认为是演变机制的三角决定力量，并存在相互制约的关系。

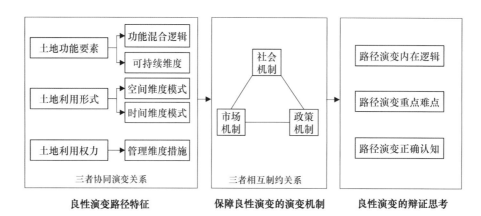

图 2-2-4 演变规律的系统解析
（资料来源：作者绘制）

综上，本书确立了"审视内容—审视历程—审视规律"的整体研究思路（图 2-2-5），能够较为完善地满足新的审视框架创建准则要求，有利于解答本书的研究问题。

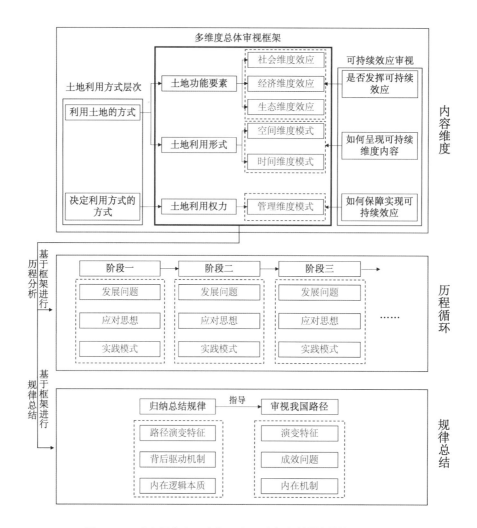

图 2-2-5 "审视内容—审视历程—审视规律"的整体研究思路
（资料来源：作者绘制）

2.2.2 审视对象及范围

2.2.2.1 研究对象的确定

为了能够令本书研究具有一定程度的普适说服力,在规律归纳时需要选择国际上具有影响力和时代引领性的研究对象(框架建立原则⑤),因此,本书以美国、英国作为西方规律总结的研究对象。具体理由如下:

① 英美国家是现代城市规划理论的摇篮,是基于现代规划理论最早开始的具有全球影响力的大规模旧城中心区更新的西方国家,也是旧城中心区土地混合利用理念与实践复苏的发源地,至今仍是旧城中心区土地混合利用理念与实践领先的地区。这意味着,英美国家在旧城中心区土地混合利用从瓦解到复苏、再到衍化的全过程中的实践均具有时代引领性。

② 英美国家是旧城中心区土地混合利用研究的领先阵地。对 Web of Science 数据库 1900—2019 年文献进行检索统计可得,不论是对中心区的研究,还是对土地混合利用的研究,英美国家均是研究国家地区的前两位(图 2-2-6)。一方面这是因为两国学术科研能力领先,另一方面也说明英美国家一直处于此方面研究的前沿,而其大多数研究对象都是基于本国案例展开的,也就侧面证明英美国家实践具有广泛关注度与国际影响力。

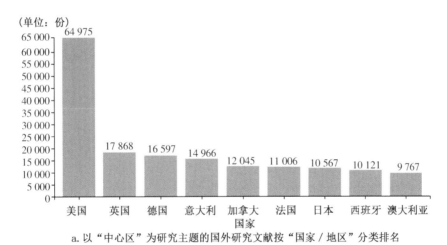

a. 以"中心区"为研究主题的国外研究文献按"国家/地区"分类排名

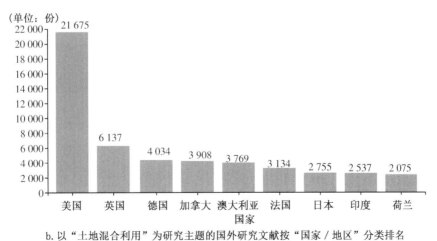

b. 以"土地混合利用"为研究主题的国外研究文献按"国家/地区"分类排名

图 2-2-6　旧城中心区土地混合利用国外相关研究按"国家/地区"分类

(资料来源:作者绘制)

③ 英美国家相关理念与实践对我国具有深刻影响。新中国成立初期受苏联模式影响较多，但在改革开放后的现代规划体系的恢复建设中，土地开发控制制度主要吸取了英美两国经验，一方面体现为行政许可过程借鉴了英国的"规划许可证"制度，另一方面体现为实施时的行政许可依据（主要指控规）借鉴了美国区划制度。因此，作为土地利用方式，我国土地混合利用也就很大程度上受到了英美国家相关理念与实践的深刻影响。这从我国学者在土地混合利用领域内的经验借鉴研究数据可见一斑（图2-2-7）。近年来，我国逐渐开始对新加坡、日本等国家和地区的经验日益关注，但这些国家和地区的实践制度在建立发展过程中也均受到了美国、英国的重大影响。

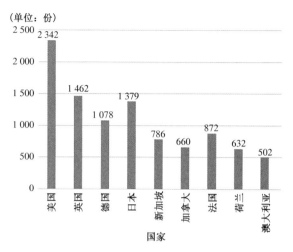

图 2-2-7　我国土地混合利用研究文献提及的国际案例频数统计，1979—2019 年
（资料来源：作者绘制）

④ 英美国家城市规划体系各具本国特色，但政策理念发展趋势大致统一，在一定程度上可以丰富演变规律内涵。英国执行的是严格的"中央—地方"二级行政管理体制，并在1968年后跳脱原有区划制度，走向指导型开发控制体系（于立，2011）。而美国实行的是州郡联邦体制，并一直基于区划制度进行不断创新发展。可以说英美两国在行政管理体系及开发控制逻辑上存在差异。但是，自20世纪初的现代规划理论实践以来，两国在土地利用规划理念和城市更新政策上却一直相互借鉴（Fainstein,1994；Roberts & Sykes,2000：257；Ward,2002；艾琳,2007：43-100；霍尔,2009），具有高度的互通度与相似性。因此，总结英美国家发展规律，可以探索统一发展趋势下不同体制的应对方式，增强规律的指导价值。

综上，笔者认为，选择英美国家作为研究对象，能够令规律总结具有一定的本源性、代表性、完整性与前瞻性，且对我国具有切实借鉴指导意义。

2.2.2.2　时间范围的确定

研究时间范围的确定包括总体时间长度与历史阶段分期两个重要因素。

（1）总体时间长度

本书意在对现代规划主动控制干预下的旧城中心区土地混合利用路径进行规律总结，因此，对现代规划诞生之前的历史阶段不予考虑。另一方面，虽然可持续更新理念起源于1980年代末，但其并不是无根之源，正如概念界定中所述，其是长期城市更新实践过程的结晶，同样，旧城中心区土地混合利用理念和实践也绝不是从1980年代末才开始以实现可持续效应为目标的，在其复苏之时，面对20世纪上半叶现代规划理论影响下大规模城市更新导致的种种恶果，就已经被赋予了多维度期许。因此本书将英美国家演变规律总结的"总体时间长度"界定为：从现代城市规划的开端至今，即1900年代至2010年代。研究涵盖从旧城中心区土地混合利用被破坏直到近年来一定程度上实现了可持续效应的全过程，做到"知其然，亦知其所以然"，从而更好地总结土地混合利用从瓦解到复苏再到发挥效应的整体动态演变规律。

（2）历史阶段分期

历史阶段分期的界定不但是人们进行历史研究常常采取的最有效的办法，而且对城市规划历史研究而言，也是从整体上把握城市规划发展脉络的前提性工作（李浩，2016）。在本书中，历史阶段分期对辨析演变特征至关重要,科学合理的阶段划分本身就已经实现了对整体演变脉络的剖析,更决定了后期演变规律归纳的基础。本书在进行历史阶段分期时,主要考虑两方面影响。

一方面,旧城中心区土地混合利用演变的历史分期必须放入到经济社会背景、理论发展背景和政策制度背景当中进行。笔者从建设实践、规划理论、中心区发展和土地混合利用理念等角度总结了国内外不同学者对现代规划诞生以来的城市发展历史进程的阶段划分(图2-2-8),可以发现,建设实践、规划理论、中心区发展三类历程划分中有三条界限比较清晰,分别是:①1930年代与1940年代的界限,代表着战后大范围物质更新建设实践的开始、中心区开始走向衰退、规划理论由理论准备向现实实践的转变;②1950年代与1960年代的界限,代表着建设实践方式的调整转变、中心区的复苏、规划理论的批判反思与转型;③1980年代与1990年代的界限,代表着建设实践向全球化城市再生模式转变、中心区持续复兴、规划理论进入可持续时代。而土地混合利用理念角度的分期则缺乏1930年代与1940年代的界限,通常认为1950年代前是工业城市建设背景下由功能混合走向功能分区的时代。

分类		1900年代	1910年代	1920年代	1930年代	1940年代	1950年代	1960年代	1970年代	1980年代	1990年代	2000年代	2010年代
建设实践	霍尔,1989		现代创立			战后发展			新政实施				
	Roberts & Sykes, 2000						重建	复苏	更新	再开发	再生		
	Tallon, 2013			—		物质更新		社区福利制度		企业化城市	竞争再生	城市复兴、邻里更新	紧缩时期
	Ward, 2010	起始		扩展转折		新正统		调整		改革	新时代		
	沈玉麟,1989			—		二战前	战后初期	恢复与建设	1960年代后		—		
	张冠增,2011		两次世界大战之间				战后重建		思潮涌现		全球化		
中心区发展	Loukaitou-Sideris & Banerjee, 1998		放射城市核心				衰退中心		复苏中心		持续复苏		
	Fogelson, 2001; Frieden & Sagalyn, 1989		商务办公中心				衰退中心		复苏中心		持续复兴		
	耿慧志,1998			—		战后重建	萧条	更新计划		复兴			
	宋云峰,2006			—			战后重建		复兴		持续复兴		
规划理论	泰勒,2006			—			二战后早期理论	1960年代理论		后现代转变	可持续时代		
	吴志强,2000	田园城市	城市发展空间理论等			战后重建理论等			规划批判等		全球化		
	孙施文,2005			—		理论准备		全面实践		批判转型			
	张京祥,2005		精英路线				功能理性		混沌交锋		全新图景		
	周国艳,于立,2010		两次世界大战之间				战后—1960年代		1970年代	1980年代	1990年代以来		
土地混合利用	Procos, 1976			工业城市时期				复苏时期					
	Coupland, 1997	新理想	区划	两次大战期间		战后发展			模式转变		可持续时代		
	Schwanke, 2003		早期发展				现代模式出现	国际化趋势	后现代发展		城镇中心与城市村庄		
	黄毅,2008		工业城市时期			功能混合走向功能分区			功能分区向功能混合的回归				
	翟强,2010		工业城市时期			强调功能分区			倡导功能混合				
	朱晓青,2014			工业时代				较少出现	大尺度项目	小尺度建构	系统规划		

图2-2-8 不同研究学者对现代规划诞生以来西方城市发展历史进程的阶段划分
(资料来源:作者整理绘制)

另一方面,旧城中心区土地混合利用演变的历史分期应该以自身发展的重大事件为主要依据。笔者从实践政策和思想理论两方面梳理了与之相关的重大事件(图2-2-9)。梳理结果显示,1900年代至今可以分为三个阶段:①1900—1950年代中后期,在现代规划理论指导下,旧城中心区土地利用方式以功能区划、人口疏散、大范围物质更新、政府主导为主要特征;②1950年代中后期—1980年代中后期,是后现代规划理论对现代规划的反思与批判,同时,旧城中心区土地混合利用开始复苏,并开始关注混合功能开发、住宅建设、历史保护、空间环境等内容,运作方式也转变为公私合作;③1980年代中后期至今,可持续发展成为全球指导理论,旧城中心区人口数量在长期下降后终于实现了回升,中心区开始转向中央活力区建设,以功能混合、时空共享、商业街区式开发、包容性发展、生态更新等特征开展新一轮的城市再生建设,更新过程运作方式转变为社区主导,多方参与。

关键词	实践政策		理论思想		阶段划分
关键词： 功能区划 人口疏散 物质更新 政府主导			1898	田园城市	关键词： 现代规划 理论
	美国形成城市美化运动 以中心区更新建设为主要内容	1902			
	纽约建立人口拥挤委员会 鼓励建立郊区社区疏散内城人口	1907			
	英国颁布第一部城市规划法 规定规划的主要职责是在城市外围新建居住区	1909			
			1915	进化中的城市	
	美国纽约建立第一部综合性分区条例 区划工具开始在美国实施	1916			
	美国成立区域规划协会 意在疏散人口	1923			
			1925	明日之城市	
			1928	国际现代建筑协会	
			1928	美国雷德朋体系	
	英国出台《格林伍德法案》 政府获得拆除贫民窟重建的权力	1930			
			1933	国际现代建筑协会四次会 议提出功能城市	
	美国成立联邦住宅管理机构 政府介入住宅建设，并以贷款方式鼓励外迁	1934			
	英国颁布《巴罗报告》 以疏散方式解决内城人口和工业拥挤问题	1940			
	美国颁布《城市再开发手册》 首次建议授予地方政府征地权	1941	1942	英国屈普交通分区	
			1943	雅典宪章（正式出版）	
	英国颁布《城市中心区再开发手册》 贯彻疏散和功能分区思想	1947			
	英国颁布《城乡规划法》 土地开发权收归国有，实施综合开发区政策	1947			
	美国颁布《住房法案》 大规模贫民窟拆迁运动的开端	1949			
关键词： 功能混合 住宅建设 历史保护 环境质量 公私合作	美国建设费城中心区佩恩中心 第一个意图以混合功能开发项目来引领中心区复苏的建设	1954			关键词： 后现代规划 理论
	英国出台伦敦巴比肯地区功能混合开发方案 政府意识到中心区人口危机	1955			
	美国出台《空气污染控制法案》 改善内城空气质量	1955			
	英国出台《清洁空气法案》 改善内城空气质量	1956	1958	中心区是为人服务的	
	美国修订纽约区划条例 开始打破传统区划对功能混合的束缚	1960	1960	城市意象	
	美国纽约中心区出现阁楼（Loft）形式 职住一体化	1960年代	1961	美国大城市的死与生	
			1961	城镇景观	
	英国出台《城镇更新办法》 明确要求划定保护区	1962	1962	规划的选择理论	
			1962	寂静的春天	
	芝加哥建设马里纳城（Marina City）项目 中心区商住混合建筑	1963	1963	城镇交通	
	美国出台《经济机会计划》 标志美国向贫穷开战的开始，提升内城社区质量，并首次明确要求当地社区和居民参与	1964	1964	我们城市的中心	
	美国加利福尼亚中心区建设弗雷斯诺街区 美国较早开始尝试完全步行化的商业街区	1964			
	美国建设哥罗多利广场（Ghirardelli Square） 美国第一个节庆市场混合功能理念项目	1964			
	英国建设伯明翰斗牛中心（Bull Ring Centre） 英国中心区第一个完全封闭式购物中心	1964	1965	城市不是树	
			1965	协调单元	
	美国颁布《国家历史保护法案》 设定国家史迹名录以保护	1966	1965	规划的倡导性与多元论	
	美国休斯敦建设喧嚣廊坊（Galleria Bustle） 中心区商业开始引入郊区的完全封闭式模式	1967	1967	新韦伯主义	
	英国提出城市计划项目 标志英国提出内城社区质量的开始	1968	1967	新马克思主义的空间转向	
	英国修订《城乡规划法》 英国规划系统改革，废弃蓝图式区划控制	1968	1969	设计结合自然	
			1969	市民参与阶梯	
	英国提出《斯基芬顿报告》 规划体系中公众参与方法	1969	1970	无序的作用	
			1971	生态城市	
	美国出台《国家城市政策报告》 美国企业化城市更新开始，促进内城多功能混合开发	1978	1972	增长的极限	
			1973	小的是美好的	
	英国撒切尔夫人上台 英国企业化城市更新开始，促进内城多功能混合开发	1979	1977	马丘比丘宪章	
			1978	拼贴城市	
关键词： 功能混合 人口回升 时空共享 商业街区 社会包容 生态更新 社区主导 多方参与	英国伦敦颁布《中央活力区规划》 第一个提出中央活力区概念	1984			关键词： 可持续发展 理论
	美国圣地亚哥中心区商业区更新 商业区转向大型混合功能街区模式	1985	1986	健康城市	
	英国改革土地利用分区标准 提高功能转换许可弹性	1987	1987	可持续发展理念	
	美国波特兰颁布中心区城市设计导则 美国城市设计导则成熟化	1988	1987	收缩城市	
	英美国家中心区人口开始回升 中心区人口1900年代以来第一次开始上升	1980年代末			
	英美国家大规模实施夜间经济政策 夜间经济成为国家和地方政府政策	1990年代初	1990	紧凑城市	
	英美国家实施学校社区化利用政策 提升空间错时多元化利用	1990年代初			
	美国大规模实施商务促进街区项目 中心区商业街区可持续发展	1990年代初			
	英国改革城市规划体系 简化规划流程，提高响应速度，加强公众参与	1991	1991	生活品质理念	
	英国提出城市挑战（City Challenge）项目 竞标方式促进社区更新	1991			
	英国颁布国家规划指引 将土地混合利用列为国家政策	1992	1992	全球21世纪议程	
	美国各城市开始大规模颁布混合利用条例 土地混合利用成为各城市土地的主要政策	1993	1992	城市村庄	
	美国推动希望6号项目（HOPE VI）	1993	1993	新城市主义联盟	
	美国开始新一轮以居住为主的城市更新项目	1996	1996	精明增长组织	
	英国推动社区新政 英国开始新一轮可持续社区更新	1998	1998	城市复兴理念	
	美国提出基于形态的条例 颠覆传统区划控制逻辑，偏重形态控制	2001	2001	包容性城市	
	英国伯明翰斗牛中心（Bull Ring）更新 商业区转向大型混合功能街区模式	2003			
	英国颁布《规划及强制购买法案》 可持续评价法定化	2004			
	英国伦敦出台绿色屋顶政策 将绿色可持续融入多元生活	2008			
	英国伦敦出台建筑生态更新项目 全面实施生态更新政策	2009			
	纽约推行共享办公模式 有利于中心区中小企业发展	2010			
	英国推行邻里规划法定化 邻里自主决策规划开发	2011			
	纽约出台绿色区划项目 突破区划限制以满足生态更新	2012			
	纽约改革区划条例 警惕居住对商业商务核心区的侵蚀	2017			

图 2-2-9 英美国家旧城中心区土地混合利用相关大事件

（资料来源：作者绘制）

综合以上两方面,考虑到实践模式整体的转变并非朝夕可为,秉持"宜粗不宜细"的历史研究划分原则(李浩,2016),笔者认为,旧城中心区土地混合利用发展路径可以分为三个阶段(表2-2-1)。

表2-2-1 英美国家旧城中心区土地混合利用发展阶段划分

阶段划分	瓦解(1900—1950年代)	复苏(1960—1980年代)	衍化(1990年代至今)
中心区建设状况	中央商务区(短暂兴盛后迅速衰退)	中央游憩区(活力复苏)	中央活力区(持续复兴)
规划理论	现代规划理论	后现代规划理论	可持续发展理论
人口数量	减少	持续减少	回升
住宅建设	减少	环境提升并逐步增长	大面积迅速增长
功能布局方式	功能分区	功能混合	功能混合
区划工具	传统区划	打破束缚	弹性创新
更新方式	大规模物质更新	有机更新	可持续更新
历史保护态度	忽视破坏	保护再利用	保护再利用
空间环境	秩序美观	物理空间环境品质	生态环境品质
包容性	社会空间分异	绅士化	包容发展
运作方式	政府控制	公私合作	多方合作

(资料来源:作者绘制)

① 瓦解阶段(1900—1950年代)。此阶段主要指,在现代规划理论指导下,以传统区划为工具,以政府主导的大规模城市更新的实施方式,对旧城中心区原有土地混合利用状态进行的颠覆性瓦解。这也分别对应了规划理论中的"现代规划理论创建与实践"、中心区在中央商务区建设目标下的"衰退"以及建设实践中的"大规模物质更新"。

② 复苏阶段(1960—1980年代)。虽然在1960年代前,英美国家中心区就已经出现功能混合建设,也有相关学者强调土地混合利用理念,但雅各布斯的《美国大城市的死与生》对土地混合利用理念复苏的决定性贡献是得到普遍认可的。也正是在1960年代初,大批强调土地混合利用原则的理论著作集中问世,各类功能混合实践也相继涌现[如混合功能街区、阁楼(Loft)、商住楼、步行街区、封闭式商业综合体、节庆市场理念、社区质量提升等],规划体系相应调整(美国区划法改革、英国规划体系改革)。自此,旧城中心区土地混合利用开始全面复苏。这也分别对应了规划理论中的"批判转型"、中心区以中央游憩区建设为目标的"活力复苏"以及建设实践中的"调整改革(有机更新)"。

③ 衍化阶段(1990年代至今)。经历了近一个世纪的人口下降后,旧城中心区人口终于从1980年代末开始实现了明显回升。而之前近30年的更新复苏,因仅强调经济维度的城市发展方式所以得到多方诟病。1987年世界环境与发展大会中提出的可持续发展理念成为划时代标志,在此理念下,健康城市、紧凑城市、生活品质、新城市主义、精明增长等一系列理论相继出现,均以土地混合利用理念为重要原则,并提出了新的衍化要求。同时,以英国国家规划指引、美国各城市土地混合利用条例等为标志,土地混合利用理念从市场实践中的原则转变为英美国家全国性的规划管治政策目标,并相继实施新一轮的土地混合利用实践(如社区更新、创新经济、城市复兴、商务商业提升区、生态更新、包容性发展等),并辅以相应的规划体系改革。迄今为止,英美国

家的一系列实践政策都是在1990年代初的政策基础上进行的完善深化,并无实质性的颠覆转变。这个阶段也分别对应了规划理论中的"全球化可持续时代"、中心区在中央活力区建设目标下的"持续复兴"以及建设实践中的"新时代再生(可持续更新)"。

2.2.3 审视分析数据基础

为了能够令规律总结及路径审视更具有可信度,全面翔实的历史数据资料必不可少。因为实践演变历程包括各时期发展现实问题、思想理论以及实践政策等内容,所以研究基础资料应包括各时期重要学术文献、法定规划、法规政策以及典型案例项目等。

① 学术文献。主要指通过谷歌学术(Google Scholar)、亚马逊(Amazon)、中国知网、当当网搜索的书目、期刊论文、学术会议论文等,其中主体资料为以英美国家"中心区"或"土地混合利用"为主题的学术文献,拓展资料为以英美国家"城市更新""城市规划史""各重点城市发展史、规划史"为主题的学术文献,补充资料为以"西方城市发展史""西方城市规划史"为主题的学术文献。

② 法定规划。主要指英美国家各时期具有广泛影响力与代表性的中心区规划、城市总体规划等。

③ 法规政策。主要包括国际纲领性文件以及英美国家各时期重要的政策指导文件、法律规范等。

④ 典型案例。主要指各时期英美国家旧城中心区具有引领性、示范性的建设实践项目。

2.3 本章小结

从土地利用方式内涵的理论角度和现实复苏兴盛的实践需求角度两方面看,实现可持续更新都毋庸置疑地是旧城土地混合利用的本质目标和价值所在。进一步通过对既往研究认知异同的分析,我们可以清晰地发现,虽然各方对土地混合利用概念框架的争议导致了其概念界定的日益扩大化、模糊化,但同时也表明各方对土地混合利用越来越重视其实施效应,而非强调其组织形式,尽管土地混合利用可持续效应内容维度的不断扩展令其实施机制愈加难以捉摸,但仍旧存在"通过多元化途径保障土地混合利用实现从功能混合到发挥多维度可持续效应的提升"这一共识。

目标价值所在和既往研究的共识,正是我国在当前新型城镇化转型发展的关键时刻日益强调土地混合利用的根本原因,而如何实现土地混合利用的可持续效应就成为需求解决的迫切问题。然而相对于土地混合利用概念框架不断变化的特征,以及其实现可持续效应的明显动态提升过程,既往的规律研究却存在概念界定与政策手段的"断面静态"、布局形式的"终极静态"、布局状态的"评价静态"等问题。因此,新的规律审视框架的建立势在必行,并需要满足考虑多维度可持续效应、多元保障方式、动态审视视角、注重实践方法、具有普适代表价值等原则。

在此原则基础上,本书尝试搭建了可持续更新审视框架:首先,基于土地混合利用的土地利用方式本质和可持续效应目标价值确立了土地功能要素、土地利用形式、土地利用权力三个审视内容维度,进而确立了从实践历程到规律解析的整体研究思路,即,以审视内容对西方实践历程各阶段发展问题、理论思想、实践模式进行脉络梳理,从而归纳路径演变规律模型,从而为审视我国既有路径提供依据;其次,选取具有国际广泛影响力的英美两国作为规律模型建构的研究对象,并确定审视时间范围和阶段划分;再次,依据审视需求确定审视数据资料。至此,可持续更新审视框架搭建完成,新的框架的构建有效应对了本书研究目标,后面章节的研究将在此框架下开展。

第3章 瓦解：旧城中心区的秩序疏解（1900—1950年代）

3.1 "混杂"成为亟须解决的不可持续根源

西方旧城中心区土地利用的功能分离现象在工业革命之前是一个缓慢剥离的过程（Hall et al.，1973：74-85；Procos，1976：1-6；Coupland，1997：31-42）：在古代，西方城市中极少存在土地功能分离，城市中的绝大多数建筑往往集居住、售卖、生产为一体，仅少数宗教、行政、公共服务建筑单独存在，但即便如此，这些分离功能的建筑与周边建筑也紧密共存；到了中世纪，大多数建筑依旧呈现混合功能状态，虽然由于生产力提升和贸易行为增加，大型生产区、单独的市场区和金融功能建筑相继出现，可支配收入的增加也催生了单独的娱乐功能建筑，但他们都彼此啮合，并大多与居民区紧密相连；工业城市前期（文艺复兴、巴洛克时期），城市中心区人口日益拥挤，富裕阶层开始出现外迁现象，脱离于中心区的独立居住区出现，这在一定程度上导致了工作与居住功能的分离，伴随着通勤式交通的出现，原本居住生产一体化的建筑逐渐瓦解，但这仅发生在一小部分上层社会家庭当中，大部分城市居民依旧居住在中心区。可以看出，因为没有工厂污染、机动车交通的破坏与影响，所以工业革命前旧城中心区依旧呈现着步行友好、功能混合（生活-生产-娱乐）、多样化人群（种族、经济和社会层次）的高密度有机肌理状态（Schwanke，1987：7；Rowley，1996a；Loukaitou-Sideris ＆ Banerjee，1998：7-8；Isenberg，2004：6）。

工业革命的到来给中心区人口、形态、功能和环境等各方面带来了巨大变革。以家庭经济为中心的城市结构被彻底打破，原有居住生产一体化的建筑大面积消亡，同时交通工具（尤其是公共交通工具）的升级（如蒸汽车、电车、轨道交通）令中产阶级与富裕阶层外迁更为便利，原有小型商铺与住房被新的商业商务建筑或公共建筑取代（Couch，1990：7-8；Fogelson，2001：23）。但在20世纪初，中心区看上去依旧延续了之前的混合状态，其主要原因是中心区具有临近商贸中心和铁路枢纽的区位优势，所以在1920年代交通方式变革（私人汽车、货运汽车）之前，工厂大多位于中心区，依附于工厂的工人住宅因此就与工厂呈混杂状布局。而工厂的发展同时又加速了商业贸易功能的繁荣，并共同促生了相关公共服务设施（如管理、银行、保险、娱乐、旅馆、物流、法律、交通保障等）。因此在市场地价作用下，整个中心区呈现一种拥挤、高密度的土地混合利用状态（Home，1982：55）（图3-1-1）。然而这种看似的延续实际上却已发生了本质改变，原本精妙的平衡中增加了机动车交通、重工业生产、贫富分离和商业贸易发展等要素（图3-1-2），所以虽然其体现了工业城市的繁荣，但同时也带来了不可容忍的多维度问题，因此也就引发了人们对城市中心区土地利用方式的反思。

3.1.1 环境维度：拥挤混杂布局引发环境恶化

工业化及其促发的商业活动导致急剧城市化，伴随着工业城市的迅猛发展，自19世纪末开始，乡村人口短时期内大量涌入城市（表3-1-1），大部分都集中在与中心区工厂混合相处的工人住房内（Ward，2010：10），令中心区人口密度几倍于内城与郊区（利维，2003：10）。但由于城市中

a. 1943年伦敦中心区土地利用状况混杂　　　　　　b. 1922年芝加哥中心区土地利用状况混杂

图 3-1-1　20 世纪初旧城中心区土地混合利用状况

[资料来源：a 图(Forshaw & Abercrombie,1943：104),b 图(Hirt,2016)]

心区用地逐渐被高附加值的商业性功能所占据,原本不足的住房建设面对人口的急剧膨胀显得更加左支右绌,因此造成住房的过度拥挤与公共卫生设施极度破旧匮乏,在工业污染的肆虐下,卫生环境恶劣、传染疾病蔓延、大气河流污染等问题同时涌现(Simpson et al.,1989;利维,2003：11-14;刘金源,2006;霍尔,2009：16-20;梁远,2016：44-56)。这导致中心区人口长期处于非健康状态,患病率、标准化死亡率和婴儿死亡率均远超郊区(Barlow Commission,1940;霍尔,2009：32-33),进一步甚至引发了各类犯罪与暴力动乱(霍尔,2009：25-29;Zipp,2010：267)(图3-1-3)。尽管自19世纪中叶到20世纪20年代,围绕卫生和住房两大主题,英美国家制定了各种

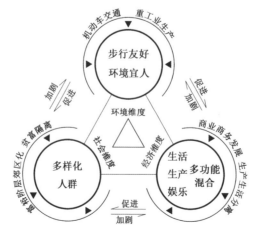

图 3-1-2　工业革命对旧城中心区原有土地混合利用状态各维度的改变机制

(资料来源:作者绘制)

法案①,以提高最为拥挤的内城及中心区住房和环境条件,但政府因经济困难且缺乏土地再开发的管理权力,无力实施大规模更新活动,所以在私人开发商控制、社会改良家的思想影响以及中等收入家庭的投票下,新建住房建设往往位于郊区(Simpson et al.,1989;霍尔,2009:42-43),这也加速了城市郊区化发展(Ward,2010:21-32)。

表 3-1-1　世界发达地区城市化率变化,1800—1950 年

年份	总人口/百万	城市/百万	乡村/百万	城市化率/%
1800	273	20	253	7.3
1825	305	25	280	8.2
1850	352	40	312	11.4
1875	435	75	360	17.2
1900	575	150	425	26.1
1925	715	285	430	39.9
1950	855	449	406	52.5

(资料来源:United Nations,1980)
注:当时世界发达地区指欧洲、北美、大洋洲等地区国家。

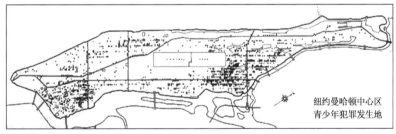

图 3-1-3　1930 年代纽约曼哈顿中心区暴力犯罪及青少年犯罪地图
(资料来源:Zipp,2010:267)
注:据分析,犯罪高发区大多为贫民窟集中区域。

---

① 如立法较早的英国,1848 年就颁布《公共健康法案(1848 年)》(*Public Health Act* 1848),此后于 1866、1875、1896、1904、1913、1925 年几次进行修订,重要的住房法案则包括《共同居住住房法(1851 年)》(*Common Lodging Housing Act* 1951)、《工匠和住房法(1868 年)》(*Artisans' and Dwellings Act* 1868)《工匠和劳动者住房改善法(1875 年)》(*Artisans' and Labourers' Dwellings Improvement Act* 1875)、《工人阶级住房法(1890 年)》(*Housing of the Working Classes Act* 1890)、《住房及城市规划等法案(1909 年)》(*Housing, Town Planning, etc., Act* 1909)、《住房及城市规划法(1919 年)》(*Housing and Town Planning Act* 1919)、《保守党政府的张伯伦住房法(1923 年)》(*Conservative Government in Chamberlain's Housing Act* 1923)。在美国,各城市针对健康问题相继成立城市健康管委会颁布管理办法并实施监管,如 1848 年最早成立的纽约市健康委员会(Metropolitan Board of Healthy for NewYork City),到 1878 年时已经有 100 多个城市相继建立类似组织,而各城市也针对住房环境出台过相关法律,如纽约的《出租房法(1867 年)》(*Tenement House Law* 1867)、《出租房法(1901 年)》(*Tenement House Law* 1901)。

内城(尤其是中心区)在各地方政府的努力下,大多只改善了有关城市市容的公共基础设施(如公园、市政厅、图书馆、浴室、学校、医院等),以及建设了一部分示范性工人住宅(Home,1982:4;Coupland,1997:43-44;Fogelson,2001:325-332;梁远和刘金源,2015)。但这些对中心区大面积的贫民窟起到的作用甚微,大量条件低下、与工厂混杂的住房一时无法完全清除,如英国至1938年内城仍旧有超过300万座1855年之前建造的住房(Ward,2010:55),而美国1932年仅纽约内城就依旧残留着52.5万套旧式出租房(old-law tenement)(Fogelson,2001:328),拥挤带来的健康环境问题因此也一直未得以根除(Awuah et al.,2014)(图3-1-4)。所以20世纪上半叶的内城中心区给人的印象是充斥着昏暗的街道、基础设施匮乏的脏乱房屋和破旧的商店(Holliday,1973:3),以及无法容忍的混乱秩序(卡林沃思和凯夫斯,2016:98),这就为二战后诞生以重建方式整顿秩序的中心区规划思想和大规模清理贫民窟运动埋下了伏笔。

a. 美国芝加哥出租屋室外环境

b. 美国纽约出租屋室内环境

c. 英国伦敦贫民窟室内环境

d. 英国盖茨黑德贫民窟室外环境

图 3-1-4　20世纪初旧城中心区贫民窟室内室外拥挤恶劣的环境状况
[资料来源:a图(Fogelson,2001:322),b图(洪文迁,2010:75),c图(卓旻,2014:167),d图(Ward,2010:11)]

3.1.2　社会维度:持续社会隔离加重交通拥堵

交通方式的发展直接带动了中心区人口与功能外迁,同时也对中心区原有历史肌理提出挑战。城市人口外迁根据交通工具的发展可分为私人马车—公共马车—公共电车—私人汽车—公共汽车五个阶段。人口逃离中心区并开始新的"通勤式"生活现象在19世纪初首先在美国和英国出现(Jackson,1987:13),但由于当时交通工具的昂贵费用,只有自己拥有交通工具的上层阶级才能迁往郊区居住。随后公共马车的使用使得更多中上层阶级得以实现郊区居住的梦想,而工人阶级和低收入贫民由于无法支付昂贵的通勤费用而不得不留在环境恶劣的中心区(霍尔,2009:62;梁远和刘金源,2015)。这就一定程度上造成了中心区与郊区阶层分化(图3-1-5),由于中上经济阶层居住于郊区,于是他们就更加漠视中心区的恶劣环境,其原本居住的房屋和花园也被改造成新的贫民窟,造成中心区环境的持续恶化(梁远,2016:43-44)。

公共电车和机动车的发展令郊区化现象扩展到工厂及大量工薪阶层(利维,2003:14-17;卡林沃思、凯夫斯,2016:44)。英国机动车数从1920年代开始迅增,1920年到1939年间,数量从65万辆增至近300万辆(Ministry of Town and Country Planning,1947:5)。同样,到1930年代中期,美国就已经拥有250万辆机动车,人均汽车数量是同时期英国的6倍(Ward,2002:119)。到

a. 伦敦阶层分化情况，1899年　　b. 芝加哥阶层分化情况，1920年

图 3-1-5　19 世纪末—20 世纪初旧城中心区与郊区阶层分化状态

[资料来源：a 图(London School of Economics and Political Science)(2016)，b 图(Warner,1995：107)]

图 3-1-5
彩图链接

战后 1950 年代，机动车数量持续上升，美国每 4 人就拥有一辆汽车，英国则是每 22 人拥有一辆，而美国卡车数量从 1905 年的 1 400 辆激增至 1955 年的 1 030 万辆(Jackson,1987：162-163)。同时大城市的轨道交通也促进了郊区化过程，如伦敦的地铁和有轨电车(孙施文,2005：80；Ward,2010：40)，美国纽约、波士顿、芝加哥等城市的空中轨道和地铁等(Fogelson,2001：45-63)。交通方式的变革令工厂可以摆脱中心区铁路枢纽，搬迁到土地更廉价更广阔的郊区(图 3-1-6)，这一过程与以中上经济阶层为代表的人口郊区化一同构成了 20 世纪二战前郊区化的主要特征(Forshaw & Abercrombie,1943：30-35；Harris,1993)。

虽然人口与工厂呈现出郊区化趋势，但是此时期中心区仍然保持了信息交换、物资贸易、文化休闲的商务、商业、娱乐核心地位，因此依旧是城市主要就业和消费的集中地，这造成了全市机动车交通因为通勤、贸易、购物的需要每天由郊区向中心区汇聚的现象(表 3-1-2)，也就令本就捉襟见肘的中心区交通更加拥挤(Forshaw & Abercrombie,1943：48；Fogelson,2001：15-26,188-193)。如 1928—1938 年间，英国各城市中心区每日道路车流量增加了一倍

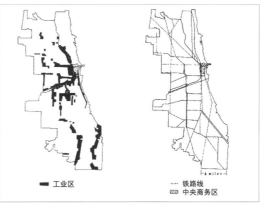

a. 芝加哥工业沿交通网络郊区化现象，1920年

b. 伦敦工业沿交通网络郊区化现象，1943年

图 3-1-6　20 世纪初期工业沿交通网络郊区化现象

[资料来源：a 图(Warner,1995：104)，
b 图(Forshaw & Abercrombie,1943：91)]
注：黑色斑块为工业布局。

(Ministry of Town and Country Planning,1947：5)。而美国更为惊人，如圣路易斯中心区在 1916 年到 1930 年期间日机动车通行量从 3 万辆猛增至 10.3 万辆(Fogelson,2001：192)。这就进一步恶化

了中心区交通状况,造成大面积拥堵、停车设施极度匮乏、严重威胁行人安全等问题(Hall,1971:206;Marmaras,2015:20-22)(图3-1-7)。同时可达性降低会严重影响中心区商务成本(Ministry of Town And Country Planning,1947:7),并损害中心区房地产价值(Fogelson,2001:193)。

表3-1-2 纽约就业人员居住地郊区化现象及通勤时间变化,1907—1938年

居住地或通勤时间	1907年	1938年
曼哈顿(Manhattan)区	56.2%	14.7%
布朗克斯(Bronx)区	5.5%	13.2%
布鲁克林(Brooklyn)区	23.4%	22.2%
皇后(Queens)区	3.1%	20.1%
纽约市区	88.6%	70.2%
纽约市区外	11.4%	29.8%
通勤时间40分钟以内	58.1%	31.8%
通勤时间60分钟以上	6.3%	31.6%

(资料来源:Harris,1993)
注:数据为当年对中心区内就业人员问卷调查的统计比例,因不包含所有分类,故相加不等于100%。

总之,中心区的历史肌理本就无法适应机动车的快速通行特征,但是在机动车数量激增及郊区化趋势背景下,中心区的城市功能核心地位势必会吸引大量通勤、物流、消费车流,这导致了内部机动车交通状况持续恶化。而大部分人认为这是中心区本身的问题,一方面是因为中心区道路空间不足,另一方面则因为商务、商业、娱乐、制造业等各功能彼此混杂的集中布局方式致使大量交通流量混行以及人车混行(Fogelson,2001:269),这就为提出功能区划隔离理论以及人车分流交通体系提供了现实依据。

a. 伦敦中心区,1907年　　b. 芝加哥中心区,1909年　　c. 辛辛那提中心区,1927年

图3-1-7 20世纪初英美旧城中心区交通混杂拥堵状况
[资料来源:a图(Home,1982:2),b图(Schwieterman & Caspall,2006:15),c图(Fogelson,2001:213)]

3.1.3 经济维度:混杂权属阻碍商业开发需求

20世纪上半叶两次世界大战对西方城市中心区均带来了直接或间接的深远影响,其共同结果是增加了中心区商业性开发需求。

首先,战争的直接影响是促进了相关公共建设和工业建设在中心区的发展,这加速了中产和上层阶级郊区化的过程,并加剧了中心区混杂状况(Ward,2010:37)。同时由于中心区集中了城市主要公共建筑和工业建筑,就往往成为战争时期轰炸的重点区域。据英国战争破坏委员会(The

War Damage Commission)1945年9月11日统计,英国全域遭受战争损毁共3 281 953栋建筑,这些建筑超过90%位于英格兰地区(Marmaras,2015:15),其中城市内城遭受的破坏最为严重(表3-1-3),而中心区因建筑最为密集导致损毁最多。其中不但包含工业、居住建筑,而且许多商业、公共生活功能建筑也遭到破坏而无法整修,如布里斯托中心区酒街(Wine Street)商业区和城堡街(Castle Street)(Urwin & Bennett,1966:16),曼彻斯特中心区圣玛丽大门(St. Mary's Gate)和迪昂盖特(Deangate)街区等(Nicholas,1945:4-5)。战争带来的损毁破坏了中心区原有公共活动空间,破旧的设施连战后人们正常的消费生活需求都无法满足,因此亟须建设公共功能建筑。

表3-1-3 英国主要城市经二战轰炸导致的房屋损毁数量　　　　　　　　　(单位:个)

地区	城市	房屋数	地区	城市	房屋数
大伦敦郡地区	伦敦郡政府(London County Council)	47 314	内陆工业城市	考文垂(Coventry)	4 185
	西汉姆(West Ham)	9 254		伯明翰(Birmingham)	5 065
	东汉姆(East Ham)	1 498		谢菲尔德(Sheffield)	2 906
	威尔斯登(Willesden)	1 079		总计	12 156
	克罗伊登(Croydon)	1 194	教堂城市	巴斯(Bath)	1 214
	总计	60 339		诺里奇(Norwich)	1 780
默西塞德郡地区	利物浦(Liverpool)	5 487		埃克塞特(Exeter)	1 700
	Bootle	2 006		总计	4 694
	伯肯黑德(Birkenhead)	1 899	独立港口城市	普利茅斯(Plymouth)	3 593
	Wallasey	1 150		雅茅斯(Yarmouth)	1 636
	总计	10 542		南安普顿(Southampton)	4 136
曼彻斯特郡地区	曼彻斯特(Manchester)	1 951		布里斯托(Bristol)	2 909
	索尔福德(Salford)	1 934		斯旺西(Swansea)	1 124
	总计	3 885		总计	13 398

(资料来源:Marmaras,2015:17)

其次,战争的间接影响是加速了郊区化进程。一战后英国首相劳埃德·乔治(Lloyd George)就提出"为英雄提供住房"(homes fit for heroes)(Ward,2010:38;Awuah et al.,2014),而二战时期及结束后英美等国的住房需求量也呈现突增状况:一方面是需要安置相关产业工人,另一方面则需要安置参战人员和家属,此外还要应对战后急剧增长的婚育率导致的家庭数和人口数的双重上升(Scott,1969:428;Ward,2002:185;李艳玲,2004:39-40)。这令战争前本就匮乏的内城住房显得更加无力应对。同时,在人们追求战后美好生活愿望及政府的住房政策下,破败的中心区不被这些急需住房者们所接受,郊区成为首选之地。所以在供应不足和需求不满两方面原因促使下,战争效应进一步带动了郊区化趋势,中心区的居住功能需求日益降低。

此外,战争的间接影响还体现在改变了人们的物质生活追求目标。在经历了1930年代的经济大萧条①和1940年代的战争时期后,人们普遍认为在和平时期应该能够享受幸福生活,因此拥有对美好世界的强烈渴望。而战后交通方式和建筑技术的变革也令人们的梦想得以实现,于是

---

① 经济衰退最先起源于美国1929年代末,并迅速影响全球,如美国主要城市销售额减少40%,而芝加哥中心区1928—1933年地价锐减50%(Fogelson R M. Downtown:its rise and fall,1880—1950[M]. New Haven:Yale University Press,2001:219-221)。同时英国世界贸易总额在1929—1933年间下降50%,重工业产量下降33%,几乎所有部门利润都出现猛跌现象,1932年夏天登记失业数达到350万人,而更多的人仅仅有临时工作(Marmaras,2015:8-9)。

中心区原有沿道路两侧布局的传统公共活动模式已无法满足人们对现代美好生活的畅想,人们更倾向于雄伟林立的办公建筑,更喜爱秩序井然(独立布局)、完全步行(安全需求)、店铺连续集中、全天候、交通停车方便(机动车需求)、设计施工出色(建筑技术体现)的商业购物中心(Marmaras,2015:30)。这恰恰与市场土地经济导向下的中心区功能置换过程相吻合(图3-1-8),而中心区地产价值的日益突显更加促使城市管理者和开发商以办公、商铺、旅馆等营利功能占据城市中心区土地(Alexander,1974;Fogelson,2001:22-24,193)。但历史形成的中心区是繁杂的私人开发的结果,据二战前统计,英国内城房屋产权90%在私人手中(Gibson & Langstaff,1982:22),其导致中心区各用地权属边界复杂啮合(图3-1-9),这对战后大体量、大规模的建设需求产生了阻碍(Holliday,1973:5;利维,2003:184-185),因此如何解决混杂产权成为战后中心区建设难题。

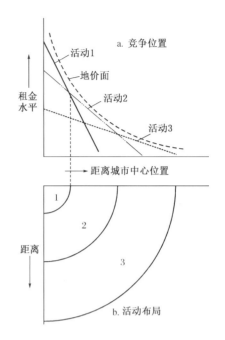

图 3-1-8　阿隆索(Alonso)经济地租模型引导下的城市功能布局

(资料来源:Alexander,1974)

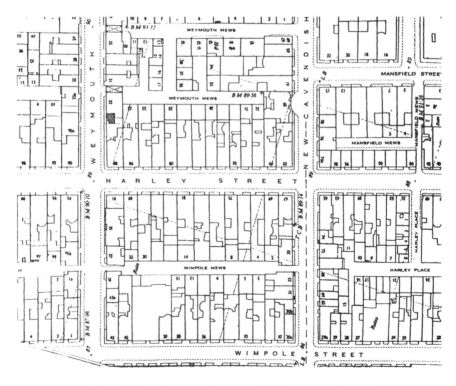

图 3-1-9　历史形成的伦敦旧城中心区土地产权混杂状况

(资料来源:贝纳沃罗,2000:770)

综上,20世纪初期旧城中心区依旧保持着土地混合利用状态,但这种状态引发了各方面问题,包括恶劣拥挤的居住生活环境、拥堵危险的日常交通以及阻碍开发的复杂产权状况。同时,中心区商业价值持续提升,政府和开发商为了更好地利用中心区土地经济价值,势必希望疏散中心区居住、工业、小型日常店铺等租金较低的物业,而且为了满足新兴商务、商业中心空间模式需求,也必须寻求独立的、集中的且具有一定规模的土地加以利用。于是问题成了机遇,"混杂"也就成了旧城中心区亟须解决的矛盾关键。

3.2 基于可持续更新视角的现代规划理论的应对方式评述

从19世纪末到二战后初期现代城市规划思想与理论开始蓬勃涌现,对解决旧城中心区卫生环境糟糕、建筑破旧损毁、交通拥堵、商业办公空间匮乏等"混杂"问题起到了关键性影响,其中"结构秩序性"与"城市疏散发展"思想的影响最为广泛,基本主导了1960年代之前旧城中心区的土地利用方式——功能分区式的隔离疏散。但是,当我们以今天可持续更新视角重新审视这些思想时发现,它们虽然确实存在值得诟病的问题,但并不是完全彻底地背离了土地混合利用思想,甚至对后期土地混合利用思想具有一定的启蒙作用。只是在具体实施时,其中的"功能分区"和"疏散隔离"这两种思想被强调放大,城市管理者与开发商(当然还有一定量的建筑规划师)借助现代城市规划思想,大范围实施"城市重建"(urban reconstruction)政策,以实现其充满经济价值性和物质空间美观性的中央商务区设想,从而令旧城中心区的土地混合利用模式走向瓦解。

3.2.1 寻求结构秩序性

3.2.1.1 理性功能主义

注重功能理性是二战前后的现代城市规划思想的重要原则,这集中体现在勒·柯布西耶的城市规划思想当中以及以他为领军人物的国际现代建筑协会(Congrès International d'Architecture Modern,CIAM)颁布的《雅典宪章》中,《雅典宪章》也就成为现代建筑运动对现代城市规划发展理论思想基本认识的集中体现(张京祥,2005:124;张冠增,2010:242),同时也是现代城市规划功能主义思想的宣言(周国艳和于立,2010:53)。

(1)柯布西耶现代城市模型对中心区土地混合利用的态度

勒·柯布西耶首先在《明日之城市》(*The City of Tomorrow*)中详细阐述了自己的现代城市设想模型,并以巴黎旧城中心为例提出了具体的规划方案。其在前言中即强调秩序的重要性,认为城市的混乱已经不适于这个时代,中世纪的"驴行之道"遭到了他的无情批判,为了解决拥堵混杂的城市物质环境,其提出了一个容纳300万人口的现代城市模型(图3-2-1),其基本规划原则为:①减少市中心的拥堵;②提高密度;③增加交通运输方式;④增加植被面积。规划方式采取了分区、分级、分类的手法,具体体现在将人口划分为城市人口、郊区人口以及二者的混合人口,并相对应地将城市土地进行区划;同时对交通进行分类(载重卡车、低速汽车、高速汽车),并依次划分三类道

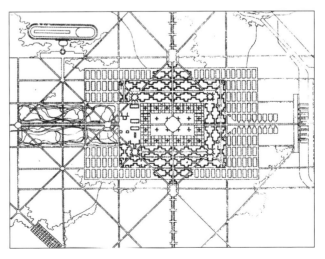

图3-2-1 明日之城市总平面图
(资料来源:柯布西耶,2009:167)

路（地下、地面普通、高架快速路）。而现代城市中心区由容纳商业旅馆的 24 栋摩天大楼构成，意在提高中心区建设密度。

值得注意的是，虽然勒·柯布西耶采取了土地功能区划的规划方法，并以秩序性为由，用强烈的几何图案取代了中世纪的自由平面，同时有意识将人口进行区域划分，但是其现代城市模型对待中心区并不是完全的功能隔离与疏散，这体现在：

① 中心区人口密度最高①，意味着并不通过将居住功能迁移出中心区进行人口疏散；

② 中心区内一侧布局博物馆、市政府、美术馆、教育、运动场等公共设施，意味着中心区并不简单的是商务商业中心，而是室内室外公共设施高度集中的区域；

③ 中心区绿化率最高②，意味着通过密度提高中心区建筑面积的同时，保证中心区植被面积和绿色空间，而并不是遵从于地租理论，将中心区地块全部利益化高密度开发。

这种提高中心区建设密度，将人口、公共设施、绿地高度集中在中心区的做法，明确区别于以霍华德田园城市思想为代表的疏散思想，因此被认为是"城市集中主义"的典型代表（张京祥，2005：115-117；张冠增，2010：236；阳建强，2012：29）。

（2）《雅典宪章》对中心区土地混合利用的态度

随后，以柯布西耶为代表的一群建筑师于 1928 年 6 月成立国际现代建筑协会（Congrès International d'Architecture Modern, CIAM），协会创建的目的本为研究推广现代建筑理念以推进技术、经济和社会变革，但在柯布西耶的积极推动下，会议研究方向扩展到城市规划领域——都市主义（Urbanism）③。1928 年第一次会议上，柯布西耶所在讨论组就提出拉萨拉宣言（Declaration of La Sarraz），其中关于都市主义的一节中就已经明确提出"功能城市"（functional city）的概念雏形："都市主义是指组织公共集体生活的所有功能……它的实质是一种功能秩序（functional order）……这种秩序包括三种功能，即居住、生产和休息。其基本目标是进行土地划分、交通组织和建筑立法……因为售卖、投机和遗留所导致的现有混乱的土地划分必须被一种综合系统的土地经济所取代"（Mumford，2002：25）。土地划分的理念在 1930 年 11 月 CIAM 第三次会议上[会议主题为"理性地块发展"（Rational Lot Development）]得到了延续，柯布西耶展出了光辉城市（Ville Radieuse）规划方案（图 3-2-2），该方案是明日城市模型的深化，其坚持了城市土地的细分（the subdivision of the land in cities），以人口高度集中的摩天大楼进行替代的方式实现其现代城市构想（Mumford，2002：49）。但是其规划思想当中继续肯定了旧城中心区对各种活动的最大聚合作用④，因此只是希望通过空间与技术手段适应人口集中、解决用地紧张、提供充足的阳光与绿地以及高效立体的交通系统（张京祥，2005：116-117）。

---

① 中心区摩天大楼每公顷 3 000 个居民，向外锯齿状住宅每公顷 300 个居民，密闭式住宅每公顷 305 个居民。而巴黎市当时人口密稠地区为每公顷 533 人，伦敦为每公顷 422 人。具体详见：柯布西耶. 明日之城市[M]. 李浩，译. 北京：中国建筑工业出版社，2009：162-163.

② 中心区具有 95%的绿化面积，向外依次为 85%和 48%。具体详见：柯布西耶. 明日之城市[M]. 李浩，译. 北京：中国建筑工业出版社，2009：163.

③ 国际现代建筑协会开始是由法语建筑师与德语建筑师共同组织的，在第一次会议之前，委任的 CIAM 秘书与德国建筑规划师沟通时，会议目标为 4 项，并紧密围绕建筑领域，而后柯布西耶进行了修正，由 4 项扩大至 6 项，并仅在第一项中坚持有关现代建筑表达讨论，其余 5 项为：标准化；卫生；都市主义；基础学校教育；政府管理和现代建筑辩论。具体详见：Mumford E P. The CIAM discourse on urbanism, 1928—1960[M]. Cambridge: The MIT Press, 2002：11-16.

④ 如果认为土地区划思想导致了城市中心区功能隔离，那么"垂直集中"的规划思想反而是为后期"紧凑城市"发展理念的提出奠定了基础，加之土地混合利用理念后期演变为不仅仅是一个地块的内部混合，而是扩展至街区、地区的混合，从这个角度来衡量，明日城市、光辉城市模型中城市中心区实际上也是一定程度的土地混合利用的表现，但是其大尺度、远距离泾渭分明的功能区划以及忽视了历史、社会、经济等层面问题，确实为后期实际建设的种种问题下了隐患。

在借鉴了荷兰分区规划经验并在巴塞罗那进行了尝试后①,1933 年 CIAM 四次会议以"功能城市"(functional city)为主题召开,由柯布西耶领衔起草的会议讨论结果起初在 1933 年发表在《希腊技术》(Technical Chamber of Greece)杂志上,起名为《观察结果》(Consta- tations),后于 1943 年正式出版,取名《雅典宪章》(The Athens Charter)。雅典宪章核心思想是物质空间决定论指导下的理性功能主义,运用的基本工具是已经开始在欧美国家流行的功能分区及其机械联系(张京祥,2005:125;张冠增,2010:242;周国艳和于立,2010:53)(图 3-2-3)。《雅典宪章》被称为"都市计划大纲"②,其深刻影响了 20 世纪 60 年代以前欧美国家城市规划发展与建设,也对旧城中心区土地利用走向秩序化的分区起到了关键作用,具体体现在几个方面。

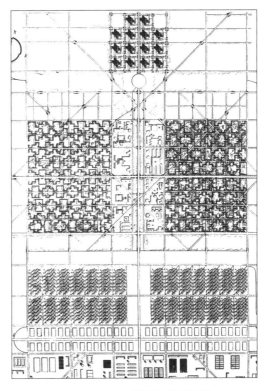

图 3-2-2 光辉城市总平面图
(资料来源:柯布西耶,2011:137)

① 严格的功能分区:城市活动分为居住、工作、游息与交通四大类型,其中居住是城市第一活动。城市中心区人口密度过大,考虑到以往居住环境的恶劣体验,居住不应布局在交通频繁地街道上,应设计成为宁静的邻里单位,工业区应与别的区隔离;

② 交通与街道改善:旧城中街道宽度不足,一味加宽和限制交通无法解决,必须实施新的城市计划,必须根据功能分区提供不同的交通街道,根据行车速率进行分类;

③ 改革土地制度:解决土地过度分割与大规模重建工作之间的矛盾,以满足广大人民的需要;

④ 明确规划任务:根据经济条件研究,

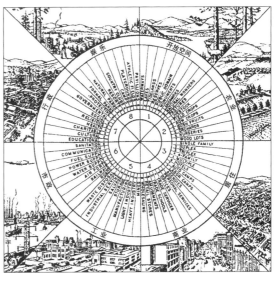

图 3-2-3 1920 年代土地利用规划中的土地使用分类
(资料来源:孙施文,2005:116)

---

① 在 1931 年 CIAM 第四次会议之前的筹备会上,为"功能城市"主题列举提纲时参考了已经在荷兰应用的分区法则(Urban Development Section),1932 年柯布西耶和其支持者 GATEPAC 小组又在巴塞罗那规划中对功能分区规划进行了尝试运用。具体详见:Mumford E P. The CIAM discourse on urbanism,1928—1960[M]. Cambridge:The MIT Press,2002:59-72.

② 《雅典宪章》全文详见:国际现代建筑学会. 雅典宪章[J]. 清华大学营建学系,译. 城市发展研究,2007(5):123-126.

将预计的不同功能区在位置和面积两方面做一个平衡的布局,并建立交通网络;

⑤ 制定相关法律:将城市规划方案与区域规划、国家计划相匹配,并制定法律保证实现。

以上五点体现了《雅典宪章》理性功能主义思想本质,其意图以简单的"秩序模式"建立"彼此分明的功能分区"并相应组织交通联系,在此思想下,城市规划目标是"自上而下"地制定"时间和空间蓝图式功能分区规划",且辅以相应的土地管理制度和相关法律,保障其实施。因为其强调以经济条件为基础,以物质空间层面的机械拼贴组装方式去解决城市一切问题,体现的是亚里士多德和柏拉图学说中的理性主义,为了追求清楚的分区牺牲了城市的有机构成,忽视了居民人与人之间的关系,否认了人类活动流动、连续的事实(国际建筑协会,1979),所以在其思想指导下的战后各城市建设(主要是旧城中心区和新城)才产生了各种社会问题,从而引发大量的质疑与批判。

但同时我们不能否认,从可持续更新视角来看,《雅典宪章》也提出了很多对中心区甚至城市区域土地混合利用非常有益的建议(表3-2-1),如职住游平衡、历史文脉延续等,只是这些建议在当时并没有受到政府和规划师的关注。

表3-2-1 《雅典宪章》对中心区土地混合利用的有益建议

《雅典宪章》内容	有益影响
住宅区周边尤其是人口密度较高的地区,应该留出必需的空旷地,为文娱及健身运动预留。中心区缺乏公共空地,因此新建住宅区应有所预留,人口稠密的地区在将破败建筑清除后应改作游憩用地,辅以绿化植物,公园中应设立公共设施,提倡正当的集体文娱活动	强调了中心区公共空间、绿色空间和日常生活公共设施的重要性 (不仅是城市级公共设施)
工作地与居住地之间应该考虑最少时间到达的距离问题,保留市区内与日常生活有密切关系而且不引起扰乱危险的小型工业,为居住服务。商业区与住宅和工业区之间应有便利交通。建立居住、工作和游息之间的关系,并保证以最经济的时间完成	强调了职住游平衡以及便利交通 (但并没有意识到功能分区反而加剧了交通距离)
城市规划是基于长宽高三度空间的科学,必须承认高的要素	强调了城市垂直发展,有利于提高土地利用效率
有历史价值的古建筑均应妥为保存	强调了新旧混合与文脉延续 (相对于明日城市和光辉城市是一种进步)
满足广大人民利益和私人利益,公共利益优先于私人利益	强调了公私混合、公共利益优先原则
以人的需求为出发点是衡量一切建设工作成功的关键	强调了"以人为本" (但现代规划思想中往往是无差别的自然人)
强调与区域联系,与自然、地理、社会、经济、文化、政治因素相配合	拓展了土地混合利用维度

(资料来源:作者根据《雅典宪章》总结绘制)

3.2.1.2 交通分区的协同

在空间秩序规划思想中,很重要的空间组织逻辑就是以相匹配的交通模式联系不同的功能分区,从而应对不同的可达性要求,这就是"交通分区"思想。

"交通分区"思想始于美国区域规划中的郊区邻里建设。1928年斯坦(Stein)和赖特(Wright)在新泽西州新城雷德朋(Radburn)设计实施了第一个完全严格地分离步行和机动车流线的郊区社区(Ward,2002:118-119),是在应用了"邻里单位"理论的基础上提出"大街坊"(Superblock)概念的体现(孙施文,2005:130)。由于这种设计方式将绿地、住宅、社区公共建筑和人行步道紧密联系在一起,有效提升了社区内部环境品质,所以后来被广泛运用在美国其他郊区新城建设中(沈玉麟,1989:136)。

二战前后,这种人车分流体系传入英国并被阿尔克·屈普(Alker Tripp)继承发展,以应对英国战后内城重建。他于1942年出版《城镇规划与道路交通》(*Town Planning and Road Traffic*)一书,针对旧城中心区从整体到局部①两个层次提出一套完整的"交通分区"模式(Tripp,1942:77-85)(图3-2-4):

① 整体层次,围绕中心区建立"城市内环路"(Ring road)。一方面,将与郊区联系的主要交通干道汇聚在环路上,从而提升郊区到中心区的可达性;另一方面,在有效疏解中心区过境交通的同时,分流中心区内部交通,令不同功能区的交通可以通过环路到达更为便利的一侧,从而避免交通混杂。

② 局部层次,在中心区内部建立"划区"(Precinct)和道路等级理念。以不超过1/4英里(约402米)的主干路划分区域,各分区内相对集中同一种出行功能,如商业区、办公区、娱乐区等,从而将不同的车流在主干道上进行分流,降低各区内的交通混杂状况,同时提升步行环境质量。

阿尔克·屈普(Alker Tripp)的"城市内环路+内部划区"的"交通分区"思想有效应对了中心区整体交通拥堵问题和"功能分区"的现实要求,有利于

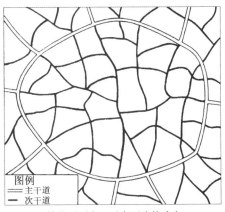

a. 整体层面中心区内环路的建立

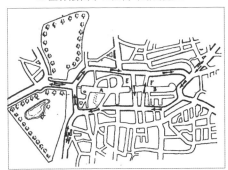

b. 局部层面划区的应用,通过E和F单向道的应用,营造A和B独立功能分区

图 3-2-4 Tripp 的中心区交通分区理念
(资料来源:Tripp,1942:84,87)

旧城中心区的整体营造和分区建设,因此很快受到英国各界的一致认可。如英国交通部1946年出版的《建成区道路设计与布局》(*Design and layout of roads in built-up areas*)就采纳了屈普的思想,建议围绕城镇中心区建造环路,并隔离中心区主要机动车流量和步行人群。同时各城市中心区在战后重建规划实践中也得到了广泛应用,如伦敦郡(Forshaw & Abercrombie,1943:51-53)、伯明翰、考文垂、利物浦等城市(Holliday,1973)均依此建立了中心区交通体系。而这种模式也同样影响了美国旧城中心区建设,各城市纷纷利用城市高速公路体系建设机会,建立中心区"内集散环"和核心步行区(王朝晖和李秋实,2002:122-127)。

但我们依旧需要看到,阿尔克·屈普(Alker Tripp)的"交通分区"思想的本质是用交通干道将不同出行目的人群分隔在不同的区域内,这种做法提升了车行交通的依赖性,并且阻碍了各分区之间的多层次联系,尤其是步行联系,这无疑加重了功能分区的隔离效果。

3.2.2 疏散人口与功能

对城市拥挤混杂的解决方式除了以柯布西耶为代表的"集中主义",另一种则是强调人口和功能疏解的"疏散主义"理念,即在更为广泛的区域内解决城市问题,因此也经常与"区域规划"思想相提并论。这其中对中心区功能疏解起到重要影响并实际带动了英美国家建设的思想主要来

---

① 当城市中心区规模较小时,只运用整体层面模式即可,具体详见:Tripp H A. Town planning and road traffic [M]. London: Edward Arnold & Co.,1942:85-87.

自两方面：埃比尼泽·霍华德(Ebenezer Howard)与帕特里克·盖迪斯(Patrick Geddes)①。

3.2.2.1 霍华德田园城市对旧城中心区的疏散思想

霍华德在综合了"人口迁移""土地利用体制"和"模范城市"三方面思想后于1898年提出"田园城市"(Garden City)理论(孙施文，2005：88)(图3-2-5)，因此其本身即带有迁移疏解和土地利用控制方式的背景色彩，而综合的结果意味着其并不仅仅是一个物质空间布局理念，更是一个彻底的社会改革方案。其对旧城中心区的主要影响为两方面。

一方面，区域性的疏解。霍华德创造性地以城乡结合的方式解决城市拥挤问题，其目的在于将人口依据需求分布在一个城市群当中，建立"城市—城乡接合部—乡村"的区

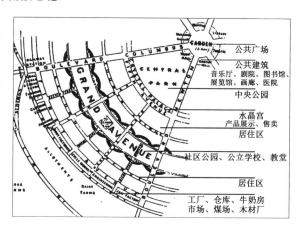

图 3-2-5　霍华德田园城市功能分区
(资料来源：霍华德，2009：14)

域等级观念(图3-2-6a)。在这种模式中，霍华德通过在原有城区外部建立新城意图将内城人口与功能向外迁移。

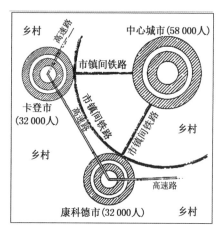

a. 霍华德田园城市区域发展模式

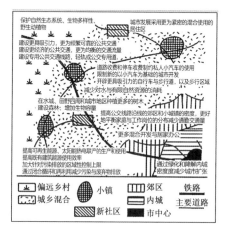

b. 卡尔索普区域发展模式

图 3-2-6　霍华德与卡尔索普区域发展模式对比
[资料来源：a图(霍华德，2009：108)，b图(霍尔，2009：432)]

另一方面，城市内的疏解。霍华德对每个田园城市均作了细致的土地利用划分，其基本思路是一定程度上遵循地租理论的圈层式布局。其除了在城市最核心区域布局中央公园和公共文化设施(市政厅、公共文化设施、医疗设施)外，基本是按照"商业—居住—工业"圈层进行布局(图3-2-5)。这就意味着霍华德应用了"功能分区"思想，将原有旧城中心区的功能进行重新布局，同时，其将居住功能向内城郊区布局，即疏解出中心区。因此，在城市微观层面，田园城市理念还是支持打破既有土地混合利用状态的。

但值得注意的是，像《雅典宪章》一样，田园城市思想中也有许多对中心区和区域土地混合利

---

① 霍华德田园城市思想是接受了美国相关思想影响下的英国产物，而盖迪斯区域规划思想则是接受了欧洲思想影响下的美国产物，具体详见：霍尔·明日之城：一部关于20世纪城市规划与设计的思想史[M].童明，译.上海：同济大学出版社，2009：92-196.

用有益的建议,在今天依旧值得我们借鉴。

首先,霍华德的区域性疏解并不仅仅是将人口疏解,而是令不同人口根据城乡的不同优劣进行选择,即希望原有旧城、新城各自形成职住平衡的自给自足聚集区。这种思想延续到了1990年代美国新城市主义代表人物彼得·卡尔索普(Peter Calthorpe)基于可持续政策设计的"步行者口袋"(pedestrian pocket)城市模型中,霍尔(Hall)认为其和霍华德的田园城市极为相似,是历史车轮的重复(图3-2-6b),这也说明霍华德田园城市思想在区域层面上是鼓励土地混合利用,而并不是将居住与其他功能彻底隔离。

其次,社会层面提倡公平包容的社会融合状态。霍华德意图通过社区自治建立合作方式以保障各阶层人民生活和就业水平都能得到提升(黄明华和惠倩,2018),所以说田园城市是希望打破当时"以自私与掠夺为基础"的社会结构形式(金经元,1996a),而为所有人(尤其是弱势群体)提供一个宜居宜业之所。比如其在中心区违背地租理论设置大型公园绿地、林荫路和公共活动设施的举措,就是为了能够满足居民的休憩、娱乐、交往之用,令"所有人"在这里能够体验到"自由"与"愉悦"(黄明华和惠倩,2018)。

最后,环境层面意在消除工业城市带来的各方面恶果。"田园城市"的命名本身就说明了霍华德对城市环境的关注,尽管其具有更深层次含义(金经元,1996a;黄明华和惠倩,2018),但其确实是通过公园、林荫路提升了中心区绿化面积和整体自然环境氛围,说明其重视城市与自然融合的城市发展观念。

3.2.2.2 盖迪斯的区域规划对旧城中心区的疏散思想

像霍华德一样,盖迪斯同样继承了不同方面学者的思想,包括博物学家赫胥黎、地理学家雷克吕和白兰士、社会学家勒普莱等,尤其是勒普莱的"场所、工作、人口"(place-work-folk)三元思想(霍尔,2009:152-154)。因此,其在1915年出版的《进化中的城市》(Cities in Evolution)中提出的区域规划思想也远不止是一种空间性规划,而是充满"人文主义"色彩的综合性现代城乡规划。盖迪斯的区域规划思想并没有直接针对中心区提出相关设想,但是其区域规划思想却对旧城中心区的疏散起到深远影响。

盖迪斯首先辨别出英美国家中几大城市正进行大范围疏散并形成组团的过程,将这种区域性组团式集聚现象命名为"集合城市群"(conurbation)。他认为尽管这种蔓延是"糟糕的、陈旧的、古老技术秩序产生的……资源和能量的浪费,机器和金钱统治下压抑的生活"(霍尔,2009:162),但是这种现象是不可避免的,这就在逻辑上肯定了疏散的必要性。

随后,盖迪斯提出应该向"新技术时代"转变,即以节约能源、注重美观艺术、提倡人文关怀、保护自然环境等思想为指导原则(金经元,1996b),在广阔的自然区域内考虑规划问题。在此背景下,盖迪斯进一步提出"让自然走进城市""以区域的经济、社会和环境统筹协调背景进行调查-分析-规划过程"以及"尊重社区历史传统""促进公众参与"等思想,这些具有划时代意义的理念至今仍被规划者奉为典范(张京祥,2005:96;孙施文,2005:102),也是后期土地混合利用理念中的重要组成部分。但是,"新技术时代"很容易被理解为"电气化"时代,"电力""电话""汽车"是这个时代的关键词(霍尔,2009:166),于是修建区域内公路、铁路成为应对区域规划思想的实践,这就为旧城中心区中的家庭和工作的郊区化疏散注入了催化剂。

3.2.3 现代规划理论的利弊影响与"片面应用"机制

3.2.3.1 现代规划理论对中心区土地混合利用理念的利弊影响

由上两节分析可得,"结构秩序性"和"城市疏散发展"两种思想基于各自的角度提出了应对中心区"混杂"问题的解决方式,其中严格的功能区分和人口疏散是被后人诟病的集中焦点。但是我们以今日可持续更新的角度去审视这两方面思想的本源,可以发现,其并没有彻底地摒弃土地混合利用的全部因素,反而提出了许多有益建议(表3-2-2),如强调职住游平衡、保护延续历史文脉、注重全社会融合、提升中心区绿化环境和鼓励公众参与等。然而,地方政府和开发商出于追求经济利益的目的,牢牢抓住功能秩序和疏散人口这两方面,以树立秩序的重建方式塑造利益最大化的中央商务区,从而彻底将旧城中心区土地混合利用状态瓦解。

表 3-2-2 可持续更新视角下"结构秩序性"与"城市疏散发展"对中心区土地混合利用的影响

维度		结构秩序性		城市疏散发展	
		不利影响	有利影响	不利影响	有利影响
土地功能要素	经济维度	阻碍各功能分区间的多层次联系	提升功能集聚效应,强调日常公共生活重要性	阻碍各功能分区间的多层次联系	提升功能集聚效应,强调公共活动
	社会维度	物质空间决定论	公共利益优先、以人为本	乌托邦式的规划	强调社会融合,强调为所有居民服务
	环境维度	—	提升中心区绿色空间,避免功能间不利影响	—	自然与城市融合,提升中心区绿色空间,避免功能间不利影响
土地利用形式	空间维度	严格功能分区、秩序化空间、应对机动车和功能分区的交通分区	职住游平衡、便利交通、垂直高密度开发(人口密度最高)	严格功能分区、人口与功能向中心区外疏散、低密度开发、应对机动车的区域联系	强调职住平衡,提供便利交通
	时间维度	各分区活力时间单一	提倡保护历史要素	各分区活力时间单一	尊重社区历史传统
土地利用权力	管理维度	建立集权式土地制度解决权力分散问题	—	—	建议社区自治、公众参与

(资料来源:作者整理绘制)

3.2.3.2 现代规划理论的片面应用:经济维度至上的中央商务区

(1) 基于中央商务区认识的片面应用

在机动车时代来临之前,西方各城市处于相对紧凑的状态,此时人们工作购物相对集中的区域逐渐形成,被称之为中心区。在美国,中心区被称为"Downtown",而英国的称呼则多以"City Centre"或"Central Area"为主。中央商务区(Central Business District)的命名是从Downtown发展而来,起源于美国。Downtown的称呼最早出现在纽约,代表着地理位置和工作购物功能集中的双重独特性,用以与生活功能相对集中的Uptown和其他地区相区分,后逐渐传入美国其他城市成为大家对中心区的统一称谓(Fogelson,2001:9-12),尽管此时Downtown区别于其他地区,但其主要特征还是多样性的,包容着城市中各种功能(Isenberg,2004:6)。

然而在地价作用下,中心区商务商业功能逐渐呈现开发上升趋势,因此在伯吉斯(Burgess)的同心圆理论广为人知之前,纽约、巴尔的摩、纽瓦克、芝加哥等城市20世纪初的规划文件中已经出现Central Business Section、Central Business District这样一类词汇,有时指的是中心区中的商务办公职能较为集中的部分,有时与地理范围(Loop)等同(Fogelson,2001:183-185)。1920年代开始的交通变革迅速令城市呈现蔓延发展(详见第3.1.2节),此时中央商务区(Central Business

District)开始出现并与Downtown、Loop等词汇通用,同时在一些规划方案和研究文献中逐渐占据主导位置(Fogelson,2001:183-185)。

这种从"Downtown"到"Central Business District"的称谓转变代表着人们当时对中心区的认知,具体体现在两方面(Murphy,1971:2;Fogelson,2001:185):①Central 既表明了中心区的地理位置和城市结构位置是城市中心或者更大范围地区的中心,又表明了其职能在区域中的重要性,是城市中最为重要也是地价和产值最高的地区;②Business District 表明中心区的主要承载功能为商务贸易功能。

而两方面的认知也体现了城市中心区两方面的发展状况:①Central 意味着原本只集中于中心区的商务贸易功能已经出现了分散外溢现象,但新出现的Business District 的地位不足以撼动中心区;②Business District 意味着原有Downtown的多元职能失去了平衡,中心区逐渐被认为单纯是人们工作、购物、贸易、娱乐的地方,与商务贸易职能不相关的生产、居住和社区服务功能则被认为是"非中央商务功能"(Murphy,1971:2-6,24-27)。

二战前后中央商务区的称谓传入西方其他国家,英国虽然没有改变中心区名称,但其实际发展方向还是体现出与美国认识的一致性。如伦敦、曼彻斯特等城市的规划中明确表明,中心区未来的发展应关注于公共管理、商业贸易、商务办公、文化娱乐等功能,以体现区域职能(Forshaw & Abercrombie,1943:107-120;Nicholas,1945:183-194)。在此趋势下,英国1947年出版指导全国的《城市中心区再开发手册》(*The Redevelopment of Central Areas*)中明确规定中心区适宜功能包括商业、商务、批发贸易、教育、娱乐、公共管理、轻工业等功能,而居住和一般性工业则被刨除在外(Ministry of Town and Country Planning,1947:24-25)。

总之,二战后初期,尽管郊区化进程已经展开,但是由于长期城市结构体系和社会文化体系给人们带来的根深蒂固的思想惯性,中心区的核心地位得以巩固。但人们对中心区的功能结构认知发生了转变,中心区主要承担"中央商业商务"功能成为共识(Abbott,1993),各城市普遍认为中心区是"城市经济血脉中的心脏"(Short,2006:68),这种认知转变在"中央商务区"的称谓上体现得淋漓尽致。因此,基于中央商务区(Central Business District)理念进行未来规划的中心区,势必会以发展体现其集聚性、地位性的商务贸易、商业批发等高产值经济性功能为主,以发展附属于商务商业功能的公共管理、娱乐、旅馆、奢侈公寓功能为辅,而将低经济性的生产制造功能、普通居住功能排斥出中心区,同时对各功能进行区划独立发展以实现形象整洁和高效运作。于是,基于现代规划理论,在疏散人口与工厂后对中心区功能进行"秩序化"升级得到了各城市的广泛认同,而其他发展要素则被忽视。

(2) 基于"大规模重建"思想的片面应用

在中心区发展方向确立的基础上,如何有效实现这一目标成为亟须解决的问题,"大规模重建"(urban reconstruction)思想在现实与理论的双重驱动下成为当时政府和开发商的不二之选。

首先,尽管英美国家存在保护性更新的保守提议(Scott,1969:379;布宁和萨瓦连斯卡娅,1992:157-159),但20世纪上半叶英美各国家城市中心区的实际发展状况为"大规模重建"提供了现实依据。在经历了城市郊区化及世界经济危机后,中心区大范围经济衰退令利益相关者和城市管理者感到担忧,如美国在经济危机时主要城市中心区销售量锐减40%,租金降低30%,地价缩水50%,办公楼空置率一度高达28%,大多数城市中心区白天活动人口数量仅不到全城人口的25%(Fogelson,2001:218-225)。在战后随着经济复苏,人们本以为这种衰退会有所好转,但事实却与此背道而驰,所有的经济活动数据仅仅有缓慢回升甚至没有提升,如各城市中心区产业价值均停滞在最低水平(Fogelson,2001:226),而以零售业就业占全市就业比例来看,1929—1954

年间各美国城市中心城区持续减少,均有10%～20%的缩减(李艳玲,2004:20)。于是,前文述及的中心区物质环境破败、住房严重不足、交通系统落后、战争大面积损毁等问题(详见第3.1节)成为诟病焦点,必须清除一切城市衰退破败景象并重塑经济与环境也就成为各城市的共识,人们认为只有这样才能快速彻底地转变中心区形象、聚拢私人投资以及阻止人口流失,以达到促进中心区经济发展的目的(Scott,1969:379-380)。

其次,现代规划理论、战前实践和战后经济复苏为"大规模重建"思想奠定了理论基础:①"结构秩序性"和"城市疏散发展"的现代规划理论提出的模型中均利用区划原则对中心区进行颠覆性重新规划,这符合了管理者和开发商的重建需求,所以追求秩序、疏散低价值功能与大规模重建形成了互为条件的紧密逻辑;②"大规模重建"思想的最大障碍在于中心区复杂高昂的产权,但在二战前期,英美国家和各城市已尝试出台土地征收法规并进行实验性实施,成功的经验令大规模重建具备了实施的法律支撑;③二战后,英美国家经济开始复苏并进入快速发展阶段,综合国力、私人资本、消费能力、建设技术等都有所提升(李艳玲,2004:41-42),因此政府拥有了开展大规模重建的信心。

因此,在现实需求和理论基础的共同支撑下,英美国家针对中心区未来规划均坚持"大规模重建"模式,这体现在各国的政策文件当中。如英国《巴罗报告》(*Barlow Report*)就强调了工厂和大量人口应当从拥挤的中心区疏散出去,并对疏散后的中心区进行重新区划性规划,通过"物质化重建"解决社会、经济、环境等问题(Marmaras,2015:41-43),同年建筑工程部(Ministry of Works and Buildings)成立,首任部长约翰·里思(John Reith)发表《城镇重建》(*Reconstruction of Town and Country*)建议,基本与《巴罗报告》的核心思想一致(Cullingworth,1975:54-55),因此这种重建思想也就延续到战后《城乡规划法案》(1947年)中的综合开发区(Comprehensive Development Area)政策中。在美国,1941年出版的《重建芝加哥老城》(*Rebuilding Old Chicago*)及国家出台的《美国城市再开发手册》(*A Handbook on Urban Redevelopment for Cities in the United States*)中均对大规模重建的规划技术、管理制度、经济措施等方面做出了设想,随着一些实验探索性项目的成功,这种思想在战后得到进一步巩固,如国家资源规划委员会(National Resources Planning Board)出台的战后规划手册中就鼓励"大尺度"重建,并在纽约中心区得到贯彻(Scott,1969:421)。直到《住房法案(1949年)》(*Housing Act of 1949*)的颁布,标志着大规模清理活动的开始,其中明确建议地方政府将衰退地区进行统一再开发,从而满足适当的功能、美化公共环境、提升交通、市政、娱乐和社区设施服务水平(Scott,1969:466)。

由上述大规模重建方式确立的原因可以看出,采取大规模重建方式本身就是为了快速高效地清除过去一切,从而令"疏解"和"秩序化"手段得以实施,进而达到更好实现建设中央商务区的最终目的,所以大规模重建方式对现代规划理论的应用也势必是片面的,一切影响实施效率和最终建设目标的因素都会被忽视。

综上,虽然从理论本源看,以"结构秩序性"和"城市疏散发展"为代表的现代城市规划理论,将会对旧城中心区土地混合利用产生利弊两个方向影响,但是随着人们对中心区认知向中央商务区的转变,以及通过大规模重建实现这种转变的决心,现代城市规划理论只得到了片面应用(图3-2-7)。政府和开发商在实际操作过程中决定通过建立集权式土地制度、疏解居住和工厂等低价值功能以及大规模重建等方式实现严格功能分区和秩序化空间,并应对机动车交通,从而塑造具有美好形象的、经济至上的中央商务区。这恰恰只是运用了现代城市规划理论中会产生不利影响的应对方式,而为了保证实施的高效性和利益最大化,对土地混合利用会产生有利影响的方式则被全部摒弃。

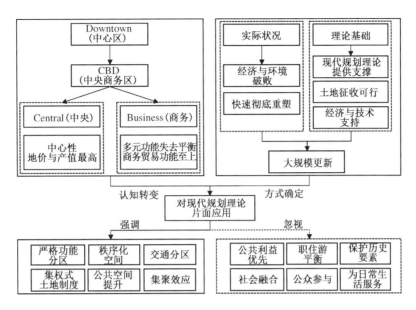

图 3-2-7　现代规划理论的片面应用机制
（资料来源：作者绘制）

3.3　基于片面应用的中心区土地混合利用的瓦解

3.3.1　关注经济维度的功能要素分离

从中心区功能维度上看，旧城中心区主要呈现以居住与制造业为代表的低价值功能外迁、以商业性职能与公共空间等对形象和经济价值有利的高价值功能集聚的总体趋势，这种功能分离恰恰符合了营造中央商务区的实践目标。

3.3.1.1　政策引导下低价值功能外迁

（1）外迁居住功能

居住功能外迁的主要动力来源于两方面。

一方面是城市外部新城、卫星城的建设对人口的吸引。尽管 20 世纪早期郊区居住开发更多的是开发商的市场行为，但政府政策起到了更为重要的作用（Ward，2010：47）。

在英国，政府规划指引起到了重要作用。1909 年的第一部城市规划法《住房及城市规划等法案（1909 年）》（*Housing*，*Town Planning*，*etc. Act* 1909）中就规定政府规划职责主要集中于在城市外围新建居住区（Cullingworth et al.，2014：18-19）。而后在昂温（Unwin）（Nothing Gained by Overcrowded，1912）的建议下，英国各地方政府在城市郊区兴建低密度的花园式住宅，以解决内城住房问题（Coupland，1997：52；霍尔，2009：72-76；Ward，2010：34）。因此，外围新建住房的疏散思想就逐步成为政府主要规划政策，这体现在后期颁布的《住房及城市规划法》（*Housing and Town Planning Act*）（1919、1923、1924 年）中。这种政策上的趋势在战后依旧延续，其中以伦敦地区最为突出，如《巴罗报告》就明确提出需要解决内城拥挤问题，并建议通过花园城市、郊区拓展、卫星城等方式将伦敦地区人口向外转移，随后阿伯克隆比（Abercrombie）的《大伦敦规划》（1944 年）以及他与福肖（Forshaw）合作完成的《伦敦郡规划》（1943 年）均采纳了《巴罗报告》的疏散思想，采用内城拓展、建立卫星城和新城等途径（表 3-3-1），计划将伦敦中心区人口降至 136 人/英亩（约 336 人/公顷），这意味着约 75 万人需要被迁移到郊区或者新城去（Hall，1971：85-

86)。在疏散思想的影响下,1946年《新城法案》(New Towns Act)开始实施(Ward,2010:92-99),这明确了新城建设的法律地位并给予政府资助,其思想在1951年保守党上台后也继续得到支持(Cullingworth et al.,2014)。

表3-3-1 《大伦敦规划》人口迁移计划 (单位:千人)

区域	1938年中人口	人口规划变化							变化总数	最终人口
		迁出		规划卫星城	迁入					
		规划	非规划		内城拓展		新城			
					规划	非规划	规划	非规划		
伦敦郡(含中心区)	4 063	−618	−119	—	—	—	—	—	−737	3 326
内城	1 911	−415	−114	—	—	—	—	—	−529	1 382
郊区	2 366	—	−4	—	—	—	—	—	−4	2 362
绿带区	977	—	—	+125	+200	—	—	+325		1 302
外围乡村区	1 007	—	—	—	+275	+383	+19	+677		1 684

(资料来源:Hall,1971:87)

在美国,刺激性政策起到了重要作用。起初美国也试图尝试通过规划引导人口疏散,如纽约1907年建立人口拥挤委员会(Committee on Congestion of Population)以应对城市人口密集问题,试图鼓励在旧城外部建立郊区社区来疏散人口(Ward,2002:70-72)。这种区域规划思想同样是在霍华德和盖迪斯的"城市疏散发展"影响下产生的,在芒福德等人的带动和参与下,美国区域规划协会于1923年成立,坚信新技术(电力、电话、汽车)能够使家庭和工作地点远离19世纪狭小的内城中心区,未来的趋势是在一定限度内疏散人口而不是集中人口,大都市的产业、人口聚集地将通过高速公路(motor ways)连接。这些概念体现在芒福德初版《城市文化》(The Culture of Cities)①和《规划第四次迁徙》(Planning the Forth Migration)中,以及克莱伦斯·斯坦因、本顿·麦凯耶等人的文章著作中(霍尔,2009:166-173)。在这种氛围下,各地纷纷建立区域规划管理机构并试图进行区域疏散规划尝试,但由于地方主义的政治争斗,仅有少数几个城市编制成功(如纽约1929年编制的区域规划),其他绝大多数城市以失败告终(卡林沃思和凯夫斯,2016:68-70)。

因此,联邦政府在促使人口郊区发展方面起主要作用的是房屋购买政策。罗斯福上台后于1934年成立联邦住宅管理机构,这标志着联邦政府开始介入住宅建设,并以抵押贷款方式降低住房购买成本。贷款方式是按照房屋质量分级进行判断,而中心区与内城房屋往往因级别较低无法获得贷款,这就促使人们购买郊区住房(孙群郎,2005:149)(图3-3-1)。这种方式延续到《住房法案(1949年)》(Housing Act of 1949)中,法案颁布并建立"住宅和家庭融资办公室"(Housing and Home Finance Agency),以10%的低首付鼓励居民购买郊区住房(张冠增,2010:368)。后来贷款期限一度放长至30年,首付降低至5%,而退伍军人更无须缴纳首付(卡林沃思和凯夫斯,2016:47)。在刺激性政策下,美国郊区建设日益兴盛,人口迅速向郊区转移,但贷款政策的功能单纯性和种族歧视性也造成了人口与就业的分离以及人口隔离现象。

促使居住功能外迁的另一方面动力是贫民窟清理对中心区既有居住容量的降低。

首先,面对中心区不能忍受且无力修葺的住房,英美国家纷纷以提升中心区居住环境为目标

---

① 后来重写后更名为《城市发展史》(The City in History),书中颠覆了原来支持大城市疏散的思想,充分认识并批判了机动车引领下的大都市扩张现实。

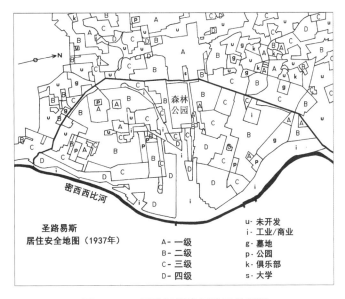

图 3-3-1　圣路易斯房屋质量分级图
(资料来源：Jackson,1987：199)
注：可看出中心区房屋质量分级大多为 C 和 D,因此得不到贷款。

开展贫民窟清理运动,但很快运动就转变为彻底的商业性开发(Cullingworth,1993：159;霍尔,2009：259),这体现在两国的更新法律政策中。

英国 1930 年《格林伍德法案》(*Greenwood's Act*)的出台,标志着地方政府真正获得贫民窟拆迁后重建的权力(Ward,2010：41),中央政府同时给予一定的资助资金,这就大大提高了地方政府清理贫民窟的积极性(Gibson & Langstaff,1982：20-25)[①],但这一运动很快受经济危机和两次战争的影响一度停滞,直到战后才继续重启,然而二战后期《城乡规划法》(*Town and Country Planning Act*)(1944、1947 年)出台,宣告国家和地方政府有权规划除居住以外的教育、工业、农业、森林、公园、交通和其他土地的权力,并可以将清理后地区作为他用,这就迅速令城市更新转变为商业开发。

美国的趋势与英国如出一辙,1949 年颁布实施的住房法案《住房法案(1949 年)》(*Housing Act of 1949*),标志着大规模贫民窟拆迁运动的开始(Carmon,1999;Fogelson,2001：376-378)。但很快住房法案在 1954 年进行调整,允许地方政府和开发商在实施贫民窟更新项目中将 10% 的拨款用于非居住功能,同时削减低租住房建设,这推动了城市更新运动的转向,从全国性住房计划转为地方性商业利益驱使的更新计划(李艳玲,2004：105-106;卡林沃思和凯夫斯,2016：323)。随着推进,这一比例不断增加,1959 年提高至 20%、1961 年提高至 30%、1965 年以后达到 35%(李艳玲,2004：106),某些城市的项目甚至超过三分之二(张冠增,2010：374)。

因此从实施结果来看,贫民窟拆迁的目标不是兴建新的低价住房,而是中心区衰退地区的商业性再开发,城市更新与公共性住房是分离的(Cullingworth,1993：159;霍尔,2009：259),取代原中心

---

① 英国从 1868 年开始,相继出台《工匠和住房法(1868 年)》(*Artisans' and Dwellings Act* 1868)、《工匠和劳动者住房改善法(1875 年)》(*Artisans' and Labourers' Dwellings Improvement Act* 1875)、《工人住房法(1890 年)》(*Housing of the Working Classes Act* 1890)、《住房及城市规划等法案(1909 年)》(*Housing, Town Planning, etc. Act* 1909)、《住房及城市规划法(1919 年)》(*Housing and Town Planning Act* 1919)、《保守党政府的张伯伦住房法(1923 年)》(*Conservative Government in Chamberlain's Housing Act* 1923)、《惠特利法案(1924 年)》(*The 1924 Wheatley Act*),这些法案在不同程度上促进了贫民窟的清理,但是清理后的开发权大多掌握在私人手中,直到《住房法案(1930 年)》(*Housing Act* 1930)出台,才真正赋予地方政府权力。

区贫民窟的是购物中心、办公楼、文化娱乐中心、高档公寓等一些在二战结束后广受欢迎的功能性建筑(Carmon,1999;Ward,2002:187)。甚至有不少地方为了能够获得商业性开发用地，而将一般性住房用地划定为破败区(Frieden & Sagalyn,1989:23;霍尔,2009:259-265)，如美国地方政府报告称约20%拆除的住宅区实际上保存状况良好(Frieden & Sagalyn,1989:24)。在这种开发趋势下，旧城中心区居住用地在贫民窟拆除运动中迅速缩减。新建居住建筑面积与拆除居住面积严重不对等(表3-3-2)，这就势必会令中心区居住人口向外迁移。

表3-3-2　美国15个大城市在城市更新运动中住宅增减情况，1949—1957年　　（单位：套）

城市	拆毁住宅	新建住宅	差额	城市	拆毁住宅	新建住宅	差额
纽约	43 869	50 462	6 593	华盛顿	8 505	6 909	−1 596
芝加哥	27 929	24 479	−3 452	旧金山	8 591	4 142	−4 449
洛杉矶	5 801	5 819	18	波士顿	11 767	5 871	−5 896
费城	19 279	12 471	−6 803	辛辛那提	10 421	2 404	−8 017
底特律	12 063	3 301	−8 762	明尼阿波利斯	7 669	2 825	−4 844
巴尔的摩	13 229	5 314	−7 915	匹兹堡	7 862	471	−3 091
休斯敦	0	348	348	亚特兰大	8 264	3 794	−4 470
圣路易斯	9 896	5 430	−4 930				

（资料来源：李艳玲，2004:92-93）

其次，新建居住用地容积率不足导致无法保持原有中心区人口密度。由上可知，贫民窟拆除重建后英美各国还是新建了一定的居住建筑，但因为原有贫民窟内居住密度过高，在一定经济预算范围内，为了降低居住建筑密度，同时提高居住条件、保证单位居住面积，所以拆除新建的住房必须是高层建筑，才能够保证原有居住人口就地安置(Couch,1990:18-19)(表3-3-3)。然而，高层住房建设资金远高于多层住宅和联排住宅，而地方政府建设的公共住房又只能以相对低廉的价格出租，因此并不受地方政府青睐。直到二战后国家提供高额补助，美英各地方政府才开始大面积建设高层住宅(Couch,1990:32-36;Ward,2002:186)(图3-3-2)。因此美国以纽约为代表，一度兴建13层高层居住塔楼，而英国高于5层的高层住房占新建住房比例一度从1959年的7%升至1964年的26%(Ward,2010:143)。然而英国1968年伦敦内城罗南点(Ronan Point)22层塔楼发生瓦斯爆炸，引发了人们对高层住房的批判，加之资助资金削减、社会问题（主要是有孩家庭的儿童看管问题、建筑内部公共空间安全与环境问题）、出售困难等原因，从而导致高层住房建设模式难以为继(Gibson & Langstaff,1982:45;Couch,1990:36;霍尔,2009:257;Ward,2010:145-146;Tallon,2013:35)。同样的事情也发生在美国各大城市高层与板式公共住房中(Ward,2002:258;霍尔,2009:267-271)，这些公共住房因为公共环境和安全问题导致迅速衰败，不少社区仅仅在10—20年间就被拆除(Short,2006:55-56)。因此，二战后低密度多层住宅成为住房的建设主体，新建住宅容量无法容纳原有中心区人口，这导致人口势必向外迁移。

表3-3-3　伦敦中心区拆除重建安置人口计算

计算内容	拆除重建住房类型				
	2层公寓	3层公寓	4层公寓	5层公寓	
				有电梯	无电梯
中心区每英亩可安置人口	70	91	108.5	122.5	122.5
需迁出人口	84	63	45.5	31.5	31.5

（资料来源：Hall,1971:89）

注：基准为原地每英亩154人，根据计算，新建住房需为12层以上才能全部容纳原人口。1英亩约0.4公顷。

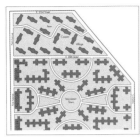

　　　　a. 纽约中心区更新后高层住宅小区　　　　　　　b. 伦敦中心区更新后高层住宅小区

图 3-3-2　英美国家中心区更新后建设的大街区、单纯功能、缺乏活力的高层小区
［资料来源：a 图(Zipp,2010：87,142),b 图(London County Council,1960：92-93)］

（2）外迁制造业

地价作用令传统制造业在中心区不断被办公商业等功能取代(Couch,1990：22;Fogelson,2001：194)，同时随着生产技术的改革，生产性工厂和仓库也需要更大面积的承载空间，也就更倾向于选择布局在郊区大量未开发土地之上，而交通与通信等基础设施的大幅度提升也为此创造了条件(Daniels,1977)，所以在市场驱动下，制造业相关设施已经自动呈现出郊区化趋势，而政府规划政策更加剧了这一趋势。

在英国，工业发展拥挤问题在《巴罗报告》中与人口拥挤问题一起被明确提出，在对 1918—1939 年的英国总体发展情况进行调研后，报告认为自工业革命以来，全国人口和产业分布严重失衡，尤其是英国东南部伦敦地区内城产业过于集中，这导致了社会、经济和战略上的问题，因此报告提出将伦敦地区重工业向外转移。1945 年《工业布局法案》(*Distribution of Industry Act*)颁布，政府采纳了《巴罗报告》的建议，初步建立工业发展控制体系，意图通过"工业建设许可证"(Industrial Development Certificate)将新的制造业工厂布局在内城外的新增发展区。随后在《新城法案》(*New Towns Act*)(1946 年)中又创建特殊机构专门促进工业由内城向外转移(Gibson & Langstaff,1982：159)。这种思想延续到战后最为重要的《城乡规划法案》(1947 年)中，法案建立"贸易委员会"(Board of Trade)，其有权力拒绝对内城新建工厂或原有工厂扩建颁发建设许可证，尽管其控制力没有十分严格①，但依旧表达了政府对工业去中心化的政策倾向(Hall,1971：46-48)。因此，在各政府规划控制引导下，二战后制造业布局大规模从内城中心区向郊区迁移(图 3-3-3)。

同样，在二战前美国工业在地价、空间、技术等影响下也已向郊区发展，据统计 1940 年时美国较为集中的大规模郊区工业园区已达 35 个(孙群郎,2005：192)，因此各城市也纷纷响应将未来城市主要工业区域规划布局在中心区以外。到了二战期间，为了预防敌人轰炸，政府继续有意识地将大型工厂向外迁移(卡林沃思和凯夫斯,2016：49)。起初，郊区的中上层居民对工业的外迁持抵触态度，认为会重蹈内城环境恶化的覆辙。但二战后，由于工业科技升级，并能够增加税收就业、减少通勤交通，郊区居民的逆反心理大大减弱，所以各城市开始积极制定政策鼓励工业郊区化发展(孙群郎,2005：192-193)，并利用城市重建机遇，运用区划等手段将制造业排斥在中心区外(图 3-3-4)，所以大大促进了制造业郊区化进程。据统计，美国经济发展前 40 位城市的内城区域在 1954—1963 年间平均每年减少 26 000 个制造业岗位，原本 1950 年代初内城制造业岗位占城市制造业总岗位数三分之二，到了 1963 年这一比例不足二分之一(Frieden & Sagalyn,1989：12)，而到 1970 年代末其继续减少至三分之一(卡林沃思和凯夫斯,2016：49)。

---

①　小于 5 000 平方英尺(约 464.5 平方米)的新建行为或者对既有建筑扩建 10%以内的建设行为均依旧可以颁发许可证。

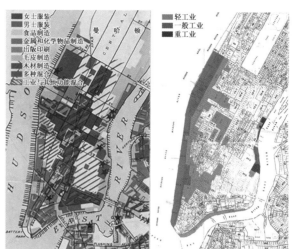

图 3-3-3　伦敦中心区汽车制造业外迁状况，1952—1958 年

注：实圈为新增地区，虚圈为减少地区，可看出内城中心区大多为虚圈，外围地区多为实圈

（资料来源：Hall,1971：55）

图 3-3-4　纽约曼哈顿下城区地区制造业外迁状况，1922 年与 1961 年的对比

［资料来源：左图作者根据"纽约工业地图"（1922年）[①]绘制，右图作者根据《区划地图及决议》（Zoning Maps and Resolution）（1961年）绘制］

图 3-3-4 彩图链接

（3）外迁其他低价值功能

除居住和制造业功能外迁外，其他一些低价值功能也会被排斥出中心区，其中表现最为突出的是与居民紧密相连的日常生活服务功能。如生活类商铺方面，美国纽约供应日常新鲜食物的主力商铺1935年前在郊区仅有8家，而二战后就迅速超过40家（图3-3-5）。再如基础教育设施方面，Gamsu（Gamsu,2016）在对伦敦内城及中心区51处学校调研发现，它们在19世纪末到20世纪70年代间，分三个时间段向外迁移，以匹配中产阶级和富裕人口的外迁趋势（图3-3-6）。

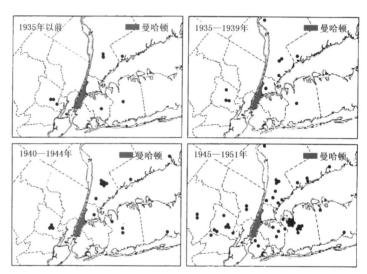

图 3-3-5　纽约日常新鲜食物主力商铺郊区化趋势

（资料来源：Scott,1969：460）

此外，甚至一些非商业性的公共功能也存在外迁现象。如美国纽约、巴尔的摩、波士顿、底特律等城市在1920年代认为文化展示设施占用中心区用地过于浪费，于是将其中心区的博物馆进行外迁（Fogelson,2001：196）。

3.3.1.2　市场机制下经济性职能集聚

（1）集聚商务办公功能

二战前，中心区的办公开发反映了地租理论的市场经济行为，尤其是在1930年代经济萧条之前，英美等国各城市中心区办公功能激增，在不断地取代居住、生产和文化功能的同时，向水平和垂

[①]　具体详见 https://www.6sqft.com/historic-map-shows-the-manufacturing-industries-of-1919-nyc/。

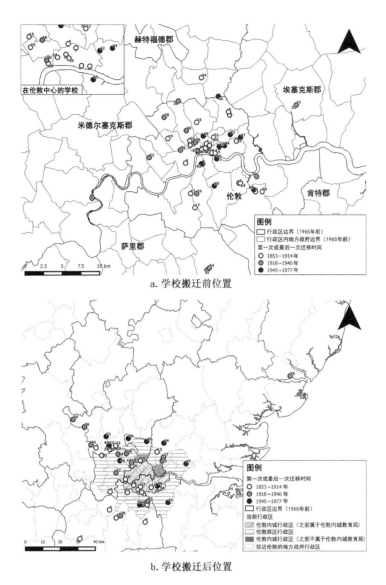

图 3-3-6 伦敦中心区学校外迁趋势
(资料来源: Gamsu, 2016)

直方向迅猛发展,从而最大化地攫取经济利益。这种情况尤其以美国最为严重,位于中心位置的业主往往将原有低矮的建筑拆除自建高楼出租,或者将土地高价转让,如 1912 年纽约曼哈顿已经拥有 1 510 栋 9—17 层建筑,91 栋 18—55 层建筑(Loukaitou-Sideris & Banerjee,1998:13)。所以美国各城市区划一方面通过功能限定鼓励中心区的功能置换,另一方面也通过限制高度和体量的手段以控制办公空间的恶性竞争式开发,以避免产生公共安全问题、公共环境问题和利益纠纷(Fogelson,2001:112-182)。这种迅猛发展一度因为经济危机而完全停滞,并出现了将建筑拆毁改做停车场以保证收入的现象(Fogelson,2001:218-228)①。二战后,经济复苏背景下第三产业服务业(尤其是生产性服务业,如保险、银行、金融等)迅速崛起,其行业运作特征主要体现为面对面的交流,因此其中心集聚性的需求远高于其他行业,所以尽管政府政策和交通水平的提升为疏散提供了条件,但是办公功能依旧不断向中心区汇集,中心区办公空间也就呈现出急剧发展态势

---

① 如各城市中心区地价暴跌 25%~50%、销售额下降 40%、空置率上升至 35%~40%。具体各城市数据详见:Fogelson R M. Downtown: its rise and fall, 1880—1950[M]. New Haven: Yale University Press, 2001: 218-228.

(Daniels,1977;Gibson & Langstaff,1982:160;Couch,1990:21)(图3-3-8)。在美国,如前文所述,在城市更新政策扶持下,各城市中心区得以大量兴建办公建筑(图3-3-7)。据统计,1945—1950年间,美国新建300万平方英尺(约27.8公顷)办公面积,绝大多数位于中心区(Fogelson,2001:382),进入1950年代,美国头30位大型城市中心区新增580万平方英尺(约53.9公顷)办公空间,其中纽约新增量约占其中一半,而1960年代,新增总量呈翻倍趋势,达1 320万平方英尺(约122.6公顷)(Frieden & Sagalyn,1989:57)。

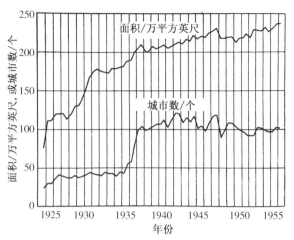

图3-3-7 美国城市中心区办公面积变化,1924—1956年
(资料来源:王朝晖、李秋实,2002:78)

图3-3-8 伦敦中心区各类办公开发许可,1948—1958年
(资料来源:London County Council,1960:145)

在英国,1947年《城乡规划法案》允许通过更新方式扩大原有建筑内部容积(而非建筑面积)的10%,而原有城市中心区的办公建筑均为厚重结构导致层高较高,所以当新建建筑采用新的轻质结构可以降低层高时,就会多出很多额外的建筑面积,这个法律漏洞①令开发商可以获取巨大的利润而积极投资中心区办公建筑。然而随着中心区地价上涨,1947年法案中规定的高昂开发费用令开发商对中心区更新逐渐望而却步(Ward,2010:104-106)。1951年保守党上台后,为了鼓励私有经济,伦敦中心区办公空间从136万平方米上升至167万平方米(Simpson,1988:147)。同样,英国其他城市中心区也呈现办公空间迅速增长趋势,如伯明翰1950—1968年间增长39.9万平方米(Holliday,1973:234)、布里斯托1951—1961年间增长23.7万平方米(Urwin & Bennett,1966:23)。

此阶段,尽管有个别办公建筑呈现出一定的功能混合现象,但也大都仅限于地面层是商铺功能(Manning,1965;Witherspoon et al.,1976:9),而中心区多功能混合建筑因为投资大、设计与施

---

① 这一漏洞在1963年才得到修正。

工难度高,仅有少量大型私人开发商能够实施,如 1930 年代纽约的洛克菲勒中心(Rockefeller Center)一期工程。所以,在功能分区理念下此时绝大多数新建大型办公建筑的经典功能组织方式为"地下仓储停车功能、底层商务服务功能、高层办公功能"(图 3-3-9),而小型办公建筑则没有地下空间(Manning,1965)。

(2)集聚商业娱乐功能

商业活动方面,虽然商业活动同样随着交通发展和人口郊区化呈现一定的郊区化特征,尤其是日常生活物品(consumption goods),但耐久性物品(durable goods)和昂贵物品(prestigious goods)因为具有"比较购买"的行为特征,所以依旧呈现出集聚于中心区的特征(Frieden & Sagalyn,1989:63;Couch,1990:22)。同时,中心区办公空间激增的带动效应、人们生活消费水平的提高、汽车发展和郊区化对原有商业

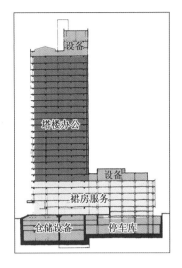

图 3-3-9　1950 年代典型办公建筑
(资料来源:Manning,1965)

模式的冲击以及战争损毁等各方面原因,都令中心区商业空间开发量增加(Holliday,1973:8-12;Dawson,1983:101)。如对 1950 年美国 12 个城市中心区的调研统计发现,在长时期更新后,商业零售业建筑面积均占中心区总建筑面积的 30%左右,无疑已成为中心区的一种首要功能(王朝晖和李秋实,2002:69)。而 Holliday(Holliday,1973:234)在对英国四座城市中心区战后 1950—1960 年代变化分析后发现,虽然商业零售面积占中心区总建筑面积比例不如美国(约 15%),但却是除办公空间外增长最快的,增长量大都在 1.6 万~12.7 万平方米之间。

同时,旧城中心区商业模式也发生了重大变化。20 世纪初期,随着"购物中心"概念的兴起,英美国家郊区组团式商业购物中心以及交通便捷处独立式购物中心相继涌现,因其统一设计的风貌环境较好、私人交通停车便利、物品丰富集中等优势,迅速得到大众尤其是中产阶级的喜爱(Dawson,1983:2-9)。因此,为了与此竞争,伴随着英美国家"大规模重建"城市更新政策,分区理论得以在中心区实施,中心区商业设施开始摆脱原有零散布局,向紧凑聚集的模式转变,从而与其他用地功能相隔离。在中小城市,形成中心区商业购物中心廊道,多以商业街(main street)形式出现(Isenberg,2004:11)。在大城市则以中心商业组团为主,英国典型的如考文垂、普利茅斯和布里斯托等(Dawson,1983:9;Tallon,2013:183)(图 3-3-10),美国典型的如加利福尼亚州的希尔斯代尔中心(Hillsdale Center),以及大型零售商梅西百货和联合商店在各地的商业中心等(Frieden & Sagalyn,1989:63-65)。这时期的中心区购物中心与后期的混合式商业购物中心的区别在于:一方面其更多地关注商铺店面而不是街区

a.布里斯托中心区商业组团设计效果图,1947 年

b.布里斯托中心区商业组团建成图,1966 年

图 3-3-10　布里斯托中心区商业组团设计与建成图
[资料来源:a 图(Punter,1990:35),
b 图(Urwin & Bennett,1966:166)]

注:集聚化商业组团呈现功能单一、重视连续商铺店面的特征。

环境;另一方面由于严格的分区理论作祟,业态往往仅限于零售(Evans,1997:23-24)。

此外,政府和规划者这一时期为了在郊区化趋势下保持中心区活力,试图通过规划极力保持中心区商业功能地位(Hall & Peacock,1973:119-122),因此在规划政策上形成了城市内商业等级序列(图3-3-11a)。典型的如英国建立了中心区(central area)(服务15万人)、地区中心(district centre)(服务3万人)、邻里中心(neighbourhood centre)(服务1万人)、零散次中心(sub-centre)(服务500~5 000人)的商业体系(Tallon,2013:183),并纳入1947年《城乡规划法案》中。

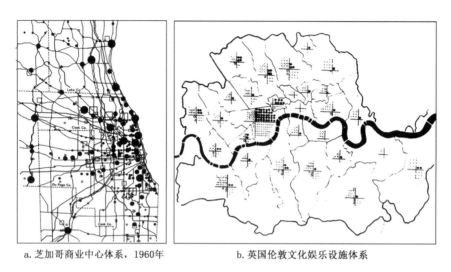

a. 芝加哥商业中心体系,1960年　　b. 英国伦敦文化娱乐设施体系

图3-3-11　商业与文化娱乐中心体系
[资料来源:a图(贝里等,2006:44),b图(布宁、萨瓦连斯卡娅,1992:65)]

公共娱乐功能方面,因为其主要是满足人们工作之余的休闲娱乐交往需求,所以也会像日常商业功能一样随人口呈现一定的郊区化趋势,但中心区因为具备交通可达性最高、每日活动人数最多、邻近主要的商务商业功能等因素,因此依旧是一些规模较大、级别档次较高的娱乐设施(电影院、剧院、演奏厅、高档餐厅、文化展示设施等)的集中场所。二战前,伴随着商务和商业空间增长带来的日常活动人数增长,以及中心区整体空间容量的增长,公共娱乐空间也就呈现出一定的增长态势。如伦敦中心区1930年代就已经拥有37家剧院(全市86家)、67家餐厅和旅馆(全市186家)(布宁和萨瓦连斯卡娅,1992:64-65),在市场驱动下,城市总体布局和商业的等级体系极其相似(图3-3-11b)。二战后,伴随着电视机的家庭普及、观演性娱乐设施大幅度下降,依旧以伦敦为例,1951年伦敦郡所有电影院年观影人数为1.15亿人次,而到1958年却仅有0.67亿人次,这种锐减现象在中上层较为集中居住的郊区尤为明显(London County Council,1960:113-114)。而中心区在其市场顶端优势和政府保持中心区公共文化活力政策的双重夹持下,依旧保持了一定的公共娱乐空间,并呈现集聚状态。如伦敦中心区影剧院集聚的西城区的35家场所自1951年以来一直运营良好,且新增3家及重建1家(London County Council,1960:151),呈现继续集聚趋势。而美国纽约中心区更是在二战后新建独立的文化娱乐集中区"林肯中心",将多座歌剧院、交响乐团大厅、剧院、图书馆、博物馆等集中修建于十几个街区内(加文,2010:91-92)。

3.3.1.3　政府掌控下公共空间提升

因为有助于提升中心区形象并缓解中心区混杂拥堵带来的负面影响,从而间接提高中央商务区经济效益,所以公共空间的建设一直受到政府关注。在政府主导的20世纪中期之前的更新阶段,由于产权和开发权问题,为了能够高效地改善中心区市容环境,二战前其方式基本以城市公园绿地和公共建筑周边空间营造为主,二战后则主要发展邻里活动场所。但也正因为是政府引领建设,此阶段的公共空间还是体现了很大程度的公共利益导向,起到了一定的社会维度作用。

(1) 城市公园绿地

城市公园绿地的建设始于19世纪上半叶,其主要目的是缓解工业城市恶劣环境带来的身心健康问题并缓和社会矛盾(陆伟芳,2003;李韵平和杜红玉,2017;刘竹柯,2017)。在英国,中心区城市公园绿地的建设一方面来源于城市市政公园建设,如格拉斯哥通过更新方式建设中心区城市公园(陆伟芳,2003);另一方面则是原有上层社会林苑对公众的开放和功能转型(张冠增,2010:193),如伦敦中心区摄政王公园、海德公园、圣詹姆斯公园等(泰特,2005:83-94)(图3-3-12a)。而美国一方面来源于19世纪中后期的城市公园运动(Peterson,2003:46-56;张翰卿,2005),在以弗雷德里克·劳·奥姆斯特德(Frederick Law Olmsted)为代表的一系列早期城市规划建筑师的带动下,各城市纷纷兴建城市公园系统①,其中最具代表性的中心区公园是纽约中央公园(泰特,2005:144-156;加文,2010:34-35);另一方面则是20世纪初期城市美化运动的带动

a. 伦敦中心区20世纪初城市公园布局

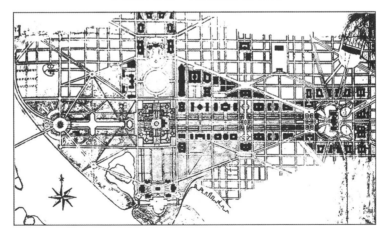

b. 华盛顿中心区1901年规划图

图3-3-12 英美国家20世纪初中心区公园绿地

[资料来源:a图(贝纳沃罗,2000:768-769),b图(Peterson,2003:95)]

---

① 建立城市公园系统就是为了让居民从拥挤中得到解脱、能够享受自然的愉悦,纽约中央公园可以看作是起初最为成功的范例,但令人费解的是,当城市公园运动漫及全国时却忽略了最为重要的城市中心区,城市公园系统往往照顾了郊区人口,直到城市美化运动才真正全面地将绿化系统带入中心区规划当中,即便如此,我们依旧需要承认城市公园运动对中心区公共空间建设具有积极的启示性作用。

(Ward,2002：35-36),公园和绿道被作为中心区规划的重要元素加以强调,规划系统典型的案例如最早的城市美化运动作品《华盛顿中心区规划》中的绿色轴线和节点(图3-3-12b),绿带轴线典型的案例如费城中心区公园大道体系和圣地亚哥中心区绿色轴线(Scott,1969：58-79),芝加哥中心区的格兰特公园则是公园节点的典型(泰特,2005：95-104)。

(2) 公共建筑周边空间

由卫生改革和景观改造延伸出发,形成的解决中心区混杂拥挤面貌的方式即"公共艺术"(civic art)思想,此思想逐渐发展为城市美化运动(Peterson,2003：71-73),而公共建筑及周边空间营造即是城市美化运动的重要着力点。

城市美化运动起源于美国,在以提升城市形象为核心思想支配下,以丹尼尔·哈德逊·彭汉(Daniel Hudson Burnham)为代表的规划师,将大型公共建筑、公共艺术和景观设在中心区规划中各主要放射性道路、公园带的空间交汇处(Ward,2002：36),因此,城市美化运动的焦点在于形成有序高效的公共核心区,以及令公共空间成为中心区的关键组成,从而提升城市形象(张冠增,2010：358)。尽管各个城市无法都像华盛顿和芝加哥一样实施大范围的城市美化运动,但是由于公共核心区产权在政府手中,且其易于体现城市美化运动的核心原则,所以大多数城市都实施了公共核心区规划(图3-3-13a),这就在一定程度上促进了中心区公共空间开发。

在美国的影响下,英国20世纪初中心区也存在类似城市美化运动的更新活动(Ward,2010：57),虽不像美国那么秩序强烈,但也在局部以几何秩序性构图模式围绕主要道路建造城市公共中心,这体现在伦敦、伯明翰、敦提等城市的规划设想中(Cherry,1974：105,Ward,2010：57;Larkham & Adams,2011)。尽管这些设想并没有全部实现,但其以公共建筑及公共空间为核心的思想影

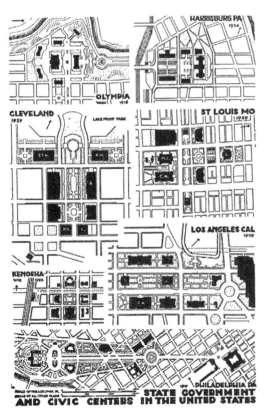

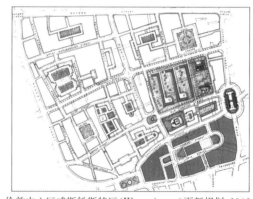

b. 伦敦中心区威斯敏斯特区(Westminster)更新规划,1946年

a. 美国主要城市中心区公共核心区规划　　　　c. 曼彻斯特中心区更新规划,1945年

图 3-3-13　英美国家 20 世纪初城市中心区公共建筑及周边公共空间建设

[资料来源:a图(Talen,2005a：119),b图(Larkham & Adams,2011：30),c图(Nicholas,1945：78)]

响了二战前后各地的实际建设方案(图3-3-13b,c),从而促进了中心区公共空间的提升。

(3) 邻里活动场所

旧城中心区大面积的公共空间基本上是由公园绿地和公共建筑周边空间构成的,但在二战后,政府为了满足市民对休闲健康生活的便利需求以及进一步缓解释放贫困人口的身心压力,开始设置独立的中小型邻里式休闲运动场所(张翰卿,2005;加文,2010:35-44;Tallon,2013:177)。因此,中心区公共空间形式开始拓展,形成了大小兼顾的多样化体系,并在满足可达性和承载力的要求下设置距离要求和人均指标(表3-3-4,表3-3-5,表3-3-6)。所以,这导致二战后中心区公共空间呈现"零星点状"增加趋势(London County Council,1960:121)。

表3-3-4 伦敦中心区公共空间类型及标准,1943年

级别	类型	建设标准
城市服务	城市公园广场、绿道(两侧有足够开放空间的道路) 滨水游乐园	每千人2/3—1英亩
街区服务	一般公共性游乐运动场所 校园运动场 娱乐运动中心	每千人2英亩
社区服务	小型社区游戏场 小型社区便利开放空间	每千人1/3英亩

(资料来源:Forshaw & Abercrombie,1943:37-38)
注:1英亩约0.4公顷。

表3-3-5 美国1940年代公共空间的适当距离标准
(单位:英里)

设施	芝加哥	丹佛	明尼阿波利斯
运动场	1/4	1/2	1/4—1/2
社区公园	1/4	1/2	—
室外运动场	—	3/2	1/2—1
区域公园	5/2—3	3	3
地区公园	—	10	30

(资料来源:加文,2010:38)
注:1英里约1.6千米。

表3-3-6 美国1938年公园服务局提供的公园面积标准

人口	人均面积
10 000人以上	10英亩/1 000人
5 000—8 000人	10英亩/750人
2 500—5 000人	10英亩/600人
1 000—2 500人	10英亩/500人
1 000人以下	10英亩/400人

(资料来源:加文,2010:39)
注:1英亩约0.4公顷。

3.3.2 追求秩序隔离的时空利用模式

3.3.2.1 "功能-交通"空间隔离模式

从空间设计模式上看,旧城中心区更新基本实现了基于秩序化分区的"大规模重建"规划目标,并践行了功能分区与交通分区的协同发展观,其主要特征包括三个方面。

① 围绕中心区创建城市内环路,降低中心区内过境交通,令中心区形成相对独立的空间从而提升其整体环境品质,同时以内环路为"链接环",向外放射延伸布局城市快速路,以提高中心区与郊区的联系。在美国,这种模式主要用以服务郊区富裕人口快速便利地抵达中心区(Abbott,1993;Fogelson,2001:249),并在《高速路援助法案(1956年)》(*Aid Highway Act of* 1956)法案①

---

① 1944年国会就将资助修建高速路的25%费用用以修建市内道路,但这些费用对市内高地价来说杯水车薪,而在1956年法案中,国家愿意承担道路建设的90%,这就加速了中心区向外延伸的道路建设。

的支持下得以实施(图 3-3-14a,b,c)。而在英国,更多的是阿尔克·屈普(Alker Tripp)交通分区理念的直接影响结果(其本质上也是提升郊区到中心区的可达性),二战后伦敦、伯明翰、曼彻斯特、莱斯特、考文垂等城市更新规划均采用了此种方式(图 3-3-14d,e,f)。

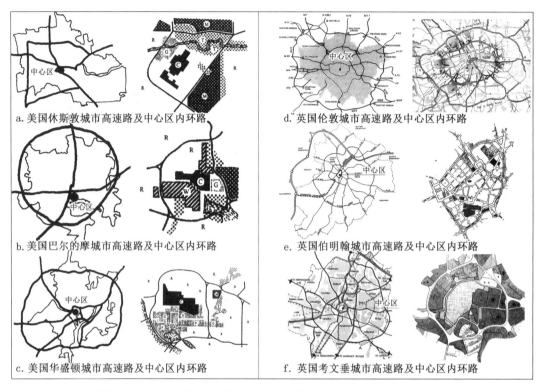

图 3-3-14　英美国家 20 世纪上半叶城市高速路及中心区内环路建设
[资料来源:图 a、b、c(王朝晖、李秋实,2002:122-125),
图 d 左图(Hall,1989:138)、右图(Forshaw & Abercrombie,1943:62-63),
图 e、f(Holliday,1973:32,63,115,132)]

② 在内环路以内运用鲜明的功能分区取代原有混杂的功能布局,同时实现功能维度的分离,将居住、产业等功能排斥出中心区。其实,在二战前中心区各主体功能在市场驱动作用下就已呈现出各自凝聚分区的态势(Loukaitou-Sideris & Banerjee,1998:13),这体现在 Rannells (1956)对美国费城中心区 1949 年之前的变化研究,以及哈里斯和乌尔曼的"多核心"模型中(李沛,1999:24-26;王朝晖和李秋实,2002:35-37)。而二战后大规模更新的城市政策令功能分区思想在规划设计中得以更为普遍彻底地实施,以英国政府出台的指导全国的《城市中心区再开发手册》(*The Redevelopment of Central Areas*)(1947 年)为例,其明确地体现了建立内环、排斥居住与工业且化混杂为功能秩序的思想(图 3-3-15)①。于是,在此思想指导下的英美各国城市中心区在二战后也就愈发呈现分明的多功能簇群集聚的特征(图 3-3-16a,b),Sim(1982)对英国格拉斯哥中心区 1950—1960 年代的变化研究,霍伍德(Horwood)和波伊斯(Boyce)在对美国各城市中心区研究后总结的"核框理论",以及赫伯特和托马斯的"亚区理论"正印证了这一趋势(图 3-3-16c,d)。

---

① 中小城市因中心区范围较小所以对此模式应用得较为彻底,而大城市中心区范围较大、现状用地功能和产权更加复杂,因此实施起来往往呈现局部化特征,但总体趋势保持一致。

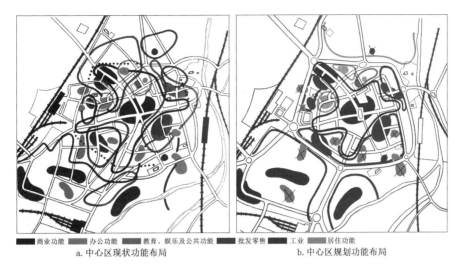

图 3-3-15 彩图链接

图 3-3-15 旧城中心区内环路建设及功能布局秩序化更新规划模式
(资料来源：Ministry of Town And Country Planning,1947:32-33)

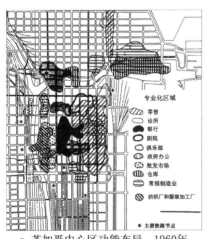

a. 芝加哥中心区功能布局，1960年

图 3-3-16b 彩图链接

b. 伦敦中心区功能布局规划，1943年

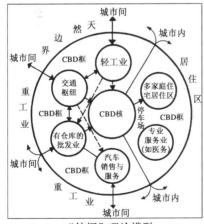

c."核框"理论模型

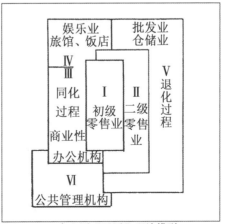

d. 中心区"亚区"理论模型

图 3-3-16 英美国家中心区功能簇群隔离状况
[资料来源：a 图(王朝晖、李秋实,2002:38),b 图(李沛,1999:80),
c 图(贝里等,2006:42),d 图(Forshaw & Abercrombie,1943:120-121)]

③ 以功能分区为基础实施交通分区规划,将机动车停车布局在中心区内环路周边,并尽量在各分区内实施步行和机动车的分离,尤其是商业区域。这可以看作是应对机动车交通可达性、应对功能分区和提升中心区各分区内步行环境的必然选择,同时也是与郊区相抗衡的结果。如英国考文垂中心区在二战遭受损毁后的重建规划过程中的几次方案修改,就体现了这一特征,其最终将商业区完全独立并进行步行化处理(图3-3-17)。

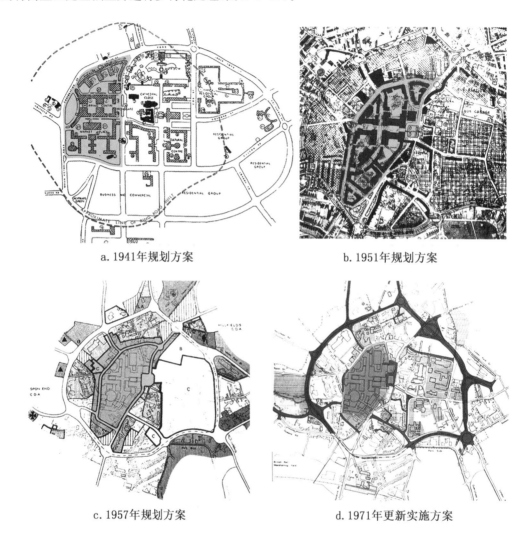

a. 1941年规划方案　　　　　　　　b. 1951年规划方案

c. 1957年规划方案　　　　　　　　d. 1971年更新实施方案

图 3-3-17　考文垂中心区商业区逐渐完全步行化过程
(资料来源:Holliday,1973:100-122)

3.3.2.2 "宏观-微观"时间断裂模式

居住和制造业的外迁意味着中心区和郊区形成了双重职住分离,即商务人士的"中心区就业—郊区居住"以及非技术人员"中心区边缘居住—郊区就业",这在时间上造成了中心区时间断裂的宏观模式,对中心区整体氛围而言,就形成了白天工作时间繁忙、夜晚休憩时间冷寂的"潮汐现象"。

同时,中心区内部各功能的区划隔离造成了中心区时间微观层面的断裂。尽管现代规划理论中强调了在最经济的交通时间内建立工作、居住和娱乐功能之间的关系,但是在单纯功能集聚思想影响下,各功能从区划到建筑的单纯化空间模式被逐渐扩大,具体表现为街区尺度日益增加,于是这种功能单一的空间模式就将时间完全割裂,在中心区内部形成了"购物时间活力地区"

"工作时间活力地区""居住时间活力地区"。

总之,时间模式的断裂是伴随着空间隔离自动形成的,但真正导致断裂形成的原因是功能单纯化区划地块尺度的增加。这种断裂现象随着空间距离的增加也就愈发明显,产生的经济社会破坏效应也就越大(Shirley & Moughtin,2005:163)。

3.3.3 强调集权控制的实施政策工具

为了保障中心区土地混乱状态得以有效彻底解决,同时实现CBD功能建设目标,英美国家发现只有建立强有力的集权式控制性的城市规划体系并辅以相应城市更新实施政策才能实现。

3.3.3.1 集权式区划工具的运用

(1) 土地开发权的国家控制

英国政府管控能力相对较强,同时"中央—地方"的城市规划行政管理体制也较为明确,因此中央政府通过强力的法律制定达到将土地开发权收归国有的目的。其从1909年颁布的世界上第一部城市规划法《住房及城市规划等法案(1909年)》(Housing, Town Planning, etc., Act 1909)(标志着城市规划成为政府管理职能)到1947年的《城乡规划法案》(Town and Country Planning Act)(奠定了战后城市规划发展框架),具体通过三方面将旧城土地开发权收归国有(表3-3-7):①城市规划覆盖范围从仅限新区扩展到包括旧城在内的所有区域;②各地方政府城市规划编制由自愿编制转变为强制编制;③土地开发权与土地所有权分离,所有开发都必须按照政府制定的开发规划(Development Plan)进行控制。这三方面特征为控制旧城中心区土地布局奠定了法律基础,从而能够实施符合政府希冀的规划设计。

表3-3-7 1900—1960年代英国城市规划运作体系演变

时间	规划法	规划涉及范围	编制规划强制性	规划控制形式
1909年	Housing, Town Planning, etc., Act	未开发、正在进行开发的土地	授权但非强制编制	城镇规划大纲(Town Planning Scheme):实际上是一种土地使用区划,土地开发权在所有者手中,其提出开发申请,政府仅根据规划的土地性质进行审核
1919年	Housing and Town Planning Act	允许因为卫生环境问题拆除既有建筑	强制编制	
1932年	Town and Country Planning Act	扩大到所有区域,包括已开发用地	强制编制	
1944年	Town and Country Planning Act	主动规划,可以征用"战争破坏的土地"和"衰败地区"	强制编制	
1947年	Town and Country Planning Act	所有土地统一规划	强制编制	发展规划(Development Plan):一种表明地方规划当局土地使用方式的规划,土地开发权收归政府,开发者需要根据发展规划提交规划申请
1953、1954、1959、1962、1963年	Town and Country Planning Act	所有土地统一规划	强制编制	

(资料来源:Davies,1998;Booth,1999;Ward,2010;Cullingworth et al., 2014:17-29;吴晓松、张莹、缪春胜,2015:12-34)

然而在美国,由于私有制理念根深蒂固,起初的城市政策往往是各方力量博弈的结果,因此政府的公共控制力一向有限,除一些大型公共建设需要政府决策外,其余时候政府更多承担"调解人"的角色(卡林沃思和凯夫斯,2016:57-59)。这种薄弱控制力显然不利于政府实施扫除无序现状的设想,美国政府无法像英国政府一样直接单方面通过立法实施控制,于是只能通过不断顺应解决居民各方面实际需求,从而改变人们对政府管理的抵触情绪,逐渐实现私有土地的公共管理,最终建立现代规划体系。其具体过程可以分为"卫生—景观—功能—规划"四个阶段(表 3-3-8),美国在此四个阶段后最终建立了以区划为工具的综合性规划控制体系,从而在法律层面将土地未来使用方式的决定权收归政府控制。

表 3-3-8 美国 19 世纪中期—20 世纪中期城市规划运作体系建立过程

阶段	主题	目标	内容	对规划体系的意义
第一阶段 (19 世纪 中段开始)	住房 卫生 管理	应对工业城市恶劣居住条件带来的卫生健康问题	进行调研、各城市建立主管部门(Board of Health)、颁布住房法律(控制设计标准)、规划布局市政管线	初步建立了规划管理机构,并基于公共利益颁布法律对建设进行控制
第二阶段 (19 世纪中 后段—20 世纪初)	公园 运动	应对工业城市恶劣居住条件带来的身心健康问题	授权政府设立游乐场地和城市公园,基于公园系统进行全市规划	初步建立了政府可以因为公共利益征收局部私人土地并进行建设的管理逻辑
	城市 美化 运动	解决旧城拥挤混杂面貌,基于"公共艺术"思想提升城市形象	建立城市规划委员会,实施基于空间形象的城市综合规划	建立了专门的规划管理机构,规划覆盖全部地区,将公共利益与私人利益统筹考虑,但缺乏强制性
第三阶段 (20 世纪初)	科学性 与功能 划分	保证公共健康、福利和安全,保护私人既有利益不被侵犯	联邦政府和各州颁布区划法律,运用区划工具控制全市土地	建立了土地利用公共管理工具体系,但这种控制是在缺乏未来规划下实施的
第四阶段 (20 世纪初— 中期)	综合性 规划	对既有结构进行调整,对城市新开发进行控制,对自然历史进行保护	联邦政府及各州立法,授权各城市制定和实施综合性规划,区划法律须与总体规划相一致,同时授予土地购买权	建立了城市未来发展管理法律体系,并将区划工具纳入其中

(资料来源:Scott,1969;Peterson,2003;利维,2003;卡林沃思、凯夫斯,2016)

(2) 区划工具运用

此阶段,区划工具①是英美国家利用城市规划体系实现旧城中心区"结构秩序性"的最重要手段。

在英国,1947 年之前实行的开发控制方式"城镇规划大纲"(Town Planning Scheme)实际上就已经是区划(zoning)工具(Booth,1999;Cullingworth et al.,2014:107-108)。1947 年《城乡规划法案》以"发展规划"(Development Plan)取代,本意是希望能够保持弹性和控制性之间的平衡,例如,法律规定发展规划只需提出土地开发规划政策而不必涉及具体开发项目,从而将开发规划与开发控制分离(吴晓松等,2015:33-34)。同时,不严格约束发展条件并在具体开发时可以加入地方政府认为合适的要求(Cullingworth et al.,2014:108),并颁布《功能类别分类规定》(Use Classes Order)、《一般开发规定》(General Development Order)和《特殊开发规定》(Special Development Order)等文件,规定了一系列无须申请规划许可的开发内容(Davies,1998)。

但地方当局却往往希望明确规定规划目标(Cullingworth et al.,2014:108),所以"控制"成为战后城市规划的主要目的,控制的目标不仅是保持城市与自然之间的平衡,而且是保证土地得

---

① 作为理性功能主义最主要的工具,区划技术最早起源于德国 19 世纪 90 年代,1891 年法兰克福首先运用区划技术建立建筑分级规则,这标志着密度分区制的肇始及向功能分区发展的转折,后传入其他国家,并在美国得到极大发展,进而影响了世界其他区域。

到合理地、节约性地利用,并提升旧城空间环境和机动车可达性(Hall & Peacock,1973:41-52)。政府认为有责任消除私人开发带来的土地混杂状态,利用区划(zoning)方式清晰地将居住、工业、商业、文化娱乐等功能隔离分布在适当的地块,并辅以适应机动车交通的现代交通体系(Coupland,1997:55),尤其是隔离居住与污染性重的工业,并控制人口居住密度(Hall & Peacock,1973:64-66)。

英国城乡规划部1947年颁布的《城市中心区再开发手册》(*The Redevelopment of Central Areas*)体现了这种规划思想在中心区的应用,手册中明确指出"中心区更新的目标是确保各类活动发生在最好的外部条件安排下……为了实现目标,对区位需求相同的建筑群组应布局在一起,相反,有冲突的则应隔离,这就需要分成几种功能类型……"(Ministry of Town and Country Planning,1947:7,24),于是其严格限定了中心区适宜开发功能分类与兼容性(表3-3-9),将各类功能隔离且分别集中布局,同时手册体现了现代城市规划物质空间秩序控制思想,依据功能分类限定地块容量、日照控制、外立面控制、交通结构等方面,并就具体项目提出细节开发管理要求。值得注意的是,控制体系一方面十分明确地将一般性住宅与工业功能排斥出中心区,另一方面还是为中心区功能混合留有了弹性余地。

表3-3-9　1947年英国《城市中心区再开发手册》中规定中心区适建功能及建设兼容性

类别	Zone 1 居住	Zone 2 商业	Zone 3 办公	Zone 4 零售仓储	Zone 5 教育娱乐公共设施	Zone 6 轻工业	Zone 7 一般工业	Zone 8 特殊工业
A 住宅	P	X	X	X	X	X	X	X
B 其他居住	P			X		X	X	X
C 学校及宿舍		X	X	X	P	X	X	X
D 商铺		P						
E 办公			P					
F 零售仓储	X			P	X			
G 仓库	X	X	X		X			
H 公共建筑					P			
I 集会	X							
J 轻工业	X			X		P		
K 一般工业	X	X	X		X		P	
L 特殊工业	X	X	X	X	X	X		P

(资料来源:Ministry of Town and Country Planning,1947:24-25)
注:P代表此类功能区中的主要建筑类型;X代表此类功能区中严格禁止修建的建筑类型;空白代表需要地方政府进行考虑后,在主要建筑功能不受影响下方可批准的建筑类型。加粗黑框为中心区适宜功能区,其余功能区则不适宜布局在中心区。

而在美国,区划条例在控制土地利用方面比综合性规划更为直接有效(Cullingworth,1993:9-12;利维,2003:41)。在纽约1916年建立第一个综合性分区条例并取得成功后,美国其他城市纷纷效仿,联邦政府也先后颁布《州分区规划授权法案标准》(*Standard State Zoning Enabling Act*)(1922年)和《城市规划授权法案标准》(*Standard City Planning Enabling Act*)(1928年)肯定了分区制的合法地位，并向全国推行。至1926年，43个州的420个地方政府已经实施区划管理(Cullingworth，1993：29)，在1930年《雅典宪章》颁布之前，已有754个地方政府采用了区划技术(霍尔，2009：64)，这标志着区划当时覆盖容纳了美国约五分之三人口(Cullingworth，1993：29)，已经成为美国主要的土地利用规划控制工具。

美国当时的区划是商业性的，是保护现有房地产价值免于不良侵害的一种手段(Scott，1969：152；利维，2003：42)。其实施体系的基本逻辑是"警察权力"，以此保证公共健康、福利和安全(利维，2003：69；Hirt，2016)。而实际上建立区划制度的不可告人的根本原因是私人利益，基于此建立的规划体系，就成为在保证不去触犯既得私人利益的前提下进行的城市发展(Cullingworth，1993：34；霍尔，2009：63-65)。其以"不可侵犯"(sanctity)的理念，将影响居住品质的讨厌的功能"排除"出居住社区，并保证这种状态的长期稳定性(不可更改性)，同时出于消防安全和开发强度控制，将商业、商务、产业等功能进一步进行隔离(Cullingworth，1993：21-29)。

因此美国区划的隔离限制比欧洲更为严格。

首先，其功能隔离方式更为严格。美国区划分类方式分为两种，第一类以纽约区划为代表，其以"金字塔"形式的逻辑将居住功能置于顶端，依次往下为商务功能和非限制功能(图3-3-18a)，高层功能可以设置于低层功能中，反之则禁止①。尽管存在种种隔离，然而这种区划方式与英国的区划方式类似，还是为中心区土地混合利用留下了制度可能性，尤其是中心区居住功能的置入。第二类则是无等级的区划方式(图3-3-18b)，功能彼此之间皆不可共存，每个分区变得更为"功能纯粹"，因此土地混合利用的可能性被彻底抹杀。而恰恰第二类方式在二战后逐渐在美国广为流行(Hirt，2007；2016)。

其次，其区划隔离带有浓厚的社会隔离属性。如纽约区划不但将居住与其他功能分离，更将居住功能通过居住环境指标(如密度、户型等)进行了等级细分，保障了高层阶级的居住利益(Cullingworth，1993：34-39)，这也为社会人口隔离奠定了制度基础。而亚特兰大、休斯敦、路易斯维尔等城市，更为了维护白人利益，以减少冲突为由设定了针对种族的严格居住区划隔离(Cullingworth，1993：59；Hirt，2016)(图3-3-19)。

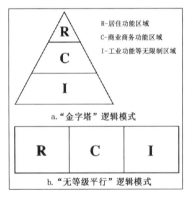

图 3-3-18　美国区划分类逻辑
(资料来源：Hirt，2016)

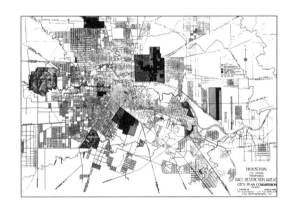

图 3-3-19　美国休斯敦"种族区划"图
[资料来源：《休斯敦城市规划委员会报告》(*Report of the City Planning Commission, Houston*)(1929年)]
注：黑色区域为限制有色人种居住区域。

---

① 有时某一些功能以"特殊用途许可"(special use permit)的形式得以与高层功能共存，前提是不影响公共安全和地块正常功能使用、不影响公共福利和私人财产环境以及与综合性规划没有冲突，如允许警察局、消防站、行政商务办公、商业服务等一些功能可以与居住功能共存。

3.3.3.2 公共征地权下的更新政策

尽管英美国家将土地开发权收归国有并运用区划工具隔离各功能，但这仅仅停留在规划层面，真正开发实施时，"大范围、洁净"的功能区划想要得以实行，就必须解决旧城中心区长时期私人开发所造成的复杂产权和更新成本问题。而英美各国在经历了1930年代的经济危机后，进一步认识到自由经济的局限，在庇古、凯恩斯等人国家福利经济政策思想影响下，纷纷希望将本国建设成为福利国家(Welfare State)(曹康，2010：133-141)，其主旨是国家政府的全面干预，中央政府和地方当局共同承担社会责任，通过相应措施为居民提供良好的生活环境(周国艳和于立，2010：60-61)。因此如何令政府高效解决复杂私人产权，有效实现城市中心区功能区划目标成为亟须解决的难题。此时，英美两国提出的解决方式极其统一：以国家权力实施高效的土地征收政策。具体在英国为"综合开发区"政策，而美国则是"城市更新"政策。

(1) 英国"综合开发区"政策

在英国1947年《城乡规划法案》颁布之前，地方政府往往因为高额的补偿金无法实施彻底的区划隔离，只能对中心区的无序混合式开发状况持妥协态度(Nicholas，1945：192-193)。1942年，阿思沃特(Uthwatt)向当时的中央规划局提交报告，详细阐述了关于土地更新开发时的补偿和赔偿(compensation and betterment)设想，通过将土地开发权收归政府的方式解决巨额的征收费用问题，同时赋予地方政府强制征收土地的权力，以保证对战争损毁和衰败地区的综合性更新，这一思想被《城乡规划法案》(1947年)所采纳(Holliday，1973：5-6；Marmaras，2015：65-76)。法案授权地方政府划定"综合开发区"(Comprehensive Development Area)，并对此区域具有强制购买权(compulsory purchase)以保证规划实施，其中定义的综合开发区包括：①战争损毁区；②过时的、破旧的规划区；③用于重新容纳人口、产业或开放空间的区域；④其他特殊情况。这就给予了地方政府宽泛的自由裁量权以获取想要的土地。同时法案设立中央土地管理董事会(Central Land Board)，专门处理补偿和赔偿问题，并拨款3亿英镑建立资金库，对征收的土地根据"现存价值"进行一次性补偿征收，若规划带给地块贬值，则给予赔偿；若带给地块增益，则开发商需要以100%的税率从政府手中购买开发权力(Development Charge)(Ward，2010：99-100)。尽管后来这种补偿和赔偿制度被修正，但强制征收土地的权力继续保留，所以综合开发区政策就得以继续实施。据统计，从1947年颁布到1964年，21 600英亩(约8 741.2公顷)土地被定义为综合开发区，其中共178个综合开发项目(总占地约7 300英亩，约2 954.2公顷)位于中心区(图3-3-20)，且英国三分之一的城市已基于综合开发区政策针对中心区整体编制了更新规划(Alexander，1974)。

同时，各地实施的综合开发区政策也贯彻了物质空间秩序性的城市中心区重建思想，具体体现在：①功能方面，削减居住功能、降低居住密度，替换以商务、商业、公共功能，并区划性布局；②空间方面，大面积拆除战争损毁区、破败区和功能混杂区，无视原有肌理，以新的几何秩序组织空间，重视提升公共空间数量以改善生活环境；③交通组织方面，以机动车交通为导向建立新的交通网络体系，并尽可能实施交通分区政策，在平面和立体上隔离机动车与步行。

(2) 美国"城市更新"政策

在美国，征地也早已成为政府和私人开发商对旧城中心区进行大规模更新的最大障碍，因此，必须降低中心区开发场地的获取成本，才能有利于与郊区竞争资本投入(利维，2003：58)。美国从两方面实现这一目标：一方面降低土地征收难度，如纽约1941年就通过法律允许私人开发商在获得地块内超过51%产权时即可对整个地块行使征用权进行更新活动，同时在更新活动发生前冻结地块内房产评估价值以利于收购，因为这种做法能有效刺激私人资本参与内城更新，所

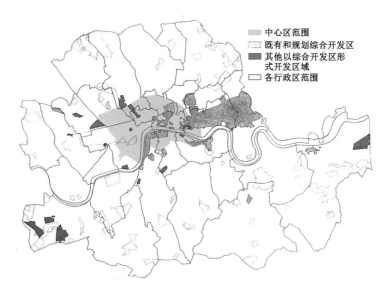

图 3-3-20　伦敦中心区综合开发区范围，1960 年
(资料来源：London County Council,1960：159)

以其他州法律纷纷效仿(Scott,1969：380)。同年，联邦政府出台《美国城市再开发手册》(*A Handbook on Urban Redevelopment for Cities in the United States*)，其中首次建议授予地方政府征地权，允许政府出于保护公众健康、安全和幸福的需要，对土地利用加以干预(李艳玲,2004：72-73)。另一方面则是补助土地征收资金，联邦政府先后颁布《住房法案(1937 年)》(*Housing Act of* 1937)和《联邦城市再开发法案》(*Federal Urban Redevelopment Act*)(1943 年)，明确表示将资助地方政府获取并清理划定的贫民窟和衰退地区(Fogelson,2001：371-372)，清理后主要进行公房建设，其中国家提供 90% 的贷款，地方政府提供剩余 10% 资金并负责选址、施工、选择住户和物业管理等事务(李艳玲,2004：51)。

图 3-3-21　纽约中心区"枯萎"
地区范围，1945 年
(资料来源：Scott,1969：427)

1949 年美国颁布住房法案《住房法案(1949 年)》(*Housing Act of* 1949)，这标志着大规模城市更新政策的开始，而其主要运作方式即同时吸取了以上两种手段：①授权地方政府划定集中成片的衰退土地并行使征地权，经过清理和规划后转卖给公、私机构进行建设；②联邦政府承担更新工程费用的 2/3，地方政府承担 1/3(李艳玲,2004：74)。此政策积极促进了旧城中心区更新，据统计,1950 年代美国约有 700 个中心区规划出现，其目标全都是改善"枯萎"(blighted)地区(Loukaitou-Sideris & Banerjee,1998：21)(图 3-3-21)。而对 9 个重点城市的更新政策实施 25 年(1949—1974 年)的整体统计发现,52% 的城市更新资助基金被投放至中心区 1 英里(约 1.6 千米)范围内，而 2 英里(约 3.2 千米)范围内的资金占全部投放资金的 82%(Frieden & Sagalyn,1989：25)。同时，城市更新政

策虽然以改善中心区居住环境为初始目标,但与英国的"综合开发区"政策一样,很快转向商业经济性开发,并在美化环境的宗旨下实施了大规模秩序化重建。

值得注意的是,尽管这个时期体现了明显的政府负责的凯恩斯福利思想,但公私合作方式已经在商业地块出现。原因是地方政府拥有强制征收权力,更有利于征收土地进行更新,而开发商更精于市场操作。因此在规划开发过程中,政府解决土地征集和创造有利的规划条件,开发商则承担开发并向外出租,这其中政府可以作为土地拥有者和开发商合作,也可以以规划权力与土地拥有者、开发者合作。在英国,前一种合作情况如伦敦巴比肯(Barbican)地区开发,后一种情况则

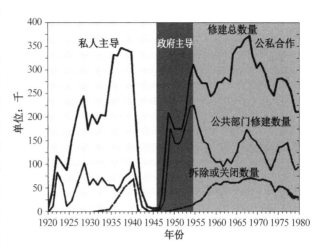

图 3-3-22 英国住房建设方式
(资料来源:Gibson & Langstaff,1982:25)

以尤斯顿中心(Euston Centre)地区开发最具代表性(Ward,2010:131-133)。而 20 世纪上半叶城市住房建设也可以明显看出"私人—公共—公私合作"方式的演变过程(图 3-3-22)。在美国,虽然私人开发商并不参与规划,仅执行具体实施,但通常成功的更新项目都是在政府和开发商密切合作下实施的,私人资本参与城市更新过程也更为积极。如截止到 1959 年 12 月底,306 项更新工程建设中,私人资本投资占比近 80%(李艳玲,2004:161)。私人资本参与城市更新的原因主要包括战后建筑业的高投资回报率、政府信贷优惠政策以及大企业扩大生产规模需求等方面(李艳玲,2004:124)。他们的参与大大弥补了政府开发资金的不足,但同时因为大企业的逐利性,所以他们投资的城市更新项目多以办公楼、商业、豪华公寓等商业性功能为主,而对低收入住宅、社区服务等社会性项目缺乏兴趣,因此也在一定程度上加剧了城市更新对社会公平的忽视。但总体而言,这种公私合作方式运作的成功对后期企业化城市的公私合作关系起到了启示与铺垫作用。

3.4 本章小结:演变动因、演变重点、实践模式

(1) 演变动因:彻底根除混杂问题,迎合中央商务区经济建设

土地混合利用在工业革命前一直是旧城中心区的显著特征,呈现着步行友好、功能混合、多样化人群的高密度有机肌理状态。工业城市中心区虽然延续了土地混合利用特征,但其本质却发生了变化,交通模式中增加了机动车出行、功能业态中增加了重工业生产、人群聚集中出现了贫富分离。"混合"变成了"混杂",也就产生了诸多不可持续问题。这些问题恰与当时社会对中心区"从传统多元的集聚地带向中央商务区转变"的需求产生了不可调和的矛盾:①环境破败不仅影响氛围形象,而且损害了土地价值;②交通拥堵侵蚀着中心区运转效率,令郊区富裕人口日益不满;③混杂产权阻碍了日益增加的大规模商业性开发需求。

因此,彻底根除混杂问题就成为此阶段实践中土地混合利用被瓦解的根本原因,这是由两个错误的潜在认知导致的。

错误认知一:"混合"即"混杂",相对于带来的危害,其益处微不足道。实践者错误地将工业

城市的"混杂现象"等同于"土地混合利用",并未深刻地认知到其相对于传统的土地混合利用状态,已经掺杂进无序的机动车、污染的重工业、贫富大范围空间分异等因素。所以,在汽车时代,"土地混合利用"带来的便利性可以被汽车带来的机动性所弥补,而其产生的种种问题却无法被容忍。因此功能分区是可行的,也是势在必行的,这种认知同时体现在现代规划理论思想中和现实实践中。

错误认知二:"混合"的本质是经济功能的混合。实践者单纯地将土地混合利用等同于功能混合,而忽视其蕴含的职住游邻近的活力、社会人口的融合、历史文脉的延续、满足多元群体需求等具有长远意义的多维度内在价值。所以,尽管我们以可持续更新视角去重新审视现代规划思想时,发现理论中不乏对土地混合利用理念大有裨益的真知灼见,但当时政府、开发商和规划实践精英们却仅从"功能分区比功能混合更能促进经济发展"角度出发,断然采取了大规模重建的城市更新模式,这就导致了其只片面运用了现代规划理论中"功能分区"和"人口功能疏解"的规划思想,而对其他有益的提议置若罔闻。这也证明,此阶段判定功能混合应当被功能分区取代的主要原因在于经济发展维度的思考。

(2) 演变重点:如何高效地实现中央商务区目标指引下的功能分区

土地混合利用是城市长期发展自然形成的状态,但实现功能分区却成为此阶段实践者迫在眉睫的任务。两次世界大战后社会经济的强势复苏以及愈演愈烈的郊区化进程带来的威胁,令中心区管理者和土地所有者无法继续忍受混杂环境带来的经济发展桎梏,"改变刻不容缓"成为共识。正值此时,以机动车交通为纽带的"功能分区"为解决这种状态带来了希望,但是,传统街巷肌理、大量居住人口以及复杂的产权均给功能分区带来了巨大障碍,于是,如何"短期内根本扭转破败境况,通过功能分区大力兴建中央商务区"成为此阶段土地利用方式演变的重点。

(3) 实践模式:政府与精英控制引导下的秩序营造与功能分离

实际上,真正导致中心区土地混合利用状态瓦解的是政府、开发商以及一些规划精英们对现代规划理论的片面应用。当我们明晰了他们的根本目标是为中央商务区经济建设服务时,一切实践举措就变得易于理解。

① 功能要素按经济产值贡献度进行取舍。因此,居住、生活配套设施、制造业等低经济价值功能就被驱逐出中心区,而商务、商业、娱乐功能以及提升形象的公共建筑、公共空间就受到大力追捧。

② 时空模式以机动车引领的严格功能分区为基本设计方式。此阶段的中心区设置内环路、严格功能分区、隔离机动车与步行,以及将不同功能进行大范围、远距离的分隔等时空布局方式,其内在逻辑就是依托机动车交通作为联系纽带,提升郊区人口与中心区的联系度以及中心区内部的通畅度,同时实现各功能区的功能集聚纯净化特征,从而杜绝功能混杂带来的种种问题。

③ 权力模式强调国家精英控制。奉行凯恩斯主义是此阶段国家管治的重要特征,是高效实现功能分区的必然选择。通过历史梳理,我们可以清晰地看到,中心区功能替换和功能分区是如何在政府引导和控制下加速实施的。早期,政府意图通过政策法规进行引导,这体现在英国政府二战前的城乡规划法、政府工作报告、法定规划对外围居住功能的鼓励和对制造业的疏解上,以及对商务办公建设许可的鼓励和对中心区商业功能地位巩固的规划控制上;而在美国则体现为运用贷款政策鼓励郊区居住、运用规划引导工疏解厂,以及中心区利益相关者促成的城市美化运动。后期,政府则完全掌控了土地更新开发过程,地方政府获得了以土地强制征收权、拆除更新后规划方案控制权为基本组成的土地开发权,以国家与地方政府资助为主要启动资金、以严格区

划为法定规划工具实施更新建设,这充分体现在英国"综合开发区"政策和美国"城市更新"政策当中。在这一更新过程中,只有社会精英以参与规划方案的制定、参与建设投资和代表公众提出建议等方式进行了积极的参与,因此可以说,土地混合利用的瓦解是在政府与精英团体的控制引导下实现的。

第 4 章 批判：瓦解的恶果与混合的呼吁

当从"混杂"迅速走向"秩序"时，旧城中心区并没有像人们预期的那样从"拥挤"和"混乱"中重生，反而由于"整洁"与"单纯"变得益发的颓废与冷清，甚至夹杂着更大的混乱，这导致了社会、环境、经济维度等各方面问题（图 4-1-1）。因此，以秩序疏解为主旨思想的现代规划实践遭到了广泛批判，这些批判在社会经济背景转型下逐渐形成了后现代规划思想，其从各个角度出发开始重新呼吁旧城中心区土地混合利用的复苏，从可持续更新角度看，复苏框架是多维度的，但由于此阶段政府将解决旧城中心区一系列问题的根源归纳为提升经济活力，所以多维度的复苏框架仅仅只能得到非全面应用。

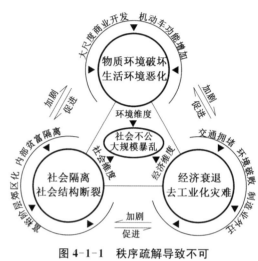

图 4-1-1 秩序疏解导致不可持续发展恶果机制
（资料来源：作者绘制）

4.1 秩序疏解造成的不可持续恶果

4.1.1 社会维度：人口隔离与社会结构断裂

4.1.1.1 "宏观-微观"双层面的人口隔离

秩序疏解导致的人口隔离包含城市宏观层面的隔离以及旧城中心区内部微观隔离两个层面。宏观层面的隔离是指人口郊区化导致的"以白人为主的中产阶级、富裕阶层居住在郊区，以有色人种为主的贫困人口居住在内城"的这一"种族-阶层"嵌套隔离趋势；内部微观隔离则指旧城中心区内部贫富人口隔离趋势。

（1）宏观的"种族-阶层"嵌套隔离

疏散思想令英美国家二战前就日益突显的人口郊区化现象在二战后的大规模更新过程中持续加重。如美国纽约中心区 1954—1964 年间居住人口减少约 20 万，辛辛那提中心区 1940—1960 年间更是减少 50% 人（Gruen，1964：88-90）。这种现象在美国东北部、中北部尤为明显（表 4-1-1）。而在希冀于通过规划有序控制人口外迁的英国，郊区化的趋势也远比之前预想的要更为猛烈，如伦敦郡人口 1961 年实际人口比 1944 年大伦敦规划中的计划人口数少了约 13 万人，而郊区则多了近 100 万人口（表 4-1-2）。然而对旧城中心区来说，最大的威胁并不只是人口郊区化，而是"有选择的人口郊区化"，即"种族-阶层"双层隔离。

表 4-1-1　美国 1950—1960 年代各地区人口增长率　　　　（单位：%）

地区和分区		中心城区	郊区
东北部		−3.1	34.9
其中	新英格兰	−3.3	28.4
	中部大西洋	−3.1	37.0
中北部		4.3	56.4
其中	中北部东区	3.7	57.6
	中北部西区	6.3	52.5
南部		28.4	47.7
其中	南部大西洋岸	20.9	61.3
	中南部东区	17.3	30.4
	中南部西区	41.8	29.9
西部		31.4	66.3
其中	山区	73.6	50.6
	太平洋岸	22.8	68.7

（资料来源：孙群郎，2005：126）

表 4-1-2　伦敦各环区人口规划目标与实际变化　　　　（单位：千人）

区域	1938 年中统计人口	1944 年阿伯克隆比（Abercrombie）规划人口	1951 年统计	1961 年统计	1951—1961 年实际人口变化	1944—1961 年实际人口与规划人口变化
伦敦郡（含中心区）	4 063	3 326	3 348	3 195	−153	−131
内城	2 366	1 382	1 726	1 618	−108	+236
郊区	1 911	2 362	3 274	3 359	+85	+997
外环	3 058	4 224	3 317	4 281	+964	+57

（资料来源：Hall，2000：89）

造成"种族-阶层"嵌套隔离的原因主要包括三个方面（Tallon，2013：12；卡林沃思、凯夫斯，2016：47）：①低收入群体（大多为有色人种）本身无力购买郊区或新城的私人住房，而政府购房优惠政策（如提供贷款）往往也倾向于白人，甚至通过区划和种族合同（如限制性条约）防止非白人群购买郊区房产；②郊区政府为了维持居住环境品质，拒绝将郊区为数不多的公共性住房提供给内城贫困人口和非白人群；③郊区新建工厂因为技术提升更倾向于雇佣高级技术工人，而内城原本的低收入群体和大量新移民人口（也大多为有色人种）无法胜任郊区新工作，因此必须留在内城寻求就业机会。

在英国，人口隔离的情况根据城市规模有所不同（Davies & Champion，1983：151-153）。在规模较小的城市，富人郊区化、穷人留滞中心区和内城的现象比较明显。而在规模较大的城市，除了同样出现富人郊区化的现象外，因为郊区与中心区之间距离较远，因此也有些富人倾向于居住在中心区环境优越的区域，这样能更好地享受集中的城市级公共服务设施服务，而中心区及其周边的居住更新(贫民窟拆除重建或后来的居住环境提升项目等)和中心区居住价格上升(因为中心区居住量减少)令这成为可能,这就是早期"绅士化"(gentrification)的表现(表 4-1-3)。但总体来说,英国的趋势依旧是"双层隔离",据 1970 年代的内城研究计划(Inner Area Studies),当时英国内城容纳了整个国家 1/14 的人口(将近 400 万人口),但其非技术工人人数却占全国的 1/8,而外来流动人口(多为贫困人口和非技术人口)更是占据全国人口的 1/3,同时全国 180 万黑人也基本集中在内城中心区及其周边(Gibson & Langstaff,1982:169)。具体城市看,1971 年,伯明翰内城人口中半技术工人和非技术工人占劳动人口总数比例为 38%,曼彻斯特这一比例为 35%,格拉斯哥为 34%,而全国人口中这一比例仅为 23%(The Secretary of State for the Environment,1977:2)。

表 4-1-3　英国主要城市不同社会经济群体居住空间分布统计,1961 年　　　(单位:%)

地区	经营者（高收入群体）			管理者和职业雇员（较高收入者）			非技术的手工业者（最低收入群体）		
	中心区	内城其他	郊区	中心区	内城其他	郊区	中心区	内城其他	郊区
大伦敦区（含伦敦）	2.1	0.7	0.9	9.4	5.7	10.2	11.1	11.2	6.4
西米德兰兹郡（含伯明翰）	1.9	0.5	0.5	7.9	5.0	7.2	13.1	8.1	7.2
兰开夏郡（含兰开斯特）	3.3	0.5	0.7	5.9	4.5	7.2	23.3	10.9	9.3
默西赛德郡（含利物浦）	2.9	0.6	0.6	7.4	4.9	7.8	22.4	15.1	12.1
泰恩赛德郡（纽卡斯尔东北）	3.8	0.7	0.5	5.3	6.2	6.2	18.0	11.8	11.3
格拉斯哥郡（含格拉斯哥）	0.7	0.5	0.9	4.3	3.8	5.9	20.7	12.8	11.1

(资料来源:Davies & Champion,1983:153)

注:比例数值为相应群体占该区位总人口数的百分比,只选取了收入最高和最低的共三类职业群体,所以百分比之和相加不为 100%。但同一区域内数值间对比,可以看出不同收入群体在此区域内的比例,如最低收入群体占中心区人口比例最高;相同人群不同区域内数值间对比,可以看出此类人群在城市中的分布,如最低收入群体在中心区最多、内城其次、郊区最少。

在美国,情况与英国极其类似,有色人种在 1940—1960 年代间郊区化人数提升比例大多不及 20%(表 4-1-4)。而据 Gruen(Gruen,1964:82)的研究,在纽约,二战后每年中心区都在经历着白人流失、有色人种愈发集中增加的过程,官方估计 1970 年曼哈顿将容纳 100 万黑人和波多黎各人,占这类人城市总人口的一半以上,而芝加哥、克利夫兰等城市也均是如此。当时约翰逊政府在调研后也不得不承认,"国家正在分化成两组对立的社会群体,一组是位于内城的有色人种和穷人,另一组是郊区的白人和富裕阶层"(Frieden & Sagalyn,1989:87)(图 4-1-2)。

表 4-1-4　美国黑人中非裔人口 1940—1960 年间郊区化数量变化

城市	1940 年/人	1960 年/人	1940—1960 年人口变化/人	增长人数占郊区总增长人数比例/%
纽约	56 000	140 000	84 000	19
底特律	26 000	91 000	65 000	15
费城	84 000	142 000	58 000	13
芝加哥	25 000	78 000	53 000	12

(续表)

城市	1940年/人	1960年/人	1940—1960年人口变化/人	增长人数占郊区总增长人数比例/%
洛杉矶	11 000	120 000	109 000	45
旧金山	6 000	81 000	75 000	31
伯明翰	70 000	84 000	14 000	4
华盛顿	42 000	75 000	33 000	10
迈阿密	15 000	72 000	57 000	17
巴尔的摩	33 000	53 000	20 000	6

(资料来源：Wiese,2005:116)

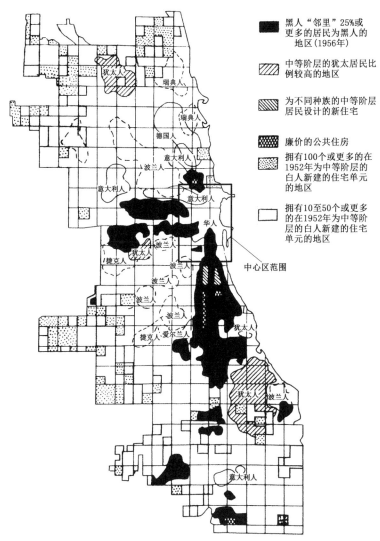

图 4-1-2　芝加哥种族聚集状况,1957 年
(资料来源：段进,2006:61)

(2) 微观的"贫富人口隔离"

二战前贫民窟拆除后的公共住房建设就已经呈现出对贫困人口的隔离。如英国虽然修建了一定量的"模范住宅"，但通过户型、房租分析，可以看出其提供住房的主要对象是有稳定工作的工薪阶层，而非贫穷的下层工人(表 4-1-5)，政府负责人的论调甚至是"改革的目标并不是大跨越地提高底层工人生活水准,而是先提升体面工人境况"(许志强,2012)。在美国亦是如此,如纽约

中心区雷德·胡克社区的 2 545 套公租房中仅有 2 户黑人居民,威利斯堡社区 1 622 套公租房中仅有 1 户黑人家庭(李艳玲,2004:66)。

二战后,大规模重建过程中这种对贫困人口的排斥现象依然存在。一方面,政府和开发商运用区划手段令新建的普通社区仅面向富裕阶层。这方面美国尤为突出,其将居住用地根据户型、密度进行了划分,因此在高收入社区中低收入群体无力入住。如二战后美国新建独户社区功能配比中明确规定独户住宅占比 40%,而多户住宅仅 3%,同时社区内各公共设施占比过少,因此其只适合于有车阶层(表 4-1-6)。另一方面,重建后低收入住房无法满足贫困人口真正需求。在数量上,其远远少于重建前规模。如美国 1949 年住房法案中计划到 1960 年建造 200 万套公共住房,而到 1962 年时实际仅修建了 65 万套(Short,2006:54)。"缺斤短两"的案例比比皆是,如波士顿罗克斯伯里街区拆除 2 570 套低收入住房,而相应地却只新建了 1 550 套,而查尔斯顿拆除 6 000 多套低收入住房,却建设了同等数量的市场价格公寓(李艳玲,2004:168)。在门槛上,贫困人口入住公共住房往往十分困难。经济性住房建设过程和申请入住过程冗长,加之某些地方政府为了维持社区环境,故意排斥低收入群体和非白人群体,这令原本拆除贫民窟中的贫困人口无法入住新建公共住房。如波士顿中心区西城区在城市更新前有 60% 的人希望搬入公共住房,但在更新后只有 10% 如愿(李艳玲,2004:5)。

表 4-1-5　伦敦中心区二战前公租房房租,1912—1913 年

类型	1 居室	2 居室	3 居室	4 居室
郡议会公租房	3 先令 11 便士	6 先令 6.5 便士	8 先令 1.5 便士	10 先令 1.25 便士
私人开发商公租房	2 先令 11 便士	5 先令	6 先令 6 便士	7 先令 3 便士

(资料来源:许志强,2012)

注:据分析,私人开发商公租房房租水平就已经是中等稍偏下,这导致真正的贫困人口无法承担,而政府公租房房租却更高。

表 4-1-6　二战后美国新建独户社区功能配比分析

功能	面积/英亩	用地占比/%	人口密度/(人·英亩$^{-1}$)	建筑底面积/英亩	停车面积/英亩
独户住宅	400	40	15	133	30
多户住宅	30	3	40	12	10
商业	30	3	—	8	20
产业	70	7	—	28	35
活动场所	60	6	—	2	3
公共设施	50	5	—	15	20
市政设施	110	11	—	4	—
道路用地	250	25	—	—	—

(资料来源:Gruen,1964:104)

注:1 000 英亩≈404 公顷。

4.1.1.2　社会生态结构遭到破坏

秩序疏解带来的大规模人口重新分布导致的隐性恶果是将地区的社会生态结构彻底破坏,具体包括社区生活场所的破坏以及社会关系的断裂。

(1) 社区生活场所的破坏

长期存在并融入当地人生活的场所(包括就业地点、生活邻里店铺、自然景观、文化标志等)在城市更新中被大面积拆除(Holliday,1973:20-24;Frieden & Sagalyn,1989:16),这对社区生态

结构和人们的归属感造成了极大伤害。

以英国伦敦中心区科芬园(Covent Garden)地区更新为例,Alexander(1974)对地区更新方式进行了预估性对比,发现大规模综合性更新(comprehensive redevelopment)对当地各类活动造成的破坏巨大(表4-1-7)。同样,在美国,仅普罗维登斯一市1954—1959年间的城市更新项目就影响到350家企业(Frieden & Sagalyn,1989:34),而在底特律仅洛奇高速路(Lodge Freeway)一条城市公路的建设就导致109家店铺和22家工厂遭到拆除(Short,2006:50)。美国有些更新机构甚至认为小尺度的手工艺作坊根本不配称之为生产业(Scott,1969:382)。在这种漠视下,原本社区的经济"多样性"和"小尺度"被剥夺殆尽。据美国1963年各地方更新机构报告,共39 000家企业在更新中遭受影响,其中三分之一的企业自此消失,且大部分是小型企业,原因是其原本建立的基于社区邻里的销售渠道和客户资源网络全部丧失(Frieden & Sagalyn,1989:34-35)。而在英国,以伦敦为例,自二战后至1980年,伦敦内城减少的工作岗位70%因为城市更新彻底消失,仅有7%迁移到外围,另外的比例部分直接搬离了伦敦市(Home,1982:61)。

表4-1-7 综合性更新与渐进式更新对科芬园(Covent Garden)功能活动的影响对比(单位:个)

功能类型		现状总数	受影响消失的数量		
			综合性更新	渐进式更新	渐进式更新可避免影响数量
文化类	影剧院相关机构场所	49	39	18	21
	摄影相关机构场所	54	35	29	6
	艺术品售卖与设计机构	24	20	10	10
办公服务类	出版	89	47	21	26
	产品、物流、批发	57	30	14	16
	广告	34	10	6	4
	进入口	72	11	9	2
商业类	餐馆	103	42	15	27
	酒吧	53	31	11	20
	书店	34	15	2	13
	礼品	11	9	2	7
制造业、轻工业类	印刷、装订	29	18	8	10
	加工、雕刻		8	5	3

(资料来源:Alexander,1974)

(2) 社会关系的断裂

原本相对稳定的社会关系在城市更新过程中也遭到深度损害。这类问题的批判很多,二十世纪五六十年代开始,许多学者以社会学方式、以社区为单位进行调研,揭示了旧城更新对既有社会关系的破坏,反映了居民因为社会关系、生活方式、购物工作距离等而不愿搬离既有中心区居住区域的意愿,这也是后期大规模城市更新被迫停止的主要原因之一。

在英国,如Young和Wilmott关于伦敦中心区东部社区贝思纳格林(Bethnal Green)的研究(Young & Wilmott,1957),发现居民在更新前后与父母和亲戚朋友们的联系锐减(表4-1-8),同时与邻居们的交往也因为缺乏熟悉的人群和场所而逐渐消失。此外,还有利物浦、约克郡等案例的分析调研也显示同样的结论,更新规划项目的决策权往往只掌握在政府和开发商手里,而将当地居民排除在规划过程外,这导致重建区仅以物质空间优劣作为界定标准,因此难以避免会忽视社会因素(Gibson & Langstaff,1982:43-46)。

表 4-1-8 贝思纳格林(Bethnal Green)社区更新前后家庭成员与亲戚每周联系次数变化

(单位:次)

家庭成员	更新前	更新后 1953 年	更新后 1955 年
丈夫	15.0	3.8	3.3
妻子	17.2	3.0	2.4

(资料来源:Young & Wilmott,1957:131)

在美国,虽然在1949年住房更新法案中规定,更新规划必须采用听证会等形式征求当地社区居民的意见,但地方政府的集权往往令其流于形式,因此同英国一样,社会关系在更新过程中遭到破坏的问题同样存在。如赫伯特·J.甘斯(Herbert J. Gans)在其《都市乡村人》(*Urban Villagers*)中认为,城市更新的不幸在于它将原有的社区肢解分散(图4-1-3),不但破坏了既有安稳的社区关系,而且抹去了有强烈社区特色的社会意识,结果产生了灾难性的后果。在被更新的社区中40%的居住者声称自己处于长期的严重悲伤情绪中,原因就是其所有的社交网络被破坏(Frieden & Sagalyn,1989: 34)。而在其他学者如弗雷德和列文、哈尔特曼等人的关于工人居住街区研究中也得出了相似的结论(李艳玲,2004:6)。

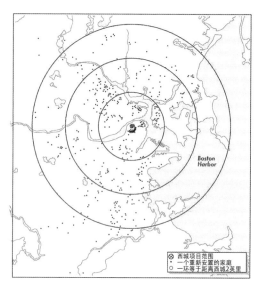

图 4-1-3 波士顿中心区西城(WestEnd)街区 85 000 人口迁移图,1958—1959 年
(资料来源:Short,2006:48)

4.1.2 环境维度:物质空间破坏与环境恶化

秩序更新的目标之一就是消除原有破败、拥挤、肮脏的环境,塑造干净整洁、令人愉悦的中心区,然而此目的并没有有效彻底实现,反而因为大范围更新和社会维度的人口隔离导致了更为严重的环境问题,具体指原有宜人尺度的物质空间破坏以及生活环境恶化。

4.1.2.1 物质空间破坏

旧城中心区秩序重建导致的一目了然的结果就是对原有物质空间的彻底破坏,尤其是原有的肌理、沿街连续度等特征,这致使地方特色彻底丧失,原本的肌理结构荡然无存(图4-1-4)。导致这种结果的主要原因是各方面促使的大尺度开发。

首先,大尺度开发是开发商基于人们的喜好做出的市场应对。前文述及中心区更

a. 英国利物浦中心区埃弗顿(Everton)街区更新前后对比,1949年

b. 美国波士顿中心区纽约(New York)街区更新前后对比,1943年

图 4-1-4 英美城市中心区纽约街区更新前后对比
[资料来源:a图(Couch,1990:38-39),
b图(Talen,2005a:129)]

新的其中一方面主要原因是郊区化带来的威胁,尤其是郊区商业购物中心,因此为了与其竞争,中心区新建商业模式也势必遵从"大型集中"的设计特征,这就难免会造成尺度巨大(图4-1-5)。同时,为了满足郊区人口机动车交通的便利性,中心区开发商增强了各类交通设施容量,需要占据大块土地,如更新后的洛杉矶中心区三分之二地块是用来服务于机动车功能(机动车道路、停车设施、加油站、修理站、汽车交易行等)(Gruen,1964:79)(图4-1-6),这就意味着必须拆除原有的"不适宜肌理"。

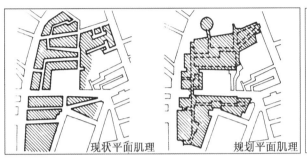

图4-1-5 英国纽卡斯尔中心区奥尔登广场(Eldon Square)商业中心街区更新先后对比
(资料来源:Davie,1983:64)

图4-1-6 洛杉矶1960年代中心区机动车服务功能用地
(资料来源:Gruen,1964:79)

其次,大尺度开发是开发商对经济利益的最大化追求。中心区更新后的地块追求利益的显著特征除功能变化外,往往是容量的增加,这势必令建筑向高空发展。而区划工具不仅将功能进行隔离,还提出了日照与消防标准,所以高层建筑在上层必须进行退界。在"向天空要容量"与"向周边留空间"的双重要求下,建筑底层就必须足够巨大(Loukaitou-Sideris & Banerjee,1998:48-50),这种情况集中体现在中心区商务办公建筑上(图4-1-7)。

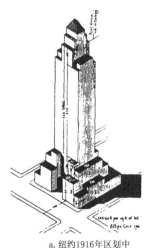

a. 纽约1916年区划中对高层退界要求
b. 按照退界要求建设的帝国大厦

图4-1-7 美国高层建筑在退界要求下的大体量建设
〔资料来源:a图(Loukaitou-Sideris & Banerjee,1998:51), b图(Halpern,1978:22)〕

图4-1-8 无视传统风貌的大体量现代建筑
(资料来源:Sharp,1968:124)

再次,大尺度开发是建筑设计师现代设计特色的体现。建筑师为了追求自我设计特色与价值体现,过度运用现代建筑设计手法,充分迎合交通和土地利用方式的变革,并尽其所能利用分区化带来的大规模施展空间。因此,他们做出的建筑缺乏街道尺度,更无法与原有的建筑韵律相协调,其夸张的尺度和无视既有城市特色的设计手法,体现了建筑师的专横(Sharp,1968:3)(图4-1-8)。

4.1.2.2 生活环境恶化

生活环境恶化是人口"宏观-微观"隔离带来的结果。

一方面,"种族-阶层"双层隔离对旧城中心区的恶劣影响主要在于其加重了"人口-就业"的职住分离现象,从而造成了城市内通勤交通的增加,进一步恶化了旧城中心区交通问题,这令中心区环境日益恶化。1976年英国环境局局长肖尔(Shore)发言,指明在过去的几十年间,技术人员和年轻人逐渐向郊区转移,致使内城人口以非技术工人、老年人和外来移民为主,但中心区新增的以办公室为载体的职业却往往是郊区技术人口才能胜任(Gibson & Langstaff,1982:158)(表4-1-9)。这种情况在美国亦是如此,因此通勤交通人口和距离均大幅度增加(图4-1-9),富裕阶层每天需要来往于郊区与中心区(图4-1-10)。在人均机动车持有量持续增加以及区划隔离令各功能区间距离增加的背景下,中心区私人交通量剧增,尽管各城市中心区道路拓宽并增加交通设施,但交通状况却日益恶化。如英国伦敦在1952—1962年间早高峰进入中心区的通勤人口中,乘坐私家汽车的人数翻了一倍(表4-1-10),这导致1950年代伦敦中心区每年交通速度下降1.9%(Hall,1971:131)。而美国纽约1948—1960年间,乘坐私人汽车和出租车在高峰期进入中心区的比例从8%提升至12.5%(Hall,1971:132),在1961年专门讨论曼哈顿交通问题的会议上,甚至有人戏称"运送一个桔子从曼哈顿西侧到东侧的时间比从佛罗里达到纽约的时间还要长"(Gruen,1964:118)。

表4-1-9 伦敦中心区各行业就业岗位变化,1951—1961年　　　　　　(单位:个)

行业类别	1951年就业总数	1961年就业总数	变化
保险、银行和金融	131 000	170 000	+39 000
专业科技等各类服务	271 000	308 000	+37 000
交通通信	118 000	134 000	+16 000
印刷出版	85 000	99 000	+14 000
经销(批发、零售)	194 000	187 000	−7 000
公共管理	114 000	104 000	−10 000
服装、鞋帽、皮革贸易	57 000	46 000	−11 000

(资料来源:Evans,1967)

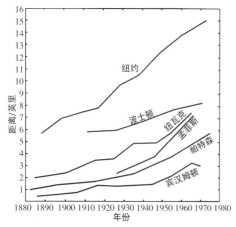

图4-1-9 美国主要城市通勤距离变化
(资料来源:Jackson,1987:315)
注:1英里约1.6千米。

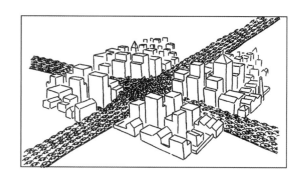

图4-1-10 美国1960年代初机动车从郊区
向中心区汇集拥挤状况(漫画)
(资料来源:Gruen,1964:100)

表 4-1-10　日常早高峰(7:00—10:00)进入伦敦中心区通勤方式统计,1952—1962 年　　（单位：千人）

交通方式	1952 年	1953 年	1954 年	1955 年	1956 年	1957 年	1958 年	1959 年	1960 年	1961 年	1962 年
轨道交通	382	374	396	400	414	426	440	438	453	475	473
地铁	463	460	469	483	480	471	486	501	520	529	545
公共汽车	286	281	269	271	259	258	234	222	215	209	215
私家汽车	45	50	55	60	65	69	79	83	85	89	94
摩托车	8	9	10	11	11	11	17	18	21	20	20

（资料来源：Evans,1967）

另一方面,微观贫富人口隔离的结果导致原本中心区贫困人口的生存环境更加恶劣(Frieden & Sagalyn,1989：29;Cullingworth,1993：159-160;利维,2003：187-188)：①其因为被驱赶出原有区域,导致经济收入损失(据统计年收入损失 20%～30%)；②其无房可住,只能不得已重新聚集在未拆除的最破旧的居住区内,从而产生了新的城市衰退地区。例如美国克利夫兰中心区的霍夫(Hough)社区,1955 年开始的圣文森特(St. Vincent)更新工程将社区局部的 1 780 个家庭(几乎都是黑人)驱赶至社区的其他地方,这令其区域内的白人纷纷迁走,房东们将房子隔离成多户以供黑人租住,社区环境质量迅速下降,黑人中的非裔比例从 1950 年的 3.9%迅速升至 1960 年的 73%,家庭平均收入从全国平均水平的 90%降至 66%(Short,2006：46)。而 1965 年美国对 77 个城市调查显示,115 项更新计划中拆迁的 4.3 万户家庭中 3 万户为非白人家庭,而这些非白人家庭只有一小部分在公共住房中重新定居,大部分人不得已迁入了早已拥挤不堪的其他黑人聚居区内(李艳玲,2004：170)。英国的情况与美国一致,全国城市住房居民调查结果显示,非白人的住房质量远低于城市平均水平(表 4-1-11)。

表 4-1-11　英国居民住房情况调查,1979 年　　（单位：%）

住房状况	拉丁美洲裔	印度、巴基斯坦、孟加拉裔	城市所有居民
无独立便利设施	13	24	9
过度拥挤	18	30	5
居住在 1919 年前住房	47	62	27

（资料来源：Couch,1989：91）

4.1.3　经济维度：经济衰退与去工业化灾难

振兴旧城中心区经济本是秩序化重建的重要目的,然而当秩序化实现时,经济复兴却并未如预期般随之而来。相反,在传统制造业外迁的疏散思想下,二战后的旧城中心区在以英国为起始的去工业化浪潮中遭受了重大创伤。

4.1.3.1　经济持续衰退

在大规模更新前,旧城中心区经济萎靡的主要原因是道路交通拥堵、环境脏乱与不安全氛围逐渐令富裕阶层和中产阶层对中心区丧失兴趣,这导致以他们为主要受众群体的商务办公、零售商业、文化娱乐部门步履维艰(Fogelson,2001：64,197-201)。然而,通过前两节分析,我们发现这些导致经济衰退的问题在大规模更新后并未得到解决,反而愈发严重,并新增了特色物质空间破坏和社会结构断裂等新问题,因此,旧城中心区的持续经济衰退也就变得在所难免。

在美国,中心区兴建的大型商业店铺自1950年代开始变得难以维持,大型开发商认为此时在中心区进行商业投资是具有巨大风险的,开始逐步大量关停中心区亏损的商业店铺,并将投资转向郊区(Frieden & Sagalyn,1989:5-13),如某大型零售开发商每年约关停10—20家中心区商铺,而与此同时五年中在郊区新开设308家购物中心(Gruen,1964:95)。因此美国各城市中心区零售销售额从大规模更新后一直呈下降趋势,并且城市规模越大,经济衰退越严重(表4-1-12)。同时,一些大城市办公企业也因为中心区房租过高、环境破败、交通拥堵等问题,纷纷搬离中心区,在郊区建立办公园区,这一趋势就始于1950年代(王朝晖和李秋实,2002:108),并于1960年代开始迅增(孙群郎,2005:200-203)。此时,中心区不再是人们认为商务商业活动必须依存的地方(Fogelson,2001:387-388)。

表4-1-12　美国城市中心区二战后零售额锐减趋势,1948—1958年

城市人口/千人	中心区零售额/百万美元			1954—1958年相对于1948年中心区零售额变化			
				百万美元		%	
	1948年	1954年	1958年	1948—1954年	1948—1958年	1948—1954年	1948—1958年
100	42.5	42.8	41.6	+0.3	−0.9	+0.7	−0.2
300	93.5	91.2	77.3	−2.3	−16.2	−2.5	−17.3
500	135.0	129.7	103.1	−5.3	−31.9	−3.9	−23.6
700	171.9	163.5	124.8	−8.4	−47.1	−4.9	−27.4
1 000	222.0	209.0	152.5	−13.0	−69.5	−5.9	−31.3
2 000	365.1	337.2	225.5	−27.9	−140.0	−7.6	−38.3
3 000	488.5	446.0	283.2	−42.5	−205.3	−8.7	−42.0
4 000	600.7	543.8	333.5	−56.9	−267.2	−9.5	−44.5
5 000	705.2	634.2	377.6	−71.0	−327.6	−10.1	−46.5
7 000	897.8	799.7	458.0	−98.1	−439.8	−10.9	−49.0
9 000	1 080.0	950.8	526.1	−129.2	−553.9	−12.0	−51.3

(资料来源:Boyce & Clark,1963)

4.1.3.2　去工业化的灾难影响

在英国,从伦敦和利物浦等城市发展状况来看,1970年代前,美国式的办公、零售行业经济衰退现象并不明显(London County Council,1960:146-148;City Centre Planning Group,1965:16-27)。一部分原因是英国城市在人口规模和城市扩展规模上均不如美国,因此中心区的顶端优势易于保持;更重要的原因是政府二战后通过各方面规划政策努力保持中心区经济中心地位。但这依然没有阻止英国中心区和内城的整体经济衰退,原因是传统制造业外迁和技术更新升级导致的整体"去工业化"(deindustrialization)的经济结构转型。

英国经济结构在战后30年间最重要的特征就是去工业化带来的转型(表4-1-13),1963—1983年间,制造业占全国就业总量从34.8%降至24.6%,而服务业从49.2%上升至63.7%(Hall,1989:51),到1988年制造业继续降至23.1%,而服务业占比继续升至68.8%(Ward,2010:172)。然而,新增的服务业岗位无法满足制造业衰退带来的巨大的失业岗位缺口,这意味

着大量半技术工人和非技术工人面临失业。由上文可知，这类人口由于大多是非白人和贫困人口，所以大多集聚在内城中心区。而在疏散秩序化思想下，城市仅存的传统工业郊区化外迁以及大规模更新导致的各类传统小型商业和企业的消失，更是加重了去工业化对内城人口就业的影响。这些原因致使内城的失业率是国家平均失业率的 2 倍(Gibson & Langstaff, 1982: 169)，其中失业率最高的人群主要包括没有经验的年轻人、中老年人和少数民族(Tallon, 2013: 12)。

表 4-1-13 英国主要大都市就业变化，1951—1981 年

年份	变量	主要大都市		英国总体
		变化人数/千	变化率/%	变化率/%
1951—1961	总就业变化	+274	+3.4	+7.0
	制造业就业变化	-59	-1.7	+5.0
	服务业就业变化	+369	+7.7	+10.6
1961—1971	总就业变化	-624	-8.3	+1.3
	制造业就业变化	-645	-17.2	-3.9
	服务业就业变化	-10	-0.2	+8.6
1971—1981	总就业变化	-774	-11.0	-2.7
	制造业就业变化	-927	-34.5	-24.5
	服务业就业变化	+89	+1.8	+1.8

(资料来源：Roberts & Sykes, 2000: 132)

除失业率外，经济衰退导致政府无力继续进行大规模更新活动，造成大规模土地空置。据统计，1970 年代时约 15% 内城用地处于空置状态，其中 50% 归地方政府所有，25% 是国有工厂（向外搬迁或关闭荒废的结果），其余为私人所有(Gibson & Langstaff, 1982: 196-197)。这些土地往往因为其政府收储费用、场地平整费用（如铁轨、污染、基础设施铺设等）以及区位等原因需要较高的开发资金而令开发商望而却步，或者因为未来规划的可达性（远离机动交通道路）和周边环境不利于开发（尺度较小、周边环境较差）而无人问津(Home, 1982: 45-47; Couch, 1990: 68-72)。同时，政府的土地流转政策（要求以规划后价值出售）和复杂冗长的规划程序加剧了这种土地空置现象(Ward, 2010: 179)。

美国继英国之后也开始经历去工业化过程，并与英国的历程如出一辙。在 1969—1976 年间，雇佣工人超过 100 人的制造工厂关闭了约 30%（表 4-1-14），这意味着要损失 3 500 万个岗位(霍尔, 2009: 395)。而与英国一样，中心区同样因为疏散思想导致制造业衰退状况远超城市平均水平，如纽约曼哈顿 1958—1977 年制造业企业由 22 854 家锐减为 13 289 家，缩减近 40%，而工人岗位从 33.54 万减少至 19.13 万个(Zukin, 1989: 27)。因此，在办公、零售商业同时衰退背景下，美国内城失业情况相较于英国更为严重，新增服务业就业完全无法弥补其他行业的失业缺口（表 4-1-15）。同时，与英国一致的是，有色人种和贫困人口的境况更为惨淡，如 1960 年代美国城市中黑人比例仅占 16%~20%，但黑人的失业率是白人的 2 倍，从事收入低微的无技能或服务性工作的黑人是白人的 3 倍，超过 40% 的黑人处于贫困线以下，而这些黑人大部分集中在内城中心区边缘(霍尔, 2009: 470-479)。而经济衰退也同样令美国各城市中心区废弃用地和空置建筑比比皆是，被称为"白象"(White Elephant)(Faulk, 2006)。

表 4-1-14　美国雇佣工人超过 100 人的制造工厂关闭情况，1969—1976 年

区域	占美国人口比例/%	1969 年工厂数/家	至 1976 年时关闭数/家	关闭比例/%
东北部	24.1	4 576	1 437	31
北边中部	27.8	3 617	904	25
南部	31.0	3 101	1 042	34
西部	17.1	1 155	344	30
总共	100	12 449	3 727	30

(资料来源：Bluestone & Harrison, 1982: 32)

表 4-1-15　美国主要城市中心城区就业变化，1948—1977 年　　（单位：千人）

城市	制造业	批发业	零售业	服务业	总计
纽约	−331	−122	−209	153	−509
芝加哥	−301	−52	−101	58	−396
费城	−171	−27	−63	15	−246
底特律	−185	−22	−79	−4	−290
克利夫兰	−103	−11	−41	10	−145
波士顿	−51	−28	−32	28	−83
圣路易斯	−80	−23	−45	1	−147
巴尔的摩	−48	−8	−35	10	−81
匹兹堡	−26	−14	−34	10	−64

(资料来源：Law, et al., 1988: 119)

4.1.4　综合结果：安全丧失与不公平的动乱

社会结构断裂、人口隔离、物质空间破坏、交通环境拥堵、贫困阶层环境恶化、经济衰退以及就业率下降等前述问题最终导致了中心区整体繁荣氛围的丧失，这令中心区变得异常冷清，安全问题接踵而至。更令人担忧的是，以贫困、非白色和非技术为主要特征的内城中心区人口在一系列不公平问题的导火索下彻底爆发，各城市均出现动乱现象，这进一步令中心区失去往日活力。

4.1.4.1　秩序与疏解导致安全隐患

首先，在追求秩序的区划思想下，二战后的中心区城市更新项目大多呈现三种特点(Frieden & Sagalyn, 1989: 41)：①体量巨大；②单一功能；③强调独立于周边关系之外。这就产生了巨大的安全隐患，造成地块利用空间上与时间上的双重断裂。空间上，独立于周边的各自为政的开发破坏了原本地区的整体性，导致外部空间断裂，活力建筑之间的破败空间缝隙给犯罪者以可乘之机，而令步行者步履维艰；时间上，单一功能导致地块利用时间断裂，如居住区白天人烟稀少，而办公、商业区在晚上则空无一人，各自巨大的街区体量令它们成为一个个时间上的孤岛、犯罪的温床。

其次，在人口疏解和经济衰退背景下，中心区活动人口骤减，这加剧了中心区环境冷清程度。

一方面中心区长期居住人口减少；另一方面中心区访客大量减少，如美国统计，在1945—1960年代间，纽约中心区每天访客减少30万人次，辛辛那提中心区每天减少14万人次，波士顿中心区每日活动人数的峰值减少约25%（Gruen，1964：88-95），而访问中心区的人口交通方式又以机动车为主。这两方面导致街道上活动人口的减少，令上述"空间-时间"双重断裂下的空间安全问题更加严重。

究其上述两个层面，归根结底是中心区街道之眼（eyes on the street）的局部性甚至整体性消失（雅各布斯，2006：34-36）。各处街道上内外通透的当地店铺的主人、街区的居住者（往往彼此熟悉）、时常上街活动的人（办事、交谈或休闲）都构成"街道之眼"的一部分，然而这一切在追求疏解和秩序过程中被或局部或整体地毁坏。这就不难理解，场地空置、乱涂乱画、乱扔垃圾等物质不文明现象日益滋生，无家可归、酗酒成性、滥用药物和暴力犯罪等社会不文明现象日益增加（Tallon，2013：243），城市中心区也就出现了令人恐惧的"热点区域"（hot spots）（Nelson et al.，2001）（图4-1-11）。

4.1.4.2 社会不公平引发大规模动乱

中心区大规模更新带来的种种弊端影响最为深远的往往是中心区的弱势群体，因此，对秩序和疏解的诟病最后演变为社会公平问题的反思，即城市更新应该是以"公共利益"为前提的，而不应该以损害一部分人利益而令另一部分人获利为目的，但是二战后的以发展和管控为目标的中心区更新显然背离了这一主旨。这主要体现在两个方面。

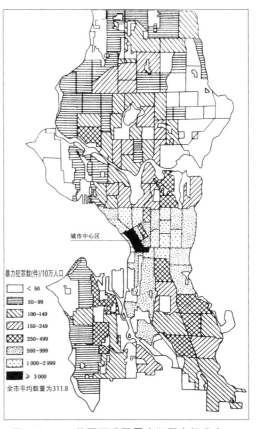

图4-1-11　美国西雅图暴力犯罪空间分布，1960—1970年
（资料来源：段进，2006：62）

① 更新对象选择不公平。城市更新以最终结果来看已经演变成"赶走中心区有色人种社区，为中心区商业经济活动腾出空间"的工具（Fogelson，2001：341），其目的在于满足中高收入者和私人企业的需求（李艳玲，2004：6）。在住房方面，据统计，美国1949—1963年间，通过城市更新拆除的住户63%是有色人种，而巴尔的摩等地区这一比例高达90%，这其中56%的家庭是低收入群体（Frieden & Sagalyn，1989：28-29）。在企业方面，大规模拆迁令小企业遭受的损失更为惨重，并且具有明显的种族差异，如在底特律，黑人企业中有57%因城市更新而倒闭，但白人企业却只有35%（李艳玲，2004：171）。凸显更新对象选择不公平的明显事件是城市高速路的建设，其目的是提高郊区富裕阶层与中心区之间的联系，但却往往破坏内城区沿线低收入群体居住区的环境质量，并间接地损害了公共交通体系的发展（Gibson & Langstaff，1982：162；Ward，2002：258；Short，2006：50-51）。

② 更新后得益不公平。大规模更新并没有缩小社会两级化趋势，反而令有色人种和贫困人口的处境益发困难，如人口隔离令贫困人口生活环境更加恶劣、经济衰退和去工业化令有色人种和非技术人口的失业率激增状况更加明显等，这令有色人种和贫困人口积怨颇深（图4-1-12）。

图 4-1-12 波士顿布莱顿居民抗议社会不公
(资料来源：O'Connor,1995：222)

a. 美国华盛顿中心区暴乱中沿街商铺破坏状况

b. 英国伦敦Brixton街区暴乱

图 4-1-13 英美国家中心区大规模骚乱
[资料来源：a 图(Isenberg,2004：230)，b 图(Ward,2010：203)]

最终,这一系列社会严重不公平现象引发了内城骚乱。1963—1967年美国纽约、华盛顿、伯明翰、亚特兰大、洛杉矶、旧金山、芝加哥、纽瓦克、底特律等城市内城发生大骚乱,主要以年轻的无技能者、移民、失业者为主(Frieden & Sagalyn,1989：51;霍尔,2009：469-471)(图4-1-13a)。而1980—1981年英国各大城市内城[布里斯托圣保罗(St. Pauls)地区、利物浦托克赛克(Toxtech)地区、伦敦布里斯克顿(Brixton)地区、曼彻斯特莫斯塞德(Moss-side)地区]也爆发大规模骚乱(Ward,2010：203-204)(图4-1-13b),其与美国的骚乱从动因到表现都如出一辙。内城骚乱的结果是加剧了中心区环境恶化问题,不但令投资商和郊区富裕阶层对中心区失去了兴趣,而且令全社会对中心区彻底失去了信心。

4.2 基于可持续更新视角的后现代规划理论复苏的总体评述

1950年代末开始,在对现代规划理论和实践的批判中爆发了激烈庞杂的城市规划理论思潮,这些思潮在经济、社会大环境的后现代转变下,受哲学、社会学和建筑运动领域引领的后现代主义影响,形成了规划思想的重大转变——后现代规划思想。后现代规划思想与现代规划思想的交锋主导了1960年代到1990年代之间的城市规划方向,在其影响下,中心区"功能分区式隔离疏散"的土地利用方式被重新审视,学者提出了针对上节阐述的种种恶果的解决方式,其基本趋势即转向提倡土地混合利用的复苏。尽管J. 雅各布斯(J. Jacobs)被认为是这一转向的领头人,但以可持续更新视角对后现代规划理论进行剖析可以发现,其对中心区土地混合利用的复苏倡议是多维度的,具体包括人本主义的城市多样性、延续历史的城市文脉主义、批判无序蔓延的中心区回归、追求社会公正的公众参与等四个方面[①]。

4.2.1 人本主义的城市多样性

城市多样性理论的提出是对现代规划乌托邦式、简单机械、单一功能模式化的物质空间规划逻辑的彻底批判(泰勒,2006：46),这一类思想认为现代规划将城市的本质特征——复杂性与多样性毁灭殆尽,主张强调重塑中心区"人本主义"的多样化市民生活氛围和复杂性的城市空间体

---

① 后现代规划思想理论是极其庞杂的规划思想运动,其并没有形成明确的流派体系,也不可能对其进行毫无遗漏的全面概括总结,而各学者根据自己的研究角度和理解方向也均有不同的划分维度,因此本书中的划分是笔者基于对土地混合利用影响的相关性和可持续更新视角下的不同维度进行的尝试,并仅对笔者认为对土地混合利用复苏有较大影响的理论进行了归类分析。

系,其在土地利用方式方面直接体现为土地混合利用,但是其内涵却远不局限于空间层面。

4.2.1.1 雅各布斯对中心区土地混合利用复苏的主张

尽管在1960年代前已经有学者开始对中心区严格功能分区提出质疑,如Thomas Sharp(1942)、Rigby Childs(1959)等人(Rowley,1998;Marmaras,2015),而且有Team 10在人际结合思想下提出"多价、流动性""簇群城市"等多功能发展启蒙思想(朱渊,2008;朱渊、汪坚强,2009),甚至已经有个别的混合功能开发成功案例,如美国1930年代纽约的洛克菲勒中心(Rockefeller Center)一期工程,克利夫兰的联合车站综合体(Union Terminal Complex)、辛辛那提的卡鲁塔(Carew Tower)等(Schwanke,2003:10-12),但真正引起大家对中心区土地利用方式进行广泛关注和思考的是J. 雅各布斯(J. Jacobs)于1961年出版的《美国大城市的死与生》,其也被认为是土地混合利用复兴的"第一枪"(Procos,1976:7;Witherspoon et al.,1976:96;Rowley,1996a,1996b,1998),并奠定了城市多样性理论的理论基础(Hill,1988;Fainstein,2005;Talen,2012)。

雅各布斯在《美国大城市的死与生》中主要批判的就是旧城中心区秩序化疏解更新对城市活力的损害,其早在1958年发表的《中心区是为人服务的》(*Downtown Is for People*)文章中就已经表达了基于"人本主义"的城市多样性活力思想,而在书中通过经济、社会和物质空间等方面将这一思想进行了更为系统的阐述。其中,主张中心区土地混合利用复苏是这一思想的核心原则,主要包括五个方面措施(雅各布斯,2006:127-200,372-391)①:

① 地区及其尽可能多的内部区域多用途混合。其主要目的有三:一是通过能够吸引不同时间段人流的两种以上的不同主要用途,促发其他用途以及相关联的多样化企业,尤其是小型企业,从而产生良性循环的经济多样性效益;二是通过对不同需求的居民吸引,恢复中心区的经济、社会交往作用;三是通过工作、居住用途的混合,保持不同时间段的地区活力,尤其是提升以街道为代表的外部空间活力,增进地区安全。

② 小街区、短街道。通过增加临街面,增强地块经济效益潜力,并提升街道之间的有机交叉,从而增强活力氛围和空间趣味性。

③ 地区内拥有各种形态、年代和质量状况的建筑,尤其是有适当比例的老建筑。一方面这可以满足不同群体的审美喜好需求,更重要的是其能够满足不同规模企业和不同经济群体的支付能力,从而保证地方中小型、中低端企业的生存和中低收入群体的入住。

④ 地区内人口密度达到足够高的程度。因此必须进行高密度建设,容纳工作、居住、娱乐等功能,并保持彼此间的适度平衡,尤其是工作与居住的平衡。

⑤ 改革地区管理和规划制度。在由上至下的垂直管理制度中提升各部门的横向协作程度,并为各阶层居民表达自己意见提供法定途径。

由上可以发现,雅各布斯提倡的中心区土地混合利用复苏并不是简单地将不同功能堆砌在一起,其用意在于其背后产生的经济、社会效益,而从今日可持续更新角度去看,至少包含空间、时间、经济、社会、管理五个维度的考量②(表4-2-1),这些建议时至今日仍旧是土地混合利用理念中的重要因素。

---

① 大多数学者关注了雅各布斯书中第二部分的四个条件,但书中第四部分还明确提出了建议实施策略,因此,本书将其归纳为五个方面。

② 环境维度方面,雅各布斯虽然提倡步行交通,并零星提到机动车交通造成的安全和空气污染问题,以及提及了公共交通解决中心区交通问题的潜力,但全书中并没有明确提出利用土地混合利用减少私人机动车交通量,从而提升生态环境质量、节约能源等意图,所以笔者认为雅各布斯提倡的土地混利用复苏中没有明确涉及环境维度。

表 4-2-1　可持续更新视角下雅各布斯对土地混合利用的复苏建议

复苏维度		复苏内容
土地功能要素	经济维度	①促进不同的活动类型、产业类型、时间类型、档次类型、规模类型的企业共存，尤其关注地方小企业的生存
	社会维度	①多样化住房，尤其是廉价住房，促进社会混合；②多样化办公与商铺，提供各阶层就业和消费机会；③提升街区安全感
土地利用形式	空间维度	①高容量集中开发；②小街区；③地区及内部区域多功能混合临近，尤其强调居住与就业混合；④提升以街道为代表的外部空间活力，提倡步行交通
	时间维度	①保持全天活力；②延续历史氛围
土地利用权力	管理维度	①多部门合作；②政府资助扶持；③公众参与

（资料来源：作者整理绘制）

4.2.1.2　其他多样性拥护者对中心区土地混合利用复苏的主张

还有许多其他学者赞同雅各布斯的多样性理论，并从自己的角度相继提出了有关主张，这些主张对雅各布斯的多样性理论中的不同维度起到了深化作用，同时也进一步证明了土地混合利用的复苏并不是简单地鼓励空间维度上的多功能混合，其更重要的意义在于其带来的经济效益和社会效应。

（1）亚历山大的城市复杂性理论

克里斯托夫·亚历山大（Christopher Alexander）在1965年发表的《城市不是树》①（*A City Is Not a Tree*）中提出了城市复杂性理论，批判了现代规划理论指导下更新后的城市是简单的"树形"结构，而破坏了原有自然生长的城市的复杂结构中的"层叠性"（Overlap）和"丰富感"（Richness），而这恰恰是城市中心区活力的必要条件（图4-2-1）。

亚历山大提出的城市复杂性与雅各布斯的多样性一样，并不仅仅是指城市空间逻辑，而是包含了多维度思索：

① 社会结构复杂性，即强调开放社会中的社会融合，而不是传统社会关系中社会隔离下封闭的社会群体状态。

② 交通系统复杂性，即强调机动车交通与步行交通的重叠度与连接度，而不是现代规划理论中的完全脱离。

③ 功能系统复杂性，即强调功能间的彼此融合，而不是彼此隔离，比如娱乐功能，其可以在多种类型、多种尺度的空间中发生，这有利于与其他功能产生共生协作效应，但现代规划划分的单独的娱乐区，就令这种效应失去了效果，同样的事情还发生在将校园空间与生活空间相分离，将工作与居住相隔离等现象中。

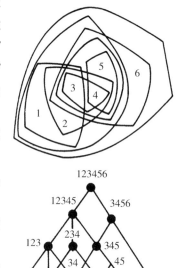

图 4-2-1　城市复杂结构中的"层叠性"和"丰富感"
（资料来源：Alexander，1965）

---

① 亚历山大其实在1963年与瑟奇·查马耶夫（Serge Chermayeff）合作的《社区与私密性》（*Community and Privacy*）中已经涉及城市复杂性的讨论，但还未形成理论。而在1979年出版的《建筑的永恒之道》（*The Timeless Way of Building*）中，亚历山大进一步深化阐述了《城市不是树》中的半网格城市的形成方式，笔者认为也并没有突破《城市不是树》中的理论框架，因此在此不做进一步分析。

④ 空间形态复杂性，即强调空间组织复杂性和融合度，而不是简单化与彼此分明，强调公共空间在空间组织中的重要性。

(2) 桑内特社会多样性理论

理查德·桑内特(Richard Sennett)在1970年出版著作《无序的用处：个人身份与城市生活》(*The Uses of Disorder: Personal Identity and City Life*)。书分为上下两部分，以对比的方式阐述了其社会多样性理论：

在上部分中，桑内特认为富人、白人迁居到郊区以躲避中心区和内城的社会多样性带来的不安全感，从而在郊区形成了所谓的"社区"，这个社区里全都是种族、阶层、习惯、爱好相同的人，他们形成了貌似的和谐秩序。然而在这类社区长大的年轻人们却恰恰正在被这种社区所侵蚀，因为这种氛围束缚了他们的自由度、多样性和选择可能性，减少了他们与其他不同类型人的交流机会，这是一种"病态"的"同质化"，人人会丧失自我，成为彼此类似的人。而现代规划对这一切熟视无睹，反而在通过有序规划加剧这一"纯净化"过程。

因此在下部分中，桑内特认为人们应该重回中心区和内城，与自己不同类型的人共处，会让人们对模糊和不确定性的容忍度提升，多样性和无序性带来的社会交流机会的增加会让人们的人格更为丰富，也更为成熟。因此，为了增加这种无秩序的冲突性，严格的功能区划需要被废止，一个区域需要容纳不同社会经济背景的人群、从事不同行业的人群以及不同需求的人群，这才能让地区内充满不确定性，而不是确定的、可预知的。由上可得，这一理论是对雅各布斯城市多样性理论中社会维度的深入探讨，基于这种理论，桑内特提出三项建议：

① 提高建设密度，容纳高密度居住空间。

② 提升社区混合度，促进不同阶层、不同职业、不同需求、不同种族的人群共存，因此需要促进地区内功能混合、居住混合。

③ 打破集权式管理，由多样化人群做出规划决策。

(3) 舒马赫经济多样性理论

E. F. 舒马赫(E. F. Schumacher)在1973年发表的《小的是美好的》(*Small Is Beautiful*)一书中提出了解决当时生产问题和全民就业的建议，而这些建议启发了英美国家在去工业化后的经济改革思路，以及促发了解决内城中心区贫困人口就业的经济多样性政策。

具体而言，舒马赫认为在经济生产规模上应该具备"双重性"特征，经济机构需要包括小的和大的、专门的和综合的。然而自工业革命以来，受现代技术影响，机构规模趋势越来越大，令经济结构失去了平衡，大家忽视了小规模机构的重要性，这造成了两方面问题。

一方面，大规模的工业化生产是粗放型的，它不但极度浪费资源，而且生产效率很低。这严重浪费了地球资源，造成了大自然的生态失衡，同时在无限制地剥削着人们的休闲时间，把他们束缚在生产上。

另一方面，以历史规律看，小规模机构向社会提供了大部分真正富有成果的创新建树，各不同方向的小机构自由、灵便、人性化、易于管理并产生彼此之间的协同效应，这会起到活跃经济氛围的作用。而现代技术剥夺了这种使用双手和大脑的有益的创造性劳动，这严重影响了经济活力和创造力。

因此，舒马赫建议应该转向发展"大众生产"，利用最好的现代知识和经验，发展易于分散、适应生态学规律、缓和使用稀少资源、提升人创造能力的生产方式。这种生产方式的本质正是提倡经济多样性，与雅各布斯的城市多样性理论中的经济维度异曲同工：

① "大众生产"意味着恢复经济结构中的规模平衡，尤其强调小规模机构的重要性。

② "大众生产"通过发展多样化经济迎合了后现代社会多元化需求，同时应对了去工业化后的经济结构转型，即从工业化生产走向知识创新生产。

③ "大众生产"提倡全民生产、全民就业，不以最大限度提升个人产量为目标，而是以提升就

业量为目标,这有利于解决内城中心区贫困人口高失业率问题。

4.2.2 延续历史的城市文脉主义

城市文脉主义主要批判的是无视城市中心区既有历史环境、以大拆大建和独立于环境为特点的现代规划实践行为,因此,这一类理论尤其强调建筑与周边环境的关系以及外部空间之间的关系,并注重基于人对地区的历史感官延续历史肌理与功能氛围。虽然这类思想起初是以视线感知为基础延伸发展而来,由于保留延续了一定历史功能与空间且注重外部空间的交流关系,所以在土地利用方式上也就倡导采取土地混合利用方式,这也就拓展了土地混合利用的时间维度。但随着"延续文脉"思想的不断深入探讨,其更多地强调了人、建筑、城市、文化背景之间的内在本质联系(张京祥,2005:192),因此具备了社会、经济和政治意义,所以对土地混合利用的复苏建议也就呈现出一定的多维度特征。总体而言,这一类思想在英国以城镇景观运动为主,而在美国则以城市整体观念下的文脉主义思想为主。

4.2.2.1 英国城镇景观运动对中心区土地混合利用复苏的主张

在英国,戈登·卡伦(Gordon Cullen)是城镇景观(Townscape)运动的倡导者也是典型代表者①,其在 1961 年出版的著作《城镇景观》(*Townscape*)中系统阐述了相关理论观点。其认为城镇的优势特征就是构建了一个彼此关联的关系结构,这种关系结构是由一系列建筑和他们之间的空间关系构成的。因此,现代规划"独身世外"的做法显然破坏了这种"关系的艺术"(art of relationship)。

基于此理论,卡伦提出了连续视线、场所、内容、功能性传统四方面建议,强调了土地混合利用中功能混合和保护历史的相关思想(图 4-2-2):

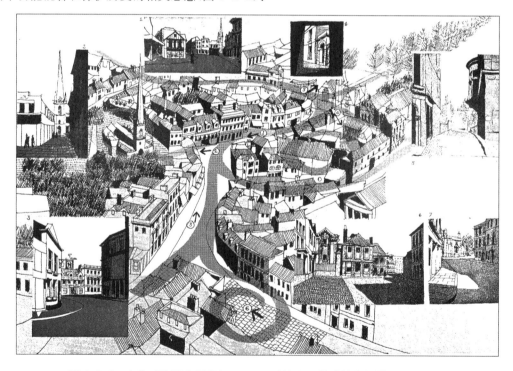

图 4-2-2　卡伦对特罗布里奇(Trowbridge)核心区的城镇空间景观结构分析
(资料来源:Cullen,1961:224-225)

---

① 在卡伦的倡导下,还有其他学者提出了相关城镇景观设计理论,如托马斯·夏普(Thomas Sharp)1968 年出版的《城镇景观》(*Town and Townscape*)等,虽然其他学者在各自角度提出了相对深入的建议,但总体而言,均没有突破卡伦最初提出的理论框架。

① 连续视线。良好的设计从头至尾需要保护延续场所内重要的连续性的视线节点,保护这些节点的观赏视线廊道。

② 场所。建筑间的外部空间需要根据其社会和商业性的不同功能进行界定化和适应性设计,即通过铺装、空间界面、小品、植被等手法满足不同空间的多样化的功能需求,并与室内功能产生联系。

③ 内容。应加强不同途径的交流,因此应当保持社会活力的整体性,这就需要停止继续隔离与区划,这也是中心区保持活力的必要条件。

④ 功能性传统。应通过传统手段突出界定路径和边界,如栅栏、台阶、材质、指示牌等。

4.2.2.2　美国文脉主义对中心区土地混合利用复苏的主张

在美国,与英国城镇景观运动类似的倡导整体性设计的代表人物和著作是凯文·林奇(Kevin Lynch)的《城市意象》(*The Image of the City*)(1960年)和科林·罗(Colin Rowe)的《拼贴城市》(*Collage City*)(1978年)①。

(1) 林奇的社会学思考

虽然与英国城镇景观运动一致的是,林奇在《城市意象》中依旧也是从感知角度强调了城市中心区空间内部结构要素之间的关系,但其突破了仅从精英设计师角度出发的规律总结,赋予了历史文脉更为广泛的社会基础,从大量居民访谈中得出中心区的空间意向(图4-2-3)。于是,这种将空间设计与社会学调研结合得出的结果就更具社会维度内容,也丰富了土地混合利用复苏的社会学思考:

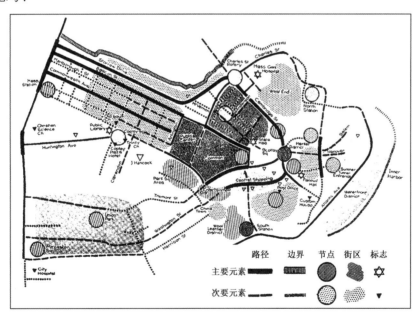

图4-2-3　林奇对波士顿中心区市民访谈得出的城市意象地图
(资料来源:林奇,2001:111)

---

① 尽管许多学者认为罗伯特·文丘里(Robert Venturi)是后现代主义建筑运动的发起者,而其著作《建筑的复杂性与矛盾性》(*Complexity and Contradiction in Architecture*)(1966年)和《向拉斯维加斯学习》(*Learning from Las Vegas*)(1972年)是后现代思想中文脉主义的重要代表,但一方面,文丘里和他的合作者并不承认这种说法,另一方面,即使将其归纳为后现代文脉主义代表,其也是主要从建筑设计角度进行阐述的,即强调建筑设计时需考虑周边环境,延续历史并有所创新,同时其突出强调建筑本身的复杂性与多样性,如打破形式追随功能、建筑内功能分区明确、建设设计"少就是多"、建筑设计模式化等现代建筑设计思想,尽管对城市整体性设计在《向拉斯维加斯学习》中有所涉及,但其根本目的是强调建筑的符号化作用,笔者认为其并不直接影响土地混合利用的复苏,所以在本书中不做详细分析。

一方面,城市意象中的要素承载了居民的场所记忆,大规模的更新变化会令居民对区域无所适从,往往陷入痛苦的怀旧情绪中。因此,从延续历史文脉角度倡导土地混合利用复苏有利于维系地方特色、提升居民的归属感,这深化了历史文脉延续对土地混合利用的意义。

另一方面,城市意象中的要素承载了居民的社会经济阶层感知,这佐证了大规模城市更新带来的中心区内部人口隔离问题,并且这一人口隔离已经给居民带来了心理和行为影响,因此,贫困人口隔离集聚现象已经成为中心区亟须解决的问题,而这恰恰证明土地混合利用复苏理念中社会融合需求是十分有必要的。

(2) 罗的多元复合建议

罗在《拼贴城市》中表达的城市文脉思想涉猎的维度比林奇的更为广泛,其提出的是一种"共存"思想(图 4-2-4),面对着当时争论的不可开交的"科学建造城市"和"人民建造城市"两种思想,罗开篇就提出其目的是"同时寻求秩序和非秩序、简单与复杂、永恒与偶发、私人与公共、革命与传统、回顾与展望等要素的共存",由此看出,其对土地混合利用的复苏建议势必是多维度的。其具体理论核心包括三方面。

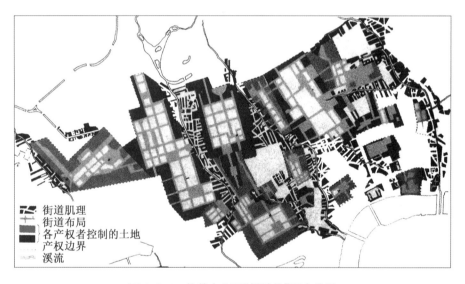

图 4-2-4　伦敦中心区"拼贴化"图底分析
(资料来源:罗、科特,2003:114)

首先,城市多元复合是在社会、政治、经济等多种作用力综合作用下长期更新的结果,空间形态上的土地混合利用承载着的是背后的多元社会、政治和经济机制,因此应该尊重这种共存,而不是对其进行毁灭式统一。

其次,城市多元复合应该是时间延续的,既要延续历史记忆,又应该能够容纳未来,这需要一定的秩序控制,又应该兼具一定的弹性。

再次,城市多元复合应该兼顾私人与公共需求,因此应当强调多样化管理制度。

由上可得,罗的共存理论虽然不像雅各布斯的多样性理论那么明确直接,但也兼具了空间、时间、社会、经济、管理等维度。

4.2.3　批判无序蔓延的中心区回归

如果说城市多样性和城市文脉主义是从中心区内部出发提出土地混合利用复苏的重要性,那么基于蔓延批判的中心区回归则是着眼于城市整体发展角度的理论思想,这类思想是对现代规划疏散思想导致的城市无序蔓延现象的批判,其背后成因是人们意识到资源与能源的日益紧张,所以强调对人口与经济活动的无限制疏散需加以控制,其解决途径就是通过旧城更新方式和公共交通体系营建,提高内城尤其是中心区土地利用效率(也就是对人口与经济活动的承载能力)(Frieden & Sagalyn,1989:83;Cullingworth,1993:133-155)。因此,对中心区而言这就是促进了整体上的土地混合利用,而其更重要的价值在于,说明土地混合利用的复苏背后具有重要的环境维度意义。

4.2.3.1 对无序蔓延的批判

(1) 批判原因

有两方面原因导致英美国家开始对无序蔓延开始进行广泛反思与批判。

一方面,虽然现代规划理论也充分考虑了城市与自然的和谐相处,但在1960年代实践过程中,人们贪恋于技术革命和经济快速发展带来的生活水平改善,基于机动车交通、通信技术和国家经济福利政策,无限制地逃离拥挤的内城和中心区,意图享受低密度和大自然带来的生活环境品质,忽视了维系地球生态环境。这导致了一系列环境恶化现象,如1952年的伦敦烟雾事件,同年的洛杉矶光化学烟雾事件以及化学药品污染水源土地并毒害野生动物问题等,所以从1960年代开始,英美等发达国家爆发了强烈的环境保护意识,《寂静的春天》(*Silent Spring*)(1962年)、《沙乡的沉思》(*A Sand County Almanac*)(1968年)、《设计结合自然》(*Design with Nature*)(1969年)、《增长的极限》(*The Limits to Growth*)(1972年)、《只有一个地球》(*Only One Earth*)(1972年)、《城市的极限》(*The Limits of the City*)(1974年)等一系列生态环境保护著作问世,联合国也于1972年通过《人类环境宣言》强调保护和改善人类环境。于是,当人们开始意识到自己生存的环境资源受到威胁时,无序蔓延这一明显具有浪费资源的发展模式就开始受到批判。

另一方面,1970年代英美国家遭受了自1930年代以来的又一次大规模经济危机,一直建立的国际货币体系崩溃,英美国家陷入赤字猛增、物价飞涨、贸易逆差、债台高筑的严重"滞胀"危机,然而战后奉行的凯恩斯主义的经济政策对此毫无办法。同阶段,石油危机爆发,国际石油价格暴涨,英美国家作为消耗大户遭受的打击最为猛烈,居民发现机动车使用成本超出承受范围。在这双重危机影响下,英美国家突然意识到能源的可贵性以及节约的重要性,于是无序蔓延带来的各种能源消耗成为被批判的焦点。

(2) 批判关注点

其实,美国早在二战期间就已经开始抵制郊区化发展,当时的关注点是对中心区的影响,因此也称之为"去中心化"(decentralisation)。国家性组织城市土地协会(Urban Land Institution,ULI)于1940年通过调研先后出版报告《去中心化:它对我们的城市做了什么?》(*Decentralisation: What Is It Doing to Our Cities?*)和《去中心化现在和最终对美国城市的影响》(*The Present and Ultimate Effect of Decentralisation upon American Cities*),认为无限制的去中心化对整个城市造成了毁灭,会影响到经济、社会、自然等方面,尤其会令中心区造成不可估量的损失(Fogelson,2001:64,238-240),这也是二战后美国进行大规模中心区更新的重要原因之一。然而,如前文所述,二战后的中心区更新并未阻止这种郊区化,反而加剧了其恶化趋势(图4-2-5d),于是以芒福德(Mumford)《城市发展史》(*The City in History*)、格伦(Gruen)《我们城市的核心》(*The Heart of Our Cities*)、哈维和克拉克(Harvey & Clark)《城市蔓延的自然和经济学》(*The Nature and Economics of Urban Sprawl*)、海登(Hayden)《重新设计美国梦:未来的住宅、工作和家庭生活》(*Redesigning the American Dream: The Future of Housing, Work, and Family Life*)等人为代表的美国学者分别从不同角度对郊区化进行了批判。在此背景下,美国政府 1970 年代也认为,城市发展已经进入一个新阶段,这个阶段中需要解决的首要问题是城市"去中心化"趋势下人口与经济活动的无限制蔓延问题(Cullingworth,1993:167)。于是在 1974 年政府颁布调查报告《蔓延的代价:在城市边缘区另行开发住房的环境和经济代价》(*The Costs of Sprawl: Environmental and Economics Costs of Alternative Residential Development Patterns at the Urban Fringe*),详细阐述了郊区化导致的各方面问题。

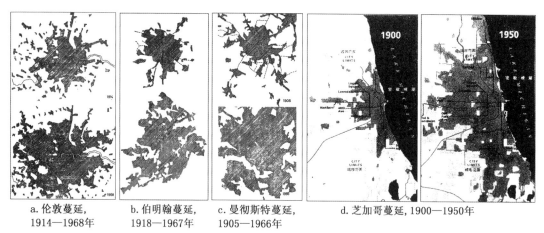

a. 伦敦蔓延, 1914—1968年　　b. 伯明翰蔓延, 1918—1967年　　c. 曼彻斯特蔓延, 1905—1966年　　d. 芝加哥蔓延, 1900—1950年

图 4-2-5　英美城市 20 世纪上半叶无序蔓延趋势
[资料来源:a、b、c 图(Hall et al.,1973:77-79),d 图(孙施文,2005:152)]

在英国,虽然其对二战后郊区化发展有一定的控制,但实际上郊区化问题也比较严重,这体现在霍尔领衔研究的"英国城市控制"(The Containment of Urban England)当中(图 4-2-5a-c),研究认为英国二战后建立的城市控制体系并没有有效遏制郊区化,新居住区与就业中心之间的距离日益增加(Hall & Peacock,1973:295-328)。1976 年,英国环境局局长肖尔(Shore)代表政府发言,也认为这种人口、就业空间分布上的严重不平衡造成内城严重衰退,引发各种社会、经济问题,需要重新检视原有新城规划、产业疏散策略以及各地方政府政策(Gibson & Langstaff,1982:158)。

综合各方学者和政府报告,无序蔓延被批判的问题主要包括:

① 时间成本增加。居住与就业的距离增加令出行时间增加,这无形侵占了从事其他活动的时间。

② 经济成本增加。郊区低密度的无序蔓延,导致政府的人均公共投资增加,政府不但无法令城市既有基础设施得到充分利用,而且不得已需要在郊区继续新建使用效率不高的基础设施。

③ 资源成本增加。浪费土地、水、能源等一切不可再生资源,侵害了耕地、自然植被等对人类有益的资源,同时大量机动车交通造成大气污染、环境噪声等生态破坏现象。

④ 社会成本增加。人口阶层隔离导致社会阶层对立感增加、社会消极氛围蔓延、社会同质化问题恶化,同时长距离的通勤交通令上班人员意志消沉,而且还导致男女不公平现象,因为妇女很难平衡家庭和工作社会活动,所以不得已被隔离于政治经济活动之外。此外,以服务机动车建立的基础设施体系还影响了公共交通、公共空间等公共利益导向的基础设施,这大大削弱了政府公共投资的社会效益。

4.2.3.2　重归中心区思想对土地混合利用复苏的主张

由对蔓延的批判可以看出,造成这些问题的根本原因就是中心区疏散思想导致的就业空间与居住空间的隔离以及人口阶层的隔离,所以重归中心区的建议思想实际上就是提倡中心区土地混合利用的复苏,而复苏的目的就是要应对上述郊区化带来的问题。因此,节约土地与能源等资源,多功能混合开发,减少机动车出行交通,提升基础设施利用效率,减少环境污染、提升环品质,以社会融合和公共利益为导向等原则就势必成为中心区土地混合利用复苏的核心思想,这意味着在多维度复苏土地混合利用的同时,将复苏的意义扩展到了环境维度。

实际上,"疏散"的相反就是"集中",这种对立思想在现代规划理念中就已经存在,因此重归中心区的土地混合利用复苏就是解决在承载多功能条件下如何更好地"集中式发展"的问题,对此,英美两国提出了从城市到中心区的空间发展模式,在美国以格伦(Gruen)的《我们城市的核心》(The Heart of Our Cities)(1964年)和波特曼(Portman)的"协调单元"(the coordinated unit)(1965年)思想为代表,在英国以布坎南(Buchanan)领衔编制的《城镇交通》(Traffic in Towns)(1963年)中的"环境单元"(environment zones)模式为代表①。

重归中心区思想提出了具体的空间发展模式,主要分为宏观和微观两个层面:

宏观层面,格伦(Gruen)借鉴19世纪城镇发展空间和霍华德田园城市层级理念,提出"明日区域模型"(Metropolis of Tommorow)(图4-2-6a),以明确层级的中心区体系(区域中心—城市中心—城镇中心)引领城市整体发展,各层级中心区之间以快速交通链接,中心区周边围绕一定数量城市,各城市本身紧凑集中开发,城市之间以城市公园绿地、娱乐开敞空间相隔。从模式逻辑看,这一宏观模式已经具备了后期"紧凑城市"雏形。布坎南(Buchanan)1966年在《南汉普郡研究》(South Hampshire Study)中提出的区域模型也表达了极其一致的思想倾向(图4-2-6b)。

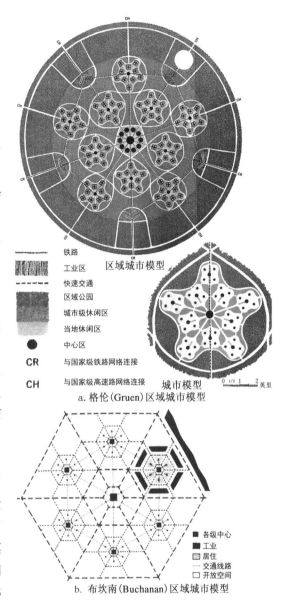

图4-2-6 重归中心区的宏观层面模式
[资料来源:a图(Gruen,1964:272-273),b图(Shirley & Moughtin,2005:136)]

微观层面,尽管布坎南(Buchanan)的"环境单元"(environment zones)应用范围更广,包含了全部新建、部分更新、最小化更新三种情境(图4-2-7),而波特曼(Portman)的"协调单元"(the

---

① 之所以笔者将这三人研究作为思想代表一同阐述,其原因是三者理念的一致性与系统性,具体体现在:首先,格伦(Gruen)的模型中,宏观上提出了"明日区域模型"(Metropolis of Tomorow),而中心区模型上的理念与波特曼(Portman)和布坎南(Buchanan)的理念极其相似,而布坎南在1966年《南汉普郡研究》(South Hampshire Study)中提出的宏观模式与格伦的"明日区域模型"十分类似;其次,布坎南的《城镇交通》是在考察了欧洲中心区更新中步行街区经验、美国早期中心区混合功能开发项目和邻里单位理念的基础上创建的,而波特曼的理念也是从欧洲实践以及早期邻里单位理念中产生的,说明它们是同宗同源的理论思想。

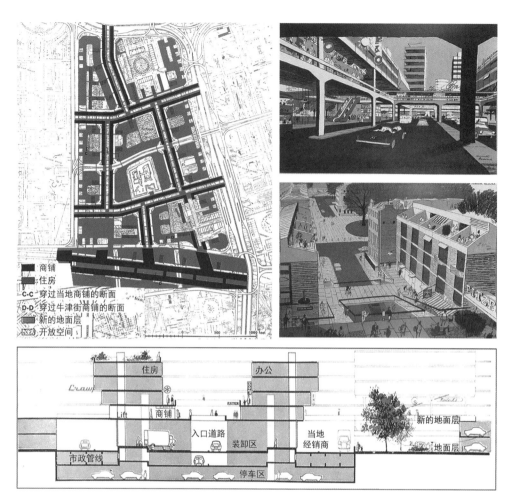

图 4-2-7　布坎南(Buchanan)旧城中心区典型街区更新后土地混合利用平面图、剖面图、透视图
(资料来源：Buchanan,1963：143,149,151,157)

coordinated unit)更多应用于全部新建情境(图 4-2-8)，但两者在理念上如出一辙。其基本模式是：

① 街区内横向、纵向均多功能开发，容纳商务办公、购物、餐饮、旅馆、居住、文化娱乐、轻工业、仓储、社会服务设施等城市多样化功能。

② 通过平面和立体双重维度隔离机动车和步行，解决机动车可达性的同时，创造局部街区内部不受机动车影响的、紧凑连续性的、环境宜人的步行空间，并充分利用地下空间或停车楼解决地块机动车停放问题。

③ 提升公共交通可达性，通常结合地铁站点或地面公交站点进行开发。

④ 保留街区内重要历史建筑和环境要素。

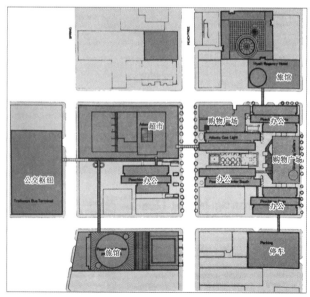

图 4-2-8　"协调单元"理念下设计的桃树中心
(Peachtree Centre)
(资料来源：Witherspoon，Abbett，and Gladstone,1976：37)

综合模式特征可以看出,重归中心区思想空间模式不但应对了对抗无限蔓延的集中式发展问题,而且也有效落实了城市多样性理论和城市文脉主义理论中的空间、时间维度要求,但同时,我们也可以十分明显地发现,空间模式中缺乏了对社会维度的反映,例如小企业发展、各阶层消费就业、混合居住等内容均没有得到体现,而且在环境维度上也有所折中,因为虽然其提升了公共交通可达性,但还是体现了很强的服务机动车思想。尽管如此,重归中心区思想空间模式还是很快就被应用于英美国家中心区土地混合利用开发实践当中,原因是其恰恰契合了当时中心区更新目标和更新手段的需求。

4.2.4 追求社会公正的公众参与

追求社会公正的公众参与思想可以看作是从土地利用的决策权力机制角度出发,探讨如何实现土地混合利用复苏的一类理论。这类理论起源于对现代规划实践导致的社会不公正现象的背后逻辑机制思考,将土地利用状态形成的过程看作是政治决策过程。由上文前三种后现代理论的分析可得,土地混合利用复苏的一个重要原因就是为了实现社会融合,同时也是为了满足不同群体的多样化需求,尤其强调对弱势群体的关注,因此多方利益的博弈在土地混合利用复苏过程中是可以预见的。而追求社会公正的公众参与思想就是为了避免重蹈现代规划实践的覆辙,对土地混合利用复苏来说,这就为保证其公共利益导向提供了解决途径。这一类理论主要包括两个方面:非公正现象形成机制的探索和保障社会公正的方式。

4.2.4.1 土地利用方式非公正的背后机制

在追求社会公正理论诞生之前,现代规划实践中的土地利用方式一直被认为是理性判断和科学规律决定的结果,换言之,其过程是受物质空间规划技术性和经济规律等科学性支配的(泰勒,2006:73-74)。而社会科学的空间转向为这一过程的决策机制提供了新的研究视角,其强调城市规划是政策性的,因此,土地利用方式是不同群体通过博弈争夺城市空间使用权利后,制定相应规则对社会资源的地理性再分配的结果(曹现强和张福磊,2011)。

在英国,这种思想主要体现为新韦伯主义(neo-Weberian),以 R. 帕尔(R. Pahl)、J. 雷克斯(J. Rex)、P. 桑德斯(P. Saunders)、R. 摩尔(R. Moore)等人为代表,因其继承了韦伯的以资本社会中的生活机会为标准划分阶层的逻辑而命名。这类思想认为城市社会结构与空间结构高度统一,明显的现象就是社会居住空间分异,即不同经济地位的人群居住区域不同,而形成这一状态的过程却是非公正的。具体而言,在纯粹市场经济运作下,不同阶层根据自身经济能力选择的居住空间势必有所不同,但政府作为国家福利实施者,在追求公正的前提下,以政策作为干预方式,是可以一定程度上缓和这种分异状况的,从而令各阶层不会因为经济能力或其他获取住房的能力(如权力)不足而丧失对城市空间资源的公平拥有权。然而,在国家集权制度下,政府和规划师成为城市空间资源分配权力者,作为"城市经理人"(Urban Managers)(Ward,2010:184),不但没有起到公正分配社会福利作用,反而迎合了经济团体和中上经济阶层的需求,加剧了这种非公正现象。进入后现代社会,当空间甚至成为消费品后,围绕着商业、文化娱乐、教育、社会服务等社会消费项目,形成了新的社会空间分异机制,消费能力成为社会空间分异划分的标尺,在基于消费导向的城市复兴目标下,政府再次扮演了非公正的幕后黑手,低收入群体又一次被驱赶出城市发展活力区域。

在美国,这种思想主要体现为新马克思主义(neo-Marxism),以 D. 哈维(D. Harvey)和 M. 卡斯特斯(M. Castells)为代表人物,他们是对法国社会学家 H. 列斐伏尔(H. Lefebvre)空间权利思想的继承与创新,因为延续了马克思主义的资本积累和阶级斗争的政治经济学原理而得名。这类思想是依据资本主义社会的生产过程理论对城市空间的形成过程进行的内在机制总结,认为城市空间的形成是由社会制度决定的,城市空间不仅仅是一个物质空间载体,其也是资本主义生产的结果(图 4-2-9)。如此看来,城市空间不但是一种生产要素,而且也是具有交换价值和使用价值的产品,所以强权资本家们要牢牢掌控其拥有权和使用权,并依托其创造价值,因此也就出现了强权资本集团对弱势群体的空间掠夺。而在资本主义国家福利体制下,商业、娱乐、居住、教育、医疗、公共空间等社会公共服务虽然是以公共利益名义建立的,但其本质也是政府用来服务于资本生产的,因此也会倾向服务于创造产值效率较高的群体,这进一步加剧了非公正现象。

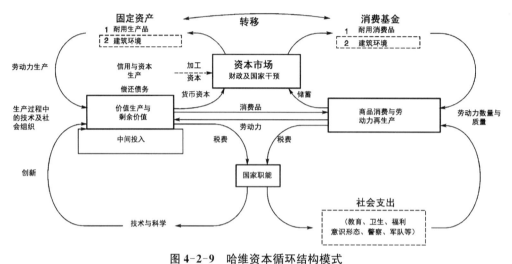

图 4-2-9 哈维资本循环结构模式
(资料来源:Harvey,1978)
注:建筑环境、社会公共服务设施都成为资本生产循环要素(虚框部分)。

总之,由上述分析可得,导致非公正现象的根本原因在于,本应属于所有人共有的城市空间权利被一部分人非公正占据,所以追求公正的核心关键在于获取决定土地利用方式的决策权,这就为城市规划公众参与思想的兴起奠定了理论依据。

4.2.4.2 公众参与成为解决途径

尽管 1960 年代前英美规划法律中已经提出强调公众参与①,但其一方面仅仅是采取公示与咨询的方式,另一方面,直接参与意见的大多为精英群体或议员代表,因此这种公众参与显然是敷衍与有限的。在追求社会公正思想影响下,公众参与成为获取决策权的有效方式,但显然要更为广泛与民主,这就激发了公众参与理论的讨论。

这个时期虽然涌现了一批探讨公众参与规划的学者和规划师(艾琳,2007:47-48),但最具影响力的理论是 P. 达维多夫(P. Davidoff)的倡导性规划理论和 S. 阿尔斯坦(S. Arnstein)的市民参与阶梯理论。

达维多夫在《规划的选择理论》(*A Choice Theory of Planning*)(1962 年)和《规划中的倡导性和多元论》(*Advocacy and Pluralism in Planning*)(1965 年)两篇文章中提出并深化了"倡导性规划理论"。该理论认为,社会呈现多样性偏好现象,所以规划师以自己的价值观代替大众需求去判断预测未来是不合理的,规划也绝对不是一个以恒定不变的技术和客观逻辑进行决定的过程。因此,规划的最终目标是增加公众选择的机会,为多种价值观的体现提供最大可能性。具体方式体现

---

① 如英国 1947 年《城乡规划法案》已经赋予公众发表意见的权利,而美国 1949 年住房法案《住房法案(1949 年)》(*Housing Act of 1949*)也强调城市更新项目必须征求公众意见。

在两方面：一方面，规划需要应对多方利益需求的特征，建立最广泛民众在政策决策过程中具有积极角色的体系，即所有的决定应通过公众讨论而确定；另一方面，规划师自身角色需要改变，需要从服务于政府、资本或所谓的中立"公众代言人"角色，转变成社会不同群体的利益辩护人，从而体现规划的全面与公正。

相对于达维多夫，阿尔斯坦则在《市民参与阶梯》(*A Ladder of Citizen Participation*)(1969年)中进一步深入探讨了如何真正实现公众掌握规划决策权力。他认为，根据公众在规划决策中的角色可以将公众参与程度划分为三个档次八个阶段(图4-2-10)，根据划分，可以明显看出意见征询式的公众参与仅属于象征性参与，只有建立政府、私人和社区之间的合作关系，公众才算是拥有了一定的市民权利，而市民完全控制规划才是公众参与的最高层次。市民参与阶梯理论思想自提出后被广泛采纳，至今仍是衡量公众参与程度的重要标准。

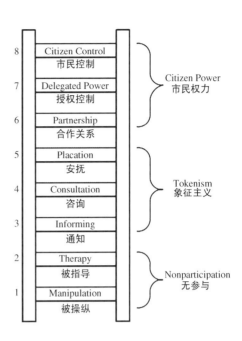

图4-2-10　阿尔斯坦参与阶梯理论模型
(资料来源：Arnstein,1969)

4.2.5　后现代规划理论下的复苏框架与"非全面应用"机制

4.2.5.1　可持续更新视角下土地混合利用理念复苏框架

以可持续更新角度来看，后现代规划理论思想对中心区土地混合利用复苏提出了多维度建议，这种多维度集中体现在取代《雅典宪章》的《马丘比丘宪章》中，其综合强调了正确对待增长、打破严格分区、利用住房促进社会融合、强调公共交通、环境与历史保护、设计符合地方特色、公众参与等内容。同时，我们对比现代规划理论中对土地混合利用有益建议可以发现，后现代规划思想的复苏并非全部都是对现代规划理论的颠覆性创新，其是在对现代规划理论思想进行局部修正后的继承与深化(表4-2-2)。之所以称其是复苏，主要在于其修正了现代规划理论中的"秩序分区"和"疏散思想"，在重归土地混合利用的呼吁下，突出强调了现代规划理论中被实践忽略的内容，并根据现实需求提出了一定的新的见解。这种类似判断也出现在《马丘比丘宪章》中，宪章认为"《雅典宪章》仍然是这个时代的一项基本书件，它可以提高改进但不是要放弃它，其提出的许多原理到今天仍是有效的"[①]。

然而，理论与实践之间的耦合依旧没有实现。面对中心区大规模更新后人口郊区化加剧、物质社会结构破坏、经济环境衰退、社会公平失衡等活力丧失现象，英美国家最终将这一切的根本原因归咎于经济发展问题(Tallon,2013：38-39)。于是，经济至上再次成为中心区发展的主要目标。因此，在后现代经济社会背景下，各城市采取"涓滴式"开发模式，将中心区转而建设成为以消费为导向的中央游憩区，在一定程度上起到了恢复中心区活力的作用。在这一过程中，土地混合利用复苏理念因为契合了中心区复苏目标和复苏手段双方面的需求，所以成为中心区复苏建设的重要原则。但是在经济至上的发展逻辑控制下，多维度的土地混合利用复苏理念势必不会得到全面应用，与经济效应无关的维度难免会再次遭到忽视。

---

① 《马丘比丘宪章》全文详见：陈占祥. 马丘比丘宪章[J]. 城市规划研究，1979：1-14.

表 4-2-2 可持续更新视角下后现代规划理论对中心区土地混合利用的复苏

维度		复苏内容	
		现代规划理论中已有建议	后现代规划理论的深化
土地功能要素	经济维度	①提升集聚效应;②强调日常生活服务	③促进不同的活动类型、产业类型、时间类型、档次类型、规模类型的企业共存共荣,尤其关注地方小企业的生存
	社会维度	①强调社会融合;②公共利益优先	③多样化住房,尤其是廉价住房,促进社会混合;④多样化办公与商铺,提供各阶层就业和消费机会;⑤提升街区安全感;⑥保持地方特色,提升居民归属感
	环境维度	①提升绿色空间,提升公共环境质量;②保护利用自然资源	③减少机动车出行,节约能源,减少污染排放;④节约利用土地;⑤强调基础设施高效利用
土地利用形式	空间维度	①高容量集中开发;②强调居住、就业、娱乐临近	③小街区,渗透性提高;④地区及内部尽可能多的区域多功能混合临近;⑤提升以街道为代表的外部空间活力,提倡步行交通;⑥垂直混合开发;⑦鼓励公共交通
	时间维度	①保护历史要素	②延续历史脉络;③保持全天活力
土地利用权力	管理维度	①公众参与	②多部门合作;③政府资助扶持;④提升公众参与程度

(资料来源:作者整理绘制)

4.2.5.2 后现代规划理论的"非全面应用":侧重经济维度的中央游憩区

(1)中央游憩区建设目标对复苏理念的非全面应用

进入后现代社会后,英美国家经济结构已经开始转型,原有制造业大量衰退外迁,第三产业服务业在经济结构中呈现逐渐上升趋势。这意味着城市脱离工业化开始逐渐演变为消费中心,与第三产业相关的信息类消费(如信息商品、教育、艺术、文化与闲暇消费)与日俱增。这种消费现象在上层消费者群体中尤为明显,因为他们将其作为维持自身阶层身份的一种投资(费瑟斯通,2000:25-26)。而在后现代社会中,当高雅文化与精英文化日渐消解,转向大众文化与日常文化时,城市就彻底成了消费娱乐的载体。同时,在社会意识与物质文化需求多元化激增背景下,城市消费者们开始追求自身独特的生活风格,倡导个性化、自由化、多元化,而可支配收入的增加令消费者不再满足于原有的传统消费模式,消费形式的重要性在不断增长,以闲暇消费为例,消费时的独特体验与快感成为重要关注要素(费瑟斯通,2000:141)。

因此,实现中心区复苏就必须应对这种社会经济趋势的转变,各城市管理者和中心区开发商们准确地找到了适合中心区活力复苏的发展目标——中央游憩区(Recreational Business District),将中心区营造为娱乐旅游胜地(Abbott,1993),也就是将消费导向置于中心区活力复苏的核心地位。这种由中央商务区向中央游憩区的转变并不是一时冲动之举,综合各学者研究和相关实践来看(Stansfield & Rickert,1970;Frieden & Sagalyn,1989:281;Robertson,1997;Zukin,1998;哈维,2003:120-124;Faulk,2006;霍尔,2009:398-400;Grodach & Ehrenfeucht,2016:78),其背后形成原因具体包括六个方面。

① 游憩式消费已成为郊区购物中心的主要形式,这意味着这种形式得到了中上经济阶层的认可,中心区如果要与郊区竞争,就必须也发展此类模式,才能吸引郊区富裕人口回归。

② 新增的经济技术等第三产业此时仍大多落户于中心区,而这些部门的职员大多具备游憩消费能力并热衷于此,这就为中心区游憩消费提供了一定的人群基础。

③ 更多的年轻人、空巢者和独身者开始移居到中心区历史特色城市氛围的社区中居住,他们

更喜欢多元化高品质的娱乐消费环境,这也为中心区游憩消费提供了助力。

④ 消费行为具有几乎全天候的活力,与所有人和所有其他功能都息息相关,因此发展游憩消费功能能够带动中心区整体人口活力和经济活力,并可以为贫困人口提供就业岗位。

⑤ 游憩消费可以有效改善中心区环境氛围,令旧城中心区从1960年代前的肃杀、破败和暴力充斥的形象转向积极、愉悦和高品质的形象,从而提升中心区竞争力并彰显政府业绩。

⑥ 中心区大量的历史遗迹氛围成为营造具有独特性游憩消费空间的优势特色,这符合后现代社会中人们的怀旧倾向和追求独特性的消费喜好,同时,这也能有效促进中心区衰败空置地块和旧建筑活化再利用。

以消费为导向的中央游憩区建设可以实现一举多得的经济效应,并与原有中央商务区功能、现实问题和发展条件相契合,有效实现各城市复苏中心区活力的根本目标。因此,各城市纷纷将游憩娱乐功能置于中心区发展的重要方向,并竭尽全力将原有中央商务区功能与之产生经济关联效应,中心区功能结构也就逐渐演变为原有传统中央商务功能、新增游憩吸引功能和基础服务功能三者紧密结合的状态(Getz,1993)(图4-2-11)。在此结构下,中心区功能发展方向上势必有两方面改革:

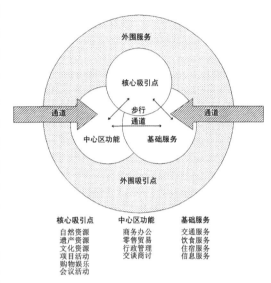

图 4-2-11　中央游憩区功能结构
(资料来源:Getz,1993)

一方面,所有与消费导向这一目标有关联的功能都将是重点发展要素,如直接产生消费的文化、娱乐、体育、餐饮、购物、旅游等功能,以及间接为消费提供助力的商务、居住、旅馆、交通、公共空间等功能。

另一方面,需要极力促进以上各功能彼此之间产生关联经济效应,同时延长消费时间和空间,从而扩大消费机会、提升消费潜力。

于是,后现代规划理论的土地混合利用复苏理念得到了各方重视(图4-2-12),因为其中强调多功能混合临近、历史氛围延续、自然环境保护、步行空间营造、居住功能回归、高密度建设等方面恰恰符合了中央游憩区建设目标下功能发展改革方向。但同时,根据中央游憩区建设的背后成因,我们也很容易发现,这种消费导向开发的主要针对目标是中上经济阶层人群,所以复苏理念中对低收入人群有益的内容(如强调地方小企业生存、低收入住房建设、社会融合、增加全阶层就业和消费机会、规划过程全阶层参与等)则容易被忽视。

(2)"涓滴式"开发手段对复苏理念的非全面应用

与1960年代前大规模城市更新方式不同,各城市纷纷采用了"涓滴式"(trickle down)更新方式作为中央游憩区的建设手段,这种方式具体分析可分为三个维度。

① "涓滴式"体现在经济发展逻辑方面。因其本就是一个经济学理论,指让穷人在惠及富人的政策中获利,即通过对富人提供优惠性政策,鼓励其投资和生产,通过改善整体经济,最终令社会中的贫困阶层得到生活上的改善,整个财富的分配过程是从富人阶层逐渐渗透滴入贫困阶层(Arndt,1983)。所以,消费导向下的中央游憩区建设一方面是为私人资本投资生产提供一切便利条件,吸引资本入驻中心区,提升中心区经济发展基础,从而带动整体经济发展;另一方面则体

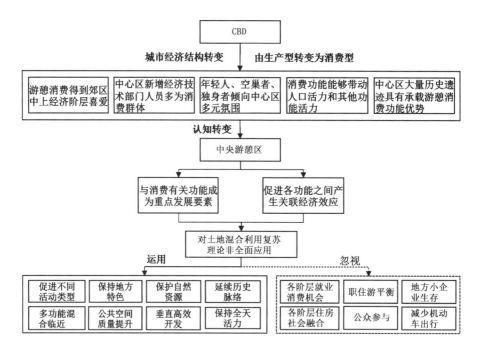

图 4-2-12 中央游憩区目标对土地混合利用复苏理论非全面应用机制
(资料来源：作者绘制)

现出着力提高对中上经济阶层的服务水平，吸引其访问中心区进行消费，从而促进中心区各方面建设。

②"涓滴式"体现在社会人口发展逻辑方面。由上文所述可得，一定的中上经济阶层（以年轻人、空巢者和独身为代表）倾向于回归中心区居住是消费导向开发的重要原因之一，而中心区复苏的根本目标之一也是吸引郊区富裕阶层回归中心区居住，因为政府希冀在促进中心区活力的同时，通过中上层人口的回流，改善中心区社区环境状况，从而带动改善中心区贫困人口的生存状况，并有可能消除前期中心区疏散隔离导致的人口隔离，增加中心区的社会多样性与融合度。

③"涓滴式"体现在空间发展逻辑方面。英国首相撒切尔夫人上台后，借用"涓滴"经济理论定义内城复苏的发展模式，并增加了空间维度上的"涓滴效应"，即：利用局部再生地块产生的经济效益去促进周边地块发展（Jones & Evans，2013：73），这体现在美国"节日市场"（Festival Marketplace）项目及后期英美政府借鉴经验推广的城市开发公司（Urban Development Corporation）和企业区（Enterprise Zone）等项目中。实际上，这种针对局部地块的政策在1960—1970年代英美国家"对抗贫困"各计划中就已经显现：一方面贫困社区起初被认为呈零星状分布，因此需要有针对性地投资；另一方面，对贫困社区的提升体现在对重点基础项目的扶持，这也具有一定的"涓滴"意味。而到了1980年代，Attoe和Logan（Attoe & Logan，1989）更是在对中心区复苏实践基础上，从城市设计角度将"涓滴式"模式总结为"城市触媒"效应，触媒的内涵也从某一局部地块扩展到具有对周边环境产生正面激励效果的任意事物。

采用"涓滴式"开发模式是各城市政府在当时经济社会情况下必然选择的结果。首先，大规模更新模式因为广受社会各界诟病而被迫停止，在保护历史肌理与自然环境、维系原有社会关系结构、追求社会公平正义等思想的呼吁下，势必只能进行局部渐进式更新。其次，英美国家陷入经济危机，政府债台高筑，如当时美国中心区的债务达到年预算的5%，在历史上仅次于1930年代时的8%（李芳芳，2006），因此政府无力继续实施福利国家政策，开始转向依托私人资本进行城市更新，而私人资本投资量势必只能支撑局部地块开发，而且集中性开发也有利于营造场所氛围，令投资效益发挥最大化。再次，美国中心区早期以功能混合为理念和以"节日市场"概念更新开发的局部地块均取得成功，如纽约的洛克菲勒中心（Rockefeller Center）、旧金山的奇拉德利广场（Ghirardelli Square）、波士顿的昆西市场（Quincy Market）、巴尔的摩的内港（Inner Harbor）等项目，这给各城市采用"涓滴式"开发起到了示范和鼓励性作用。

由上述"涓滴式"开发模式的具体维度和背后成因看，土地混合利用复苏理念势必会成为重要的开发原则。

① 在衰退地区以局部地块进行"涓滴式"开发，其必须令自身具有"自给自足"的特征，才能维系地块自身生存，因此势必发展多功能维度，并营造宜人氛围，从而满足消费者的不同需求，保持地块自身活力。

② 为了能够令"涓滴式"开发取得成功，其在项目运作时势必会充分利用能够提升环境品质并促进消费的各类要素，如历史氛围、自然环境、公共空间等，这与土地混合利用理念相一致。

③ "涓滴式"开发由私人资本主导，因此其必然以经济回报为主要衡量指标，降低投资风险、提升经济效益是增加经济回报的主要手段，而土地混合利用恰恰可以起到这种效果。

④ 正因为前三方面原因，起初"涓滴式"开发的成功案例均采用了土地混合利用方式，这为土地混合利用理念在后续大范围"涓滴式"开发中得到普遍应用起到了推动作用。

⑤ "涓滴式"开发的社会人口发展逻辑本身就具有吸引中上层人群回归中心区的意义，这与土地混合利用理念中强调社会多样性和社会融合的思想不谋而合。

但同时，"涓滴式"开发无法掩饰其过度依赖私人资本的运作逻辑，私人资本的逐利性也势必会令土地混合利用复苏理念中对经济效益作用甚微的内容（如强调地方小企业生存、低收入住房建设、增加全阶层就业和消费机会、规划过程全阶层参与等）遭到忽视，也会令"涓滴式"开发中促进人口融合的逻辑无法实现（绅士化即是这种逻辑失效的表现），因此可以看出，在应用逻辑和应用结果上，这种非全面应用与中央游憩区建设目标对土地混合利用复苏理念的非全面应用机制殊途同归（图4-2-13）。

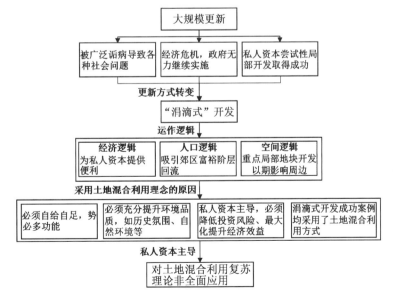

图4-2-13 中心区"涓滴式"开发运作方式及对土地混合利用复苏理论的非全面应用机制
（资料来源：作者绘制）

4.3 本章小结

旧城中心区在大规模"疏解更新"后实现了政府和开发商心目中的"空间秩序化"与"功能纯净化",然而土地混合利用的瓦解并没有令中心区活力如期而至,其不但没有有效解决原有的人口郊区化、交通拥堵、生活环境恶劣、经济发展萎靡等问题,反而导致了一系列新的不可持续问题,并在新的时代背景下持续发酵。这些问题也是多维度的,主要包括人口宏微观双重隔离、历史肌理破坏、职住分离导致的机动车通勤增加、去工业化后的经济全面衰退、空间氛围萧条、贫困人口暴乱等。

面对这些问题,在后现代时代背景下,学者们开始呼吁中心区土地混合利用的复苏,并从不同角度提出了复苏建议。以可持续更新角度对这些建议进行梳理,其可分为强调人本主义的"城市多样性"、保护历史氛围的"城市文脉主义"、基于环境角度批判无序蔓延的"中心区回归",以及"追求社会公正"的公众参与思想等四个方面。这些后现代规划理论对中心区土地混合利用理念的复苏体现在:一方面,它们修正了导致1960年前中心区更新实践问题的"秩序隔离"和"疏散思想";另一方面,因为它们意图解决的不仅仅是经济活力问题,所以它们并不只是强调功能混合,而是从多角度进一步深化了空间、时间、经济、社会、环境和管理等维度,建立了较为完整的多维度的中心区土地混合利用基本理论框架。

此时,基于后现代经济社会的现实情况,英美国家各城市政府为了复苏中心区活力,纷纷致力于以"涓滴式"更新模式将中心区转而建设成为消费导向的中央游憩区,土地混合利用复苏理念因为契合了"中央游憩区建设目标"和"涓滴式"建设手段的双重需求而被各政府和开发商确立为重要的发展原则。然而,中心区活力复苏是建立在依托私人资本、以经济复苏解决一切不可持续问题的内在逻辑基础之上,这就在本质上决定了土地混合利用复苏理念不会被全面应用,对私人资本经济发展有利的多功能混合临近、历史氛围延续、自然环境保护、步行空间营造、居住功能回归、高密度建设等内容会得到重点强调,而无关的各维度内容(如强调地方小企业生存、低收入住房建设、社会融合、增加全阶层就业和消费机会、降低机动车出行、规划过程全阶层参与等)势必会像1960年代前一样被继续束之高阁,这就再次为理论与实践的脱离埋下了伏笔。

第 5 章　复苏：旧城中心区的活力营造（1960—1980 年代）

1960 年代后，在社会各界对土地混合利用复苏的呼吁氛围中，土地混合利用复苏实践如雨后春笋般在各城市中心区相继出现。由于其并不是简单地回归中世纪的自然形成的混合状态，也需要避免重复工业城市时的混杂，更需要突破现代规划体系与更新实践带来的束缚枷锁，所以在新时期的社会需求和规划建设理念下，中心区土地混合利用复苏实践做出了许多创新尝试。这些尝试充分贯彻了中心区建设中央游憩区的要求，将消费导向融入中心区各功能维度，并在时空模式上体现了"涓滴式"开发的手段特征，同时，各城市改革规划体系和城市更新政策以适应功能维度和时空模式上的创新需求。在一系列复苏实践后，中心区重新呈现出一定的土地混合利用状态，颓废冷清的中心区氛围也重新焕发了活力。

5.1　侧重经济维度的功能要素混合复苏

5.1.1　居住功能的局部恢复及其混合复苏

尽管后现代理论各方学者纷纷建议居住功能回归中心区，而且各城市政府也开始在中心区政策中强调恢复居住功能，但此时中心区在开发商眼中更多地被认为是工作、消费、娱乐之所，所以大范围的居住功能开发并没有得到开发商的广泛认可（Birch，2009）。因此 1960 年代到 1980 年代末之间，中心区的居住功能仅呈现出渐进式局部恢复现象，其共性是均不同程度地吸引了一部分郊区中上层经济人口回流，同时带动了土地混合利用复苏，根据其形成机制不同，可以分为自发形成、政府资助和开发商引领三种方式。

5.1.1.1　自发形成的职住一体化 Loft

Loft 是指居住在空置的历史建筑（多以工业建筑为主）顶部的一种居住形式（图 5-1-1），这种形式的兴起完全是在政府和开发商毫无干涉的情况下社会自发的市场行为结果，其背后主要原因有两方面（Zukin，1989：13-22；Gratz & Mintz，2000：297）：一方面，以艺术创意工作者为代表的居住人群倾向于居住在中心区多元混合的历史氛围中，且空置的历史建筑的大尺度空间、低廉的租金符合他们的工作和生活需求；另一方面，空置

图 5-1-1　纽约中心区（Loft）内部改造及底商混合
（资料来源：Zukin，1989：7-9）

建筑的业主无法找到其他愿意入驻的业主,承租者给他们带来了一定的经济补偿。

Loft 形式的迅速兴起引起了各方注意,因为其在建造、税收、管理等各方面都是违法的,而且因为影响了正常住房市场而受到开发商的排挤(Zukin,1989:6-11)。但同样,这种居住形式的益处是显而易见的,也恰恰体现了土地混合利用复苏:①其促进了地块多功能混合发展,工作生活一体化的空间利用模式带动了街区其他服务功能的开发;②其有效利用了空置历史建筑,形成的艺术文化街区激发了衰退地块活力,甚至带动了周边活力;③无须政府公共资助;④其居住模式吸引了更广泛人群回归中心区居住,如无孩家庭和单身者;⑤其形成的艺术文化街区吸引了更广泛的人群到此游览消费。

因此纽约政府率先修改相应法规顺应了这种居住模式发展需求,所以纽约中心区此类居住人群从 1960 年代的几千人增至 1970 年代末的 5 万人(Frieden & Sagalyn,1989:264),而曼哈顿的 Soho 区也成为 Loft 社区的成功典范。于是,美国其他城市均纷纷效仿,如波士顿、芝加哥、克利夫兰、费城、匹兹堡等城市均形成了自己的 Soho 区(图 5-1-2)。而在 1980 年代后也影响到其他国家,如英国伦敦中心区的克兰肯韦尔(Clerkenwell)区(Hamnett & Whitelegg,2007)。

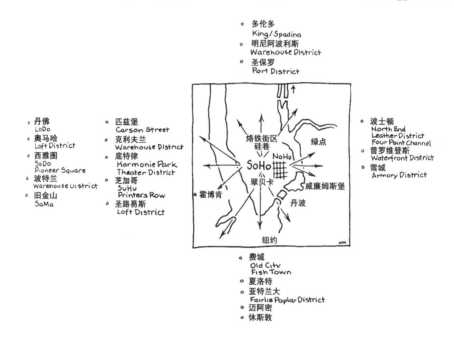

图 5-1-2　美国 20 世纪 60 年代后各城市中心区建设的 Loft 社区
(资料来源:Gratz & Mintz,2000:301)

然而,当开发商和投资者们看到 Loft 模式有利可图时,迅速将其转变为市场化操作,这带来了两方面恶劣影响(Zukin,1989:34-51):一方面,其大规模将工业建筑转化为居住建筑,从而令原有建筑中的小型企业无处容身;另一方面,市场化操作后,Loft 租金日渐升高,原有承租的艺术创意者们无力负担,不得已另寻他处,Loft 变成富人居住场所。

5.1.1.2　政府资助的社区环境设施提升

各城市政府在 1950 年代末开始认识到恢复中心区居住功能的重要性,但一方面迫于社会压力,不能再继续大规模拆迁建设行为,另一方面因为财政紧张,也无法实施大面积的住房建设,所以采取了通过渐进式提升中心区居住环境以维系居住功能并吸引郊区人口回流的方式。其具体可以分为提升社区环境设施和鼓励个人修葺住房环境两种途径。

提升社区环境设施方面。英美国家在1960年代采取的"对抗贫困"(War on the Poverty)计划就已经是提升社区环境设施的表现。这类项目意在提升内城居住服务设施水平、文化娱乐设施水平、教育培训设施水平以及就业设施水平,以提供居住、就业和休闲机会,从而提升居民健康幸福指数(Cullingworth,1993:160-165)(图5-1-3a)。这就在一定程度上修正了1960年代前"洁净"居住区的设计方式,促进了社区土地混合利用,同时,在促进职住平衡思想下,各城市也开始重新鼓励一定的工业回归中心区,如芝加哥1958年的规划中就在中心区一侧重新布局工业用地,而英国通过放宽原有内城工业发展许可证(Industrial Development Certificate)颁发条件并废除办公开发许可证(Office Development Permit)等手段以保持并刺激适合内城人口的各产业发展(Home,1982:42-43)。后来,"对抗贫困"的宗旨渐渐被提升社区环境设施的目标所取代,如美国后期社区发展计划已经开始强调吸引私人资本提升社区设施水平(李芳芳,2006),而英国通过《住房法案(1969年)》建立的"总体改善区"(General Improvement Area)和《住房法案(1974年)》建立的"住房行动区"(Housing Action Area)提升社区环境,

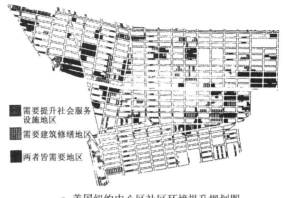

a. 美国纽约中心区社区环境提升规划图

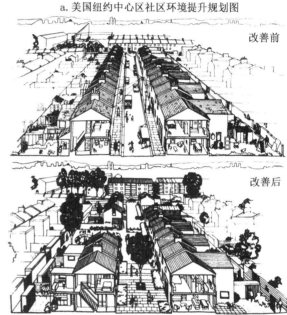

b. 英国"总体改善区"示意图

图 5-1-3 英美国家中心区社区环境提升计划
[资料来源:a图(加文,2010:289),
b图(Gibson & Langstaff,1982:80)]

地方政府和社区组织均以自愿原则申请资助,其主要内容是房屋改造、环境整治和设施完善(图5-1-3b),而此类项目往往忽视了社区贫困人口(Gibson & Langstaff,1982:67-84)。

鼓励个人修葺住房环境方面。英美国家为了促进郊区人口回流,同时出于旧城住房维护修葺的经济压力,采取资助贷款方式鼓励私人持有旧城房产。在英国,一开始政府通过贷款方式鼓励私人由租住改为持有(表5-1-1),这种方式后期演变为"建造家宅计划"(Homesteading Scheme),即政府为首套房购买者提供0首付的100%的贷款,购买者被要求在一定时期内自行对房屋进行整修和环境提升(Home,1982:94-95),然而这种方式导致政府持有率同步上升(表5-1-1)。于是,撒切尔上台后,政府开始实施"购买权"(Right to Buy)政策,目的是改变政府持有住房比例升高现状,鼓励私人拥有,将住房进行市场化操作,从而削减政府维护费用,增加政府收入(表5-1-2)。而在美国,其模式与英国极其相似。政府同样颁布"城市家园计划"(Urban Homesteading Program),以无偿转让房屋所有权为激励,促使业主对衰落的房屋区根据一定标准进行改造,在巴尔的摩等城市均取得了成功,不但提高了房屋质量,而且提升了邻里认同感(利维,2003:194)。同时,政府实施"住房修缮计划"和"邻里复兴计划",其主要手段也是通过贷款达

到修葺而非拆除的目的,并吸引郊区人口回购中心区住房。如纽约据统计从1970年代开始实施住房修缮计划至1988年9月,已向635栋建筑(共23 600套住房)提供了4.15亿美元贷款(加文,2010:240-244)。

表5-1-1 伦敦中心区各区住房产权变化,1961—1977年 （单位:%）

中心区各区	1961年			1971年			1977年		
	政府持有	私人持有	私人租住	政府持有	私人持有	私人租住	政府持有	私人持有	私人租住
卡姆登(Camden)	15.5	10.8	73.7	24.0	14.2	61.8	32.9	21.7	45.4
肯辛顿(Kensington)	6.3	11.4	82.3	7.7	15.9	76.4	12.8	28.8	58.4
威斯敏斯特(Westminster)	10.5	6.3	83.2	20.0	10.0	70.0	28.7	16.2	55.1
平均	10.7	9.3	80.0	17.5	13.2	69.3	25.4	21.3	53.3

(资料来源:Davies & Champion, 1983:158)
注:可看出私人持有率持续上升。

表5-1-2 伦敦及英格兰住房产权变化,1981—2001年 （单位:%）

	住房产权	1981年	1991年	2001年
伦敦	政府出租	30.7	23.4	17.6
	住房组织出租	4.1	5.6	9.4
	私人出租	16.6	13.8	14.8
	私人拥有	48.6	57.2	57.2
英格兰	政府出租	28.9	19.9	13.7
	住房组织出租	2.1	3.2	6.3
	私人出租	11.1	9.3	9.1
	私人拥有	57.9	67.6	70.3

(资料来源:Imrie, Lees, and Raco, 2009:215)
注:可以看出,政府将自持住房比例降低。

5.1.1.3 开发商引领的混合功能项目

此阶段也有少部分开发商进行中心区居住开发的尝试,多作为混合功能项目中的一部分。原因是(Home,1982:175-176;Schwanke,1987:15;Frieden & Sagalyn,1989:83,271):一方面,政府反思中心区居住功能匮乏,开始利用政策和公共资金予以鼓励;另一方面,原住户的抗争令既有社区得以原地安置;此外,此阶段中心区办公就业的职业技术人员和管理阶层中单身数量上升,他们更倾向于居住在临近城市公共服务设施的地方,这为中心区居住功能开发提供了市场环境,同时也符合消费导向下功能混合开发需求。

在美国,由于中心区人口损失现象严重以及单身人口回流倾向明显,所以各城市中心区的开发商乐于在混合功能项目中置入居住功能,甚至出现了以居住功能为主导的混合功能项目。其中,地块式综合体开发模式的如旧金山的金汇广场(Golden Gateway Commons)(1967年)、芝加哥的马里纳城(Marina City)(1963年)(图5-1-4)和水城(River City)(1968年)等,而大型街区式开发的如"新城中城"模式,这是对城市更新时代单一居住功能社区的反思产物,是集居住、商业、办公、学校、社区服务、公园等各类功能为一体的新型社区,以此理念兴建的比较著名的有纽约的巴特利公园城(图5-1-5)和芝加哥的迪尔伯恩花园(加文,2010:347-365)。

在英国,虽然在1950年代末政府已经开始鼓励兴建混合功能街区,如伦敦中心区巴比肯(Barbican)地区更新,运用了交通分层隔离手法,将居住、学校、办公、商铺、文化等功能混合开发(London County Council,1960:165-170),但是开发商对待中心区的更新机会总是希望能够发挥其最大经济价值,因此依旧保持着"拆除更新+升级掘利"的思维,于是居住功能的开发往往是社区民众抗争的结果。这体现在考文特花园行动区(Covent Garden Action Area)(Home,1982:175-176)和硬币

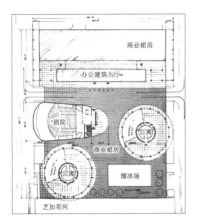

图5-1-4 马里纳城平面图

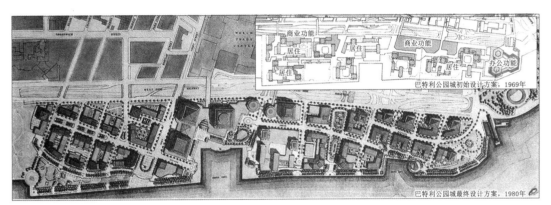

图5-1-5 巴特利公园城的设计方案修改体现了大型居住社区从功能隔离到功能混合的思想演变
(资料来源:Ballon,2012:192)

街(Coin Street)(Coupland,1997:241-245)(图5-1-6)项目中,项目起始阶段,开发商均想进行大范围拆除重建,并建设成为商业、办公、娱乐功能街区,但在当地社区居民和组织的集体抗争之下,最后均实现了历史建筑保护和居住功能提升。之后,随着中心区居住功能逐渐得到认可,以居住功能为主的项目开始兴起,而同时为了降低投资风险,居住建筑底层往往混合零售商业功能(图5-1-7),这也能够起到提升居住吸引力的作用。

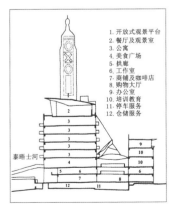

图5-1-6 硬币街奥克斯(Oxo)
塔剖面图

图5-1-7 吉林汉姆街(Gillingham Street)
透视图

(资料来源:Coupland,1997:176)

5.1.1.4 居住功能社会维度的应对失效

此阶段中心区住房建设最后都演化为依赖私人资本和市场操作,这就导致土地混合利用复苏中的居住混合等社会维度遭到忽视。

一方面,在政府鼓励私人拥有社会性住房趋势下,社会混合居住情况变得更为糟糕。如英国,无力购买住房的弱势群体只能集中于剩余的社会住房中(孙斌栋和刘学良,2010),这与大规模城市更新中的贫困人口被排挤的流动趋势如出一辙。而在美国,随着社区修缮和邻里复兴,中心区原本社区内的低收入群体被富裕阶层整体置换(Schill et al.,1983:46-59),即"绅士化"现象,政府原本设想的吸引郊区人口回流从而促进社会融合的"人口涓滴"设想也付诸东流。

另一方面,私人资本兴建住房忽视对当地低收入群体的关注。在英国,面对依托私人资本兴建的所谓的"社会性"住房,当地社区居民往往被开发商的各种限制条件排斥在入住资格外,如伦敦道克兰开发公司(London Docklands Deveevelopment Corporation)项目地区内的社会性住房中仅有12%住户是以前本地区的低收入群体,整体住房中仅有17.5%是原有本地区居民(Brownill,1990:77)。同时,美国也开始转变对低收入住房的直接供给方式,转而给予贫困人口住房补贴,并鼓励或强制性要求私人开发商进行低收入住房建设。如美国1970年代就通过社区与住房开发法案第8条(Section 8)补贴贫困人口以获取更好的住房条件(孙斌栋、刘学良,2009),1980年代开始通过建立包容性区划(Inclusionary Zoning),以容积率补偿和捆绑(linkage)等方式保证中心区地块内社会性住房比例(Cullingworth,1993:64-82;Kautz,2002;Lerman,2006),并通过低收入住房税收信贷(Low Income Housing Tax Credits)刺激私人资本兴建可支付性住房(Grodach & Ehrenfeucht,2016:101)。虽然这些措施在一定程度上体现了促进混合居住的土地混合利用社会维度复苏,但开发商在市场运作下对这些鼓励刺激条件往往不感兴趣,有时宁愿缴纳相应的补偿费用也并不愿意建设低收入住房,以免影响项目品质,有的甚至质疑抵抗地方政府的捆绑性措施(Keating,1986),这就导致了中心区社会性住房的缺失。

5.1.2 原有主体功能的混合复苏

在经历了1960年代前中央商务区建设后,商务、商业、文化娱乐等功能已经成为中心区的主体功能,这些功能在消费导向下也发生了不同程度的模式转变,最终的趋势殊途同归,均体现了土地混合利用复苏阶段促进多功能混合的趋势。

5.1.2.1 办公引领的功能混合及社会维度关注尝试

(1) 爆发性增长

这一时期中心区办公空间呈现爆发性增长,其原因有三:①城市经济结构转变下,第三产业兴起,以面对面交流为主要行为特征的生产性服务业(如法律、金融、企业总部等)依旧需要中心区的核心聚集区位优势(Frieden & Sagalyn,1989:263);②此时中心区办公就业中管理阶层人数增加和需要应对新技术等原因令办公空间需求增大(Hall,1989:13);③国家刺激性政策作用,如美国的激励区划(Incentive Zoning)、英国的办公开发许可证制度(Office Development Permits)。

在美国,各城市中心区办公建筑开发从1960年代一直持续至1980年代(表5-1-3),并从纽约等大城市逐渐蔓延至各主要城市,如丹佛、亚特兰大、底特律、休斯敦、纽瓦克、匹兹堡及西雅图等城市1970年代中心区办公空间增长超过50%,许多在1930—1950年代末期间办公建筑停滞建设的城市迎来大爆发,如波士顿在1930—1950年代之间仅新增1栋办公楼,但1960—1980年代却新增了60栋(Frieden & Sagalyn,1989:265-266),而纽约曼哈顿中心区1960—1980年代更是新增了142栋办公楼,1980年代最后5年的新增办公空间比整个1970年代都要多(李芳芳,2006)。

表 5-1-3　1955—1982 年美国主要城市中心区办公空间建设　（单位：千平方英尺）

城市	中心区办公空间增长	城市	中心区办公空间增长
纽约	140 950	达拉斯	18 655
芝加哥	43 248	洛杉矶	16 749
旧金山	26 102	波士顿	16 725
华盛顿	25 874	丹佛	16 440
休斯敦	24 492	费城	13 943

（资料来源：McGovern,1998：44）

注：1 000 平方英尺约 92.9 平方米。

在英国,尽管 1964 年开始实行办公开发许可(Office Development Permits)(Ward,2010：119),意在将伦敦中心区部分办公功能向外转移,以与人口郊区化和生产郊区化相协调(Daniels,1977),但在银行和国内国际金融机构的投资下伦敦中心区办公开发持续增长趋势依旧持续到 1970 年初(表 5-1-4),而同时这一疏散举措却又令英国其他区域城市中心区办公空间得到快速发展(Evans,1997：65)。后期 1980 年代,在撒切尔上台后,取消种种限制,开始实行市场自由主义经济,以城市开发公司(Urban Development Corporation)计划带动中心区复苏,又继续促进了中心区办公空间开发。

表 5-1-4　1965—1975 年伦敦办公开发许可申请情况

年份	中心区			中心区外其他区域		
	许可数量/个	总面积/千平方英尺	转换所得所占比例/%	许可数量/个	总面积/千平方英尺	转换所得所占比例/%
1965	33	655	47.3	61	290	52.4
1966	69	553	55.0	142	744	53.3
1967	84	1 431	42.4	172	1 322	35.2
1968	127	2 550	61.4	169	1 581	24.7
1969	154	4 071	35.5	196	2 805	22.9
1970	266	6 094	44.2	238	4 215	17.5
1971	198	8 034	34.2	122	5 448	17.9
1972	139	6 514	36.8	125	5 803	20.4
1973	126	5 110	33.4	137	7 157	10.5
1974	51	3 997	13.2	72	2 303	9.0
1975	64	4 435	9.2	106	4 972	8.2

（资料来源：Daniels,1977）

注：转换所得是指通过拆除既有办公建筑或将其转换为其他功能从而获得新的办公空间开发许可。1 000 平方英尺约 92.9 平方米。

(2) 混合功能开发

此阶段,地方政府认识到传统区划导致的功能隔离带来的负面影响,并充分体验到混合功能开发带来的益处(如美国 1930 年代开发的洛克菲勒中心一期工程),而中心区办公企业也需要附属功能以更好地服务客户,因此办公空间不再是单纯性功能开发,各地纷纷调整政策鼓励进行混合功能开发。

在美国,1954年费城中心区出现了第一个意图以混合功能开发项目来引领中心区复苏的建设——佩恩中心(Penn Center),其主要功能混合方式是以商务办公楼开发引领,顶层兼容旅馆餐饮、底层兼容零售商业与文化娱乐、地下兼容停车场并往往与地铁站点紧密联系(图5-1-8),1950年代末纽约州罗切斯特市中心区中城广场(Midtown Plaza)和巴尔的摩中心区查尔斯中心(Charles Center)均采用了这种方式(图5-1-9),此外还有波士顿的保城中心(Prudential Center)(1959年)和哈特福德的宪法广场(Constitution Plaza)(1964年)等项目(Schwanke,1987:19)。这种土地混合利用方式在1960年代迅速被各城市采纳,成为复兴中心区的重要开发模式,并逐步演变为街区式开发,并向郊区传播(表5-1-5)。

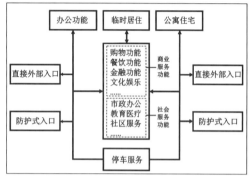

图 5-1-8 办公引领的混合功能开发项目的功能联系
(资料来源:Witherspoon,Abbett,Gladstone,1976:7)

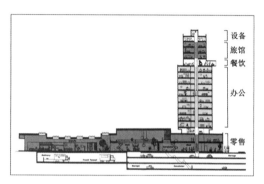

图 5-1-9 中城广场剖面图
(资料来源:Witherspoon,Abbett,Gladstone,1976:6)

表 5-1-5 美国主要城市办公引领的混合功能开发项目汇总,1956—1985 年 （单位:个）

区位	1956—1960 年	1961—1965 年	1966—1970 年	1971—1975 年	1980—1985 年
中心区	7	1	14	20	70
内城	1	5	5	12	19
郊区	—	1	1	4	34
总计	8	7	20	36	123

(资料来源:Witherspoon,Abbett,Gladstone,1987:44)

随着这种模式的普及与扩大化,其不再仅限于私人商业功能之间的混合,各地方政府会依托私人资本将社会公共功能融入,如市政办公、文化设施、公共停车、教育医疗、宗教、社区服务等(Witherspoon et al.,1976:87-88)(图5-1-8)。

在英国,1980年代前中心区垂直功能混合的案例凤毛麟角,一方面是因为受历史保护运动影响,大体量高层建筑并不多见,另一方面是因为这样会增加设计施工要求(Coupland,1997:289)。因此,英国在此阶段并没有像美国一样出现大型综合体建筑,而是多以不同功能建筑的街区式混合形式以及小尺度建筑内部混合功能进行开发(图5-1-10)。到1980年代后,随着城市开发公司

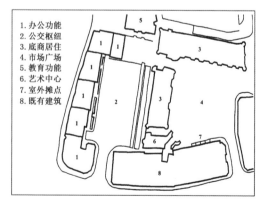

图 5-1-10 格洛斯特格林(Gloucester Green)街区混合功能开发
(资料来源:Coupland,1997:85)

(Urban Development Corporation)项目开展,美国模式被引入英国,因此在伦敦等大城市也开始兴建办公引领的大尺度综合街区开发,最著名的如伦敦码头区狗岛(Isle of Dogs)地区开发。

(3) 社会维度的尝试搁浅

在内城贫困和社会矛盾激化背景下,英美国家也尝试为中心区贫困人口提供就业岗位,这符合了土地混合利用复苏的社会维度,但最终却都因让位于经济发展而搁浅,具体体现在两方面。

一方面,试图促进小企业发展。在英国,政府在内城政策中强调建立当地中小型产业(small and medium sized firms)尤其重要(Colquhoun,1995:15),原因是小型产业需要利用内城空置房屋、便宜的劳动力降低成本,同时又可以利用中心区的区位接触到广泛的消费群体(Gibson & Langstaff,1982:194),这恰恰可以在充分利用既有建筑的同时,又能为内城人口提供就业机会,而且可以促进内城的多样性和活力。如1970年代时伦敦内城各区,小型公司占公司总数的90%,并能提供40%的就业(Home,1982:64)。因此英国专门成立"小型企业就业基金"(Small Firms Employment Subsidy)提升小型企业的存活力(Home,1982:75)。但这种倾向很快从1970年代后期开始转向。撒切尔夫人上台后,倡导企业主义竞争式城市发展,忽视了中小企业对经济活力、创新性和社会性的重要性,主流思想是发展国家与国际大型企业(Gibson & Langstaff,1982:192),因此中小企业受到严重排挤。美国同样也在二战后先后通过颁布《反垄断法》《小企业投资法》以及成立小企业管理局等方式以支持小企业发展,从而保持企业自由竞争精神并增强全国经济发展活力。但在经济发展迅猛背景下,大企业发展及企业兼并成为提升竞争力和效率的不二选择,因此小企业在与大企业发展对抗中逐渐衰落,这种情况在零售、金融、保险等行业尤其明显(布莱克福德,2013:148-172),而这些行业恰恰大多位于中心区。

另一方面,试图促进贫困人口就业。这一方面,美国比英国要好一些,各城市政府通过谈判协议等方式,促使私人开发商在建造和运营过程中雇佣当地居民,尤其是帮助内城有色人种和贫困弱势人口实现就业(Keating & Krumholz,1991)。如底特律、奥克兰、加利福尼亚等州市政府要求凡是获得公共帮扶的项目,其中26%的企业必须是少数民族企业、50%的建造岗位必须是少数民族,而著名的中心区开发商罗斯(Rouse)公司在哈伯港(Harbor)建设中设定的目标为,其开发项目中10%的企业为少数民族企业,25%的建造工程岗位为少数民族,建成后50%的岗位提供给少数民族,同时建立培训宣传机构力图帮助少数民族,以实现上述目标(Frieden & Sagalyn,1989:302-306)。因此,据统计,美国城市开发公司(Urban Development Corporation)项目中55%的就业机会提供给了低、中收入者(霍尔,2009:416)。但这些举措都是城市中心区公共资金资助项目中存在的状况,在美国的城市开发公司(Urban Development Corporation)计划中也是少有的成功实践(霍尔,2009:416),而到了1980年代中后期,在经济危机背景下,政府依赖私人资本进行广泛的中心区更新,于是这些社会性条款均有所松动,这就造成贫困人口就业再次被忽视。

5.1.2.2 商业模式转变与中心地位松弛

(1) 模式转变与数量增长

零售商业功能模式的转变首先发生在美国郊区。1956年,美国明尼阿波利斯南谷(Minneapolis Southdale)出现世界上第一个完全封闭式购物商场,这一模式迅速风靡美国,首先是在郊区进行复制传播(Ward,2002:192;Tallon,2013:190),而随着尺度的增加,封闭式购物中心也逐渐由一层购物转变为二层甚至多层购物空间(Witherspoon et al.,1976:17)。

为了与郊区竞争,吸引人口回归中心区,1967年美国休斯敦内城中心区边缘购物中心繁华商场(Galleria Bustle)开业(图5-1-11),以商业、办公、文化娱乐和旅馆等集约封闭式混合功能购物中心模式进行运作,取得巨大成功,一扫1960年代前内城萧条景象,商业引领的土地混合利用复苏理念开始引起各城市重视。于是1970—1980年代末美国各城市超过100个项目纷纷以混合功能购物广场(Shopping Mall)复兴中心区，如芝加哥(1976年)、圣莫尼卡(1980年)、密尔沃基(1982年)、波士顿(1984年)、圣路易斯(1985年)等(Frieden & Sagalyn,1989：171-172；Ward,2002：344)①。此后，中心区商业中心功能变得更为混合，逐渐融合更为广泛的功能，这与办公引领的混合功能开发殊途同归，1970—1985年间，新建的商业中心十分之四都是此种模式(Frieden & Sagalyn,1989：172-173)。有的甚至是将开敞式商业街区更新为封闭式购物中心②(Lord,1985；加文,2010：133)。

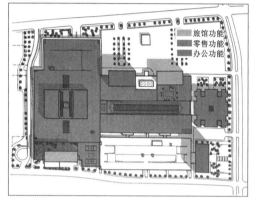

图5-1-11　购物中心繁华商场(Galleria Bustle)平面图，1967年
(资料来源：Witherspoon，Abbett，and Gladstone，1976：150)

图5-1-12　斗牛场(Bull Ring)鸟瞰图，1964年
(资料来源：Ward,2010：137)

在英国，同样是为了与郊区商业竞争，在借鉴美国经验的基础上，同时也为了能够提高建设效率③，响应主力店(anchor store)的建设需求，旧城中心区也开始出现大尺度封闭式的购物中心和超级市场(Davies & Champion,1983：34-35)。其中，1964年更新后建成的伯明翰斗牛场中心(Bull Ring Centre)是英国中心区第一个封闭式购物中心(图5-1-12)，随后伦敦大象堡(Elephant and Castle)项目(1965年)、利兹的玛丽亚中心(Marian Centre)(1965年)和曼彻斯特的阿恩代尔中心(Arndale Centre)(1979年)均采用了这种模式(Dawson,1983：9；Ward,2010：137)。据统计1965—1989年之间，英国主要604个城镇中心区的购物中心规划共建890万平方米的零售面积(Tallon,2013：183)。

此后在混合功能驱使下，英美旧城中心区商场尺度逐渐扩大，形成商业购物广场，呈现为室内或室外街区，业态上混合了多种尺度(主力店、小型店等)、多种类别(如便利性购物、比较性购物、特殊性购物等)的店铺(Schwanke,1987：70-71；Ward,2002：344)，如英国诺丁汉姆的维多利亚中心(Victoria Centre)(1972年)、纽卡斯尔的埃尔登广场(Eldon Square)(1977年)(图5-1-13)、约克的铜门(Coppergate)项目(1981年)以及利物浦的洞穴漫步(Cavern Walks)项目

---

① 具体兴建项目名单详见：Frieden B J，Sagalyn L B. Downtown, Inc: how America rebuilds cities[M]. Cambridge: The MIT Press,1989：171-172.

② 具体更新案例名单详见：Lord D. Revitalization of shopping centres[M]//Dawson J, Lord D. Shopping centre development: polisce and prospect. Beckenham: Croom Helm,1985：226-242.

③ 1968年、1972年英国修改《城乡规划法》，要求所有规划项目必须增加公众咨询环节，这在一定程度上体现了公众参与和服务社区思想，但同时也拖慢了项目实施进度。但1972年，英国政府颁布开发控制政策(Development Control Policy Note 13)，要求超过4 645平方米(约50 000平方英尺)的新商业性开发由政府最终审核，这就变相意味着地方政府掌握了大尺度开发项目的决定权，因此开发商为了提高效率，在环境较为复杂的旧城中心区内更倾向于建设封闭性的大尺度的商业购物中心。具体详见：Dawson J. Shopping centre development[M]. New York: Longman,1983：99.

(1984年),这些商业购物广场为了与郊区竞争,提供一站式购物(one-stop shopping)服务。后来商业街区逐渐融合娱乐、餐饮、旅游等业态元素,发展为"商业文化区"①,甚至成为大型社区中心(Frieden & Sagalyn,1989:67-68)。为了应对这种混合业态趋势,二战前后英美各城市中心区兴建的商业区和购物中心也纷纷进行更新升级,具体表现为提升整体内外步行环境及融入流行功能(餐饮、酒吧、娱乐设施、幼儿托管设施等)(Evans,1997:23)。

但值得注意的是,不管尺度如何,这些商业街区建造的基本逻辑是"内向"和"升级",即保证自己的独立性,并提升购物环境档次迎合郊区富裕阶层喜好(Loukaitou-Sideris & Banerjee,1998:65-66)。

(2) 维系中心区地位政策松弛

图 5-1-13 埃尔登广场(Eldon Square)商业街区,1970 年代末
(资料来源:Davies,1985)

1980 年代,随着中心区商业开发爆发,英美国家开始对中心区商业功能的政策态度发生了转变,从保证其核心地位转向全面市场化运作(Evans,1997:31)。

这种现象在以规划控制为特征的英国特别明显。在 1979 年之前,政府着力保护旧城中心区商业功能在全市范围内的级别地位,如 1977 年颁布的《开发控制政策 13》(*Development Control Policy Note* 13)规定,如果要在城区边缘或郊区新建独立的大型超市或购物中心,必须证明中心区无法满足其尺度、土地产权或其他硬性条件,而且此建设不会对内城造成破坏。同时,一些地方政府出台政策,限制郊区购物空间尺度与销售种类(Evans,1997:124),因此 1972—1980 年之间成为中心区商业购物中心的"黄金时期",建设数量和规模都达到顶峰(Schiller,1985)。

但是从 1979 年保守党上台后,倡导自由经济,于是颁布通知 22/84 号函(Circular22/84),建议各地方政府不要限制零售商之间的竞争行为,更不要扼杀郊区商业开发,继而于 1988 年颁布《规划政策指引 6》(*Planning and Policy Guidance Notes* 6,PPG6),建议政府不要限制大型郊区零售开发。在政府的宽松政策和自由市场的选择作用下,20 世纪 80 年代起,城市中心区的商业地位开始下降,并出现大规模的外迁浪潮(Tallon,2013:183-184)。郊区开始兴建大型商业购物中心,如泰恩赛德(Tyneside)的盖茨黑德都会中心(Gateshead Metro Centre)(1986 年)、达德利(Dudley)的梅里山(Merry Hill)(1990 年)和谢菲尔德的梅多霍尔(Meadowhall)(1990 年)等(Ward,2002:313)。

同时期,实施自由经济的美国里根政府也开始放宽对郊区商业功能的规划准许审核,以鼓励商业商务去中心化,从而降低日益增长的内城交通拥挤(Cullingworth,1993:49)。

---

① 商业文化区与下文以文化为基本导向、与商业娱乐等功能融合形成的文化区在功能组成上大致相同,尤其是当游憩式购物行为也被认为是一种文化行为时,两者在实质上就等同起来。

5.1.2.3 文化休闲的功能与规模多维度复苏

（1）功能多样性发展

文化休闲功能此时在中心区开发中出现爆发式发展的主要原因是契合了以消费为导向的中央游憩区建设目标（Schwanke,1987：76；Coupland,1997：87-88；Ward,2010：217；Tallon,2013：228-231）：①因为其本质就是促使居民离开住所到外游逛，从而刺激消费，所以其实质上就是消费型产业；②其在带来经济效益的同时可以提供多样化就业岗位，符合中心区人口需求；③其享乐、愉悦、怀旧、艺术等氛围有利于在全球竞争背景下的地区形象营销；④有利于促进社会交往；⑤有利于提升地区一周、24小时活力；⑥中心区因为悠久的历史氛围和良好的基础设施，具备发展文化休闲产业的巨大潜力，而相应的其也可以有效促使空置历史建筑活化再利用。

在种种益处驱使下，各城市中心区规划也纷纷将文化娱乐功能作为首要考虑功能（Abbott,1993），并充分挖掘文化休闲活动潜力，逐渐形成包含家庭、运动、餐饮、博彩、展览、购物和旅游等多样类型的文化休闲活动产业链条（表5-1-6），这就意味着其发展趋势即功能混合。在实际建设中，根据吸引目标人口的不同，又可以分为以吸引外地访客为主的旅游型产业和以吸引城市内访客为主的休闲型产业（图5-1-14）。

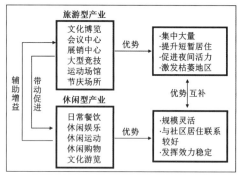

图 5-1-14 文化休闲功能运作机制
（资料来源：作者绘制）

表 5-1-6 英美国家城市中心区文化休闲活动类型

类型	活动内容
家庭休闲活动	业余消遣、园艺、儿童娱乐
健康和运动相关	体育馆、游泳池、足球场、棒球场、健身中心、溜冰场、保龄球馆、健康俱乐部、室外健身活动场地
餐饮	餐馆、快餐店、露天餐厅
饮料（酒精和非酒精类）	酒馆、酒吧、夜店、咖啡店
博彩活动	赌场、投注站、网上博彩
展览活动	博物馆、美术馆、剧院、室外设施、电影院、音乐厅、图书馆、节庆互动、嘉年华活动、创意展示
购物活动	休闲式购物
旅游活动	商务旅游、休闲旅游、社交旅游

（资料来源：Coupland,1997：87-111；Schwanke,2003：65-79；Tallon,2013：229）

旅游型产业是以文化博览设施、会议中心、展销中心、大型竞技运动场馆、节庆场所为中心形成的功能混合发展模式。其主要运作方式是通过举办大型文化休闲活动，从而吸引外地人群到访，并以此为契机促进周边功能开发，消费时间周期一般较长。其对中心区的益处包括（Schwanke,1987：72-73；Robertson,1997；Ward,2002：344；加文,2010：90-110）：①通过吸引大量人口增进周边设施利用率，如旅馆、餐馆、商店、旅游景点等，从而提升功能混合带来的附加效益；②有利于促进夜间和周末活力，因为外地游客常常需要短暂居住；③可以有效促进枯萎地区开发，促进就业。因为具有这些优势，所以这种复苏方式在1970—1980年代在英美各城市中心区几乎随处可见，也发挥了明显效果，一组数据可以证明：据统计，1993年国际性旅客数量是

1950年的20倍,创造了全球GNP的10%及十分之一的就业人口(Coupland,1997:95)。值得一提的是,这种模式也带动了中心区旅馆业的发展。据统计美国1960年代到1980年代的混合功能开发中约69%的项目包含旅馆功能(Schwanke,1987:15)。1960年代美国38个最大城市的中心区每年平均新增4 000个旅馆房间,1970年代增至5 400个,纽约、芝加哥、华盛顿、亚特兰大等大城市每年甚至新增7 000个(Frieden & Sagalyn,1989:268)。在英国同样如此,如曼彻斯特中心区旅馆房间数从1980年982个增长至1990年的2 002个(Law,2000)。旅馆的重要意义在于,它为中心区提供了短暂居住功能,促进了24小时活力发展,同时,它后期逐渐容纳餐饮、购物、娱乐、会议、康体等功能,变得更为独立,这也促生了一种特殊的混合功能建筑,如南卡罗拉纳州的格林维尔公共旅社(Greenville Commons)、费城的富兰克林广场(Franklin Plaza)(Schwanke,1987:73)。

休闲型产业是指以日常餐饮、娱乐、运动、购物、文化展览等功能为中心形成的功能混合发展模式。其运作模式是以某一种功能为特色,吸引城市内部人群到访,从而促进消费周边其他功能,消费时间周期一般较短。这类产业对中心区的益处包括(Home,1982:106-107;Schwanke,1987:83;Colquhoun,1995:23):①规模灵活,易融入其他主导功能建筑和街区内,从而引发连锁效应;②与中心区社区生活联系紧密,有效提升居住社区环境;③运营时间稳定,不会像大型场馆一样出现人流波动现象;④可应对多阶层需求,有效缓解中心区社会压力。但在此阶段,由于中心区以吸引郊区和外来富裕人口为目标,所以休闲型产业最后多被用以与旅游型产业相互协作,而往往忽视了为本地社区服务的作用。

(2) 规模多样性发展

根据混合规模,文化产业带动的土地混合利用模式可分为文化综合体、文化区、文化网络等三个层次。

文化商业综合体是指以文化休闲功能(运动健身、展示博览、观演娱乐、图书阅览等)为主体功能,以商业功能为辅助功能(零售、餐饮、旅馆、办公)的综合体建筑。如美国圣卡拉马祖(San Kalamazoo)文化中心综合体,包括会议中心、文化娱乐中心等文化公共功能,以及办公、旅馆和购物中心等商业功能(图5-1-15)。同时,综合体往往能够充分再利用空置历史建筑,依托人们对历史文化回忆的向往,将历史价值和艺术价值资本化,并提高居民自豪感和归属感(Coupland,1997:99)。

文化休闲功能往往依托中心区历史片区(码头港口、历史建筑群、老工业地带)呈现组团集中式发展,混合开发酒吧、餐厅、文化、零售等各种休闲娱乐元素,将艺术活动与文化生产活动相结合,烘托出整体氛围,这

图 5-1-15　圣卡拉马祖文化中心综合体
(资料来源:Schwanke,1987:38-39)

就形成了中心区"文化区"(culture clusters 或 culture squares)(Mommaas,2004)。文化区具有活动混合化(包括经济、文化、社会等活动)、建筑形式多样化(肌理、年代、风貌、外部空间等)、目标多元化(增进交往、体验历史、营造特色、促发创意等)等特征(Montgomery,2003)。1970 年代兴起于美国波士顿昆西市场(Quincy Market)和巴尔的摩哈伯港(Baltimore Harbor)的以旅游购物休闲为导向的"节日市场"(Festival Marketplace)理念,就可以看作是早期中心区文化区的典型案例(Ward,2002:268),其将购物当作一种休闲娱乐活动进行主题化运作,通过精致的细节设计烘托整体氛围。后期英国各城市开发公司(Urban Development Corporation)开发的中心区港口区也是基于此理念进行打造的(Ward,2010:206-207),典型的如利物浦默西塞德(Merseyside)码头区。而后美国1980 年代又出现以艺术与创意为特色的文化区,如纽约的苏荷区(Soho)和下东区(Lower East Side)、达拉斯艺术街区(Arts District)等,随后向西方世界传播开来,英国主要大城市(伯明翰、曼彻斯特、格拉斯哥、利物浦、布里斯托、谢菲尔德、斯旺西等)都先后建立了中心区文化区(Tallon,2013:234)(图 5-1-16)。

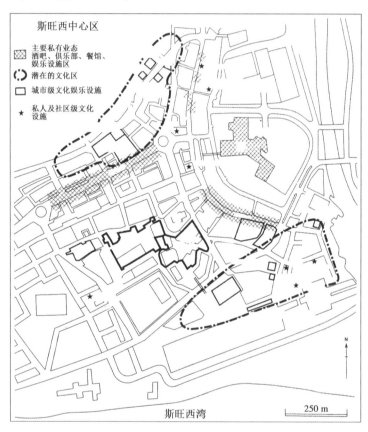

图 5-1-16 英国斯旺西中心区文化区分布
(资料来源:Tallon,2013:235)

文化网络整合串联中心区历史要素和自然要素,将中心区整体设计,根据不同区位和文化禀赋设定不同功能,从而整体营造中心区文化氛围、提升中心区文化活力,其将中心区作为一个活力整体(Vibrant entity)进行打造(Ward,2002:346)。如美国波士顿中心区的洛厄尔探索网络(Lowell Discovery Network)项目(Procos,1976:80-82)(图 5-1-17),目标是将波士顿中心区洛厄尔(Lowell)区打造为"城市国家文化公园",利用原有运河串联所有相关工业历史遗迹,将其营造为户外区域性博物馆,辅以良好的步行体系进行混合功能开发,包括教育中心、商业服务、商务办公、居住社区、艺术家工作室、社会服务设施等,依托广泛分布的历史要素,从而令文化影响突破区块性束缚,呈网络状融入中心区市民日常生活的方方面面。

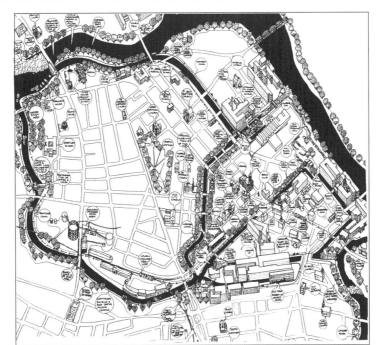

图 5-1-17　美国波士顿中心区洛厄尔探索网络项目
(资料来源：Procos,1976:81)

5.1.2.4　公共空间的经济维度转向及空间环境营造

此阶段,公共空间得到政府和开发商的格外重视,原因是:一方面公共空间一直是政府认为满足社会交往、服务大众的公共生活载体;另一方面其有利于营造良好形象和空间氛围,从而起到吸引人口到访并促进消费的作用,尤其是当空间也被视作是一种消费品时,这种作用更为明显。而政府由于资金紧缩常常将公共空间营造责任转移给私人资本,因此商业性公共空间成为此阶段公共空间的主旋律,这为本来是公共利益导向的公共空间增加了私人利益气息,而恰恰就是这种私人利益气息,导致此阶段公共空间在承载多元化功能的同时,逐渐丧失了其公共属性,这主要体现两方面：商业性公共空间数量提升和消费导向下公共空间环境营造。

(1) 商业性公共空间数量提升

在英国,1960 年代前各城市中心区已经建立了一定的完全步行化的商业性公共空间,所以此阶段为了迎合消费导向需求,各城市中心区规划对公共空间的态度是提升消费导向的公共空间数量并拓展完全步行化的公共空间面积。如利物浦中心区规划中基于需求将公共空间分为四类(City Centre Planning Group,1965:72-75)：①相对较小的私密性较好的空间,与主要的办公空间相联系,地下空间承载停车功能；②中型尺度的绿化宜人空间,与商业、公共管理、办公相联系,与机动车交通相隔离；③滨水空间,与文化娱乐、休闲观景空间相联系,以步行道与办公、商业空间相联系；④公共市民活动广场,与大型行政办公、文化设施相联系,供大众集会交往使用。可以看出,其中前三类均表现出明确的商业性导向,于是,根据新增商业性用地功能需求,利物浦中心区公共空间将得以新增和扩建(图 5-1-18)。

在美国,一方面出于与郊区竞争,弥补中心区缺乏良好商业性步行空间的目的,开始借鉴欧洲经验在商业区、办公区和文化娱乐区内通过水平和垂直隔离方式将步行与机动车隔离,营造良好的步行游憩空间(Robertson,1995),如较早开始尝试完全步行化的加利福尼亚的弗雷斯诺(Fresno)步行街区(图 5-1-19),再如费城的第十六号林荫道步行街、路易斯维尔的里弗斯蒂林荫路和布法罗干线林荫路等(李雄飞等,1990:95,101,136)①;另一方面各中心区采取激励措施鼓励开发商在自己地块中建设公共空间,最著名的如纽约鼓励各开发商建设私人产权公共空间(Privately Owned Public Space)(表 5-1-7),在激励制度下,仅曼哈顿下城地区新建的 44 栋建筑就修建了 89 处公共空间(Kayden,2000:75)(图 5-1-20)。

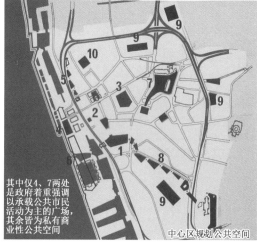

图 5-1-18 利物浦中心区公共空间规划,1965 年
(资料来源:City Centre Planning Group,1965:38,74)

图 5-1-19 加利福尼亚的弗雷斯诺步行街区,1964 年
(资料来源:Frieden & Sagalyn,1989:115)

表 5-1-7 美国纽约私人产权公共空间激励政策,1961—1973 年

公共空间类型	定义	奖励额度	
广场	全天开放的连续空间,进深不小于 10 英尺(约 3 米),面积不小于 750 平方英尺(约 70 平方米),整个空间上空无任何遮挡	容积率 15 地区	3—10 倍
		容积率 10 地区	3—6 倍
		容积率 6 地区	3 倍
骑廊	向街道或广场开放,全天候向公众开放,空间高度不低于 12 英尺(约 3.7 米)	高开发强度	3 倍
		中低开发强度	2 倍
抬升式广场	面积至少为 8 000 平方英尺(约 743 平方米),且从街道可以容易到达	10 倍	
跨街区骑廊	建筑内部连接街道与街道、广场,或骑廊之间的空间,旨在缩短步行距离并为行人提供遮挡的空间	6 倍	
风雨步行空间	舒适的室内或半室内公共空间,其要求为室内面积至少 1 500 平方英尺(约 139 平方米),高度至少为 30 英尺(约 9.1 米)	基本公共空间	11 倍
		装有空调	14 倍
		连接地铁站	16 倍

---

① 有关美国此阶段商业街区步行化状况,具体详见:李雄飞,赵亚翘,王悦,等.国外城市中心商业区与步行街[M].天津:天津大学出版社,1990.

(续表)

公共空间类型	定义	奖励额度
下沉式广场	作为通往地铁站出入口的公共空间	10 倍
户外广场	位于街道层 12 英尺(约 3.7 米)以下,用以连接街道与地铁站台的室外空间	10 倍

(资料来源:于洋,2016)

(2) 消费导向的公共空间环境营造

仅仅是商业公共空间的数量增加并不能带来人口访问,甚至会出现仅为了获取奖励而象征性修建"所谓的公共空间"现象,因此各政府充分意识到提升公共空间设计质量的重要性。这个时期对公共空间设计的关注点主要集中在提升公共空间安全、便利、整洁、地方特色、功能活力、景观视线、绿化植被、亲水性、底层店铺连续性等方面,甚至已经开始关注日照、风速、噪声、空气污染、天空视域等公共空间的微气候设计。这些关注点给公共空间带来的好处是充分体现了人性化设计,即满足了"无差别的人"的各层次需求。但在实际建设时,由于政府将公共空间建设责任移交给私人开发商,所以这些空间质量营造途径都被转化为各地块内塑造美好形象、促进人口到访、提升消费潜力的努力(图 5-1-21),而真正服务于广大市民的满足不同群体的内容(如公共空间之间的连续性与可达性、促进社会各类活动、容纳各类人群等)则被忽视。即使有少数城市公共空间设计要求中明确涉及社会性关注,如

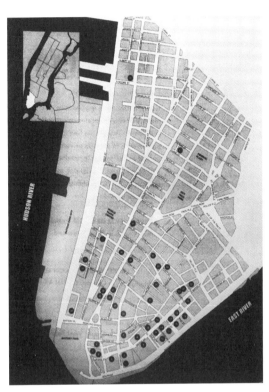

图 5-1-20 曼哈顿下城区修建私人产权公共空间分布状况

(资料来源:Kayden,2000:75)

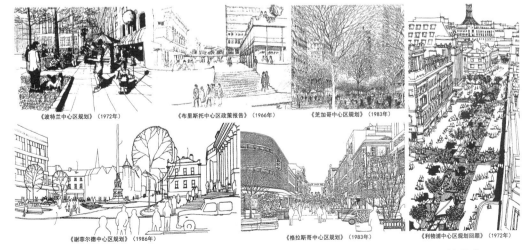

图 5-1-21 1960—1980 年代各城市中心区规划中着力强调商业性公共空间环境营造

(资料来源:作者根据各中心区规划整理绘制)

1975年纽约更改后的区划条例中明确要求公共空间对所有人开放,但在开发商的各种应对下依旧未能真正体现公共空间的社会作用。而大多数中心区规划开始关注此方面内容时,也已经到了1980年代中后期,如1985年旧金山中心区规划和1986年谢菲尔德中心区规划。

5.2 基于涓滴模式的时空混合复苏模式

5.2.1 涓滴网络的空间模式

此阶段空间模式从局部和整体网络两层面体现了"涓滴"开发思想。

5.2.1.1 半封闭的局部涓滴空间

局部涓滴空间是此阶段旧城中心区土地混合利用开发的基本空间模式单元,其主要形式是以不同功能建筑或混合功能建筑局部围合形成的局部空间。

这种局部空间具有显著的四个特征。

① 功能混合开发。作为土地混合利用复苏的基本空间单元,其与1960年代前最大的区别,首先体现在尽可能地承载多样化功能。承载多样化功能的方式,是将单纯功能建筑和混合功能建筑进行集中化自由组合,从而在局部空间内尽可能实现"功能互动链条",满足人群的不同功能需求。按照主导功能,其可以分为以居住服务为主的社区混合功能空间(图5-2-1)和以商业办公娱乐为主的生产消费混合功能空间(图5-2-2)。

② 公共环境凝聚。以良好的公共空间作为建筑群体凝聚的纽带,起到接续过渡不同功能转换、优化局部空间整体空间质量、提升功能混合空间效益的作用。也正是如此,局部空间往往主动寻求具有先天景观优势区域[如英美国家节日市场(Festival Marketplace)和城市开发公司(Urban Development Corporation)项目大多选择历史文化区或港口进行开发,见图5-2-2],或者竭尽所能运用各种手段营造优越公共环境氛围。

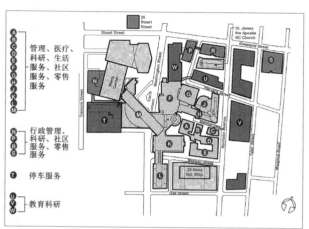

a. 波士顿中心区塔夫茨新英格兰医学社区中心
(Tufts-New England Medical Center)

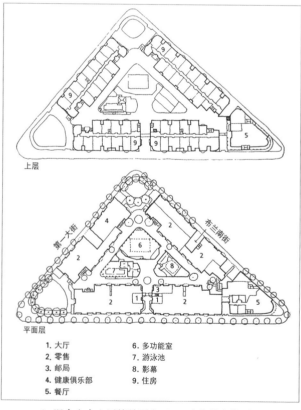

b. 旧金山中心区德兰西(Delancy)街混合街区

图 5-2-1　中心区社区混合功能局部空间

[资料来源:a图作者根据 https://www.tuftsmedicalcenter.org/ 整理绘制,b图(Colquhoun,1995:63)]

a. 巴尔的摩中心区内港区混合功能空间

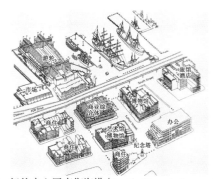
b. 纽约中心区南街海港(South Street Seaport)混合功能空间

c. 利物浦中心区阿尔伯特港(Albert Docks)混合功能空间

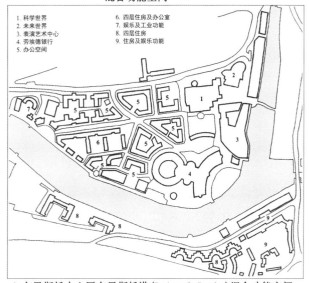
d. 布里斯托中心区布里斯托港(Bristol Docks)混合功能空间

图 5-2-2　中心区生产消费混合功能局部空间
[资料来源：a 图(Del Rio V,2018),b 图(Colquhoun,1995：44),
c 图(https://www.baca.uk.com/liverpool-docks.html),d 图(Coupland,1997：115)]

③ 交通可达性优化。通过拓建道路网达到实质解决中心区交通拥挤的方法,在人口就业隔离的社会背景下已经逐渐被认为不切实际(Davies & Champion,1983：260),中心区空间肌理和高度集中的就业消费密度令拓建路网无法实现车行优先理念下郊区分散化路网的效率(Ward, 2010：217),反而会对沿线地块造成恶劣影响(Ward,2002：259),且进一步加速了去中心化过程(Fogelson,2001：315)。因此为了与郊区进行竞争,此阶段局部空间逐步开始借鉴1960年代前欧洲商业街区步行化建设经验,充分利用平面空间布局和立体地下空间建立"机动车+步行"或"轨道交通+步行"的交通可达接驳方式(图 5-2-3),从而在不影响内部公共环境质量的前提下,提升地块本身多样化的交通可达性。

④ 内向吸聚收敛。所有的局部空间都旨在将外部人口吸聚到自身空间内部进行一系列的功能活动,从而产生最大化经济效益,同时为了防止当时内城衰败与动乱的整体氛围,就往往以各种形式忽视并阻挡开发者认为的"负面周边影响"。因此局部空间呈现出强烈的"半封闭内敛"状态,即一方面需要开通各类通道方便郊区或外部人口到达,并在内部形成功能混合交融互动氛围,另一方面也需要尽量避免无谓的投资并与周边衰退氛围隔离(如街墙化、空间私有化等方式),这种特征在生产消费混合功能空间中尤为明显。

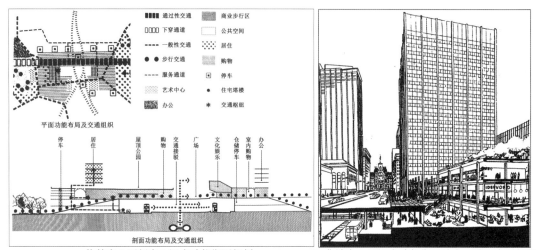

a. 伦敦中心区新中心混合功能街区规划　　b. 费城中心区混合功能街区地上、地下交通组织

图 5-2-3　中心区混合功能局部空间交通组织方式

[资料来源：a 图(Greater London Council,1969:101),b 图(沈玉麟,1989:238)]

5.2.1.2　触媒式网络的整体空间

基于局部空间开发模式,以整体性空间布局逻辑对中心区不同类型、区域的局部空间进行串联组织,即形成此阶段旧城中心区土地混合利用整体空间模式,由于管理者和学者希望一个个局部空间分散置入衰退中心区,以激发周边环境的效果起到带动中心区整体复苏的作用,因此这种整体空间模式也被总结为"城市触媒"(Attoe & Logan,1989:44-53)。

根据"触媒"联系范围,整体空间模式可以分为两个层次。

第一个层次是区域层次。依托已发展的局部空间,向外进行跳跃拓展,从而在区域形成"串联多核模式"。这种模式具有三种好处(Roberts & Sykes,2000:94):一是打破原有中心区核心空间限制,通过向外"触角式延伸"实现中心区核心空间范围拓展;二是充分依托中心区已有活力空间,带动周边衰败地活化再利用;三是有利于改善区域形象,提升活力范围并进一步刺激吸引投资。因此,区域层次的"触媒模式"往往具有两类明显特征:一方面,其往往与既有活力空间以良好的步行空间进行联系,从而意图形成新的整体,当这一整体内部联系足够紧密、规模不大时,也可以看作形成了新的"局部空间"(图 5-2-4);另一方面,其往往向具有良好发展潜力的地方拓展,如趋向滨水地区、历史文化遗产区域等(图 5-2-5)。

第二个层次是整体层次。随着更多的局部空间和区域层次触媒空间的建立,中心区整体形成"分散式-多功能簇群-核群模式"。在中小城市,由于中心区范围较小,各局部空间之间联系也就相对紧密,区域层次不断拓展的边界逐渐与中心区范围重合,从而令中心区成为一个完整的"区域层次模式"(图 5-2-6a)。而在大城市,中心区范围较大,因此更符合"城市触媒"理论的整体空间模式(图 5-2-6b-c)。但需要注意的是,由于局部空间的半封闭化,各局部空间之间的联系往往发生断裂,所以在实践过程中,"城市触媒"并未能完全发挥城市管理者和学者们的预期激发效应,因此这就令中心区土地混合利用整体空间形成了一个个隔离的"孤岛",这种现象在大城市中尤其明显(图 5-2-6d)。

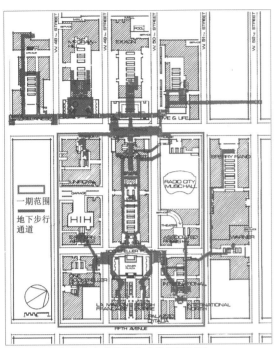

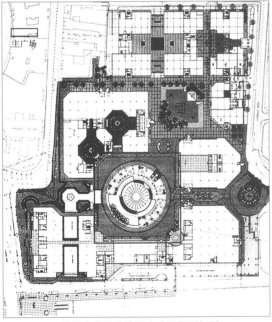

图 5-2-4　混合功能空间区域层次拓展

（资料来源：a 图作者根据
http://alokv.tripod.com/plan_port/rc519.html
整理绘制，
b 图作者根据 www.arupassociates.com 整理绘制）

a. 英国伯明翰中心区向滨水地区拓展趋势

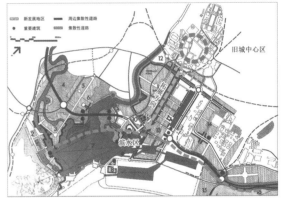

b. 英国卡迪夫中心区向滨水地区拓展趋势

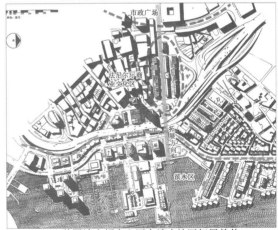

c. 美国波士顿中心区向滨水地区拓展趋势

图 5-2-5　中心区混合功能空间向具有发展潜力的
外围地区拓展

（资料来源：a 图(Latham & Swenarton,1999：29)，
b 图(Hooper & Punter,2006：154)，
c 图作者根据《中心区滨水法尼尔大厅周边地区更新规划》
(Relating to the Planning of Downtown Waterfront Faneuil
Hall Renewal Plan)(1962 年)]

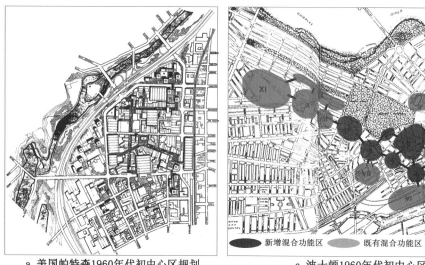
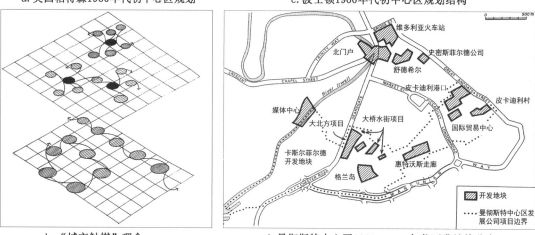

a. 美国帕特森1960年代初中心区规划　　　　c. 波士顿1960年代初中心区规划结构

b. "城市触媒"理念　　　　d. 曼彻斯特中心区1960—1980年代开发地块分布

图 5-2-6　中心区土地混合利用整体空间模式

[资料来源：a 图(Gruen,1964：236),b 图(Attoe & Logan,1989：72),c 图(Gruen,1964：324-325),
d 图(Healey,1992：74)]

5.2.2　涓滴渗透的时间模式

5.2.2.1　横向时间维度渗透：历史要素的延续

1960 年代以来的旧城中心区城市复苏具备两大突出特征：一是前文提及的文化休闲娱乐功能的多维度发展,另一个就是历史要素的充分利用(Short,2006：79)。旧城中心区强调保护历史要素的原因一方面是在社会各界强烈呼吁下,英美国家吸取了 1960 年代之前城市更新中对历史要素保护忽视的惨痛教训,通过颁布历史保护法规以强制性要求保护具有历史价值的建筑和街区,另一方面更为重要的是各城市管理者和开发商发现,历史要素营造的"怀旧氛围"(Nostalgia)可以吸引郊区人口回流中心区并有效提升经济与社会效益(Frieden & Sagalyn,1989：107-115；Collins et al.,1991)。因此,可以看出保护历史要素在此阶段更多的是被当作一种提升吸引力从而促进消费的手段,这和前文述及的公共空间质量营造在本质目的上是一样的。但不管目的如何,保护的结果却充分体现了后现代规划理论对土地混合利用理念复苏的时间维度,在某种程度上是对城市多样性和文脉主义的土地利用方式的回应。

(1) 历史要素承载功能多元

中心区留存的历史建筑和历史区域因其本身功能多元化、建筑类型多元化,所以常常能促进再利用开发呈现土地混合利用特征。其再利用方式极其灵活多变,包括从单栋建筑的多样化功能承载到街区式的多功能混合利用,但在消费导向驱使下,各政府、开发商和规划者所津津乐道的大多是对文化娱乐功能的促进(Cullingworth,1993:107;Ward,2010:217),伴随着文化娱乐功能的广泛发展,历史要素保护也就成为中心区复苏的重要手段(Robertson,1995)。

如美国第一个以"节日市场"(Festival Marketplace)概念进行建设的吉拉德利广场(Ghirardelli Square)街区(图5-2-7),就是将原有的工厂仓库改造为商店、餐厅、艺术展厅、电影院等,并允许魔术、戏法、喜剧、音乐人等任何艺术草根团体进行室外表演,从而营造商业娱乐混合功能氛围。它的成功令人们意识到赋予历史氛围以新意,可以打动并吸引城市居民到访消费,从而成为一种中心区复苏模式并风靡美国,如后来最具影响力的巴尔的摩滨水区和波士顿的昆西市场均是得益于充分活化利用历史要素,这种做法后来传入英国,成为城市开发公司(Urban Development Corporation)的主要发展原则,如伦敦圣凯瑟琳港(St. Katherine Docks)、利物浦阿尔伯特港等均因保护利用历史建筑与环境而著名(图5-2-8)。

a. 吉拉德利广场轴侧图

b. 吉拉德利广场内部空间透视图

图 5-2-7 吉拉德利广场混合功能街区对历史要素的再利用

[资料来源:a图(沈玉麟,1989:248),b图(http://www.sfweekly.com/)]

后期随着人们对历史氛围的青睐和对历史要素保护热情的日益高涨,历史建筑不仅仅承担消费功能,而且通过更新改造承载了办公、居住、社会服务等多样化功能(图5-2-9),这就令历史要素充分融入中心区土地混合利用当中,同时也令土地混合利用的时间维度得到极大的横向拓展。

a. 昆西市场混合功能街区对历史建筑的再利用　　b. 圣凯瑟琳港混合功能街区新旧建筑融合利用

c. 阿尔伯特港混合功能街区新旧建筑融合利用

图 5-2-8　以历史要素活化利用著称的中心区混合功能街区

[资料来源：a 图(https://commons.wikimedia.org/)，b、c 图作者拍摄]

a. 巴特勒广场(Butler Square)仓库改造为办公商业综合体　　b. 沙德泰晤士(Shad Thames)仓库改造为居住商业混合功能街区

图 5-2-9　历史要素活化利用的多元化途径

[资料来源：a 图(https://commons.wikimedia.org/)，b 图(Colquhoun,1995:106-110)]

（2）历史要素的社会维度作用

保护历史要素除了能够体现中心区土地混合利用时间维度外，还由于其较为完整地保留了历史街区，因此也就一定程度上能够保护延续地方邻里关系和邻里场所，从而为原有中心区低收入阶层提供住房和就业机会[①]，这就令历史要素保护体现了其社会维度意义。

以伦敦中心区科芬园(Covent Garden)地区更新规划为例，政府在 1966 年通过了开发商建议的地区更新改造计划，因为其大范围拆除原有建筑和商业性功能开发倾向，很快就受到当地社区居民的一致抵抗，在经过长达十年的不断努力下，原有规划被推翻，划定了两片历史保护区及 245 处保护建筑(Cullingworth et al., 2014:30-31)，基本发展依托对片区内空置建筑的再利用和外围局部地块的更新开发实现(图 5-2-10)。这带来了两个明显社会维度益处：

一方面，原有的土地利用功能在十年间大致保持不变，保持既有土地混合利用特征及比例也成为未来发展的基本原则(表 5-2-1)。这也就意味着极大限度地维系了既有场所特征以及各就业岗位比例的稳定性，而小型商铺和轻工业的发展优先度也为低收入阶层提供了就业机会。

另一方面，由于历史街区和历史建筑中包含许多居住建筑，所以原有社区居民得以保存，同

---

① 尽管随着历史建筑修葺和历史街区商业化改造，出现了低收入阶层被排挤的绅士化现象，但起初一些历史街区的保护还是避免了像 1960 年代前大规模拆迁带来的社会结构破坏，为原有低收入群体在中心区继续生活提供了可能性。

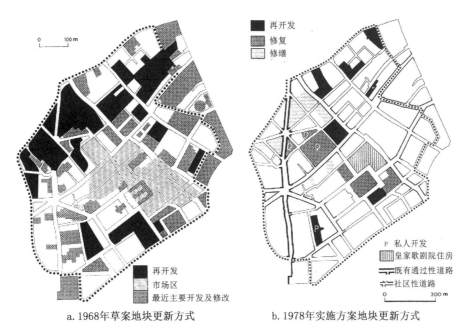

a. 1968年草案地块更新方式　　b. 1978年实施方案地块更新方式

图 5-2-10　基于历史保护需求下的科芬园(Covent Garden)地块更新方式调整

(资料来源：Burgess,1978)

注：可以看出，拆除更新地块(黑色)明显减少。

时政府规定拆除更新需保证所有居民能够重新入住此区域，这就维系了原有社区结构的稳定性。此外，新增居住功能在大致保持了原有社区人口结构特征基础上，也满足了此阶段中心区年轻人回流入住的需求(表 5-2-2)。

表 5-2-1　科芬园(Covent Garden)建筑功能发展计划

建筑功能	现状建筑面积百分比/%			未来发展优先度
	1966 年	1971 年	1975 年	
办公	34	34	33	C
小型商铺	10	9	7	A
商业贸易	13	9	4	B
文化娱乐	9	12	14	B
轻工业	6	3	3	A
旅馆	4	4	4	C
教育	2	1	1	B
居住	11	10	11	A
公共设施	6	6	5	B
空置	5	12	18	—

(资料来源：The Great London Council,1978)

注：A-C 依次为非常适合、根据地点和尺度判断是否适合、一般不适合但在特殊条件下允许。

表 5-2-2　科芬园(Covent Garden)居民年龄结构发展计划

年龄划分	既有居民结构		未来居民结构	
	数量/人	比例/%	大致数量/人	大致比例/%
15 岁及以下	332	12	900—1 000	17
16—19	138	5	310—350	6

(续表)

年龄划分	既有居民结构		未来居民结构	
	数量/人	比例/%	大致数量/人	大致比例/%
20—39	726	26	1 430—1 600	27
40—59	742	26	1 380—1 550	26
60—64	215	8	330—400	6
65 岁及以上	656	23	950—1 100	18
总共	2 809	100	5 300—6 000	100

(资料来源：The Great London Council,1978)

5.2.2.2 纵向时间维度渗透：夜生活自我复苏

随着不同功能的空间混合,1960年代前原本断裂的时间模式在一定程度得到了修复,尽管土地混合利用大多为白天生产消费功能的混合,但是由于文化娱乐活动的日益兴盛,夜间生活依旧开始在中心区内蔓延开来,这一定程度上实现了土地混合利用复苏的时间维度纵向扩展。

在美国,尽管很早就有夜生活现象,但在1930年代经济大衰退和1960年代内城动乱背景下,中心区黑夜变成了生活荒漠,以往的餐厅、酒吧、舞厅甚至是电影院都纷纷偃旗息鼓(Baldwin,2015)。而在1970年代,夜生活开始迅速在衰退社区中兴起,原因有三(Hae,2011)：①在经济危机背景下一切可以促进经济增长的要素都被鼓励；②其被认为是重要的社会生活中的一部分；③其可以有效利用空置建筑。此时,夜间生活活动根据年龄圈层大致可以分为两类：一类是以年轻人为主体的喧嚣音乐派对；另一类是高档餐厅、影剧院和赌场。而到了1980年代,随着经济好转以及人们对音乐派对带来的各种反社会现象的抵制,迪厅性质的场所被大大限制,于是高品质酒吧、娱乐活动室等活动类型开始流行,有时偶尔会出现夜间精品式购物商店(Hae,2011)。

在英国,同样到1960年代时中心区夜间生活呈现冷寂趋势,更多是因为人口郊区化和家庭化娱乐带来的冲击(Lovatt & O'Connor,1995)。因此在中心区文化娱乐功能强势发展背景下,中心区夜间活动也开始复苏。尽管有伦敦中心区类似"夜晚购物"(late night shopping)活动(London County Council,1960：148),但英国此时大多数中心区夜间活动与美国大致相同,包括餐厅、影剧院、酒吧(pub)、娱乐性酒馆(public house)、赌场等(图5-2-11)。同时,为了营造夜晚气氛,有时地方政府会提出"点亮夜晚(Bright Light)"政策,提高夜间活动场所的室外照明要求(City of Birmingham,1980)。

需要注意的是,英美国家此时的夜间生活具有以下两方面特征：

① 此时大多数夜间活动是在文化娱乐功能发展大趋势背景下自发形成的,各

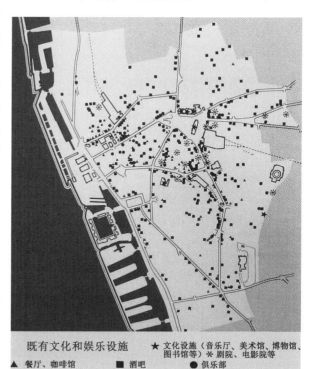

图5-2-11 1960年代利物浦中心区文化娱乐设施分布

(资料来源：City Centre Planning Group, 1965：28)

城市政策中鲜有以发展中心区夜间生活为主题的明确政策目标；

② 通过功能分析可以看出，此时夜间活动类型相对单一，多数与饮酒、音乐有关，这造成了环境隐忧，事实也证明，酒吧、迪厅等业态影响了社区环境质量，更造成中心区安全问题，导致弱势群体（老人、小孩、妇女等）及上层经济人群夜晚不敢在中心区活动，这反而令政府出台政策对具有环境破坏力的夜间活动加以控制(Hae,2011)（图5-2-12）。

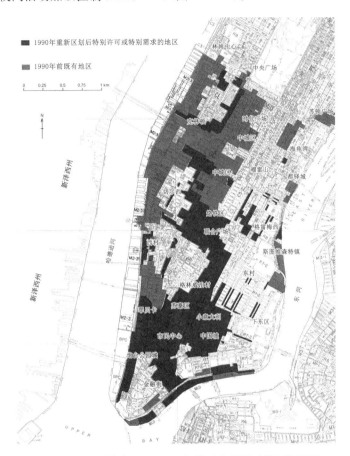

图 5-2-12　纽约中心区 1990 年针对夜间活动的区划调整
(资料来源：Hae,2011)
注：特意对夜间活动提高了管制要求（黑色区域为调整后必须申请的地区，灰色区域为自由发展地区）。

5.3　应对弹性合作的实施政策工具

5.3.1　规划体系改革：弹性与约束并存

在土地混合利用理念与实践双重复苏背景下，1960年代前基于严格区划思想建立的规划体系显然无法适应这种复杂发展模式，因为规划体系需要一方面应对并促进地区混合功能开发，另一方面又需要控制无序发展，保障历史保护、环境保护、公共服务、公众参与等公共利益的实现。所以英美各国纷纷对本国规划体系进行改革，总体来看，基本包括提高管理弹性和增加多维需求两方面。

5.3.1.1　提高管理弹性

（1）英国废弃基于区划理论的蓝图式规划

在英国，以《城乡规划法案》(1947年)为基本框架的内城中心区更新规划是基于区划理论绘制的蓝图式土地利用细节方案(Davies,1998),这不可避免地令规划追求详细、精确,所以整个"发展规划"(Development Plan)被认为缺乏弹性,规划过程显得过于烦琐(Ward,2010:122;Cullingworth et al.,2014:108)。其对于内城原本复杂的建筑和土地功能属性往往显得不相切合,只适用于全部拆除重建的地块,对功能复杂地块却成为发展障碍(Home,1982:56)。因此1965年规划顾问小组(Planning Advisory Group Report)提交报告《开发规划的未来》(*The Future of Development Plan*),建议对城乡规划法进行改革,在此基础上《城乡规划法案》(1968年)颁布,将原有"发展规划"划分为两部分,建立了新的二级体系(Two-Tier System)(吴晓松、张莹、缪春胜,2015:34-35)。

新的体系规定,各郡政府负责准备土地利用的战略性"结构规划"(Structure Plan,主要包括大体功能、交通体系布局、主要发展和限制发展控制区域),而各区政府根据各自实际情况准备"地方规划"[Local Plan,取代了1947年的"综合开发区"(Comprehensive Development Area)]。这样就显著区分了战略(strategic)和政策(policy)、细节(detailed)和策略(tactical)(Davies,1998)。二层体系中的"结构规划"一直运用到1985年,而"地方规划"的编制直到2004年才被新的规划方式取代①。

中心区规划在这个体系中属于"地方规划"中的一类②,其相对于原有的"发展规划",管理弹性得到明显增加,应对了土地混合利用发展需求:

① 其不再需要得到中央规划事务大臣的批准,而由地方规划当局批准即可,这就缩减了规划管理程序;

② 规划由"文字说明书"(Written Statement)、"规划图纸"(Proposal Map)和"补充规划指引"(Supplementary Planning Guidance Notes)组成,"文字说明书"确定开发控制政策与规定,"规划图纸"包括系统规划图和重点地段规划图,发展规划图纸内容不再是精确细致的详细规划,而是仅确定保护要素和未来开发意向区位(图5-3-1),这就打破了原有刻板的功能分区,由详细规定的"蓝图式"控制转变为具体项目具体应对的灵活性管理模式,各地块开发商根据规划要求提出自己的详细开发计划申请,政府对申请进行审批,所以这种方式能够为项目混合功能开发留有足够的弹性余地;

③ 各地方开始由设定混合用地向划定大范围功能混合开发区域转变③,如伦敦中心区卡姆登(Camden)区1979年版规划中,就设定了特别政策区(Special Policy Area),明确强调在其中保持并促进土地混合利用开发,其中包含菲茨罗维亚(Fitzrovia)街区、科芬园(Covent Garden)街区等(Rowley,1998);

④ 允许并鼓励包括居住、工业等各类功能活动入驻中心区,并在不产生负面影响情况下,促进各类功能混合开发,甚至允许居住区中建设无环境影响的工业(Home,1982:56;Rowley,1998),如前文提及的科芬园(Covent Garden)地区更新。

---

① 1985年,为了响应撒切尔政府缩减地方政府管理思想,英国政府颁布《地方政府法》,废除了6个大都市郡议会和大伦敦地区郡议会,分别被区议会替代,而"结构规划"也就被新的规划形式"整体发展规划"(Unitary Development Plan)取代,其余的非大都市郡依旧延续二级体系。"整体发展规划"在内容和形式上贴近于"地方规划"(吴晓松、张莹、缪春胜,2015:60-61),并与其他非大都市郡的"地方规划"一起于2004年被新的规划形式取代,因此本书不单独分析。

② 地方规划有3种类型,包括"地方总体规划"(General local Plan)、"地方综合开发规划"(Action Area Local Plan)和"专项规划"(Subject Plan),具体详见:Cullingworth J B, Nadin V, Hart T, et al. Town and country planning in the UK [M]. 15th ed. London: Routledge, 2014:109.

③ 尽管1960年代以来英国各地方在规划中已经有混合功能街区设置,但仅是基于区划用地分类的地块内功能混合,如伦敦中心区伦敦郡1962年的规划中就设定了西城区划区,允许混合功能设置,并设置混合功能用地类别,如混合功能(Mixed use)(3.5:1容积率),布里斯托1966年中心区规划中也设立类似混合用地类型中心区用地(Central area land use)。

图 5-3-1　伦敦中心区肯辛顿(Kensington)和切尔西(Chelsea)区 1982 年发展规划
(资料来源：The Royal Borough of Kensington and Chelsea,1982)

(2) 美国丰富区划管理技术

因为区划技术的广泛应用以及各州自己的不同情况,所以美国无法像英国一样在全国范围彻底废弃区划技术,各州采取了不同方法,通过多种途径放宽原有传统区划的严格管控程度,从而在促进功能混合开发的同时,实现土地混合利用复苏的其他维度,根据放宽管控程度的大小,可以分为内部功能转换、地块功能兼容、新型区划技术等三类措施。

① 内部功能转换。具体指允许既有建筑功能自动转换为其他功能使用,这种情况在当时比较少见,一般分为两种类型：a. 允许各功能区划地块中本身存在的"不符合规划用途"(Non-Conforming Use)[①]的用地进行功能转化,如纽约市 1961 年区划条例中允许居住用地中的轻工业功能建筑可以转化为商业零售建筑或社区服务建筑；b. 应对空置建筑转为 Loft 职住一体功能的现实需求,如纽约州 1964 年《多户住宅法》(Multiple Dwelling Law)中首次提出允许艺术家家庭租用工业或商业空间作为居住工作一体化功能空间使用,后来纽约市扩大了这种转化趋势,允许 SoHo 等几个区域内的工业建筑均可自动进行此类功能转变(Zukin,1989：52-55)。

② 地块功能兼容。具体指允许地块中兼容其他功能,而不需要特别申请,这种规则其实就是指纽约的功能分级原理,如允许工业用地中兼容商业功能或居住功能,允许商业用地中兼容居住

---

① "不符合规划用途"的用地之所以存在的原因：一方面是历史遗留问题,即在区划前就已经存在于区划地块中；另一方面则是政府以"特殊功能许可"(special use permit)方式布局在区划地块中的功能,如居住区内的商业服务、警察局、加油站等功能。

功能等。此时大多数此前严格限制地块兼容的城市均相继采纳了纽约的地块功能兼容思想，如奥克兰、加利福尼亚等州、城市（Schwanke,1987：129），兼容内容也变得更加细致，形成了"用地-活动类型"的兼容方式（表5-3-1），而不仅仅是粗略限定相兼容的用地功能类型。

表5-3-1　美国纽约用地功能兼容表（商业用地部分）

街区		功能分组																	
		居住		社区设施		商业商务							娱乐				服务	工业	
商业商务		1	2	3	4	5	6	7	8	9	10	11	12	13	14	15	16	17	18
社区零售	C1	■	■	■	■	■	■								■				
社区服务	C2	■	■	■	■	■	■								■				
滨水娱乐	C3					■	■	■					■	■	■				
一般商务	C4					■	■	■	■	■									
严格控制的中央商务	C5					■	■	■	■	■	■	■							
一般中央商务	C6					■	■	■	■	■	■	■	■	■	■	■			
商业娱乐	C7					■	■	■	■	■			■	■	■	■			
一般服务	C8					■	■	■									■	■	■

［资料来源：作者根据《区划手册》（*Zoning Handbook*）(1961年) 整理绘制］
注："灰色"块为用地可兼容功能，可见，用地往往可兼容不同功能组，且功能组中又包括多种功能类型，如功能分组4包括教堂、社区中心、医院等，功能分组8包括小型保龄球馆、家具电器维修商铺等。

③ 新型区划技术。具体指为了打破传统区划技术的严格束缚，各城市在传统区划基础上创造的新的区划技术，以不同的实施逻辑作用于原有传统区划基础之上，从而促进土地混合利用开发，并同时能够应对土地混合利用复苏的多维度需求（表5-3-2）。

表5-3-2　1960—1990年代应对旧城中心区土地混合利用复苏的美国新型区划技术

区划技术		实施方式
激励性区划（Incentive Zoning）（可以与以下所有其他区划技术同时运用）	运作机制	以地块容积率奖励为主要手段，通过设立奖励标准以及是否给予奖励的不同评价方式，促进土地混合利用开发，同时政府也能实现依托私人资本提供公共服务的目标
	具体内容	①促进功能混合开发：地块内满足不同功能比例开发下限要求；②建立公共设施：公共空间、街面零售、立面装饰、公共艺术设施、水环境；③提供步行设施：道路步行道、全气候设施、街道植被与设施、地块穿行廊道；④提供住房与人力设施：就业培训设施、低收入群体保健设施、社会性住房、日托设施；⑤提供交通提升设施：接驳换乘设施、停车设施；⑥提供文化设施：影剧院、艺术中心、美术馆等；⑦提高保护措施：历史遗迹、自然资源、低收入住房街区等
特殊街区区划/混合功能区划（Special District Zoning/ Mixed Use Zoning）	运作机制	可以看作是激励性区划的特殊形式，其目标在于保持某一地区的某一特征，特殊街区区划与混合功能区划的区别在于，前者倾向于某种主导功能，如纽约特殊剧院街区强调保护剧院功能，而后者则规定了具体混合功能类型，如华盛顿的商住（Commercial-Residential，C-R）街区。运作机制是将区域地块统一规划，把控总体功能特征，而并不管具体位置，同时许以开发商容积率奖励，从而在保持地块特征的同时实现政府更广泛的公共目标
	具体内容	保证有所主导功能倾向的功能混合开发（如文化主导、办公主导、产业主导或某几种多元混合功能等），对区域内具体功能布局和比例均实施弹性要求。设立容积率奖励或设计导则，以保证地块内其他公共利益目标

(续表)

区划技术		实施方式
条件性区划/浮动区划 (Conditional Zoning/ Floating Zoning)	运作机制	在原有传统区划基础上通过设置额外的要求和标准作为触发条件,从而打破原有区划的限定,允许对区划进行调整以适应多元化的发展需求。条件性区划与浮动区划的区别在于,前者大多应用于较小地块(a single lot),而不是大范围的整个街区,并仅以明文条件方式存在于具体某一个地块的实施方案中;而后者则并不特殊针对某一地块,因此并不在某一区划图中显示,而是在区划条例中通过设置某一标准要求,对满足此要求的地块均起作用,所以其控制影响范围更广,也更具弹性
	具体内容	触发要求的前提就是促进地区土地混合利用开发,例如,在居住区内建设商业设施时或在商业地块中建设居住功能时等,从而地块的业主可以突破既有区划功能限制,但同时也要满足触发要求中关于建设尺度、规模、设计或其他公共利益目标要求
包容性区划/捆绑政策 (Inclusionary Zoning/ Linkage Policy)	运作机制	包容性区划是以新泽西州的月桂山(Mount Laurel)区划修订为标志,颠覆以往对贫困阶层的居住排斥,以确保在某一地区内提供足够的可支付性住房(Affordable House),主要通过容积率补偿和捆绑(Linkage)建设等方式实现,捆绑政策后来也包括要求在进行商业性建设的同时捆绑提供社区居民就业培训、低收入群体就业岗位、公共设施等内容,有时可以允许开发商以补偿款替代
	具体内容	其主要目标是实现中心区住房建设的同时保证可支付性住房供给,后期由于捆绑政策内容的扩展,而实现更广泛的社会公共利益目标

(资料来源:Keating,1986;Schwanke,1987:130-133;Lassar,1989:12-76;Cullingworth,1993:51-75)

5.3.1.2 保障多维要求

提高管理弹性的一系列规划体系改革可以看作是政府放松管理尺度从而提高土地混合利用可能性的举措,但对待这些举措,开发商大多是可以自由选择是否采纳,甚至有讨价还价的权力,尽管里面有一定的强制性措施,如捆绑政策,但开发商有时也能够以补偿费用进行规避,因此政府对公共利益的实现是被动的,只能以利益引诱。但1960年代后,随着人们对社会和环境问题的日益关注,政府作为公共利益代言人,必须确保1960年代前分区隔离造成的历史结构和自然环境破坏、社会不公平等现象不再重演,所以英美国家在许以利益激励土地混合利用的同时,纷纷颁布相关法律,以严格限定的形式和加强公众参与的方式守卫公共利益底线。这种一边引诱、一边约束的方式也被形象地称为"胡萝卜加大棒"(Carrots and Sticks)(Lassar,1989)。

(1) 保护历史要素

尽管英美各国在19世纪就已经颁布有关历史保护法规[①],但其大多集中于建筑单体,而且在21世纪上半叶的中心区重建过程中,各地方政府和开发商对历史保护的态度十分淡漠,许多历史遗迹与肌理遭到拆除或建设性破坏。为了避免这种情况再次发生,同时也是应对上文提及的中心区复苏中的历史要素利用热潮,英美国家开始颁布一系列法律确保历史要素得到妥善保护。如英国1967年颁布《公共设施法案》(*Civic Amenities Act*),国家赋予地方政府权力以设定保护区(Conservation Area),其目的是保护并加强当地特色,并通过分级登记制度,避免建筑被无端拆毁(Ward,2010:125),紧接着1983年又颁布《国家遗产法案》(*National Heritage Act*),建立专门的机构(English Heritage)对保护建筑和保护区进行管理(Ward,2010:190)。同样,美国1966年颁

---

① 如英国的《古迹和考古区法案》(*Ancient Monuments and Archaeological Areas Act*)(1879年)、《古迹保护法案》(*Ancient Monuments Protection Act*)(1882年)等,并于20世纪40年代进行了历史建筑普查,且将保护历史建筑要求写入了的《城乡规划法案》(1947年)中;美国1906年文物保护法设定了属于公有土地的历史保护区,1931年在查尔斯顿建立了第一个历史街区,并于20世纪30年代进行了"美国历史建筑调查"和"全美历史性地址等级"评定。

布《国家历史保护法案》(National Historic Preservation Act)设定国家史迹名录,并给各州提供基金,历史保护要素囊括建筑群、遗址、区域、项目、工程、景观等。

旧城中心区因为是城市发源地所以往往是历史保护重点区域,因此各城市中心区规划中明确体现了相关历史保护法律要求。如英国 1962 年中央政府出版的《城镇中心更新办法》(Town Centres Approach to Renewal)[取代了 1947 年颁布的《城市中心区再开发手册》(The Redevelopment of Central Areas)]中,就明确要求划定保护范围,分级登录历史建筑,并划定城市风貌保护等级(图 5-3-2a),此后,各城市中心区规划中也相应落实此要求(图 5-3-2b),这就极大促进了中心区历史氛围与现代氛围的融合,丰富了土地混合利用的时间维度内涵。而在美国,各城市政府会以划定保护对象、资助、减免税收、容积率奖励、罚款等各种方式确保中心区内的历史要素保护,同时历史保护要素的含义也日益丰富,不仅仅包含物质单体和空间,而且包含地方特色和社会结构等隐性要素(表 5-3-3),这些要素均对中心区土地混合利用复苏具有重要意义。

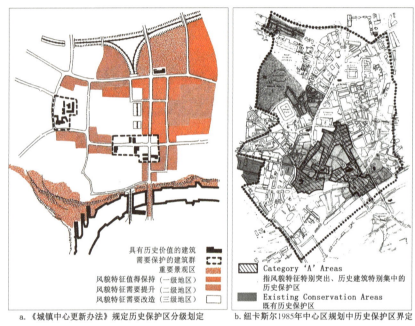

a.《城镇中心更新办法》规定历史保护区分级划定　　b. 纽卡斯尔1985年中心区规划中历史保护区界定

图 5-3-2　英国中心区历史保护区划定

[资料来源:a 图作者根据《城镇中心更新办法》(1967 年)整理绘制,
b 图作者根据《纽卡斯尔中心区规划》(1985 年)整理绘制]

表 5-3-3　旧金山中心区 1980 年代中后期保护目标与手段

保护目标	保护手段
① 保护标志要素和历史建筑	① 建立标志要素等级体系
② 保护公园和开放空间,以及它们的日照与景观	② 保护城市中 250 处重要标志要素不被破坏
③ 保持多样性经济,保护能够为当地低收入居民提供就业和服务的轻工业和零售业	③ 划定 6 处历史保护街区
	④ 利用开发权转移(Transfer of Development)方式促进历史保护
	⑤ 对历史破坏行为进行罚款
④ 保护服务社区的零售商业并提升此类活动的可能性	⑥ 设定重要中心区区划(Major Downzoning),根据建筑不同区位限制建筑尺度和高度,鼓励街面零售、可支付性住房和开放空间
⑤ 保护既有住房和社区特色	
⑥ 保护并增加可支付性住房供给	⑦ 设定发展限制,限制未来 3 年新的办公空间开发不超过 285 万平方英尺(约 264 774 平方米)
⑦ 保持并提升公共交通服务水平,减少街道停车	⑧ 制定城市设计导则,控制新建建筑对既有整体环境特色的影响

(资料来源:Collins et al.,1991:131-143)

随着历史保护热情日益高涨,各城市开始将历史保护区和历史建筑的划分要求放宽,一方面拓展原有历史保护区并新增各类历史建筑,另一方面将保护利用热情推及所有废弃建筑,从而起到充分复苏活力的目的。如英国布里斯托于1982年建立布里斯托信托基金组织,到1990年代初已将中心区四分之三的废弃建筑进行再利用(Colquhoun,1995:23)。美国各城市也建立类似组织,如匹兹堡1964年建立的匹兹堡历史和地标基金会(Pittsburgh History and Landmarks Foundation),不仅是为了保护留存历史建筑,而且是为了能够保存整个社区(Colquhoun,1995:49)。而1977年美国历史保护国家信托基金会(National Trust for Historic Preservation)更是推出主街(Main Street)项目,意图通过中心区核心地段保护再利用方式促进旧城中心区整体经济复苏,至2013年此项目已经涵盖了全国各地超过2 000个社区(Brown, Dixon, Gillham, 2014:60)。

(2) 提升空间环境

由前文可知,保护环境也是中心区土地混合利用复苏的重要原因之一。而此阶段中心区复苏的根本目标是营造良好的环境氛围,吸引郊区人口回归中心区,所以,其势必也需要改观原有污浊与脏乱的形象,与郊区进行空间环境竞争,这体现在整体自然环境保护与重点空间环境营造两个方面。

① 整体自然环境保护方面。此阶段人们对环境保护的认识仅局限于保护自然资源与控制环境污染,还未延伸到可持续发展的理论高度,因此自然环境保护大多针对的是具体实际问题:如针对伦敦和洛杉矶等城市的空气污染问题,英国颁布《洁净空气法案》(Clean Air Act)(1956年),美国颁布《空气污染控制法案》(The Air Pollution Control Act)(1955年),采取控制工业生产和居民供热污染排放源等方式改善内城整体空气质量;针对大型项目污染问题,英国颁布《土地补偿法案》(Land Compensation Act)(1973年)、《污染控制法案》(Control of Pollution Act)(1974年),美国则颁布《国家环境政策法案》(National Environmental Policy Act)(1969

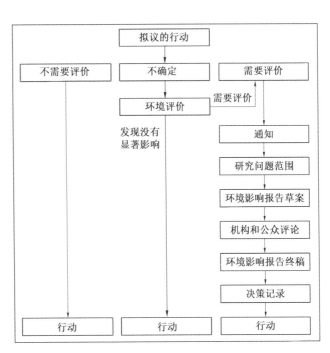

图 5-3-3 美国开发项目环境评估程序
(资料来源:卡林沃思、凯夫斯,2016:239)

年)、《综合环境应对、补偿和责任法》(Comprehensive Environmental Response, Compensation, and Liability Act)(1980年),实施环境评估与管理(图5-3-3),如纽约就因为环境评估否决了曼哈顿中心区韦斯特韦(WestWay)土地混合利用项目,认为其高速路和地下填埋场的建设对水域生态环境造成了威胁(加文,2010:457-460)。由上可见,整体自然环境保护政策丰富了中心区土地混合利用复苏维度,在整体上提升了中心区土地利用环境质量。

② 重点空间环境营造方面。中心区为了吸引郊区人口到访甚至回归,必须营造整洁、美观、便利、安全、舒适的空间氛围,因此英美各城市将空间环境控制设定为强制性内容(表5-3-4)。在

英国,随着规划体系改革,其是以中心区规划中"文字+图示"的方式进行限定。而在美国,形式比较多样,包括城市设计导则(如波特兰和旧金山)、综合规划(如芝加哥)和区划限定(如纽约)等方式。其对土地混合利用复苏的意义在于:一方面其将环境维度考量融入了各具体土地混合利用项目;另一方面,其强调良好的步行环境、舒适的公共空间、优美的景观、活力的沿街面等内容,应对了此阶段土地混合利用空间设计模式;此外,因为其重点关注外部空间与公共设施建设,所以也可以看作是对私人引领的土地混合利用项目中的公共利益保障。

表 5-3-4　1960—1980 年代中心区重点空间环境控制内容

国家	年份	城市中心区	建筑空间形态控制	建筑立面控制	日照控制	通风控制	视线控制	沿街通透商铺形态控制	公共空间设施控制	公共空间植被控制	水系空间控制	步行联系廊道控制	公共空间开放要求	公共交通设施控制	停车设施控制
英国	1966	布里斯托	○	○	—	—	√	√	○	○	○	○	√	—	√	√
	1972	利物浦	○	○	—	—	√	√	—	○	○	○	√	—	√	√
	1980	伯明翰	○	○	—	—	√	√	○	○	○	○	√	—	√	√
	1982	伦敦	√	√	√	○	√	√	√	√	√	○	√	√	√	√
	1986	谢菲尔德	○	○	—	—	√	√	√	√	√	○	√	—	√	√
美国	1972	波特兰	√	√	—	—	√	√	√	√	√	√	√	√	√	√
	1973	芝加哥	○	○	—	—	√	√	○	○	○	√	√	√	√	√
	1975	纽约	√	√	√	√	√	√	√	√	√	√	√	√	√	√
	1985	旧金山	√	√	√	√	√	√	√	√	√	√	√	√	√	√

[资料来源:作者根据各中心区规划控制文件整理绘制。具体文件从上到下依次为:1966 年《布里斯托中心区政策报告》(Bristol City Centre Policy Report)、1972 年《利物浦中心区规划回顾》(Liverpool City Centre Plan Review)、1980 年《伯明翰中心区规划》(Birmingham Central Area District Plan)、1982 年《伦敦肯辛顿和切尔西街区规划》(London Kensington and Chelsea District Plan)、1986 年《谢菲尔德中心区规划》(Sheffield Central Area Local Plan)、1972 年《波特兰中心区规划设计导则》(Design Guidelines: Portland Downtown Plan)、1973 年《芝加哥中心区社区规划》(A Plan for the Central Area Communities, Chicago)、1975 年《纽约分区决议》(New York Zoning Resolution)、1985 年《旧金山中心区规划》(San Francisco Downtown Plan)]

注:√代表有规范性要求,○代表有陈述性要求,—代表无此类要求。

(3) 保障多维要求

公共利益内容显然并不止是历史要素保护与空间环境营造,中心区的商业性开发往往被诟病忽视了对社区居民利益的关注,尤其是住房和各类公共服务设施,为了能够保障最广泛的公共利益目标,依托私人资本在土地混合利用开发过程中融入更多的公共服务内容,政府需要具有更广泛控制力的手段,开发协议(Development Agreement)恰恰满足了这种需求。

在美国,开发协议具体指地块开发商和地方政府之间签订的对具体地块开发具有法律效力的协议。开发协议的出现是因为在依托私人开发的背景下,地块的开发承载了多元化需求,开发商希望获取更多的利益,而政府希望开发商能够提供更多切实具体的公共服务(Cullingworth,1993:85)。因此,原有的缺乏弹性的传统区划,甚至是上文述及的新的区划管理技术均无法满足如此细致多元的需求,所以,开发商和地方政府进行协商,将达成一致的最终结果以开发协议的形式确定下来,政府提供更为优惠的地块发展条件与政策,开发商则按照政府希望的开发方式进行建设(Green,2004)。结果是开发协议在此具体地块上就完全取代了区划,而其灵活度和细致程度也远远超过区划管理技术(表 5-3-5)。

表 5-3-5　美国开发协议包含条款及相关内容

条款	具体内容
管理机构权力	具体执行的政府管理机构制定开发协议的法律程序与规则
目标	提升开发过程的确定性,鼓励多方参与规划制定,降低开发成本;获取可预测的公共利益,如可支付性住房、设计标准、具体公共设施建设
最低规定内容	开发地块的明确描述;获取的开发权利描述,包括容积率、密度、高度、尺度等;明确提供的公共服务内容,具体如公共设施的建设要求;建设过程和时间计划
与规划一致性	不能与相关地区综合规划冲突
时效性	限定开发协议的法律时效,以及时效延长的条件等
协议修改、取消或特例	确定协议修改、取消或增加例外的条件和程序
批准和生效	确定开发协议批准、生效的程序
协议效力	协议生效后的法律约束力和强制执行力等

(资料来源：Green,2004)

在英国,开发协议是从"规划得益"(Planning gains)[①]演变而来的,指地方规划部门以授权规划许可为条件,从开发申请人身上获取规划条款之外的规划利益(张俊,2005;Cullingworth et al.,2014:160)。早在1932年英国各规划当局就有权签订协议(Cullingworth et al.,2014:162),以加入地方政府"认为合适的条件",这种权力也被写入1947年《城乡规划法案》中。但因为早期规划多为政府控制体系下的行为,"规划得益"并没有发挥明显作用。直到1960年代后"公私合作"模式兴起,开发商在城市更新过程中的地位日益提高,而其自私的经济至上开发现象屡现,所以政府希望能够通过开发协议强制开发商做出更多公共贡献(Davies,1998),从而弥补废除土地增值税导致的规划得益损失(彭錞,2016)。于是,1971年《城乡规划法案》中52段[②]明确规定"在土地开发协议中,地方政府可以增加认为有必要或更有利于土地效用的条款(包括财务性质规定)"。

可以看出,开发协议在英国是政府实现公共服务供给的"强制性手段"。各地方政府利用这种强制性措施,也确实起到了一定程度上保障公共利益的目标(表5-3-6)。据统计,在1990年前各地方政府利用"开发协议"达到的目标前六位分别是(Callies,1985)：①增加某种土地利用功能;②修建公共道路设施;③提供公共空间、文化娱乐或社区服务设施;④取消地块中某种土地利用功能,如加油站、工厂、办公或停车场;⑤修复既有房地产;⑥提供市政设施。后期,英国的开发协议逐渐演变为美国模式,不再是强制性手段,而成为一种协商结果。如伯明翰中心区1990年代开始实施的布林德利广场(Brindleyplace)项目,规划当局在项目起始就与开发商制定了明确的开发协议,以保障多功能混合开发及空间设计要求,并贯彻城市设计、建筑设计、施工和运营各阶段(Latham & Swenarton,1999:26-47),从而令其成为一个"在政府设置的规则下、市场化实施的、为公众生活营造的高品质场所"(Coulson & Wright,2013)。

---

① 英国起初称为"规划得益",后期因为带有协商性质改称为"开发协议",再后期因为可以通过单方面承诺,也被称为"规划义务"(Planning Obligation),但本质上并无区别,而大多数实践项目中以"开发协议"形式存在。

② 具体详见：http://www.legislation.gov.uk/ukpga/1971/78/section/52/enacted。

表 5-3-6　英国规划当局通过开发协议确保土地混合利用项目中建设的公共设施内容

公共基础设施	社会福利设施
对外公路、停车设施、景观规划、公共空间提升、公共交通设施、市政基础设施、垃圾处理回收设施、防灾庇护设施、绿色交通设施	健身设施、社区中心、教育医疗设施、职业培训设施、育儿设施、住宅（包括一般性住房和可支付性住房）、公共艺术、文化设施（图书馆、剧院、博物馆等）

（资料来源：Cullingworth et al.，2014：160-167）
注：防灾庇护设施和绿色基础设施是 1990 年代后新增的内容。

值得注意的是，当开发协议是一种"强制性"手段时，地方政府的权力被无限制放大，在一定程度上会挫伤私人资本的开发积极性，另一方面也会消磨掉政府提供公共服务的本职属性，产生对私人资本的过度依赖感（Callies，1985），所以英国后期也逐渐限制开发协议的滥用（Cullingworth et al.，2014：160-167）。但是当开发协议作为一种协商结果时，政府希望促成地块的更新发展，而不得已向私人资本妥协，从而削弱"公共利益守门人"角色，如布林德利广场（Brindleyplace）项目就因为缺乏保障性住房而遭受批判（Dixon & Marston，2003）。同时，这种妥协会根据政府迫切度和强硬程度以及开发商的投资力度和影响度而有所变化，因此会导致开发权力"有失公允"的境况。

（4）加强公众参与

由前文所知，为了避免私人资本非公正掌控空间使用权利，并防止政府角色失位，公众参与被认为是追求社会公正、保障公共利益的有效途径，因此英美各国此阶段响应学者和社会呼吁，提升公众参与程度，这也就提升了中心区土地混合利用过程中多元利益的保障力度。

在英国，政府规划咨询小组在 1965 年的报告中首次提出公众应该参与规划全过程的想法（泰勒，2007：83），于是在城乡规划体系改革的第二年（1969 年），斯克芬顿报告（Skeffington Report）颁布，切实提出规划体系中公众参与方法（Davies，1998），尽管其"社区发展官员"和"社区论坛"等设想在当时并未引起关注（Cullingworth et al.，2014：508-510），但还是促进了规划制定过程中公众参与从被通知（Information）到被咨询（Inquiry）、再到审查（Examination）的权利提升（图 5-3-4）。这就一定程度上提升了公众参与对规划制定的决策权力，如伦敦中心区的滑铁卢地区规划就因为公共咨询不满意，而被驳回修改（Ward，2010：123）。

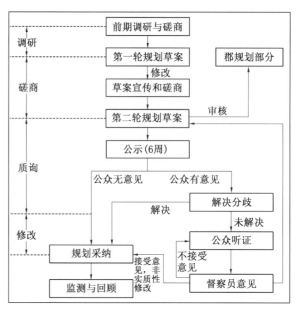

图 5-3-4　英国 1969 年后规划制定过程中公众参与流程
（资料来源：吴晓松、张莹、缪春胜，2015：50）

在美国，联邦政府通过一系列不同方向的规划法规实现公众参与的法定化（表 5-3-7），其中 1964 年颁布的《联邦经济机会法案》（Federal Economic Opportunity Act）是 1960 年代后在公众参与思想影响下首次明确要求其资助的项目的开发、建设和管理过程都需要尽最大可能促进当地社区和居民参与的法案（Grodach & Ehrenfeucht，2016：218），而 1973 年《俄勒冈土地保护与发展法案》则是第一个明确要求各市政当局（Municipality）在土地使用和开发规划过程中促进更多公众参与的法案,通过建立"公众参与咨询委员会"确保形成一套在规划草拟、确定以及修正过程中的公众参与方案(陈振宇,2009:34;小泽,2010:88),进而1974年颁布的《房屋与社区开发法案》(Housing and Community Development Act)中则明确要求每项援助计划中必须有中低收入者和贫民邻里中的居民参与(利维,2003:193)。于是,各州公众参与得到了极大的鼓励,公众参与形式也从早期公共听证会形式拓展到更多的发表意见的形式,如被认为是当时公众参与路径典范的波特兰,市民建立了各类社区组织,与城市管理机构合作制定社区发展计划,组织中容纳各种阶层和种族人群,同时政府也允许市民参与到城市各部门的日常工作中(小泽,2010:88-89)。

表 5-3-7 美国实现公众参与的法定化的相关法律政策

年份	法律政策
1964	《经济机会法案》(Economic Opportunity Act)
1966	《经济机会法案(1966年修正案)》
1966	"模范城市"(Model City)项目
1966	《信息自由法案》(Freedom of Information Act)
1969	《国家环境政策法案》(National Environmental Policy Act)
1972	《洁净水法案》(Clean Water Act)
1972	《俄勒冈公共会议法》(Oregon Public Meeting Law)
1972	《海岸功能区管理法案》(Coastal Zone Management Act)
1973	《俄勒冈土地保护与发展法案》(Oregon Land Conservation and Development Act)
1974	《房屋与社区开发法案》(Housing and Community Development Act)
1974	《能源重组法案》(Energy Reorganization Act)
1979	卡特总统12160号总统令

(资料来源:小泽,2010:85-86)

虽然此阶段公众参与程度得到了飞跃提升,但实质上,1990年代前规划程序中体现的公众参与并不能真正融入最广泛公共利益,所以公众参与也就只能变成一种抽象的东西,仅仅是"走过场"式的参与(Cullingworth et al.,2014:508-512;吴晓松等,2015:64;卡林沃思和凯夫斯,2016:31;Grodach & Ehrenfeucht,2016:218):

① 政府在确定公众参与时,往往会采取想方设法地辩解(专业性、法律性、现实操作性等等),令自己的方案不可更改;

② 公众参与采取自上而下的组织和运行方式时,公众仅在影响到其个人切身利益时,才会付诸行动,因此并不代表广大公共利益,这体现在后期各社区运动演变为维护少数公众利益的自私行为,如"别在我的后院"(Not In My Back Yard,NIMBY)现象;

③ 规划体系过于复杂、规划程序过于专业,公众理解困难而难以参与,尤其是贫困人口。

而到了1970年代后期经济危机背景下,保障开发又成了头等大事,政府为了提高规划体系效率,促进商业利益集团投资开发,再次令公众参与名存实亡。

5.3.2 更新政策转变:由集权转向合作

在土地混合利用复苏背景下,不仅规划体系需要改革以适应开发需求,而且原有具体更新政策也需要改革,原因有二(Tallon,2013:142-151):①1960年代前大规模拆除重建的城市更新政策不仅破坏了中心区原有社区结构、加剧了内城贫困,而且无助于创建新社区,广泛的批判令政府开始重视更新过程中的社区参与①,以保障中心区居住环境,遏制人口郊区化;②国际经济危机背景下政府财政资金短缺,国家所有制开发(凯恩斯主义逻辑)陷入危机,政府不仅无力承担大型项目(土地混合利用多为大型项目)需求的大量资金和技术成本,而且需要寻找新的方式来提供公共服务(土地混合利用项目中公共功能置入),而私人资本全球化寻求经济发展的现实诉求令政府有机可乘。

因此,1960年代以后政府更新实施政策与之前最为明显的区别是以合作式的混合所有制模式取代了之前国家所有制开发模式(Ward,2010:117),政府城市更新政策体现了"从上至下"(from the top down)向"从下至上"(from the bottom up)的转变,开始转向以地区提升规划(Area-based Improvement)为特征的"公社合作"②,以及以刺激式规划(Pump-priming Project)为特征的"公私合作",前者促进了以居住环境提升引领的土地混合利用开发,后者则是商业性设施引领的土地混合利用项目的主要促进手段。

5.3.2.1 "公社合作"方式

"公社合作"指的是以消除内城贫困为目标的,政府资助、社区引领的地区提升规划(Area-based Improvement)。英国主要的"公社合作"城市政策包括城市计划(Urban Programme)(1968年开始)、社区发展计划(Community Development Project)(1969年开始)和内城发展策略(Policy for the Inner Cities)(1977年开始),美国主要包括经济机会行动(Economic Opportunity Act)(1964年开始)、模范城市(Model City)(1966年开始)、住房与社区开发(Housing and Community Development)计划(1974年开始)和社区发展基金(Community Development Block Grant)(1974年开始)。

"公社合作"政策促进土地混合利用主要包括三个主要特征:

① 以消除贫困为目标,满足贫困人口多样化社会需求。美国率先兴起"对抗贫困"(War on Poverty)计划,英国则是向美国借鉴学习后推出相应社区发展政策(Gibson & Langstaff,1982:144)。其可以看作是在二战后人口隔离、城市经济结构转型导致的内城中心区衰败背景下,政府应对贫困人口抗争的"紧张氛围缓和剂"。因此政策往往是为了满足特定人群的多样化社会需求,如城市计划政策包括教育、工业、环境和休闲等公共服务设施供给(Tallon,2013:36-37);社区发展计划满足教育、住房和社会服务供给(Gibson & Langstaff,1982:148-149);内城发展策略侧重人口就业平衡、工商业和公共服务环境(Couch,1990:157;Tallon,2013:38-39);而美国经济机会计划和模范城市计划旨在提供住房、就业、教育、健康及文化娱乐机会(卡林沃思、凯夫斯,2016:352;Grodach & Ehrenfeucht,2016:218);住房与社区开发计划中更是包含了房屋不动产、公共设施、公园游戏场、残疾人中心、邻里设施、市政设施、商业设施、促进就业等一系列内容(利维,2003:192-193)。这就促进了中心区居住环境整体提升和居住引领的土地混合利用③。

---

① 尽管在1960年代前城市更新过程中也有社区参与,但大多是具有影响力的政治团体或精英组织,这种参与是不公平的参与,并不是真正意义上的社区参与。具体详见:李艳玲.美国城市更新运动与内城改造[M].上海:上海大学出版社,2004:129-133.

② 尽管不少学者认为1960年代的中心区社区提升计划也属于福利国家治理的方式,但笔者认为其与1960年代前的更新组织方式完全不同,1960年代前的更新方式中完全无视了社区需求,是政府出于单方面考量下的政策实施,而1960年代的社区提升计划则更多地体现了当地社区需求与社区参与,尽管社区在这一过程中处于相对弱势的一方,但依旧是一种双边合作关系。

③ 以社区发展计划为例,Couch等认为其实际上的发展模式就是"自下而上"地践行了后来制定的"城市村庄"(Urban Village)政策中的土地混合利用理念,具体详见:Couch C, Fraster C, Percy S. Urban regeneration in Europe[M]. Oxford: Blackwell Science, 2003,典型案例如利物浦中心区的 Vauxhall 社区和 Eldonians 社区。

② 以渐进式更新(gradual renewal)取代原有综合式更新(comprehensive renewal)。渐进式更新(gradual renewal)概念提出的初衷是保留原有历史悠久、质量相对较差、消费较低的住房,以应对历史保护要求和可支付性住房需求,后因综合式更新(comprehensive renewal)耗费不合理的巨额资金而进一步得到认可(Gibson & Langstaff,1982:97)。英国《住房法案》(1974年)正式将这种方式法定化推广,中央政府要求地方政府实施此更新方式的三点要素为(Gibson & Langstaff,1982:108):a.综合考虑社会、物质、环境、经济等多方面因素;b.以渐进式更新取代原有大规模拆除重建;c.通过合作方式得以实施。美国的住房与社区开发计划也体现了这种强调复原和保留的更新方式(利维,2003:194-195)。而这一方式恰恰符合土地混合利用理念复苏时期重视历史、环境、社会要素的多维度要求。

③ 建立基于公众参与的合作机制。所有的"公社合作"都建立在公众参与的基础上,原因是(Tallon,2013:150-151):一部分人认为社区的问题根本在于社区本身,而基于地区的开发方式就势必应该重视这个地区内民众的意愿;另一部分人认为以往的问题在于政府的各类公共服务之间不协调,需要社区作为中介。所以每项政策计划中均建立了政府与社区(包括组织、志愿团体以及个人)的合作关系,这拓展了原有开发合作政策体系(Gibson & Langstafif,1982:51-65;加文,2010:268-270),提升了公众参与地位①,是对中心区土地混合利用的实施管理方式的优化,令其更能体现公共利益。

但这种实验性的"公社合作"并未能最终起到全面提升中心区居住环境的目的:一方面在经济危机背景下政府支持的资金有限,这就意味着无法无限制满足特定人群需求,当仅以资助形式企图吸引个人出资合作时,贫困人口往往望而却步(Gibson & Langstaff,1982:67-71;李芳芳,2006);另一方面,由于对贫困社区的界定模糊,以及企图通过基础设施提升改善社区状况,导致经济扶助并未真正地惠及贫困人口(Gibson & Langstaff,1982:148;李芳芳,2006);此外,1970年代末期开始,政府认为城市内城贫困是整体经济、社会环境造成的,不应该限于局部去解决问题(Tallon,2013:38-39),因此转而寻求经济增长以提升整体物质环境和社会公共服务条件,采取的方式是"公私合作"的企业化再生模式(entrepreneurial regeneration)。

5.3.2.2 "公私合作"方式

"公私合作"是政府"企业主义"(Entrepreneurialism)管理方式的产物。"企业主义"指在经济危机背景下,西方国家从1970年代末开始转向奉行新自由主义经济发展方式(美国以1978年卡特提交《国家城市政策报告》及1980年里根总统上任为标志,英国以1979年撒切尔夫人上台为标志),秉持减少国家干预与市场驱动机制,给予私人部门在城市更新过程中重要地位,各政府以企业化方式管理运作城市更新(Harvey,1989;Stevenson & Jarillo,2007)。在这种管理模式下,政府与私人部门以"公私合作"关系(Public-Private Partnership)建立了增长联盟(Growth Coalition),其运作实践成功并得到关注与推广开始于二战后美国旧城中心区的复苏尝试(Frieden & Sagalyn,1989:96;Hall & Hubbard,1996;Ward,2010:209;Tallon,2013:45)。其主要更新政策方式包括起初开发商主导的"节日市场"(Festival Marketplace)及后期政府借鉴经验推广的城市

---

① 在自由主义经济发展模式前,社区在规划过程中的地位持续提升,如英国1975年颁布《社区土地法案》(Community Land Act)以确保社区能够控制其区域内的土地开发,1976年又颁布《开发土地税收法案》(Development Land Tax Act)以确保社区能够从社区开发中得益,但前者在撒切尔夫人上台后遭到废除,后者被削减(Cullingworth et al.,2014:31)。美国的《经济机会法案》(Economic Opportunity Act)(1964年)和《房屋与社区开发法案》(Housing and Community Development Act)(1974年)均明确要求市民参与,而自1960年代开始基于公共政策参与目标建立的社区行动机构即是以社区居民为基础的组织,包括居民、企业和社会团体。

开发公司(Urban Development Corporation)和企业区(Enterprise Zone)等①。

"公私合作"政策在1970年代、1980年代契合了当时旧城中心区土地混合利用发展需求,具体体现在三方面。

① 以促进地方经济多样化为目标,因此势必会带动旧城中心区土地混合利用开发。首先,"公私合作"政策是为了解决内城尤其是中心区整体衰败氛围,为人们创建适合工作、游憩和居住的环境氛围,因此其往往希望促进多元功能开发。如企业区往往呈现办公、酒店、零售商店、工厂、仓储混合开发的特征(Bromley & Morgan,1985),而相比较企业区,"节日市场"和城市开发公司的目标更为广泛,其不但鼓励工商业和旅游业开发,并希望通过对衰败地区提供住房和其他社会设施,以吸引人们居住和生活(Couch,1990:46;张冠增,2010:376;Tallon,2013:52);其次,各政策区倾向扶持中小企业,尤其是计算机和高科技制造领域的小微企业,目的也是希望能够促进地方经济多元化发展,尽管这一目标在英国被证明并没有实现(Tallon,2013:50-52),但在美国却得到一定程度落实(Cullingworth,1993:171)。

② 以"涓滴式"(trickle-down)的房地产引领开发为主要更新手段,追求"环境品质"与"自给自足"。"公私合作"模式下,基于不动产的大型房地产项目在城市更新过程中承担了重要角色,主要通过地块独立开发以图改善当地及周边形象,以营销的手段吸引投资、生产、就业、消费和居住(Turok,1992;Healey,1992:15-38;Fainstein,1994:24-57)。因此,正如前文分析,这种开发方式会带来两个明显特征:一方面,其极力提升地块环境品质,塑造地块内具有美好形象的空间形象,所以其往往充分利用历史文化氛围和优越自然条件,如美国中心区"节日市场"和英国城市开发公司大多选择历史要素集中的滨水区域(Robertson,1997;Imrie & Thomas,1999);另一方面,因为其大多是在中心区衰退区域的"独立式"复苏活化,所以必须做到"自给自足"以避免受周边环境的影响、并尽可能吸聚不同需求的人口以提升地块活力,这就势必令地块内呈现多功能混合开发状态(Home,1982:141)。

③ "杠杆式"合作,缩减管理程序,吸引私人投资。1960年代后,虽然私人开发商可以通过资本获取大块土地,但往往由于个别资产所有者持地待价而沽或者其他公众参与原因和审批程序原因而拖慢建设进程,所以依旧需要政府的强制购买手段和优惠政策,以能更高效地获取利益回报(Ward,2010:138-139)。同时,"公私合作"的前提恰恰是政府希望利用私人资本进行城市更新并提供公共服务,如何"以小博大",充分刺激私人资本积极性成为关键要素,因此,政府的政策往往呈现"杠杆式"机制。首先,"公私合作"政策均致力于缩减政府干预和管理,如企业区实施彼得·霍尔(Peter Hall)倡导的"无方案"(non-plan)的"自由规划区"(planning-free zone)理念(Ward,2002:310),建立专门的"企业区管理机构"(Zone Authority)进行统一规划管理,其通常由地方政府或者私人开发公司承担,取消常规的规划许可,因此在经济区内开发商可以根据市场需求更为灵活地建设各类功能建筑,在通过简单的公众咨询后即可实施(Home,1982:123-125)。而城市开发公司则建立官方或半官方机构,在美国是公私合资企业(Ward,2002:310),在英国是由中央政府直接任命的理事会(理事会成员大多是当地企业界代表),其相同点是希望跳过地方政府行政管理权限,同时被赋予了收购、管理、改造、处理土地建筑和资产的权力(Couch,1990:46;Tallon,2013:52)。其次,采取公共资金资助、税收优惠、土地强制征收、地价优惠、基础设施与

---

① 城市开发公司政策始于美国,以城市发展行动资助形式刺激私人资本参与旧城更新,意在为贫困社区创造就业和住房机会,在此模式下美国各地中心区兴建了以创造新社区形式的"新城中城",而后期这种模式更偏向于以工商业开发为主;企业区政策始于英国,后期在其基础上还衍生了"简化规划区"(Simplified Planning Zone),其基本开发控制原则与企业区相同。

公共空间建设等手段刺激私人资本投资(Schwanke,1987：134-136；Home,1982：123-135；Roberts & Sykes,2000：73-74；Tallon,2013：48-58),到了1980年代,政府更开始承担联合开发角色,如美国中心区五分之四的项目都是政府与开发商分摊投资费用(Frieden & Sagalyn,1989：172)。而后期公私合作方式变得更为灵活多元(Schwanke,1987：123-142；Rowley,1996a),但总体而言基本运作机制还是杠杆原理。如城市开发公司政策,英国在1981—1990年间的公共投资尽管多达180亿英镑(大多用于土地购买),然而其中仅伦敦道克兰开发公司1989年一年就吸引私人投资200亿英镑(Roberts & Sykes,2000：74)。而美国在政策申请时就必须要证明可以吸收2.5倍于公共资金的私人投资,到1983年末,实施的929个社区已经吸引了1 900多个项目和30亿美元(霍尔,2009：416)。

总之,"公私合作"关系成为1980年代中心区大多数土地混合利用项目的管理运作方式,并对中心区恢复活力起到了重要作用,但也因为其合作关系中缺乏社区与公众,在房地产经济驱动的运作机制下,导致缺乏对社会层面(社会住房、社区设施、社区参与、周边社区环境等)和自然环境层面的关注(Tallon,2013：54-55)。在这方面美国相对于英国要好一些,原因是美国自二战后就开始尝试以"公私合作"模式复兴中心区,而内城社会问题爆发也较英国更早且更为严重,所以在"公私合作"关系中较早开始关注社会问题。而在1980年代后半段企业区政策传入美国后,政府要求社区组织在管理层面必须承担重要角色(Cullingworth,1993：171),这可以看作是后期"政府-开发商-社区"三方合作的早期表现。

5.4 本章小结：演变动因、演变重点、实践模式

(1) 演变动因：促进消费导向的中央游憩区建设,实现中心区活力复苏

旧城中心区在大规模"疏解更新"后实现了政府和开发商心目中的"空间秩序化"与"功能纯净化",然而土地混合利用的瓦解并没有令中心区转危为安,其不但没有有效解决原有的人口郊区化、交通拥堵、生活环境恶劣、经济发展萎靡等问题,反而导致了一系列新的不可持续问题,并在新的时代背景下持续发酵。这些问题是多维度的,主要包括人口宏微观双重隔离、历史肌理破坏、职住分离导致的机动车通勤增加、去工业化后的经济全面衰退、安全氛围丧失、内城人口暴乱等,这些问题最终导致中心区环境彻底失去活力。而此时,西方开始向后现代社会转变,城市摆脱工业生产主要载体的角色,逐渐成为以第三产业为主的消费中心,个性化、多元化的消费娱乐成为时代潮流。为了重新激发中心区活力,应对这种社会经济趋势的转变就势在必行,所以,消费导向下的中央游憩区建设就成为各城市管理者和开发商的共识。土地混合利用因为符合了中央游憩区建设目标开始得以复苏。

因此可以说,此阶段土地混合利用实践由瓦解向复苏转变的根本原因在于,通过土地混合利用促进中心区向中央游憩区的转变,改善中心区衰退环境氛围,令其重现活力。但同时,这也决定了对土地混合利用的片面认知。

这一片面认知是：土地混合利用更多的是一种通过功能混合促进活力的有效手段,活力表面指空间氛围活力,深层本质是指经济活力。片面认知源于西方政府将中心区衰退的一切根源归为经济原因的认识,通过经济发展解决所有问题的政策判断忽视了社会维度效应对中心区的重要价值。在这一判断下,一切对经济发展明显直接有利的措施将具有最高优先级别,一切阻碍经济发展效率的措施将被搁置。而土地混合利用在此时得以复苏,自然就被看作是一种促进经济活力的重要手段,因此,尽管"城市多样性""城市文脉主义""中心区回归"以及"追求社会公正"等

后现代规划理论对中心区土地混合利用的复苏强调了空间、时间、经济、社会、环境、管理等多维度内容,然而现实实践却仅践行了对经济发展有利的相关措施,与理论相比呈现出明显差距。

(2) 演变重点:如何吸引投资建设、如何吸引消费群体并尽量刺激其消费

面对中央游憩区建设的新时代需求,原有的实践模式无法持续:一方面,英美国家凯恩斯主义的福利国家体系在经济危机中难以坚持,必须寻求新的建设资本动力;另一方面,大规模更新的建设模式遭受各方指责,必须停止。此时,中心区个别土地混合利用建设成功案例给政府和广大开发商带来了启示,这些建设是在私人资本主导下,以服务消费群体为宗旨的更新活动,其模式完全契合了当时社会经济背景下实现中央游憩区建设的目标。于是,如何更好地吸引私人资本投资中心区建设,如何更好地推广、拓展这种模式,以达到吸引消费群体并刺激其消费的目标,就成为此阶段土地混合利用实现由瓦解向复苏演变的重点。

(3) 实践模式:公私合作制度下的多元混合功能项目涓滴式开发

在一切为了经济发展,以吸引私人资本投资建设、服务消费群体并刺激其消费为目标的内在逻辑基础上,我们就更容易理解此阶段土地混合利用复苏的实践模式。

① 功能要素方面,允许一切能够刺激消费经济增长的功能相互混合。因此,此阶段 Loft、社区服务设施提升、商住混合街区、"商务、商业、娱乐"混合开发、消费功能与公共服务混合、商业性公共空间环境营造等不同功能间的混合都成为可能,而它们内在的本质特征是,以吸引郊区富裕阶层和中产阶层回流中心区进行消费、就业甚至是居住为宗旨,从而尽可能地刺激扩大消费效应。而对低消费能力人群的关注也就往往呈现出浅尝辄止或半途而废的结果,这体现在混合居住政策的失效、社区服务设施提升活动的商业性转向、对中小企业支持力的削弱、公共空间商业气息的提升等方面。

② 时空模式方面,采取有利于私人资本建设与维护的"涓滴式",并加以延展利用。一方面,局部空间涓滴模式的形成有利于开发商在中心区衰退大环境下,谋求自己地块的活力发展,而整体空间涓滴模式则是城市管理者与规划者对开发商"半封闭"局部开发的利用,利用私人开发商的兴趣对开发潜力较大地区(如自然、人文特色区域)进行复苏式更新,并为这些地区提供良好的交通可达性,同时尽量将这些活力点进行串联,以提高活力复苏效果。另一方面,以历史要素的活化利用为特征的时间横向渗透,有利于私人资本营造良好的"怀旧文化"氛围,同时也满足了政府保护利用历史要素的需求,而以夜生活自我复苏为特征的时间纵向渗透,则更有利于延展地块的消费使用时间,创造更大的利润收益,同时也符合政府促进地块活力的目标。

③ 权力模式方面,建立刺激与管控相结合的"双边合作"关系。英美国家此阶段提升管理弹性,是为了充分应对多样化功能混合开发市场需求,并对其进行一定的启动资金和政策优惠激励,从而能够刺激私人资本进行投资建设。同时政府出于公共利益"守门者"角色,对私人资本建设也提出了承担相应公共职能的要求,但这些要求也往往因为政府更重视促成经济开发而变得"片面",如对消费有利的历史要素保护,其公共空间品质就得以严格执行,而经济性住房建设、公益性服务设施、弱势群体就业、公众参与等内容则名存实亡。这种刺激与管控相结合的逻辑体现在"公社合作"政策中政府从资金注入到刺激个人资本和企业资金投入的转变上,更在"公私合作"政策中体现得淋漓尽致。

第 6 章 反思：复苏的隐忧与衍化的需求

1980 年代末以来"可持续发展"(sustainable development)理念迅速兴起并席卷全球，广泛影响了人类对城市发展模式的认知，成为人类社会发展的共同战略，并迅速与城市更新政策紧密结合(Couch & Dennemann, 2000; Tallon, 2013: 169)，在与城市更新理论自身衍化趋势相一致的背景下，促生新的更新理念——可持续更新(sustainable regeneration)。虽然自 1960 年代，中心区城市更新过程中提倡土地混合利用早已不是新鲜事物，但对城市可持续性及设计质量的关注令土地混合利用理念迅速成为政府关注的热点议题(Rowley, 1996a; Grant, 2002; Jabareen, 2006; Evans, 2014; Hirt, 2016)，并成为可持续更新的主要原则与重要手段(Sustainable Development Commission, 2003; URBACT, 2015)。然而，复苏期既有中心区土地混合利用实践是否已经满足新时期可持续更新要求，还是需要在可持续更新框架下有所衍化扩展，这需要从土地混合利用复苏阶段实施效果和可持续更新理念对土地混合利用的需求两方面进行分析。

6.1 活力营造表面下的不可持续隐忧

尽管通过前文阐述可以看出，英美各城市在 1960 年代后开始在旧城中心区鼓励并尝试的土地混合利用实践取得了显著成效，推动了中心区物质空间更新并一定程度上促进了经济活力回升，但同时，以复苏中心区活力为准则的政策措施因为其明显的经济属性，不可避免地引发了各方面新的问题，其大致可以分为三方面：①消费导向下的"涓滴式"(trickle-down)开发模式无益于改善中心区整体社会问题，反而加剧了私人资本开发导致的社会非正义现象，如直接体现出的绅士化与同质化、公共空间私有化问题，以及间接存在的忽视社区问题；②在功能混合带来生活便利和经济效益的同时，不同功能彼此之间的矛盾以及对公共环境的权利争夺开始显现，而在服务郊区富裕人口的本质目的下，减少私人机动车出行、减少污染排放的土地混合利用复苏环境维度目标也成为一纸空谈；③土地混合利用的复苏并没有有效阻止郊区化进程，反而令之愈演愈烈，这带来了经济再次衰退的隐忧。因此，可以说，旧城中心区土地混合利用的复苏不但没有完全实现复苏框架的可持续维度要求，反而引发了新的不可持续问题。

6.1.1 社会维度：绅士化、私有化及社区关注不足

6.1.1.1 多维绅士化与空间同质化

卢斯·格拉斯(Ruth Glass)在 1964 年首提的"绅士化"概念(Zukin, 1987; Lees et al., 2008: 37-38)，是指内城穷人和工人阶层街区被外来私人资本和中产阶级购房者翻新占领的过程，即居住绅士化。后期研究者又将此类名词套用至购物、办公、文化旅游等方面，用以形容高阶层群体对低阶层群体商业消费空间的侵占排挤(Smith, 2002)。

(1) 居住绅士化导致空间排斥

中心区居住绅士化现象产生的原因有三：①从中心区内部结构来看，中心区住房数量有限，导致房价提升，原本居住在质量较好的住房中的工人阶层因无力支付高额房租被迫搬离，取而代

之的是富裕的技术职业者和管理者,这种情况是中心区绅士化初现阶段特征,如英国伦敦和美国各主要大城市(Home,1982:83-84;Turner,2002;Francis,2015),而同时期中心区居住改善提升计划和居住产权私有化政策加剧了这一过程(Gibson & Langstaff,1982:67-71)①;②从中心区与郊区对比来看,相比较中心区,郊区房价攀升幅度更高,但交通距离日益增加、生活氛围日益枯燥,因此中产阶级和富裕阶层越来越倾向于重回中心区居住(Tallon,2013:213);③从供需关系来看,家庭数量的增加与政府复兴内城的政策令内城和中心区住房开发潜力激增,同时中心区就业结构改变,令中心区年轻技术职业者和创意人士增多,这类人更喜欢文化多元、休闲娱乐设施多样的中心区环境,因此供需关系的契合促生了中心区住房绅士化现象(Davies & Champion,1983:246;Evans,1997:132),后期中心区学生化(studentification)也是此类原因导致的结果(Tallon & Bromley,2004;Smith & Holt,2007)。

至1990年代时中心区居住绅士化已经历了三次高潮(Hackworth & Smith,2001),从起初大城市中心区零星社区行为,发展至政府引领的所有城市中心区普遍现象(表6-1-1)。因此中心区人口结构相对于1960年代前的"甜甜圈"形态发生了显著变化,富裕阶层在中心区比例日益提升,而贫困人口则被逐渐彻底排挤出中心区(图6-1-1)。

表6-1-1　1960—1990年代中心区绅士化波动发展过程

年代	波动区位	内容
1960—1970年代	第一次高潮	零星绅士化:发生在美国东北部和西欧主要大城市中心区的零星社区
1970—1980年代	缓冲期	开发商和投资者大量购买中心区低价社区住房,以谋求绅士化转换中的巨额利润,并为下一阶段绅士化做储备
1980—1990年代	第二次高潮	深入绅士化:由大城市开始向中小城市蔓延,大城市中则出现艺术家社区化现象,如SOHO等
1990年代初期	缓冲期	经济危机和初期绅士化矛盾在一定程度上令中心区绅士化过程放缓
1990年代中后期	第三次高潮	绅士化复苏:经济复苏后,开发商在政府支持下开始大范围更新中心区社区

(资料来源:Hackworth & Smith,2001)

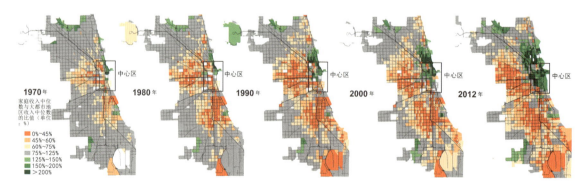

图6-1-1　芝加哥中心区居住绅士化过程
(资料来源:Hertz,2014)

---

① 如英国内城的总体改善区(General Improvement Area)计划的"自愿原则",因为政府资助资金有限,低收入群体无法承担另一部分资金,所以受益的往往是富人和中产阶级。而如"购买权"(Right to Buy)等公共房屋私有化政策,也同样基于市场化操作,吸引富裕和中产阶层购买,这也就无法避免中心区绅士化过程。尽管也有类似于前文所述科芬园(Govent Garden)地区通过历史建筑保护维持原有社区结构的案例,但始终属于少数情况。

虽然绅士化对中心区经济、活力、历史保护等方面具有积极贡献,但同时带来了很多社会问题。首先,主要大城市中心区居住绅士化的表现是:单一属性的高收入阶层社区取代原有混合属性的中低收入社区、白人社区取代有色人种社区。所以绅士化最直接的影响是空间非正义现象,既打破了原有较为混合、稳定的社区结构,又将中低阶层人口压缩并排挤出中心区,同时降低了他们的生活水准,从而加剧了空间分异程度(Zukin,1987;Lees,Slater,and Wyly,2008:300-305)。其次,居住绅士化会带来一系列的政策反应,政府和市场会以各种方式应对人口结构变化,从而满足富裕阶层和中产阶级的喜好,如公共空间私有化、提升社区管制措施等,这会进一步加剧社会排斥现象,造成不同阶层之间的矛盾(Lees,Slater,and Wyly,2008:316-317;Smith,2005:186-205)。再次,居住绅士化会带动中心区消费结构和就业结构改变(即导致商业消费绅士化),这会将中低收入者彻底排斥出中心区服务群体,并增加中低收入者日常生活压力(如交通费用、消费水平、就业难度)。因此,绅士化的种种负面影响最终导致中心区不同阶层之间矛盾不可调和,令城市走向"复仇性"(the revanchist city)(图6-1-2)。

图6-1-2　纽约中心区反对空间排斥游行,1991年
(资料来源:Smith,2005:226)

(2) 生产消费绅士化导致中心区同质化

绅士化在后期演变为富裕和中产阶层影响下的中心区整体氛围营造,不仅仅局限于居住环境,还包括了购物、文化娱乐、餐饮、公共空间、就业等全方位绅士化(Smith,2002)。

在全球化背景下城市绅士化不可避免地演变为城市之间的竞争,依据商品营销理念通过城市形象塑造以吸引富裕和中产阶层入住、就业和消费(Griffiths,1998),其结果往往导致城市形象的趋同性:

① 是因为商品营销的对象通常是针对小众的富裕和中产阶级(Tallon,2013:129-130),这意味着少数人的喜好和行为习惯决定了城市形象的塑造,也就令各城市中心区形象趋同;

② 是因为一个城市成功的形象塑造手段会迅速被其他城市模仿甚至是复制,导致各城市均使用了认为可以成功的相似的手段(建筑形式、环境形象、设施小品、宣传口号等)(Griffiths,1998),这已经形成了主题化、模式化开发(Hall,2006:88-93),因此就意味着各城市所展示的引人之处都是相类似的(Turok,2009;Grodach & Ehrenfeucht,2016:80),这种情况不但在新建商业性开发项目中(如新建的商业综合体、旗舰性办公楼宇、娱乐区等)尤为明显,而且也发生在对既有社区的商业化改造中(如破坏了各社区的原真性,令其日渐趋同);

③ 这是全球化对各城市地方化内在性侵蚀的外在表现。经济结构上,全球化大型企业对地方化中小企业的挤压,令中心区日益受国际性大企业和品牌的支配,这导致的外在表现为国际连锁品牌为了能够凸显品牌效应,采取标准化和统一化的标志、店面形象和相同的空间环境氛围,因此也就造成了"千城一面"的效果。

以表现最为明显的中心区商业街区为例,美国各大城市中心区中出租给全球连锁品牌的面积所占比例和销售额比例持续上升,而具有地方特色的地方连锁和独立个人商铺份额却持续萎缩(表6-1-2),这表明中低端品牌被逐渐排挤出购物中心(Frieden & Sagalyn,1989:173)。而英国各中心区商业零售区也变得越来越相似,原因是商铺基本被200多个品牌所垄断(1990年统计),1987年最大的10家零售商的营业额已占总营业额的26%,1994年这一比例提升至36%,最大的超市连锁品牌食品供应量更是占全英总供应量的一半(1989年统计),这就导致一些小型零售商(往往是本地品牌)要么彻底消失、要么不可避免地被排挤出中心区。据统计,1961到1984年间,中心区小型零售商店数量减少了约30万家,占原有总量的36%(Evans,1997:19),2001到2011年间,小型商店又继续减少了8%(Tallon,2013:189)。店铺的趋同化最终导致各个中心区商业区形象趋同化,Cox等人通过调查评价发现,至2009年,英国各城镇中心商业区41%是复制的,23%是在复制基础上稍作拓展的,仅有36%保持自己的地方特色(Cox et al.,2010)。

表6-1-2　美国主要城市中心区商业购物中心租户变化,1972—1981年

变化内容	租户类别	中心级别					
		邻里中心(Neighborhood)		社区中心(Community)		区域中心(Regional)	
		1972	1981	1972	1981	1972	1981
出租面积/%	全球连锁	44	46	54	62	63	71
	独立个人	31	31	19	17	14	10
	地方连锁	25	23	27	21	23	19
销售额/%	全球连锁	55	58	57	67	62	67
	独立个人	20	17	15	13	11	11
	地方连锁	25	25	28	21	27	22

(资料来源:Dawson,1983:20)

6.1.1.2　空间私有化与阴影效应

1950年代末以来,英美各城市以"涓滴式"建设的土地混合利用项目必须克服周边衰退地块的负面影响,因此往往呈现出两种特征(Witherspoon et al.,1976:12-15):一是尽量能够与周边破败的环境隔离,从而减少负面影响,达到自我发展的目标;二是项目本身必须能够尽可能地满足不同功能需求,支撑其在地块内的独立发展。所以项目尺度往往变得愈发巨大。据统计,美国1975年中心区大尺度以上项目占据总项目的三分之二以上(表6-1-3),而英国1965—1989年间,604个城镇中心区中开发了约890万平方米商业混合空间,每个购物中心占地面积均在4 650平方米以上(Thomas & Bromley,2000)。尺度巨大的结果是项目常常需要占据几个街区,为了保持街区间联系并达到人车分流的目的,空中连廊和地下通道就成为不可避免的空间联系方式。这种内向型开发模式导致"涓滴"的意义大打折扣,办公、商业、居住均呈现出"堡垒式"特征。

表6-1-3　1975年美国主要城市土地混合利用项目规模统计　　　　(单位:平方英尺)

区位	小尺度(<50万)	中尺度(50万~100万)	大尺度(>100万~300万)	超大尺度(>300万)
中心区/个	10	6	24	10
内城/个	1	1	21	8

(资料来源:Witherspoon,Abbett,and Gladstone,1976:43)
注:1平方英尺约9.3×10^{-2}平方米。

① 新兴的办公模式已不再像原有街面办公模式对中心区能够带来更多的街道活力和交往可

能性,它们一个个蜷缩在脱离了街道层面的一栋栋的玻璃大楼里,汲取着中心区首位度带来的巨大区位优势,却变成一个一个"堡垒",不但对周边环境美观缺乏帮助(Rowley,1996b),更对外部环境和周边活力质量毫无贡献(Coupland,1997:154);

② 同样的情况也发生在封闭式购物中心这种新兴产物上,他们虽然利用混合开发概念将不同类型商铺及一系列吸附性产业集中混合安排在商场内,但采用封闭式的空间更新方式令地块原有对外交流式的空间高度私有化,并没有起到提升外部公共空间活力的作用,只带来了冰冷的外墙(艾琳,2007:71-72;Whyte,2009:206-228);

③ 封闭式小区也成为初期中心区混合利用开发带来的产物,其运用门禁、围墙、安全监控设施和一系列环境设计手段将良好的区位和便利设施与周边隔绝,仅供小区内居民(往往是富裕阶层)享用(Coupland,1997:250;Dixon & Marston,2003;艾琳,2007:68-71;加文,2010:349;Low & Smith,2013:81-104)。

于是这种"堡垒式"土地混合利用开发模式导致两个突出问题:公共空间私有化与空间排斥、外部空间片段性与阴影效应。

(1) 公共空间私有化与空间排斥

尽管自 1960 年代以来,中心区商业办公、文化娱乐等功能项目对公共空间日益重视,并在政府鼓励政策下,兴建了大量的所谓的"公共空间",如纽约 1961—1973 年间,在激励性区划(Incentive Zoning)政策下新建开敞空间超过 100 万平方英尺(约 92 903 平方米)(Cullingworth,1993:87),但这种公共空间却极度缺乏"公共性"。主要原因是各地方政府在城市企业化发展制度下,因资金缺乏将公共空间建设权与管理权转嫁给各开发商,如 1961—1999 年间,纽约共兴建了 503 个私人建设管理的公共空间(privately owned public spaces)(Kayden,2000:44-45),而类如美国商务开发区(Business Improvement District)等政策也将公共空间建设管理权私有化(Turner,2002;Steel & Symes,2005),英国甚至出现低价出售公共空间所有权现象(Evans,1997:89),于是公共空间私有化行为导致了严重的社会排斥现象。

一方面,开发商的逐利本性令其直接在项目内部及外部公共空间排斥那些与办公、消费无关的人群(无家可归者、容易引发反社会行为群体、无消费能力的年轻人、穷人等)(Loukaitou-Sideris & Banerjee,1998:65;Turner,2002;Francis,2015;Low & Smith,2013:143-175),如 1970 年代英国伯明翰的新街(New Street)站中心商场打出标语"欢迎来新街,没有流浪汉的地方"(Coupland,1997:250)。同时,为了营造安全、整洁的环境形象,通过安保措施和监控设施覆盖地块内公共空间,用以排斥各种社会公共活动,包括明确规定不允许有任何吵闹或过激的行为,甚至不允许有任何不得体的行为(Mitchell,2003:142-147;Whyte,2009:156-173;Madanipour,2021:21-50),并设置开放时间、封锁通过性路径(图 6-1-3)。

a. 安保措施与监控设施

b. 封锁通过性路径

c. 物质空间限制性使用

图 6-1-3 1990 年代前中心区公共空间私有化特征

[资料来源:a 图(Németh & Schmidt,2011),b 图(Kayden,2000:56),c 图(Németh,2009)]

另一方面,政府缺乏对公共空间承载活动的管治,所以开发商引领下实施的公共空间只迎合了商务消费人士的需求,对公共空间的社会属性毫无贡献(Németh,2009;Whyte,2009:103-140)(图6-1-4)。而土地混合利用项目街区的过街廊道反而由于缺乏无障碍设施和其他功能设计,"自然而然"地将受欢迎人士与不受欢迎人士隔离开来,令"非消费商务人士"只能在地面层活动(Byers,1998;Whyte,2009:174-205)(图6-1-5、图6-1-6)。

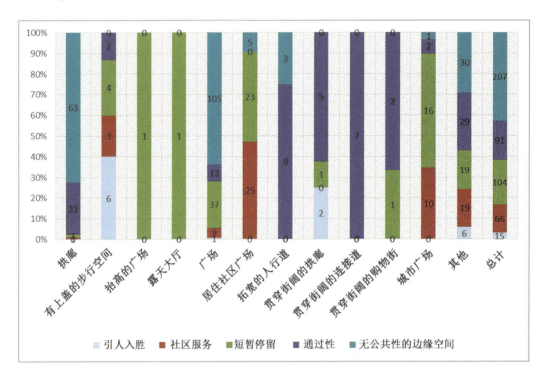

图6-1-4 纽约中心区私人公共空间分类评价
(资料来源:Kayden,2000:51)
注:可看出引人入胜和具有社区服务性的公共空间仅占极少数。

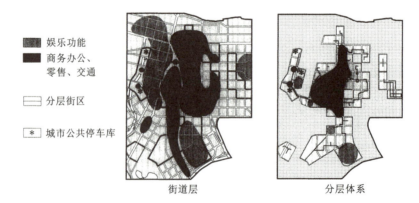

图6-1-5 明尼阿波里斯市中心区地面层与过街廊道层功能隔离状况
(资料来源:Byers,1998)

此外,土地混合利用项目的空间私有化特征不仅体现在公共空间,而且蔓延至对公共功能的排斥。"别在我后院"(Not In My Back Yard)体现了社区对不愿意接受的功能的强烈抵制,如工业、垃圾处理设施、监狱、高密度住房等明显破坏空间质量的功能,有些甚至排斥日托中心、旅馆、停车、游乐场地等社区公共设施(Grant,2002)。后来,这种思想渗透至商务空间,"别在我的办公

a. 中心区过街廊道向地面层拍摄　　b. 过街廊道下拍摄

图 6-1-6　中心区过街廊道对人群的隔离

(资料来源：Whyte,2009：195-204)

注：可看出非商务消费人士(多为黑人、贫困人口)仅会在充斥着冰冷外墙的地面层活动。

区"(Not In My Term Of Office)的口号体现了各商务地块拥有者拒绝承担公共职能的自私特征，这令鼓励土地混合利用的综合性规划步履维艰(Cullingworth,1993：9)。

(2) 外部空间片段性与阴影效应

中心区外部空间片段化是由三方面原因导致的。一方面是私人开发商"堡垒式"开发，各扫门前雪的自私结果令中心区公共空间整体质量迅速衰退，土地混合利用项目外面的公共空间是"别人的问题"(Someone else's problem)，成为脏、乱、差的拥挤危险区域(Tibbalds,2004：1-7)，而各"堡垒"在工作之余关门封闭，创造了大量隔离的"死寂"空间(dead Space)(Oc & Tiesdell,1997：12)。另一方面是政府对公共空间体系的忽视。二战以来的大批规划中，政府、土地所有人与规划者大多只关心建筑布局与交通结构，各地块之间公共空间往往被放置于次要地位，因此常常出现原有公共空间让步于综合更新规划或道路优化设计(Evans,1997：88-90)，而区划制度的实施，令相邻地块间缺乏统一规划与管理，街道界面被打破且不通透，公共空间分布较为随意，不成体系(图 6-1-7)。第三，在全球化竞争背景下，自由化、私有化成为城市经济发展常态，相对应的国家、城市企业化管理制度进一步加剧了大型项目在经济导向下分散化、隔离化建设，这令大多数土地混合利用项目呈现出空间隔离现象(Swyngedouw et al., 2002)。

外部空间片段性令土地混合利用项目的阴影效应突显，直接结果是造成中心区外部空间的安全性隐患(图 6-1-8)，碎裂的外部空间为醉酒者、小偷、抢劫者、交通肇事者提供了引发骚乱和实施犯罪的温床(Coupland,1997：180；Oc & Tiesdell,1997：28-29)。同时，中心区复兴的土地混合利用项目多为白天的生产消费功能，夜间生活功能多为与酒精有关的店铺，因此也并没有实质性解决二战后初期的工作时间外"荒芜"问题。英国犯罪调查显示在 1981—1991 年间英格兰和威尔士地区侵犯案件数量激增 36%(约多增 400 万件)，内城区居民的担忧情况要高于全市平均水平(Coupland,1997：179)，1995 年英国犯罪调查显示 80% 的暴力型犯罪行为发生在中心区，主要集中在夜间(Nelson et al., 2001)，因此，人们因为担心人身安全不敢在夜间出门去中心区，尤其是老人、妇女和儿童(Oc & Tiesdell,1997：28-40)，这不但影响了中心区活力，更令中心区失去包容性。其中，除酒吧外，街道、中心区边缘大型停车场、过街地道和公交站点因为步行环境质量较差、距离人流集中区域较远、缺乏安全设施等原因，成为犯罪频发地，被认为是中心区"禁区"(no-go area)(Roberts,2006)(图 6-1-9)。这种阴影效应还会导致严重的经济损失。据统计，1989 年美国暴力犯罪直接导致的经济损失达 100 亿美元，因城市生活质量担忧造成的间接经济损失更高达 1 450 亿美元(Nelson et al., 2001)。而在英国，安全问题导致营业额下降、就业率降低、额外费用增加等情况也十分严重(Oc & Tiesdell,1997：40-41)。

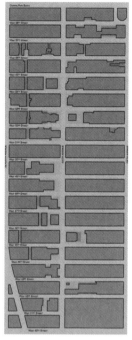
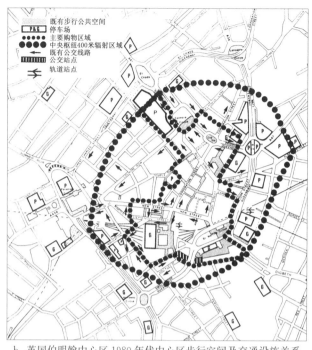

a. 纽约中心区在激励性区划刺激下兴建的公共空间毫无秩序性

b. 英国伯明翰中心区1980年代中心区步行空间及交通设施关系（可看出商业区内自身步行空间体系良好，但与外围的公交设施、停车设施之间缺乏联系）

图 6-1-7　1990年代前中心区公共空间片段化特征

［资料来源：a 图（Ballon，2012：190.），b 图（City of Birmingham，1980）］

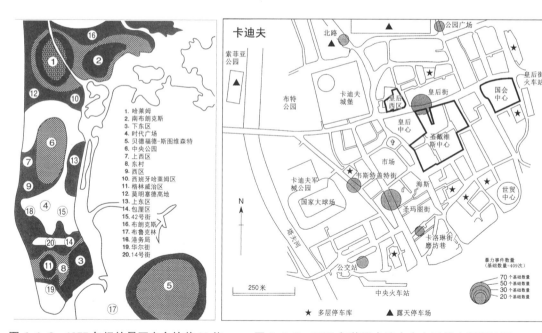

图 6-1-8　1977年纽约最不安全的前20位区域（大多位于曼哈顿）

（资料来源：Oc & Tiesdell，1997：36）

图 6-1-9　1993年英国卡迪夫中心区暴力犯罪地图

（资料来源：Nelson et al.，2001）

6.1.1.3　缺乏对社区与弱势群体关注

1990年代前城市复兴背景下的中心区土地混合利用方式本意是采用"涓滴式"经济理论，利用更新地块产生的经济效益去促进周边整体地块发展，从而解决中心区整体社会问题。然而事实证明,这种发展方式虽然在物质空间和经济发展方面取得了一定成就,但因其私人资本引导的背后发展逻辑,所以往往导致忽视对当地社区和弱势群体的关注(Imrie et al.,2009:97;Jones & Evans,2013:73)。

对这方面的批判主要存在于两方面。

一方面,土地混合利用开发获取了大量公共资金支持和政策支持,但却仅用来支撑了私人地段的商业性开发,对中心区当地社区帮助甚微,如前文所提的公共空间私有化问题,以及缺乏社会性住房、缺乏当地及周边社区的参与、缺乏社区服务设施投入、没有有效

a. 伦敦道克兰 1981—1997年资金主要花费分配比例　　b. 利物浦默西塞德 1981—1996年资金主要花费分配比例

图 6-1-10　英国城市开发公司项目资金分配比例
(资料来源:Imrie & Thomas,1999:57,97)

利用当地人才(穷人和失业者)等问题(Cullingworth,1993:184;Colquhoun,1995:72;艾琳,2007:65;Jones & Evans,2013:74)。以英国城市开发公司(Urban Development Corporation)项目为例,各地项目获得约3 000万—1亿英磅公共资金资助,但每年用于当地社区的花费却仅占总花费的0%～6%不等(表6-1-4),大部分资金都花费在对私有开发商地块经济效益有提升助益的基础设施建设和管理上(图6-1-10)。而英美国家以复兴贫困社区为目标的"对抗贫困"的一系列计划也被证明缺少对贫困人口的真正投资(Gibson & Langstaff,1982:155-156),而其大幅度提升的地区基础设施和经济活动载体(李芳芳,2006),反而为人口绅士化起到了促进作用,即最终服务了中上层阶级。

表 6-1-4　英国主要城市中心区城市开发公司项目公共资金资助及对社区的贡献

城市开发公司	公共资金资助总额/百万英磅	城市开发公司花费中对社区贡献比例/%			
		1988年	1989年	1990年	1991年
伦敦道克兰	1 860.3	3.3	6.5	5.3	—
默西塞德	385.3	4.5	3.1	4.2	—
布莱克城	357.7	1.3	1.8	2.7	1.5
卡迪夫湾	519.7	0.6	0.9	1.0	—
提赛德	350.5	2.4	0.3	0.2	0.9
特拉福德公司	223.7	0.1	0.3	0.4	0.3
泰恩与威尔	339.3	0.3	0.9	1.3	1.0
布里斯托	78.9	0.0	1.0	0.0	0.1
谢菲尔德	101.0	0.4	0.7	1.0	1.4
曼彻斯特	82.2	1.4	1.6	3.4	2.3
利兹	55.7	0.9	0.1	0.2	0.2
平均	395.8	1.4	1.5	3.7	1.0

(资料来源:Imrie & Thomas,1999:18-22)

另一方面，房地产引领的城市更新方式加剧了贫富差距，忽视了弱势群体（Ward，2010：233），具体体现在其导致的绅士化现象恶化了中心区低收入群体的居住生活环境，并且没有为他们实质性解决就业问题（Cullingworth，1993：184；Colquhoun，1995：72；Ward，2010：247）。国际金融活动、贸易服务业和与其相关的集中管理与控制的职能（银行、总部办公、广告、会计、法律、商业服务、工程建筑服务、国际贸易等）在中心区迅速增长（霍尔，2009：422）（表 6-1-5、表 6-1-6），这些行业需要一定交际、写作、管理和技术的人才，他们大部分来自郊区的富裕和中产阶层。原有失业的非技术人群无法胜任新增岗位要求，以纽约增长最快的商务金融服务行业为例，1977—1984 年间新增 15.4 万个岗位，其中仅六分之一是蓝领和底层服务人员（Frieden & Sagalyn，1989：292，300）。中心区仅旅馆、餐饮、零售等服务业部门能提供一定量的非技术岗位，这就意味着虽然中心区基于第三产业的城市复苏可以起到解决内城就业的作用，但其岗位数远无法应对失业缺口，短时期内不能根本解决中心区周边低收入群体就业问题和贫困问题，因此，在英美等国经济结构转型背景下，中心区失业率远高于郊区，尤其是少数种族和外来流动人口（Hall，1989：64）。统计数据也恰恰说明这一点，1950—1984 年美国中心区办公空间开发数量排名前 10 的城市，它们 1980 年代的失业率均高于 1970 年代，其中 9 个城市的低收入群体比例均有不同幅度升高（Frieden & Sagalyn，1989：288）。政府试图通过各类公私合作项目达到增加就业岗位、提高中心区就业率的策略，但也往往被证明是掩耳盗铃，如 1981—1986 年间英国各企业区（Enterprise Zone）项目中 80% 的新增岗位是其他区位已有岗位的地理迁移（Tallon，2013：50-51）。

表 6-1-5　1971—1989 年英国伦敦中心区各行业就业变化

类别	1971—1975 年		1976—1981 年		1984—1986 年	1987—1989 年
	千个	比例/%	千个	比例/%	比例/%	比例/%
生产性部门	−59.0	−32.2	9.9	8.0	−33.1	−13.7
交通通信	−19.8	−12.6	−1.4	−1.0	−14.3	−13.1
物流、餐饮、修理	−31.6	−19	−4.9	−3.6	−1.5	−4.9
保险、银行	−12.1	−4.3	12.5	4.7	19.6	1.3
科技服务	−1.7	−1.1	27.2	18.3	24.8	0.5
其他服务	−11.4	−7.3	0.3	0.2	−3.9	−6.4
公共管理	2.6	1.9	−26.0	−18.7	−5.7	−9.6

（资料来源：Frost & Spence，1993）

表 6-1-6　1962—1982 年美国巴尔的摩中心区主要行业就业变化

类别	1962 年/个	1974 年/个	1982 年/个	变化/%
制造业	104 993	89 415	59 691	−43.1
交通	38 728	30 093	24 303	−37.2
批发贸易	27 574	24 870	19 292	−30.0
零售	64 270	58 730	44 279	−31.1
金融、银行、房地产	26 535	30 987	31 528	+18.8

(续表)

类别	1962年/个	1974年/个	1982年/个	变化/%
服务业	57 364	79 665	92 201	+60.7
健康	17 497	24 848	35 469	+97.3
全部行业总计	340 303	331 392	285 460	−16.1

(资料来源：Law et al.，1988：121)

6.1.2 环境维度：忽视公共环境与公共交通的一体化建设

6.1.2.1 公共环境影响

1990年代前的中心区土地混合利用复苏实践最重要的目标是恢复活力，既是经济活力，也是人口活力，因此其希冀于将满足人的不同需求的活动就近布局，这势必会带来极大的便利，但同时也会造成冲突。尽管开发商在项目运作前就已经考虑到满足不同功能各自运转的需求，但往往是一种"事前空间体系设计"，忽略了"事后运作管理设计"，当功能运作权限界定缺失以及功能彼此之间的"共享灰色区域"职责权利不明时，就极易在日常使用中出现各种矛盾。

一方面，功能运作权限界定的缺失会造成功能之间的消极影响，如声音、气味、光照、垃圾处理以及一些反社会现象(Rowley，1998；Schwanke，2003：277-279；Rabianski et al.，2009b)。

另一方面，以公共空间、停车空间、道路空间为代表的服务设施和公共领域的权责不明，会进一步加剧功能使用者之间的矛盾冲突(Foord，2010)，如空间占用侵犯、货物运输影响等问题。

以伦敦中心区克勒肯韦尔(Clerkenwell)为例，其为1980年代土地混合利用开发的重点区域，但Evans等人对该地区内居民和各功能业主的采访发现，虽然功能混合带来了便利、活力、环境品质提升等优点，但同时，也引发了人们的各种不满(图6-1-11)，其中，噪声影响、货物运输、垃圾处理、反社会行为是最被集中诟病的几个方面，而调查也证明，这些负面影响不仅仅发生在夜间，而是充斥于全天24小时。

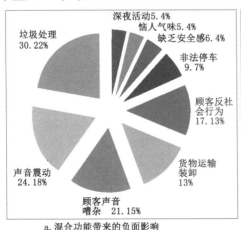
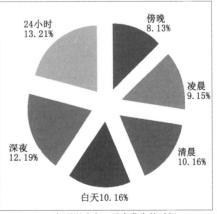

a. 混合功能带来的负面影响 b. 负面影响在一天中发生的时间

图6-1-11 伦敦中心区克勒肯韦尔地区混合功能负面影响

(资料来源：Evans，2014)

6.1.2.2 公共交通一体化发展不足

尽管英美各城市在1960年代以后开始关注中心区公共交通体系规划，并在某些城市中心区取得了成功，如伦敦、纽约、波特兰、费城等，但私人机动车交通仍旧占据主导地位(Robertson，1997)。这是因为1990年代前，英美国家私人汽车保有量持续迅猛增加，1950—1980年间，英国私人汽车保有量从50辆/千人提升至331辆/千人,1961年60%出行依靠私人汽车,1991年这一比例提升至90%(Evans,1997:43),而美国早在1978年就达到每1.5人拥有一辆汽车(孙群郎,2005:133)。因此,二战后城市规划思想一直以私人汽车为导向,公共交通体系处于长期的衰退过程中(Simpson,1988:6-8;Law et al.,1988:192-195)(图6-1-12),而1960—1990阶段中心区土地混合利用项目大多以吸引富裕和中产阶层为目标,更强化应对私人汽车的需求,尽量令人们通过机动车可以到达每一处目的地(Schwanke,1987:182-186;加文,2010:351)(图6-1-13),往往配建大规模停车设施。大部分地方政府在1990年代之前也没有将土地利用与公共交通建设统一考量(Evans,1997:125)(图6-1-14),所以尽管人口、就业、消费都出现郊区化趋势,但中心区的私人机动车交通拥挤状况并没有明显改善。

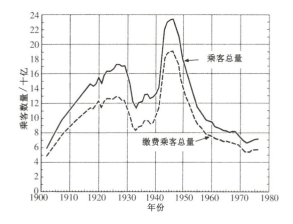

图6-1-12 美国公共交通乘客在二战后呈下降趋势
（资料来源：Law et al.,1988:193）

图6-1-13 美国中心区土地混合利用项目停车的设施
（资料来源：Schwanke,1987:76,185）

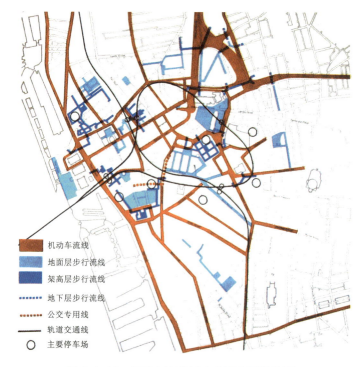

图6-1-14 1972年利物浦中心区交通设施图
（资料来源：Liverpool City Planning Officer,1972）
注：可看出机动车停车(黑色圆圈)与土地混合利用项目(蓝色步行区)结合比公交体系更好。

据1990年代初的统计结果,英国城市40%的交通发生在建成区,而其中超过三分之一发生在上下班高峰期(Evans,1997:43)(表6-1-7),美国的中心区—郊区间的双向交通在1960—1980年间也均有所提升(孙群郎,2005:208),这就给中心区带来了显性和隐性两方面问题。

首先,显性问题是:①造成交通拥堵,增加出行时间;②占据空间,浪费中心区土地。

表6-1-7　英国主要城镇中心区机动车流量,1967—1976年　　　　　(单位:辆/小时)

年份	大伦敦区中心区		主要城市中心区		主要城镇中心区	
	高峰期	非高峰期	高峰期	非高峰期	高峰期	非高峰期
1967	1 930	1 490	1 413	1 192	1 194	988
1971	1 919	1 514	1 489	1 207	1 383	1 074
1974	2 046	1 594	—	—	—	—
1976	—	1 610	1 485	1 151	1 572	1 173

(资料来源:Davies & Champion,1983:170)

其次,隐性问题更为严重(Evans,1997:45-46):①造成额外的经济损耗,英国产业联盟预测交通拥堵每年会造成150亿英镑的浪费,平均给每个家庭每周增加10英镑花销;②降低中心区工作与购物意愿;③降低公共交通的通行速度与设施投资额度,不利于弱势群体;④造成环境污染、影响健康(图6-1-15)(英国道路交通排放造成全英CO_2排放的20%、碳化合物的90%、氮化合物的50%、烟雾的46%);⑤侵占中心区社区本应有的社会活动空间和公共设施空间,降低中心区居住环境吸引力,加剧郊区化现象。

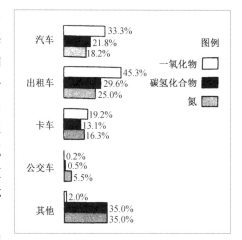

图6-1-15　1970年纽约中心区空气污染源
(资料来源:沃特森、布拉特斯、谢卜利,2006:637)

然而如果提供安全、便捷、可靠的公共交通(如地铁),人们是愿意用公共交通方式替代私人汽车出行的(Evans,1997:56),这一倾向在伦敦中心区出行方式演化中有所体现(表6-1-8),因此如何令土地混合利用与公共交通体系更好地一体化发展成为重要议题。

表6-1-8　伦敦中心区早高峰交通方式分布变化,1973—1986年　　　　　(单位:千人)

年份	地铁	公共巴士	轨道交通	私人交通	总计
1973	495	144	435	188	1 262
1983	448	97	383	211	1 139
1986	516	89	401	212	1 086

(资料来源:Simpson,1988:143)

6.1.3　经济维度:"人口-商业-办公"裹挟式外迁加剧

"所有的一切都在向外转移,甚至连工作、购物、娱乐等空间设施也是如此。"雅各布斯在

1960年代初就对郊区化表示了担忧,新建成的郊区有一个共同点,他们都是白色人种、中上层阶级的聚集区,这样的结果是人口隔离、通勤交通增加以及中心区环境衰败。英美各城市鼓励中心区土地混合利用复苏,其很重要的目的就是希望阻止郊区化的持续。但在实践中,各城市希冀通过游憩消费导向的中心区个别地段的活力复兴来拯救中心区,这种开发存在明显的"访问"特征,在交通联系便利的前提下,人们无须居住在中心区。事实上大多数土地混合利用项目也是生产、消费、服务功能之间的混合,对居住功能提升有限。于是,"人口-商业-办公"裹挟式郊区化不但没有被阻止,反而愈演愈烈。

6.1.3.1 人口持续郊区化

虽然英美各城市努力通过提升中心区环境品质以吸引人口回流,但如上文所提的居住绅士化仅仅是少部分人群,1960—1990年代间人口依旧呈现大规模的郊区化趋势(表6-1-9,图6-1-16)。其主要原因是居住环境问题,如中心区住房总量减少、价格提升、居住环境比郊区差等,这在有孩家庭和老年人群体上的体现尤为明显(Hall,1969:79)。同时,由于绅士化和交通体系日益发达,贫困人口和少数人种也开始摆脱中心区和内城,向近郊区转移(孙群郎,2005:187-188)。在人们认识到无序蔓延的危害后,从二战后启动的郊区建

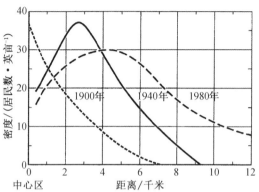

图6-1-16 1900—1980年代美国城市人口密度分布演变
(资料来源:Law et al.,1988:17)
注:可看出人口日益向郊区转移。1英亩约0.4公顷。

设却一直在持续,因此依旧在不断吸聚人口郊区化,如英国新城建设就一直持续至1980年代底(表6-1-10)。此外,社区服务设施也跟随着人口郊区化呈现郊区化趋势,这更加刺激了有孩家庭郊区化的趋势。

表6-1-9 英国主要城市人口变化,1901—2010年

城市	1901—1950	1951—1960	1961—1970	1971—1980	1981—1990	1991—2000	2001—2009	2010年
伦敦	+25.9%	−2.2%	−6.8%	−9.9%	−4.5%	+10.5%	+9.1%	780万
伯明翰	+49.1%	+1.9%	−7.2%	−8.3%	−5.6%	+0.7%	+6.0%	100万
格拉斯哥	+24.9%	−2.9%	−13.8%	−22.0%	−14.6%	−4.7%	+2.4%	59.2万
利兹	+19.3%	+2.5%	+3.6%	−4.6%	−3.8%	+5.1%	+11.7%	79.9万
利物浦	+10.9%	−5.5%	−18.2%	−16.4%	−10.4%	−2.8%	+1.3%	44.5万
曼彻斯特	+8.3%	−5.9%	−17.9%	−17.5%	−8.8%	−2.1%	+27.0%	49.9万
纽卡斯尔	+26.1%	−2.3%	−9.9%	−9.9%	−5.5%	−0.1%	+12.3%	29.2万
谢菲尔德	+23.0%	+0.4%	−6.1%	−6.1%	−6.5%	+2.5%	+8.2%	55.5万
英国总人口	+32.1%	+5.0%	+5.3%	+0.6%	+0.02%	+2.3%	+6.0%	6230万

(资料来源:Jones & Evans,2013:67)
注:从英国总人口变化和各城市人口变化可以看出,在1961—1991年间,各主要城市人口依旧呈现向乡村移动的趋势,直到1990年代这种趋势才开始逆转。

表 6-1-10　英国伦敦周边新城人口规划与实际对比　　　　　　　　　　（单位：人）

阶段划分	新城名称	设计时间	建成时间	规划人口	1986年实际人口
第一阶段	巴塞尔顿(Basildon)	1949年	1986年	25 000	103 000
	布拉克内尔(Bracknell)	1949年	1982年	5 100	50 800
	克劳利(Crawley)	1947年	1962年	9 100	72 900
	哈罗(Harlow)	1947年	1980年	4 500	78 000
	哈特菲尔德(Hatfield)	1948年	1966年	8 500	25 200
	赫默尔亨普斯特德(Hemel Hempstead)	1947年	1962年	21 000	77 100
	斯蒂文尼奇(Stvenage)	1946年	1980年	6 700	75 700
	韦尔温花园城(Welwyn Garden City)	1948年	1966年	18 500	40 500
第二阶段	米尔顿凯恩斯(Milton Keynes)	1967年	1992年	40 000	133 000
	北安普顿(Northampton)	1968年	1985年	133 000	170 000
	彼得堡(Peterborough)	1967年	1988年	81 000	132 500
总计	—			352 400	958 700

（资料来源：Hall,1989：23）

6.1.3.2　零售购物郊区化

在人口持续郊区化的背景下，需要临近服务人口的零售购物业首先跟随人口开始向郊区分散。零售商和开发商都越来越倾向于开发郊区商店的原因有五个方面(Evans,1997：25-26；孙群郎,2005：195；Tallon,2013：184)：一是相比较中心区，郊区土地地价便宜、产权简单、空间充足（有利于现代购物空间、娱乐空间、停车空间）、施工建造快速，所以投资少、收益快；二是因为人口郊区化与商务空间郊区化令郊区零售需求激增，而郊区以往的零售设施匮乏，不足以满足新增需求；三是郊区化人口大多为"有车阶级"，中心区愈发糟糕的交通状况与"驾车购物"①的新消费习惯格格不入，而郊区的快速网络化交通则与其相得益彰；四是中心区物质环境过时、土地利用碎片化导致各种反社会问题；五是政策的放宽。

美国商业郊区化要早于英国，开始于两次世界大战期间，但在1950年代末伴随着郊区购物中心的发展而逐渐大规模蔓延，在经历了购物商店、购物街区、封闭购物中心、超级区域中心等四个阶段发展后(Jackson,1987：257-261)，郊区商业机构、营业额和就业人数均超过了内城中心区（表6-1-11）。英国的商业郊区化则开始于1970年代中央政府放宽对郊区商业开发的限制后(Jones & Evans,2013：67)，在市场作用下，从1970年代到1990年代经历了五次②外迁浪潮(Evans,1997：18-19；Tallon,2013：184-185)（表6-1-12）。

---

① "驾车购物"不止对停车空间提高了要求，更提高了对购物空间的要求，如娱乐、餐饮、幼儿托管、货物种类等，更因为其提高了货物承载量和出行人数，从而提高了消费水平。据1994年统计结果，在英国去郊区食品商店购物每次花费平均50英镑，而在市中心却只有10—20英镑，具体详见：Evans R. Regenerating town centres[M]. Manchester：Manchester University Press,1997：25.

② Tallon 在 Evans 的三次之上补充至六次，具体详见：Tallon A. Urban regeneration in the UK[M]. 2nd ed. London：Routledge. 2013：184-185.但笔者认为第四次和第五次是 Tallon 更为细致的划分结果，其实同属一类，可以合并为一次，所以笔者认为一共为五次。

表 6-1-11　1950—1980 年代美国商业郊区化表现

商业郊区化评价	表现特征
商业机构	300 万以上大都市区，1954—1967 年间，中心区商业结构减少 26%，而郊区增加 29.9%
营业额	以亚特兰大为例，1962—1972 年间，全市批发业营业额仅增长 78.5%，而郊区增长了 296.5%；1963 年，内城零售业占都市区 66%，而 1977 年，仅占 28%
就业人数	1947—1972 年间，全国 33 个百万人口城市，内城中心区零售和批发就业岗位分别减少 56.5 万个和 30.2 万个，而郊区分别增长 236 万个和 79.8 万个

（资料来源：孙群郎，2005：197-198）

表 6-1-12　1970—1990 年代英国商业郊区化趋势

商业郊区化阶段	时间	推动力	郊区化内容
第一次	1970 年代	郊区大型超市模式（配以大型停车场）	日常食品行业
第二次	1970 年代末到 1980 年代初	郊区购物仓库与广场（零售、娱乐、餐饮混合开发）	家具、电器、玩具、鞋帽、运动产品等行业
第三次	1980 年代中后期	区域性购物中心（配备以往旧城中心区才有的银行、邮局等服务设施）	所有零售行业
第四次	1990 年代初期	升级版零售广场和超市（工厂直销店、购物村、折扣店）	覆盖家庭用品、珠宝礼品、服装鞋帽、食品等，重要的是配备一定的休闲设施
第五次	1990 年代中后期	网络销售	零售行业分散化达到了最高程度

（资料来源：Tallon，2013：184-185；Evans，1997：18-19）

因此，1980 到 1991 年间，英国郊区零售产值占总体产值比例从不足 5% 升至 17%，购物中心数量从 1972 年的 190 个增至 1994 年的 950 个，大型超市数量从 1971 年 21 个增至 1992 年的 719 个（Evans，1997：19）。据 Dixon 等人（2003）统计，1960 年代几乎所有的零售销售额发生在中心区，而到了 2000 年代，已有约 42% 零售销售额发生在中心区以外地区（Dixon & Marston，2003：24）（图 6-1-17）。

因此，商业郊区化趋势已经严重影响了中心区商业街区的发展，这个时期零售商继续投资中心区商铺更多出于竞争环境下维系其原有的商业份额及知名度，是一种必要性（不得已）投资而不是选择性投资，直到后来随着中心区旅游、娱乐功能的提升，零售作为捆绑功能进行开发，这种情况才有所缓和（Evans，1997：26-27），但依旧在后期造成了持续影响（Portas，2011），各地方政府逐渐开始认识到整体性商业郊区化趋势对中心区带来的恶劣后果，如大面积商业空间空置、商业街区活力下降等问题。

6.1.3.3　办公就业郊区化

在经历了二次大战后初期制造业大面积郊区化后，随着人口和商业不断地外迁，中心区办公就业空间也开始出现郊区化趋势（图 6-1-18）。原因有四：①中心区交通可达性日益恶化、机动车拥堵、停车困难、缺乏对新兴产业的空间应对以及租金偏高等问题成为办公功能向外迁移的内在推动力（Evans，1997：67；孙群郎，2005：199）；②郊区办公需求增加，一方面是郊区化的工厂、

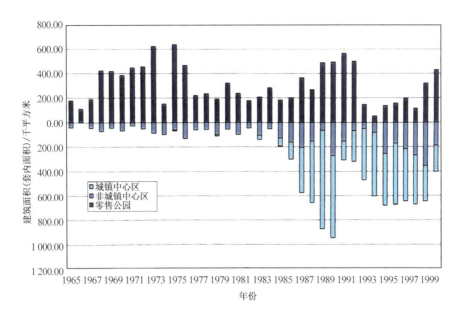

图 6-1-17　1965—1999 年英国主要城镇零售商业开发趋势
（资料来源：Dixon & Marston，2003）
注：可看出从 1980 年代初开始非中心区开发逐渐超越中心区开发。

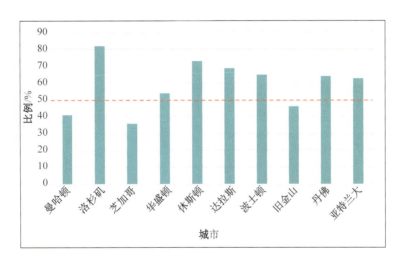

图 6-1-18　1985 年美国主要城市非中心区办公空间比例
（资料来源：Law et al.，1988：173）
注：可看出大多数城市非中心区办公空间比例已远超 50%。

仓库需要管理型办公，另一方面是郊区人口增长、商业增长后的本地服务需求，如律师、房产经纪、小型保险、银行分支等（Daniels，1977；Jackson，1987：266-271；孙群郎，2005：199）；③在生产性服务业（银行、保险、法律、会计、物流、信息等）和高科技生产占据主导的经济结构中，随着交通和交流技术的提升，旧城中心区作为信息交换的枢纽地位开始被削弱，尤其从事信息交换工作的普通职员大多为中产阶级女性，郊区因为临近家庭且更方便开车购物，成为她们的就业首选之地（Hall，1989：59-64）；④中心区的产业分工日益专业化，对专业性、管理性人员需求量增加，而普通职员则失去竞争力，因此不得已向郊区新兴办公空间寻求就业机会（Daniels，1977）（表 6-1-13）。总之，就业郊区化在一定程度上受人口郊区化和产业结构变革的影响，而就业郊区化的结果是产生反哺效应，进而加剧人口郊区化进程（Hall，1969：79）。

表 6-1-13　1966—1971 年英国主要区域城市中心区不同职层变化　　（单位：千人）

地区	职层	中心区变化	郊区变化	总变化
大伦敦区（含伦敦）	普通职员	-3 350	295	-3 055
	专业管理阶层	1 295	1 011	2 306
西米德兰兹郡（含伯明翰）	普通职员	-117	-7	-124
	专业管理阶层	88	586	674
兰开夏郡（含兰开斯特）	普通职员	-848	691	-157
	专业管理阶层	66	548	614
默西赛德郡（含利物浦）	普通职员	-1 179	838	-341
	专业管理阶层	-139	334	195
泰恩赛德郡（纽卡斯尔东北）	普通职员	-252	366	114
	专业管理阶层	-47	167	120

（资料来源：Daniels，1977）

注：表格中数据均为变化绝对值。

办公就业郊区化和就业结构上的变化导致中心区呈现出两个明显特征。

① 总体上中心区办公就业岗位大幅度减少或增长缓慢，尤其是普通职员大幅度减少（表 6-1-14），这对中心区吸引人口回流不利，所以需要调整经济结构，鼓励容纳蓝领和非技术阶层的企业。同时，美国由于中心区复兴较早，服务业提升较快（如波士顿），因此总体就业情况比英国好。

表 6-1-14　1960—1980 年代英美主要城市中心区就业岗位变化

国家	城市	1960 年代/个	1970 年代/个	1980 年代/个	1960—1980 年代变化率/%
英国	伯明翰	120 940	104 010	101 190	-16.3
	格拉斯哥	139 020	110 970	93 720	-37.3
	利物浦	157 320	91 900	92 690	-41.3
	伦敦	1 414 910	1 252 810	1 070 170	-24.4
	曼彻斯特	167 150	122 870	106 950	-36.1
美国	波士顿	246 000	242 855	283 755	+15.3
	芝加哥	213 576	223 971	232 749	+8.9
	费城	376 000	310 000	285 000	-24.2
	旧金山	—	283 000	280 000	-1.1
	亚特兰大	—	93 618	93 082	-0.1

（资料来源：Law et al.，1988：123）

② 就业总量下降的同时，英美各城市中心区办公空间开发却依旧呈上升趋势，这导致中心区办公空间供给过剩，出现大量空置现象（图 6-1-19），如 1992 年时洛杉矶中心区 21.4% 办公空间

空置(Loukaitou-Sideris & Banerjee,1998：xx-xxi),且租金直线下降(Fainstein,1994：59-63),因此如何解决办公空间空置问题变得极为迫切。

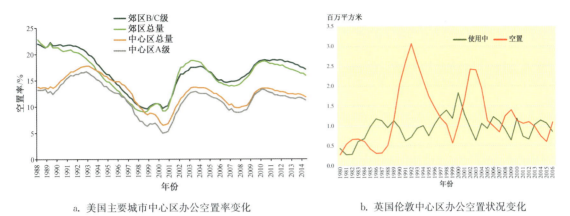

a. 美国主要城市中心区办公空置率变化　　b. 英国伦敦中心区办公空置状况变化

图 6-1-19　英美各城市中心区办公空间空置率在 1990 年代初达到顶峰
［资料来源：a 图(CBRE,2016),b 图(Greater London Authority,2017a)］

6.2　可持续更新思想对土地混合利用理念的拓展衍化

6.2.1　可持续发展对土地利用体系的创新需求

可持续更新思想将"可持续发展"确立为核心首要原则,即在城市更新过程中需全面秉持贯彻可持续发展理念,因此充分分析可持续发展理念,有助于厘清可持续更新对土地混合利用的需求趋势。

"可持续发展"思想理念,最开始出现在世界环境与发展大会(World Commission on Environment and Development WCED)布鲁特兰报告中(1987 年),被定义为"在不影响下一代需求的前提下满足现在人的需求"。其核心思想是"公平",即公平使用地球资源以满足现在和未来人类的发展需求(Jones & Evans,2013：111)。自从 1992 年召开的里约地球峰会提出《环境与发展宣言》及报告纲领《21 世纪议程》,可持续发展理念成为各国的规划政策核心原则。

可持续发展理念是包容和模糊的,尽管《21 世纪议程》中明确提出可持续发展需求包含社会、经济和环境三方面内容,但具体什么是"现在和未来人类的发展需求",国际组织、英美政府均给出了相关定义(表 6-2-1),此外,Lélé(1991)、Williams & Millington(2004)、Hopwood 等人(2005)、Robert 等人(2005)、Elliott(2006)等学者也通过对可持续发展(Sustainable Development)的分析解读及不同思想汇总,对可持续发展理念进行了梳理界定,基本认为可持续发展就是改变以往(尤其是 1970 年代、1980 年代)经济发展至上的方式,统筹考虑社会和环境问题(图 6-2-1)。

表 6-2-1　国际组织及英美国家对可持续发展的定义

类别	报告著作	内容
联合国	21 世纪议程 (Agenda 21)(1992 年)	① 社会文化：促进人类健康,向所有人提供适当住房,促进可持续的土地利用,谋求社会可持续公平 ② 环境保护：保护能源,保护生物多样性,废料处理 ③ 经济发展：消除贫穷,改变消费形态 ④ 实施手段：财政、制度、技术、合作、教育培训

(续表)

类别	报告著作	内容
联合国	城市化的世界：全球人类住区报告（An Urbanizing World: Global Report on Human Settlements）(1996年)	① 规划管理：提高规划标准，提高土地利用效率，综合管理环境设施，降低私人机动车使用，建立社会参与机制 ② 经济发展：获取足够的生产或生活资产及经济安全保障 ③ 环境保护：能源节约，废物处理，降低生态足迹 ④ 社会文化：尊重人权，满足不同人群需求，提供设施齐全、健康、安全、可承受的住区
	世界城市状况 2012—2013年城市繁荣（State of the world's cities 2012—2013 Prosperity of Cities）(2013年)	① 城市生产力：技术、土地、空间、基础设施、管理体制 ② 城市基础设施：交通、供水、信息通信、教育、医疗、健康、安全 ③ 城市公平：缓和消除收入不平等、空间分异，促进社会包容 ④ 环境可持续：缓和消除污染，节约资源能源，管理废弃物
	改造我们的世界：2030年可持续发展议程（Transforming our world: the 2030 Agenda for Sustainable development）(2015年)	① 经济发展：消灭贫穷，消灭饥饿，促进全民就业，可持续的消费和生产模式 ② 社会文化：健康生活，包容公平的教育，全民平等 ③ 环境保护：保护资源环境（土地、海洋、空气等），抵御灾害，应对气候变化 ④ 保障实施：包容公平的制度，全球合作
英国	可持续发展：英国战略（Sustainable Development: The UK Strategy）(1994年)	① 环境保护：环境、气候、土地、资源、物种、节约能源 ② 经济发展：增强各类产业活力，提高技术，排放废弃物处理，促进基础设施建设 ③ 保障实施：促进合作
	确保未来：实施英国可持续发展战略（Securing the future: Delivering UK Sustainable Development Strategy）(2005年)	① 管理实施：社区参与、教育培训、财政奖惩、机构制度 ② 地球经济：可持续生产与消费，技术创新使用新材料，利用废物 ③ 应对气候：提高能源效率、减少排放 ④ 保护资源：保护自然资源，保护生物多样性 ⑤ 可持续社区：提升土地利用系统、社区主导、提升社区生活质量（包括环境、健康、教育、工作、住房）
	规划政策声明1：实现可持续发展（Planning Policy Statement 1: Delivering Sustainable Development）(2005年)	① 社会凝聚力与包容性：满足所有人的多样化需求，提升社区参与程度，提供混合住宅，营造安全、健康并富有吸引力的居住环境 ② 保护环境：保护城乡历史环境与自然环境，提升城市环境品质 ③ 谨慎利用自然资源：高效智能化利用不可再生资源（如能源、土地等） ④ 促进可持续经济发展：提供强有力、稳定、具有创造力的经济，为所有人提供就业机会与经济繁荣 ⑤ 将可持续发展体现于发展规划中：经济、社会、环境彼此促进而非负面影响
美国	可持续的美国：为未来的繁荣、机遇和健康环境达成新共识（Sustainable America: A New Consensus for the Prosperity, Opportunity and a Healthy Environment for the Future）(1996年)	① 健康的环境：空气、水、工作、居住和娱乐的地方 ② 繁荣的经济：消除贫困，提供就业，提高生活质量 ③ 公平：享受均等的机会 ④ 保护资源：土地、空气和生物多样性 ⑤ 管理制度：鼓励多方合作 ⑥ 可持续社区：环境保护、岗位充足、限制扩张、安全、教育公平持久、交通可达

(续表)

类别	报告著作	内容
	美国城市可持续发展目标指数：实现可持续发展的美国城市 美国（The U.S. Cities Sustainable Development Goals Index: Achieving a sustainable urban America）(2017年)	① 经济发展：消灭贫困和饥饿,提供体面的工作,促进经济繁荣,提供创新与完善的基础设施 ② 社会文化：生活健康,接受高质量的教育,享受公平 ③ 环境保护：健康的水、可支付能源,能源循环使用,应对气候,土地使用效率高效 ④ 可持续城市社区：降低机动车使用、降低生活负担、提供可支付性住房、提供可达的公共绿色空间 ⑤ 管理制度：公平正义、强有力的机构,多方合作

(资料来源：作者整理绘制)

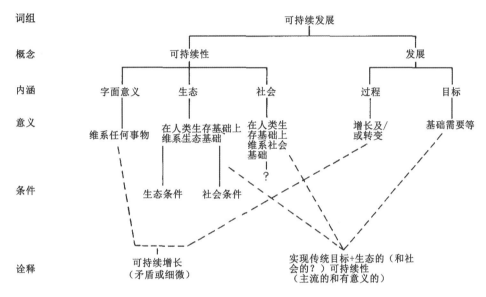

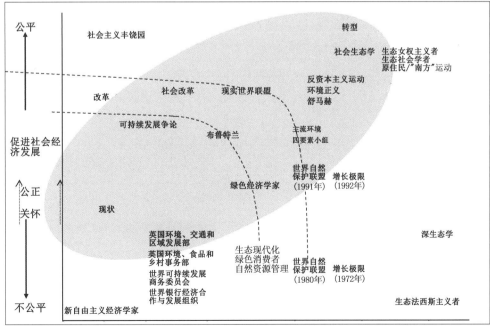

图 6-2-1　可持续发展理念解读

[资料来源：上图(Lélé,1991)；下图(Hopwood, Mellor, and O'Brien, 2005)]

通过对国际组织、英美政府和研究学者对可持续发展理念的解读,我们可以发现:

① 土地及其附属物是可持续发展理念中着重强调的宝贵资源,土地利用系统是可持续发展的重要着力点;

② 土地利用方式需要创新,在统筹考虑经济、社会、环境因素的创新需求下,必须优化既有土地利用方式以应对多元维度要求;

③ 土地利用的决策和管理方式需要创新,需要公平包容地满足多方需求,就必须强调多方参与,尤其是社区和弱势群体的全程公平参与。

基于以上三点可得,土地混合利用理念具备满足可持续发展对土地利用方式创新要求的潜力,即满足多维度、多角度需求的土地利用方式,这也是各国政府、学者将其作为可持续更新政策主要原则的根本原因。但引发社会、环境、经济等各问题的复苏期土地利用实践显然并不足以应对这种创新需求,因此不同学者基于可持续更新框架,从差异化角度对土地混合利用理念在目标、内容和方式等维度上进行了新的扩充衍化。

6.2.2 可持续更新三种分支理论对土地混合利用理念的衍化

由于可持续城市理念内容的包容多元,英美规划学者针对如何通过城市更新实现可持续城市,从不同侧重点提出了差异化分支理论,因此尽管土地混合利用作为核心原则被各分支理论广泛应用,但在多元化理论框架下,其发展机制和方式存在差异性,这也令土地混合利用理论体系内容更加充实,维度更加丰满。根据可持续发展分支理论的目标价值和设计范式(杨东峰、殷成志,2013),本书将以土地混合利用理念为核心原则的分支理论划分为物质空间设计、城市发展行为改良、复杂系统提升等三种理论,分别探究三种分支理论对土地混合利用理念的衍化状况。

6.2.2.1 物质空间设计

此类分支理论明确主张通过城市空间形态设计改良,实现城市这一活动空间载体的经济、社会和环境等多维度职能,从而促进城市可持续发展,主要包括紧凑城市(Compact City)、新城市主义(New Urbanism)、城市村庄(Urban Village)等。

通过对比分析紧凑城市理论、城市村庄理论和新城市主义理论对土地混合利用理念衍化(表6-2-2、表6-2-3),物质空间设计分支理论在建立之初企图以土地混合利用这一空间设计方式解决城市无限蔓延、土地浪费、大量机动车出行、功能和职住隔离等问题,但随着理论的不断深化完善,最终对土地混合利用方式和内容的界定都跳跃出空间维度,在时间、经济、环境、社会、管理维度上进行了拓展衍化。

表6-2-2 紧凑城市理论对土地混合利用理论的衍化

	紧凑城市理论
基本思想	强调通过规划建立可持续发展框架,从而促进经济、社会、环境协同发展,认为以往严格的区划政策是导致功能隔离和居住郊区化的重要原因,因此需要新的发展模式:在当今城市建成区域内建设高密度、功能混合、环境友好、经济可持续的活力城市,强调"分散式集中"(decentralized concentration)型高密度土地混合利用模式(Jenks et al.,1996;Burton,2000;Neuman,2005)
理论发展趋势	经历了提出、深化、总结、再深化的过程,由紧凑城市(Compact City)向紧凑社会城市(Compact Social City)、紧凑绿色城市(Compact Green City)发展
强调土地混合利用的原因	① 遏制城市无限扩张,节约利用土地,保护自然生态环境不被过度开发 ② 减少机动车交通,节约能源、减少污染和碳排放 ③ 应对以往严格区划和郊区化带来的社会隔离问题,及忽视社会弱势群体问题

(续表)

	紧凑城市理论
对土地混合利用理论的衍化	① 空间维度：高容量开发，平面肌理尺度（不同功能的临近性、街区尺度人性化、街道层的连续度），垂直利用混合效率，丰富的建筑类型，围绕公共交通节点开发，强调步行可达距离 ② 时间维度：24小时利用、相同空间的不同时段共享，延续历史要素 ③ 经济维度：促进不同的活动类型、产业类型、规模类型、消费-生产类型之间的交流，减少消除土地空置化现象，充分利用已开发用地 ④ 社会维度：人群混合（包括不同的收入、居住产权类型、地理空间、生活方式、使用需求、就业需求等），弱势群体更易于获取城市基础设施的服务、获取工作，促进公共交通，促进慢行交通，降低犯罪，提高居民健康 ⑤ 环境维度：基础设施的高效使用，居住与就业的高密度平衡（减少机动车出行），融合宜人的自然环境 ⑥ 管理维度：增加地段、区域内规划协同程度，增加政府财政资助
紧凑城市典型街区模型	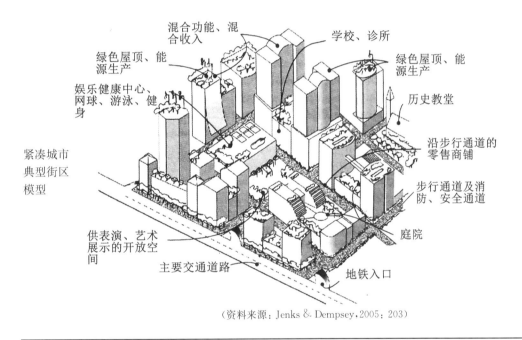 （资料来源：Jenks & Dempsey，2005：203）

（资料来源：作者整理绘制）

表 6-2-3　新城市主义理论、城市村庄理论对土地混合利用理论的衍化

	新城市主义理论、城市村庄理论①
基本思想	本质是与以往房地产引领的自上而下、控制蓝图化的商业性开发路径背道而驰（Colquhoun，1995：72），通过空间设计创建空间紧凑、功能混合、社会融合、服务便利、交通可达、生态优先的居住社区（Ward，2002：316），用以作为将内城已开发的土地进行可持续人性化发展的解决之道
理论发展趋势	从新城市主义（包含城市村庄）到绿色城市主义（Green Urbanism）、可持续城市主义（Sustainable Urbanism）、生态城市主义（Ecological Urbanism）、草根城市主义（Grassroots Urbanism）

---

① 城市村庄理念在英国是查尔斯王子认可下的基于社区的旧城土地混合利用发展模式，而在美国则被融入新城市主义理念中，强调对旧城中心、主街和社区的可持续更新优化，因此本书将其合并分析。

(续表)

新城市主义理论、城市村庄理论

强调土地混合利用的原因	① 应对以往传统区划造成的功能隔离、人口隔离、职住分离 ② 增强社区场所感和归属感 ③ 降低机动车出行,节约能源,减少拥堵和排放,促进公共交通和步行,从而提升人居环境
对土地混合利用理论的衍化	① 空间维度:高密度开发(传统内城密集化形态),融合新旧建筑,提升步行渗透度(因此强调小街区和窄街道),提升公共交通可达性,提倡公交导向性开发(Transit-Oriented Development,TOD),强调步行距离内混合 ② 时间维度:充分利用历史要素 ③ 经济维度:促进一切有可能临近的居住、就业、生活、娱乐等功能相互毗邻,发展绿色经济 ④ 社会维度:通过功能混合增进社会交往、职住平衡①,强调就业和居住的产权混合,以促进人口混合,关注弱势群体需求,强调商业功能与社会职能的平衡,增进居民健康,保护历史文化资源,增加社区特征和场所感 ⑤ 环境维度:提高环境宜人度,尤其是步行友好环境,强调公共空间营造、亲水性,强调绿色空间质量和自然度,限制减少机动车出行,提高能源利用率和可再生资源使用,减少排放,应对气候变化,发展城市农业 ⑥ 管理维度:街区统一考量规划,社区公众参与规划发展的所有阶段,多方合作,政府土地和税收政策支持,切忌急功近利

新城市主义中心区街区模型衍化

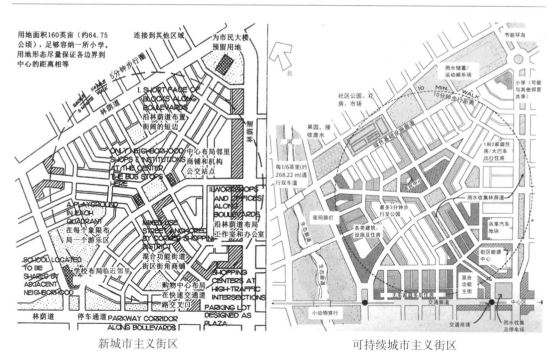

新城市主义街区　　　　　可持续城市主义街区

(资料来源:Haas,2012:151;Farr,2011:121)

---

① 英国城市村庄理念中强调 1:1 考虑居住工作功能,并建立尺度 100 英亩(约 40.5 公顷),宜承载 3 000—4 000 居住和就业人口的社区,详见 Aldous T. Urban villages: a concept for creating mixed-use urban developments on a sustainable scale[M]. London: Urban Villages Group, 1992.

(续表)

新城市主义中心区街区模型衍化

新城市主义词典中中心区街区发展模型
(资料来源：Bohl,2002：83；Duany & Plater-Zyberk,1999)

(资料来源：作者整理绘制)

6.2.2.2 城市发展行为改良

此类分支理论尽管承认空间设计的重要性，但强调以人的需求、行为和生活感知为出发点，主张通过改革城市生产方式、生活方式，以达到促进城市可持续发展的目标，主要包括健康城市（Healthy City）、生活品质（Quality of Life）、精明增长（Smart Growth）等。

对城市发展行为改良分支理论分析可发现（表6-2-4，表6-2-5，表6-2-6），其强调土地混合利用原则的出发点已脱离空间设计层面，而看重其对城市经济、生态环境和人的行为感知等层面的作用，这势必要求土地混合利用需要具备空间维度之外的职能和创新性利用方式。然而当分支理论需要付诸实施时，又不可避免地落脚于物质空间形态载体，呈现出多维度内容反馈空间形态的逻辑，这与物质空间设计分支理论在最终衍化效果上殊途同归，因此最终的典型模型往往具有高度相似性。

表 6-2-4　健康城市理论对土地混合利用理论的衍化

	健康城市理论
基本思想	1986年世界卫生组织开始在西欧各国资助一系列项目,至2014年已进行了6个阶段(Tsouros,2015),意在通过经济、社会、物质空间设计及管理措施提升居民健康(Grant,2004)。其吸取了规划师、建筑师、医学家和环境学者等各方面思想,强调平衡处理自然生态与人文景观之间的关系,通过提升物质和社会环境质量,促进人们在城市各种功能中互助,以发挥全民最大潜能,最终提升公共广义健康和幸福指数①
理论发展趋势	由健康社区向健康城市发展,由理念向具体规划策略、评价方法、管理实施策略深化,同时借鉴智能与生态技术②
强调土地混合利用的原因	① 提升当地社会公共健康程度 ② 减少浪费、减少生态破坏并能够保护资源 ③ 提升物质、精神、环境多方面幸福感
对土地混合利用理论的衍化	① 空间维度：公共交通可达性,安全宜人的步行环境,安全高质量的公共绿色空间 ② 时间维度：联系历史、现代与未来 ③ 经济维度：多样化、创新性经济功能 ④ 社会维度：多样化满足不同人的居所需求,建立融合互助的社区关系,满足不同阶层的基本生活就业需求,增强社会基础设施的全民可达性,提高居民健康状况,减少犯罪 ⑤ 环境维度：干净、安全,生态系统稳定,能源节约高效利用,环境正义(全民平等) ⑥ 管理维度：高度的公众参与及地区发展决定的公共掌控度

（资料来源：作者整理绘制）

表 6-2-5　城市生活品质提升理论对土地混合利用理论的衍化

	生活品质提升理论
基本思想	1991年世界保护联盟(World Conservation Union),联合国环境规划署(UN Environment Programme)和世界自然基金会(World Wide Fund for Nature)提出,可持续发展是指在生态系统承载能力范围内提升人居生活质量,由此提升生活品质成为可持续发展的核心目标(Coupland,1997：64),提升生活品质是指提升居民生活环境质量、生活满意度和实现人生价值与愿望(Felce & Perry,1995；The WHOQOL Group,1998),主要针对城市建成区进行再生与改善
理论发展趋势	由概念界定向评价指标、提升方式深化发展,其中提升方式逐步落脚于城市规划与设计层面,如英国的城市复兴(Urban Renaissance)(霍尔,2009：436-437)
强调土地混合利用的原因	① 提升物质空间质量：如空间活力、文化环境氛围、绿化水平等 ② 提升生活满意度：如功能多样性、基础设施便捷度、安全整洁度、就业生活水平、健康程度等 ③ 提升社会价值感：公平、正义、包容的社会氛围,可持续的生态环境

---

① 健康不仅仅指没有疾病,而是富有生态学意义的物理、精神、思想感知等方面的综合衡量,具体详见：Davies J K, Kelly M P. Healthy cities: research and practice[M]. London: Routledge, 1993: 14-18.

② 具体详见：Corburn J. Toward the healthy city: people, places, and the politics of urban planning[M]. Cambridge: The MIT Press, 2009.

	生活品质提升理论
对土地混合利用理论的衍化	① 空间维度：合理紧凑的密度和容积率，公共交通可达性，步行渗透性，可识别性，高质量公共空间和自然生态环境 ② 时间维度：延续历史氛围，创造24小时的共享活力 ③ 经济维度：多样化的功能，保证居住、工作、生活功能的临近 ④ 社会维度：混合社区以促进人口混合和社会交往，尊重延续当地习俗和文化，保护文化自然遗产，提高社会基础设施服务水平，提升自豪感、归属感、安全感 ⑤ 环境维度：长寿命、适应度高的低能耗建筑和自然生态环境，多功能建筑之间的能源共享、基础设施高效利用，降低机动车出行 ⑥ 管理维度：统一规划，公共资金支持，多方合作，公众参与，加强监管评价
生活品质提升典型街区模型	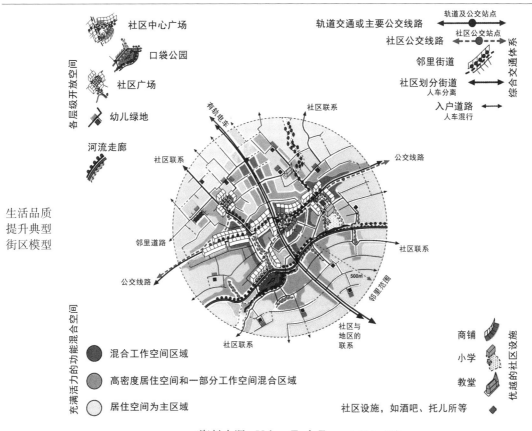 （资料来源：Urban Task Force, 1999: 66）

（资料来源：作者整理绘制）

表6-2-6　精明增长理论对土地混合利用理论的衍化

	精明增长理论
基本思想	在城市蔓延背景下，由环境学者和城市政策专家提出，从城市经济和环境方面出发（Jones & Evans, 2013: 159），建立精明增长网络（Smart Growth Network）（Ward, 2002: 349-350），旨在促进城市集约发展，创建可持续环境与健康社区（Grant, 2004），希望通过改革城市发展策略和制度达到可持续发展目标，其与新城市主义在理论提出的侧重点与实施途径上均有所区别①

---

① 具体详见：Knaap G, Talen E. New urbanism and smart growth: a few words from the academy [J]. International Regional Science Review, 2005, 28(2): 107-118；王丹，王士君. 美国"新城市主义"与"精明增长"发展观解读 [J]. 国际城市规划, 2007, 22(2): 61-66.

(续表)

	精明增长理论
理论发展趋势	由理念提出、政策改革,逐渐与健康城市、新城市主义、紧凑城市的物质空间设计相结合(Duany et al.,2010)①
强调土地混合利用的原因	① 遏制城市低密度扩张,及其对自然环境的破坏和公共基础设施的浪费 ② 缺乏多元化住宅,导致社区特色丧失 ③ 功能隔离带来的机动车出行导致交通拥堵与环境恶化 ④ 既有土地开发低效
对土地混合利用理论的衍化	① 空间维度:更加紧凑集约,土地交通一体化发展,公共交通引领,高质量多样化开放空间,步行可达范围内功能混合,强调街道延续景观,小街区开发 ② 时间维度:24小时活力,维系社区特色 ③ 经济维度:令开发可预期并投资高效,居住与就业平衡,公共空间与私人空间相平衡 ④ 社会维度:创造多元化住房,建造更多社会性住房,增强场所感,提升居民健康水平,增强社会基础设施服务水平 ⑤ 环境维度:减少机动车出行,保护自然环境、农业用地,建设绿色基础设施、绿色建筑 ⑥ 管理维度:社区和各方利益者合作,法规政策革新
典型街区模型	由于落实空间设计时与新城市主义融合,所以模型亦相同

(资料来源:作者整理绘制)

6.2.2.3 复杂系统提升

此类分支理论是将城市看作物质要素、社会、生态等要素互相作用的复杂人工体系,因此强调对这一体系进行整体性改革,优化要素之间的作用关系,从而提升城市运转效率、减缓对外部生态环境的影响、增进社会融合程度,最终实现城市可持续发展目标,主要包括生态城市(Eco-City)、弹性城市(Resilient City)、包容性城市(Inclusive City)等。

复杂系统提升分支理论基于可持续发展的新时代背景,分别从新的角度(生态系统、发展弹性、社会包容等)审视城市运作系统,因此相对于物质空间设计和城市发展行为改良两分支理论,其应用土地混合利用理念的目标也更具深意(表6-2-7,表6-2-8,表6-2-9)。但一方面由于物质空间设计理论和城市发展行为改良理论自身在深化过程中博采众长以补己之短,另一方面复杂系统提升理论在归于实施时,依旧无法摆脱城市物质空间、经济、社会、环境和管理等可持续发展着力点,所以在对土地混合利用理论的衍化上呈现出与前两分支理论逐渐趋同的结果。

表6-2-7 生态城市理论对土地混合利用理念的衍化

	生态城市理论
基本思想	以生态学原理为基础,应用生态工程、社会工程、系统工程等技术(黄光宇和陈勇,1997),从而实现物质生态(既有能源信息高效利用)、社会生态(居民身心健康)、经济生态(高效可持续)、环境生态(生态良性循环)等特征的高效、和谐的人类聚集地(王如松,1988:268-269)
理论发展趋势	由理念提出,到生物多样性、生态气候、绿色基础设施、土地利用体系、公众参与等各专项深入讨论(张若曦、苏腾、黄梦然,2018)②,从新城建设发展至旧城更新,并与绿色、生态城市主义(Green/Ecological Urbanism)相融合(Wong & Yuen,2011)

---

① 具体详见:Duany A, Speck J, Lydon M. The smart growth manual[M]. New York: McGraw-Hill, 2010.
② 具体详见:张若曦,苏腾,黄梦然.国外生态城市近十年研究回顾:基于Citespace软件的可视化分析[J].生态城市与绿色建筑,2018(1):36-42.

(续表)

生态城市理论	
强调土地混合利用的原因	① 环境气候持续恶劣,遏制城市蔓延 ② 应对经济创新转型 ③ 生态基础设施技术置入 ④ 提升宜居环境
对土地混合利用理论的衍化	① 空间维度:紧凑、多样、绿色、安全、活力的混合功能街区,公共交通与慢行交通优先,围绕公共交通节点建设高质量的公共空间 ② 时间维度:充分发挥地方环境、文化、历史带来的独特性、创造性、多样性 ③ 经济维度:提升经济表现力和多样化就业 ④ 社会维度:建设体面、可支付、安全、便捷、社会融合的混合性住房,促进社会公平正义 ⑤ 环境维度:保护与修复生态,支持多样性农业、绿色空间,支持生态技术,减少能源使用和排放,保护生态多样性 ⑥ 管理维度:令未来城市可决定,而不是预估,强调社会、经济、文化多方考量,规划过程民主包容

(资料来源:作者整理绘制)

表6-2-8 弹性城市理论对土地混合利用理念的衍化

弹性城市理论	
基本思想	应对城市面临的不确定因素(自然、气候、资源、经济、社会)(黄晓军和黄馨,2015),基于弹性思维,令城市具备创新性、适应性、动态性、公平正义性、安全性、生态性的不同弹性维度(Jabareen,2013;Jha et al.,2013:9-46;刘丹,2018)
理论发展趋势	经历了弹性概念认知、弹性思维建立、城市系统弹性、弹性城市规划(总体、各分支、社区)的转变(刘丹,2018)
强调土地混合利用的原因	① 增加多样性维度(文化、经济、生态、社会),提升自我可持续发展能力,以增强城市弹性 ② 减少机动车出行,节约能源、减少污染、促进健康 ③ 减少自然破坏,节约利用土地资源
对土地混合利用理论的衍化	• 空间维度:紧凑度、充分利用既有空间,多样化交通方式,尤其强调可持续交通方式 • 时间维度:自我调节性、适应性、自我组织修复 • 经济维度:产业活动多样性,增加各阶层就业机会,提倡生态经济、创新经济、可持续经济 • 社会维度:提倡公平正义,尤其关注贫困人口抵抗风险能力,增强城市多样性(多样化住宅、建筑、人口、基础设施),居民身心健康 • 环境维度:提倡多样化能源及使用效率,可再生能源利用,植被物种多样化,应对气候变化,提升城市绿色程度,提升城市环境安全度 • 管理维度:整合化、适应性、开放性、负责性管理,管理层级简化,规划制定过程有包容性,基于不确定性导向(uncertainty-oriented)和危险意识(risk-based)的规划体系(留有余地、严格与宽松并存)

	弹性城市理论
典型理论框架模型	 （资料来源：ARUP，2016）

（资料来源：作者整理绘制）

表 6-2-9　包容性城市理论对土地混合利用理念的衍化

	包容性城市理论
基本思想	打破原有城市发展中的社会差异、社会排斥与隔离桎梏，强调功能、产业、文化的多样性，令不同群体均等享受城市的发展机会（就业、教育等有助于身心提升的因素）、发展成果（社会公共服务、生活环境等）、发展决策权利（Gerometta，Haussermann，and Longo，2005；赵明阳，2018），从而促进社会公平、正义、融合与整体进步（Hambleton，2015：4-16），并同时能够促进经济发展（何明俊，2017）
理论发展趋势	是领域正义（territorial justice）和城市权力（the right to the city）的复兴，由理念构建发展至包含空间正义（spatial justice）、环境正义（environmental justice）、社会可持续（social sustainability）在内的空间规划手段和管理实施方式（Hambleton，2015：16-32）①
强调土地混合利用的原因	① 应对社会差异，包括居住分异、就业机会差异、公共服务差异、环境差异、教育差异等 ② 应对社会排斥，提升弱势群体的各方面可达性（空间、就业、服务） ③ 应对社会多样性，增加选择可能性

---

① 包容性城市可以认为是在领土正义和城市权力思想影响下的复兴发展，其内容涵盖了空间正义、环境正义等理论，具体详见：Hambleton R. Leading the inclusive city：place-based innovation for a bounded planet[M]. Bristol：Policy Press，2015：16-32. 笔者认为包容性城市的理念更为广泛，而空间正义理论等则是城市权力落实空间思维的一种具体理论。

(续表)

包容性城市理论
对土地混合利用理论的衍化	① 空间维度：空间包容性设计（满足所有人使用需求）、公共交通优先 ② 时间维度：包容地方性文化、地方性场所 ③ 经济维度：产业多样性，增加各阶层就业机会；经济活动多样性，增加各阶层的均等享受机会 ④ 社会维度：住房多样化，强调经济性住房体系、公共设施布局均等包容、环境安全、教育公平、社会归属感与自豪感 ⑤ 环境维度：提倡多样化开放空间和绿色空间，增强其公共可达性 ⑥ 管理维度：合理配置政府公共资源，增强公众参与和规划管理开放度，社区引领发展
典型理论框架模型	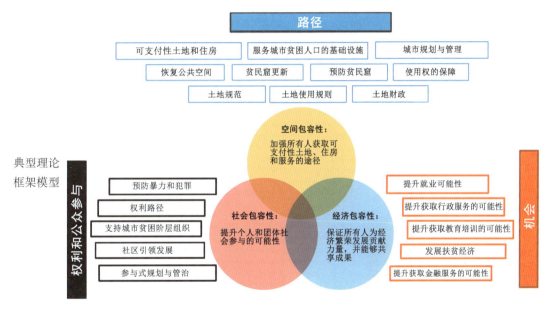 （资料来源：World bank Group,2015）

（资料来源：作者整理绘制）

6.2.3 可持续更新理论下的衍化趋势与"耦合应用"机制

6.2.3.1 可持续更新理论影响下土地混合利用理念衍化趋势

综合可持续更新三种分支理论对土地混合利用的强调原因，可以发现，它们均注意到了土地混合利用和可持续的关系，即"因为混合所以可持续的因果关系，且这一混合不仅仅是功能的形态结构混合"(Jones & Evans,2013：21)，因此，各分支理论对土地混合利用理念在空间、时间、经济、社会、环境和管理维度上均作出了相应衍化要求，其衍化结果在可持续更新框架下殊途同归。对比后现代规划理论提出的复苏框架，可持续更新理论并没有形成颠覆性革新（表6-2-10），其衍化的作用主要体现在两方面：一方面，面对1990年代前因偏重经济导向的"功能混合"而导致的种种弊端，其再次强调了土地混合利用的多维度要素内容，并有针对性地拓展了兼顾公共社会功能、公共空间包容性、公共交通导向开发等要求；另一方面，其应对了创新经济、气候变化、城市管治等新时期热点关注议题，将其融入了土地混合利用理念框架中。

表 6-2-10　可持续更新理论对土地混合利用理念的衍化汇总

维度		复苏内容		衍化内容
		现代规划理论中已有建议	后现代规划理论的复苏深化	可持续更新理论的拓展
土地功能要素	经济维度	①提升集聚效应；②强调日常生活服务	③促进不同的活动类型、产业类型、时间类型、档次类型、规模类型的企业共存共荣，尤其关注地方小企业的生存	④创新可持续经济；⑤强调商业功能与公共社会功能平衡
	社会维度	①强调社会融合；②公共利益优先	③多样化住房，尤其是廉价住房，促进社会混合；④多样化办公与商铺，为各阶层提供就业和消费机会；⑤提升街区安全感；⑥保持地方特色，提升居民归属感	⑦公共设施均等包容化布局；⑧提倡多样化、高质量、公共可达性高、包容性高的公共空间
	环境维度	①提升绿色空间，提升公共环境质量；②保护利用自然资源	③减少机动车出行，节约能源，减少污染排放；④节约利用土地；⑤强调基础设施高效利用	⑥提倡多样化能源及可再生能源利用；⑦减少排放，应对气候变化；⑧强调绿色建筑与环境设计
土地利用形式	空间维度	①高容量集中开发；②强调居住、就业、娱乐临近	③小街区，渗透性；④地区及内部尽可能多的区域多功能混合；⑤提升以街道为代表的外部空间活力，提倡步行交通联系；⑥垂直混合开发；⑦鼓励公共交通	⑧围绕公共交通节点混合开发；⑨包容性人性化设计
	时间维度	保护历史要素	②延续历史脉络；③保持全天活力	④相同空间的错时共享，以及相同空间的同时共享；⑤联系历史、现在与未来
土地利用权力	管理维度	①公众参与；②社区自治	③多部门合作；④政府资助扶持；⑤提升公众参与程度	⑥政府引导；⑦多方合作；⑧弹性管理；⑨加强建设及使用全程管理评价

（资料来源：作者绘制）

但是土地混合利用瓦解与复苏阶段的经验教训告诉我们，理论与实践之间往往存在着巨大的偏差，理论的践行与否是由中心区实践者在一定时期政治社会背景下的选择所决定的。1980年代中后期，英美国家为了更好地令中心区适应全球化背景下经济结构转型，发挥其区域、国家及国际角色，引领城市可持续发展，提出向"中央活力区"(Central Activities Zone，CAZ)转型的现实决策。这一转向最早出现于 1984 年《大伦敦发展规划》(The Greater London Development Plan)①中。中央活力区理念的提出，意在促进中心区行政管理、经济、商务、文化、教育、零售、旅游等多功能均衡发展，强调居住及社会服务功能对中心区职能的长期必要性作用，并着重均衡实现可持续经济发展、多元包容的社会氛围以及绿色健康环境品质等多维度目标，自此，英美国家中心区开始彻底摆脱长期以经济利益为导向的中央商务区(Central Busines Districts，CBD)和中央游憩区(Recreational Business Districts，RBD)的认知束缚，走向"多元、共享、包容、绿色、创新"的新时期发展模式。而这一发展模式目标恰恰与可持续更新背景下土地混合利用理念的衍化结果相一致，因此，土地混合利用理念得以全面"耦合应用"。

6.2.3.2　可持续更新理论的"耦合应用"：多维度并重的中央活力区

(1) 与中央活力区营造的目标相耦合

英美国家中心区向中央活力区转型的根本原因是应对城市经济结构转型需求（张庭伟和王

---

① 具体详见：Greater London Council. The Greater London Development Plan[R]. London: Greater London Council, 1984.

兰,2010:7-19)。20世纪中期开始,在全球化背景下,英美主要城市经济增长极已经由制造业转变为现代服务业(图6-2-2)。现代服务业在国外主要指高端生产性服务业(Advanced Producer Service)或称知识密集型服务业(Knowledge Intensive Business Services),主要包括金融服务(租赁、信托、财务等)、商务服务(法律、咨询、广告、设计等)、高端零售(电子、创意等)、运输物流仓储(寄递、公交、仓库等)、计算机信息服务、文化体育休闲(新闻、影视、出版、艺术设计、娱乐、旅游、健身运动等)、教育科研、房地产服务与日常维护(物业、家庭维修)等(孟潇、聂晓璐、纪若雷,2014)。这些行业人员被认为是"创意阶层"(Florida,2014:35-49),其与当今有关城市竞争力的消费和生产两大核心要素紧密相连(Tallon,2013:126):一方面他们能够直接带动城市生产力的提升;另一方面又能拉升城市消费水平,创造服务业岗位。因此为了提升城市竞争力以促进城市发展,各城市纷纷创造环境以吸引现代服务业入驻,而中心区因为其交通、信息通信、金融商业服

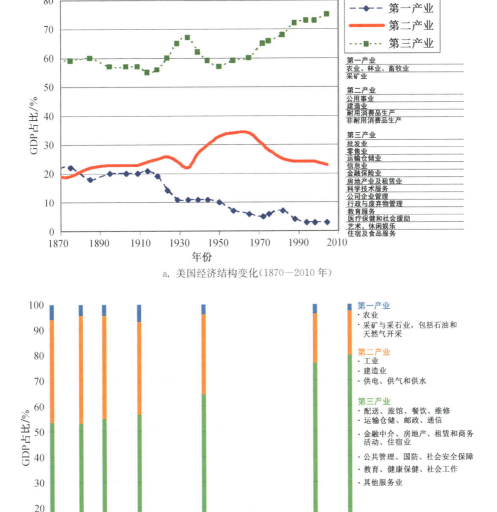

图6-2-2 英美国家现代服务业经济产值贡献比重从20世纪中期开始持续增加
[资料来源:a图(GPF,2017),b图(Goodwin et al.,2006)]

务、教育培训等基础配套设施优势而成为首选之地，所以各城市势必促使原有中心区跳脱商务、商业、娱乐功能载体的固有局限，转而成为以现代服务业为主导的多种经济活动的空间容器——中央活力区(张庭伟和王兰，2010：7)。中央活力区的营造既然是为了应对现代服务业空间需求，因此就必须满足现代服务业产业发展自身空间需求与衍生环境氛围需求(图 6-2-3)。

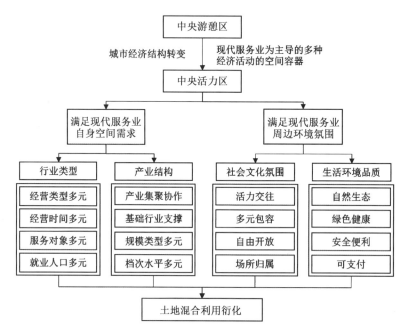

图 6-2-3　中央活力区营造目标与土地混合利用理论衍化耦合机制
(资料来源：作者绘制)

从自身空间需求看，现代服务业会促使中心区经济产业多元包容，与土地混合利用理念的衍化结果相一致：首先，从概念看，现代服务业并不仅指"高、精、尖"产业，而是囊括了多种行业类型，其衍生的产业包罗万象，彼此或差异或叠合，体现为经营类型多元、服务对象多元、经营时间多元、就业人口多元；其次，高端知识产业不仅需要彼此之间形成产业集聚协作效应，更需要广泛的基础行业(如后勤保障、基础物品等)的支持，生活与运行低成本以及信息物质资源丰富是高效创新的保障，这就需要容纳多档次、多类型的企业，也就意味着多元就业人口；再次，中小企业作为产业起步催化器(Jones & Evans,2013：101-102)，在需求端与供给端对现代服务业均有重要作用(Roberts & Sykes,2000：137)，中心区加强中小企业空间供给就意味着产业规模、空间类型、就业人口多元混合。

从衍生周边环境氛围需求看，"创意阶层"喜欢富有活力、场所感及多元包容的社会文化氛围，提倡能够接触丰富和谐的生态环境，他们倾向于工作并生活在这种氛围环境中，以享受多样的社会生活带来的便利与灵感激发(Florida,2014：125-156)。事实也证明，现代服务业尤其是创新产业易于在多元活力的地区集聚(Florida,2005：87-142；Florida,2014：203-265)，如西雅图 55%的高科技产业位于城市中心区公共社会便利设施集中的区域(Florida,2005：117)，伦敦、旧金山等城市也均呈现这种趋势(华高莱斯，2017)。因此中心区需要应对这种氛围需求，营造职住结合、生活便利、空间多样、文化多元、社会包容、环境生态、持续活力的整体环境，这也应对了现代服务业带动下就业人口和消费人口多元化特征需求。这种氛围环境与土地混合利用理论多维度的衍化结果不谋而合，它们彼此之间的作用是相互的，多元化的活动和人群能够增强中心区的混合度，而这种混合的力量反之能够促进思想和信息的交流，于是能更好地促进创新(Brown et al., 2014: 183)。

(2) 与中央活力区营造的更新开发措施相耦合

显然,1990年代前土地混合利用"涓滴式"的"半封闭式私有化"无法满足中央活力区追求共享包容氛围的目标。因此,英美主要城市纷纷革新完善相应更新建设方式,主要方法可以总结为"点面结合的综合提升",是基于涓滴模式的全方位改良(图6-2-4)。改良主要体现在三个方面。

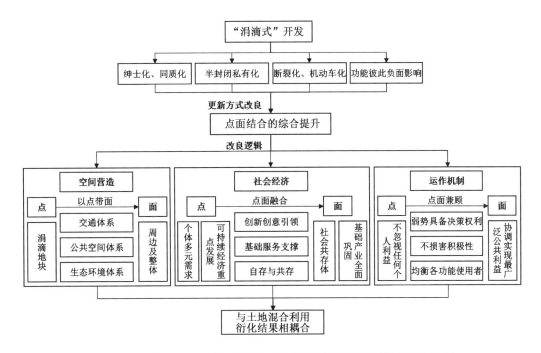

图6-2-4 中央活力区营造方式与土地混合利用理论衍化结果耦合机制
(资料来源:作者绘制)

① 空间营造方面。随着中心区可更新空间的日益紧缩,"涓滴式"开发势必延续,但原有内向式、私有化的开发逻辑必须改变。因此,英美国家新时期的更新建设重视"涓滴式"开发地块与周边的空间联系,并借机提升地块所在区域的交通体系、公共空间体系与生态环境体系,同时,着重提升中心区整体空间体系连接度与环境品质,从而将中心区各个重要空间节点相互串联,形成以点带面、系统提升的最终效果。

② 社会经济方面。原有"经济渗透"的逻辑与现代服务业追求多元包容的氛围格格不入,但新时期全球化竞争背景下,城市显然又需要重点培育"创新创意"经济产业,于是建立以创新创意产业为引领、以生产生活服务产业为支撑的、兼容并包、彼此联系、互相促进的经济产业体系就成为必然。这就形成了可持续经济重点发展、基础经济产业全面巩固的"点面结合"经济产业结构。在这种经济结构下,原有通过"涓滴"达到社会融合的思想也转变为提倡多元、共享、包容的"社会共存体"理念,这一共存关系在就业、生活、娱乐等各方面尊重所有人的个体多元需求,并富有正义地关怀弱势群体,从而实现自存与共存并重的"点面"融合。

③ 运作机制方面。"涓滴模式"下政府、企业的"发展联盟"容易陷入偏重经济的单一发展路线,从而令更新成果偏向服务富裕阶层。而上述中央活力区更新开发的社会经济方面改良,显然是以广泛容纳各阶层群体为核心价值目标的。同时,土地混合利用各功能运作时彼此间的负面作用开始显现,其实质也是不同功能使用人群之间的利益争夺。因此,必须建立能够让弱势群体具备决策权、不损害富裕阶层投资消费积极性、充分均衡各功能使用者利益的运作机制,这种制

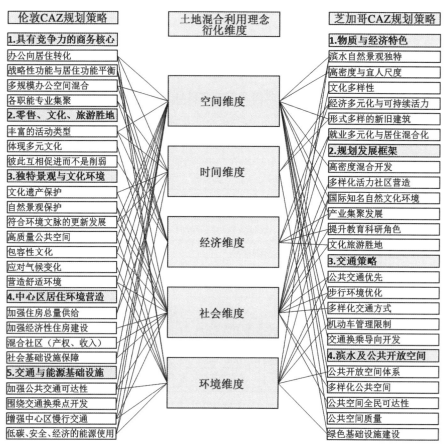

图 6-2-5 中央活力区规划策略与土地混合利用理念衍化耦合关系
(资料来源：Greater London Authority, 2016a; Department of Planning and Development, 2003; Chicago Plan Commission, 2009)

度即具有灵活弹性的、多方合作的、贯穿设计到使用全过程的社会民主制度，也可以看作是一种"点面"逻辑关系，因为其本质目标是在不忽视任何个人利益的基础上，更好地协调实现最广泛的公共利益。

综上，我们可以发现，营造中央活力区的更新开发方式与可持续更新理论对土地混合利用理念衍化后的结果高度一致，实质上就是全方位实现土地混合利用衍化方向转变，因此土地混合利用也就成为中央活力区建设的核心原则方法（张庭伟和王兰，2010：28-36；陈琳，2014；赵宝静和沈璐，2015；陈楠等，2016）。以伦敦和芝加哥中央活力区规划措施为例（图 6-2-5），虽然它们的发展框架略有不同，但通过重新归类，不难看出，其规划目标均践行了土地混合利用理念衍化后的空间、时间、经济、社会和环境各维度内容。因此，正因为土地混合利用理念衍化方向与中心区营造中央活力区转型趋势高度耦合，所以土地混合利用理念的各个衍化维度得到中心区城市更新主体的全方位认可，这为中心区土地混合利用衍化理念的实现提供了现实土壤。

6.3 本章小结

1980 年代末，全球迈入可持续发展阶段。土地混合利用复苏实践虽然给中心区带来了活力，但同时也产生了"居住、生产、消费"多维绅士化、建设同质化、地块空间私有化与排斥化、外部空间断裂化、功能彼此间负面影响、公共交通发展不足、郊区化愈演愈烈、办公商业过度开发后空置现象明显等新的问题,这些问题包含社会、经济、环境等多维度内容,显然与可持续发展要求相去甚远。

正因如此,尽管土地混合利用因其具备对环境可持续和设计质量的正面促进作用,被英美国家提升为国家性发展原则与目标,但持不同角度的可持续更新理论的研究者们对其依旧提出了拓展衍化要求,具体可分为物质空间设计、城市发展行为改良、复杂系统提升三方面。与复苏理论框架进行对比,可以看出,这些衍化要求并未有颠覆性的主张,在对复苏理论早就提出的内容再次强调的同时,针对复苏阶段的问题以及全球化发展的新需求,增加了兼顾社会功能、公共空间包容性、公共交通导向开发、承载创新经济、应对气候变化、城市管治转型等新内容。

与此同时,面对全球化背景下的经济结构变革,高端生产服务业成为经济结构中的支柱产业。中心区因为交通、信息通信、金融商业服务、教育培训等基础配套设施优势成为承载这类产业的首选之地。也正因为要更好地去争夺这类产业人才,促进这类产业的健康繁荣发展,中心区就必须营造多元、共享、包容、绿色、创新的环境氛围,即实现向中央活力区的转型。这一转型目标与土地混合利用衍化方向高度统一,因此也就促进了土地混合利用实践全面衍化的实现。

第 7 章 衍化：旧城中心区的品质提升（1990 年代至今）

在可持续更新理论衍化与城市更新现实需求的双重机制下，从 1980 年代末开始，土地混合利用运动席卷英美各国（Rowley，1998；DeLisle & Grissom，2013），成为综合解决社会公平、经济更新与环境品质等多维度问题的重要途径（Gran，2002；Evans，2014；Hirt，2016；Ferm & Jones，2016）。英国明确将土地混合利用政策列入各级规划指引文件中，如《规划政策指引》(*Planning Policy Guidance*)［及后来取代其的《规划政策陈述》(*Planning Policy Statement*)、《国家规划政策框架》(*National Planning Policy Framework*)］、城市复兴（Urban Renaissance）政策、城市村庄（Urban Village）政策以及各地方政府的主要规划政策文件等①。美国在国家层面则将土地混合利用作为新城市主义和精明增长中的重要手段进行强调（Hirt，2007；Ferm & Jones，2016；Hirt，2016），各州除在自己的区划政策中设立单独的土地混合利用政策外，也多有独立的土地混合利用引导文件，美国规划协会（American Planning Association）在 2003 年对 1 000 个公共机构规划师调研发现，自 1993 年以来，调研涉及的地方政府中 81% 建立了土地混合利用条例（mixed-use ordinance）(Niemira，2007)，而这种重视一直延续至今，如亚特兰大颁布《混合功能发展的高质量增长工具包》(*Quality Growth Toolkit-Mixed Use Development*)（2002 年），波士顿都市区规划委员会（Boston Metropolitan Area Planning Council）颁布《混合功能区划：一份市民指南》(*Mixed Use Zoning: A Citizens' Guide*)（2006 年），俄亥俄州、肯塔基州、印第安纳州地区颁布《社区选择：混合功能发展》(*Community Choices: Mixed Use Development*)（2007 年），美国纽约州保罗·拜尔引领颁布《混合功能区划》(*Mixed-Use Zoning*)（2012 年）等，均针对近些年理论发展趋势和现实需求做出了新的完善调整。因此，在各类政策的指引下，中心区作为土地混合利用政策强调的重要区域（Grant，2002；Hoppenbrouwer & Louw，2005），其土地混合利用功能维度、时空模式和政策工具方面均发生了新的转变。

7.1 迈向可持续的功能要素混合衍化

相对于复苏期旧城中心区土地混合利用实践，在土地混合利用理论衍化背景下，可持续更新时期的实践突破以经济活力为准则的桎梏，中心区功能种类和维度均变得更加平衡多元，具体体现在居住功能拓展及混合开发、主体功能自身内部混合衍化、绿色功能提升等方面。

7.1.1 居住功能提升及其混合衍化

7.1.1.1 居住功能大幅度提升

从 20 世纪 80 年代中后期开始，英美国家开始重视大幅度提升中心区居住功能。其主要原因

---

① 具体详见：Rowley A. Planning mixed use development: issues and practice[R]. London: The Royal Institution of Chartered Surveyors, 1998; British Council for Offices(BCO). Mixed use development and investment[R/OL]. [2004-11-01]. http://www.bco.org.uk/Research/Publications/Mixeduse2610.aspx.

有三(Birch,2002;Nathan & Urwin,2005:9-16;Bromley et al.,2005;Tallon,2013:169,208;Ferm & Jones,2016):①因为单身、离异、空巢老人和外出就读的学生,家庭数量剧增①,这些人更倾向于居住在中心区的公寓中;②现代服务业带动中心区就业岗位提升,人们更倾向于居住在就业岗位附近和多元便利的服务设施附近;③城市政策引导②,目的在于促进中心区经济再生、提升土地利用效率、降低出行减少排放、提升中心区24小时活力等。市场需求和政策扶持令中心区居住市场自1980年代末期开始迅速升温(Keating & Krumholz,1991;Hyra,2012),从而形成良性循环,因此人口一反持续郊区化趋势,中心区居住人数持续上升(图7-1-1,图7-1-2)。

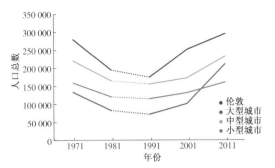

图7-1-1 英国主要城市中心区人口从1990年代开始大幅度回升

7.1.1.2 居住功能的混合维度衍化

中心区居住功能开发,对中心区土地混合利用可持续效果的促进体现在功能混合维度和社会维度两方面。

首先,居住功能提升往往与"职住娱"混合开发紧密相连。中心区的居住功能并不是单纯通过居住用地开发实现的,其方式包括(Birch,2002)③:①既有空置建筑(包括办公、商铺、仓库、工厂等)改造转化;②衰退区域更新;③原有公共住房整治;④历史街区保护;⑤功能混合项目中新建置入。这些方式均不同程度上体现了土地混合利用衍化理念(提升土地利用效率、促进历史保护、增进多功能混合等),因此,住房也就成为土地混合利用开发中的首要包含功能(Rowley,1998;Schwanke,2003:50-53;Bromley et al.,2005;Bell,2008;Schwanke et al.,2016:18)。其中,在日益固化的中心区空间中促进居住功能开发的最具代表性的政策是"办公转换公寓"(Office into Flat)和"下店上宅"(Living over the Shop),前者

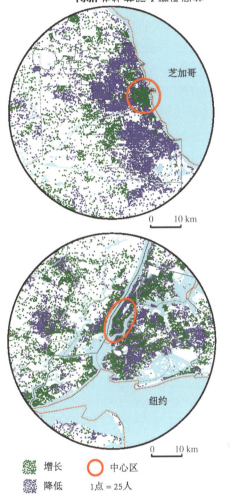

图7-1-2 芝加哥和纽约2000—2010年人口变化
(资料来源:U.S. Census Bureau,2012)

---

① 英国由于家庭碎裂现象(指原有家庭分裂出新的家庭,具体原因为年轻人脱离父母独立生活、离婚分居现象增多、年轻人外出学习等)、人口老龄化和移民不断增加等原因导致家庭规模数量上升;美国则面临无孩家庭、空巢老人、回波生育(echo boomers)独立者数量增长。

② 如英国连续颁布各类政策,促进中心区开发居住功能,详见:Tallon A. Urban regeneration in the UK[M]. 2nd ed. London: Routledge, 2013: 208.

③ 具体详见:Birch E L. Having a longer view on downtown living [J]. Journal of the American Planning Association, 2002, 68(1): 5-21.

大多应用于大中城市中心区,如伦敦(Heath,2001;Greater London Authority,2016a)(图 7-1-3)、利物浦与曼彻斯特(Ward,2010:253)、纽约(Beauregard,2005)、洛杉矶(Bullen & Love,2009)等;后者则多见于中小城市中心区(Goodchild,1998;Schwanke,2003:191-192;Davis,2012),如美国在 1990 年代初中小城市中心区商业主街上层 80%都是零售商业,而 2000 年代时,其中的三分之二已经将上层转变为居住或旅馆功能(Bell,2008),而在英国,"下店上宅"的方式几乎引领了英国中小城镇中心区开发模式(Robbins,2013)。但总而言之,两者均是受到 Loft 模式启发的衍生物(Birch,2009),并起到了促进历史保护的效果,其成功之处在于不但可以解决及避免 1990 年代前中心区就业率持续下降导致的办公、商业空间空置问题,而且应对了日益增长的中心区居住空间需求,并促进了"职住娱"等多功能混合布局(图 7-1-4)。

其次,居住功能提升往往同时强调社会混合需求。主要方式是通过混合住宅类型(mixed type)、混合产权(mixed tenure)和混合收入人群(mixed income)促进社会多样性(social diversity),从而进一步实现社会融合(social mixing)(Grant,2004;Tunstall & Fenton,2006),创造可持续混合社区(ODPM,2005:10),这也是为了避免社会排斥(social exclusion)和中心区持续呈现居住绅士化现象(Foord,2010),并通过社会融合解决社会贫困问题(Joseph et al.,2007;Gullino,2008)。同时,经济发展依赖于高效广泛的劳动力市场,因此相应的就要有足够的多元化住房以维系,缺少住房[尤其是可支付性住房(affordable housing)],是城市中心区就业者面临的关键性问题,而且可支付性住房能够提

图 7-1-3 伦敦中心区贸易大厦居住化改造
(资料来源:Barlow & Gann,1993:49)
注:为方便居住使用,尽量将厨房厕所等功能布置于无光处。

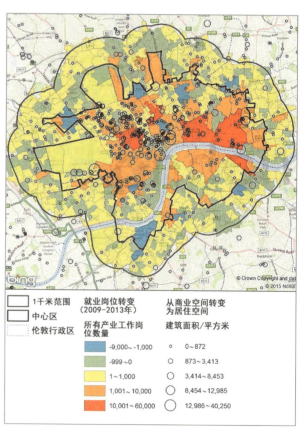

图 7-1-4 伦敦中心区就业岗位变化及商业空间向居住空间转换趋势,2009—2013 年
(资料来源:Greater London Authority,2015b)
注:可看出就业岗位增加和商业空间向居住空间转化呈现协同趋势。

升住房多样性(因为其本身产权和户型类型多元化)、能够为较低收入的中产阶级和低收入阶层提供固定住所、解决住房拥挤和无家可归问题、应对种族多样化需求及年轻人独立居住本地化需求(Imrie et al.,2009:221-223;Robbins,2013;Tesso,2013),同时,甚至能够一定程度上避免经济危机带来的冲击(Jones & Evans,2013:99)。所以可支付性住房就成为中心区宜居的重要保证,混合住宅开发往往也就成为中心区混合利用开发中的重要内容(GLA,2004;DCLG,2006)。因此从居住功能方面讲,中心区土地混合利用也就是指在居住、商业、办公、休闲娱乐等多功能混合开发的区域内,收入、年龄、家庭结构和种族不同的人群混合居住(Tallon,2013:208-210)。

在英国,中心区混合居住主要以混合社区(mixed community)思想和可支付性住房(affordable housing)建设要求等方式融入国家相关政策中,其更强调混合产权和住宅类型,这体现在《城乡规划法案》(*Town and Country Planning Act*)(1990年)中的第106条款(Section 106)①、《规划政策指导3:住房》(*Planning Policy Guidance 3:Housing*)(1993年、2011年)、《我们未来的家园:机会、选择和责任》(*Our Future Homes:Opportunity,Choice and Responsibility*)(1995年)、《城市复兴》(*Urban Renaissance*)(1999年)、《可持续社区:建设未来》(*Sustainable Communities:Building for the Future*)(2003年)、《提供经济适用房》(*Delivering Affordable Housing*)(2006年)、《混合社区:证据回顾》(*Mixed Communities:Evidence Review*)(2010年)、《国家规划政策框架》(*National Planning Policy Framework*)(2012年)等政策,各市根据要求制定了相应的可支付性住宅建设要求,并根据实际情况设定不同情境下的建设比例(表7-1-1)。在美国,则以混合不同收入群体(mixed income)为目标,其在1990年代前就推行了第8节条款(Section 8)、包容性区划(Inclusionary Zoning)、低收入住房税收(Low Income Housing Tax)等政策,而1990年代后又推行了希望六号(HOPE Ⅵ)、向机会迈进(Moving to Opportunity,MTO)等政策(孙斌栋和刘学良,2009),以及近些年的联邦修复税(Federal Rehabilitation Tax)政策(Ryberg-Webster,2013)和选择邻里倡议(Choice Neighborhood Initiative)政策(杨昌鸣等,2015)。

表7-1-1 伦敦中心区各区新增住房中可支付性住房所占比例要求

中心区涉及分区	2002年	2010年	2017年
卡姆登(Camden)	50%	≥50%(≥50户),10%~<50%(<50户)	50%(≥25单元),每新增一个单元多增加2%(<25单元)
伦敦城(City of London)	无	50%	地块内改建30%,扩建60%
哈克尼(Hackney)	25%	50%	50%(10户以上)
伊斯灵顿(Islington)	25%	50%	50%(10户以下可申请资助)
兰贝斯(Lambeth)	35%~50%	40%(资助则50%)	50%(10户以上或0.1公顷以上,有资助时),40%(无资助时)
南华克(Southwark)	25%	50%(核心区内40%,边缘区35%)	35%
塔哈姆雷特(Tower Hamlets)	25%~33%	35%~50%(视各地块情况)	35%~50%(视各地块情况)
威斯敏斯特(Westminster)	无	35%~50%(视各地块情况)	30%

(资料来源:Greater London Authority,2011;2018a)

注:新增住房包括改建、扩建、新建等方式。

---

① 《城乡规划法案》(*Town and Country Planning Act*)(1990年)第106条款(Section 106)规定:政府有权利令开发者执行规划义务,包括禁止以某种方式开发、要求地块必须承担某种功能、要求地块开发必须以某种特殊方式进行,以及必须向政府进行经济支付或补偿,因此常用来强制要求住房中配建一定的可支付性住房(affordable housing)。具体详见:https://www.legislation.gov.uk/ukpga/1990/8/section/106。

英美国家这些政策通常通过两种方式达到中心区人口混合居住目的：一种是将旧城中心区及周边衰败破旧的公共住房拆除或将废弃建筑进行改造，以混合收入、混合产权的混合型社区取而代之，从而起到令高收入群体融入低收入群体的"积极绅士化"效果，如英国城市复兴政策和美国的希望六号（HOPE Ⅵ）项目（图 7-1-5）和联邦恢复税（Federal Rehabilitation Tax）政策；另一种则是利用可支付性住房捆绑建设或资金补助等方式，将贫困人口融入高收入群体中，如英国的住房补贴（Housing Benefits）①、第 106 条款（Section 106）政策和美国的第 8 节条款（Section 8）、包容性区划（Inclusionary Zoning）、低收入住房税收信贷（Low Income Housing Tax Credits）、向机会迈进（Moving to Opportunity, MTO）政策。混合居住政策的实施效果是，虽然中心区依旧拥有绅士化的特征，即相对于全市水平，教育程度较高的人群多、年轻人群多，但其也逐渐成为居住人口结构丰富多元的区域（Birch, 2002; 2005; Thomas et al., 2015），主要体现在种族类型丰富、外来人口集中（图 7-1-6）。

图 7-1-5　芝加哥中心区奥克伍德海岸（Oakwood Shores）地区混合社区开发
（资料来源：Joseph & Chaskin, 2010）
注：棕色为公共住房，黄色为私人商品房及公共服务设施。

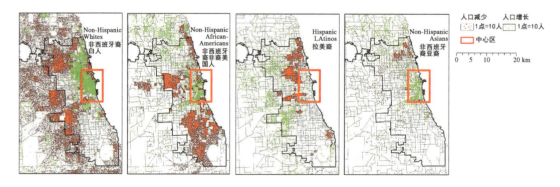

图 7-1-6　芝加哥各种族人口在中心区均呈现不同程度的上升趋势，2000—2010 年
（资料来源：Hunt & DeVries, 2017: 268）

---

①　住房福利（Housing Benefits）起始于《社会保障法案》（*Social Security Act*）（1986 年），与美国的第 8 节条款（Section 8）原理相同，意在资助低收入群体承担正常住房房租。

7.1.2 原有主体功能混合维度衍化

在中心区整体可持续更新背景下,不但大规模提升的居住功能发生了多维度衍化状况,原有商业、办公、文化娱乐等主体功能也均在社会维度、经济维度产生了不同程度的衍化。

7.1.2.1 办公功能的经济、社会维度衍化

经济维度方面,经历了1970—1980年代办公空间爆炸式增长,在全球经济增长放缓和波段性经济危机背景下,英美各国主要城市的办公空间增长逐步回归理性发展(Jones,2013:1-20),但旧城中心区作为城市办公空间主要增长极依旧保持了较为稳定的增长趋势。其原因有三(Jones,2013:47-71;Greater London Authority,2015a):①中心区依旧是城市中基础设施最为完善的区域,可达性与便利性最为优越;②政策引导作用,旧城复兴、紧凑城市、新城市主义、精明增长等政策的落地实施导致发展重新向旧城转移,中心区成为首要发展空间;③中心区办公空间是应对新时期经济增长极(现代服务业,尤其是创新创意产业)的重要空间载体。其中最后一点原因最为重要,因为其意味着中心区办公空间在新时期不仅是保持了一定的建设量提升,更具意义的是内部功能结构的升级,在全球化竞争背景下对城市、区域甚至国家都有着促进经济可持续发展的重要作用。

因此,中心区办公空间呈现两大发展趋势:一方面,中心区成为新时期办公空间和就业空间增长最为迅猛的区域(表7-1-2,图7-1-7);另一方面,中心区成为新时期创新创意产业最为重要的增长极,具体体现为(图7-1-8):①中心区成为城市创新创意产业就业空间和就业人数最为集中的地区;②以高端技术产业和生产性服务业为代表的创新创意产业在中心区产业经济结构中的比例逐年上升;③创新创意产业人员更倾向于居住在中心区。

表7-1-2 伦敦办公空间变化,2000—2012年　　　　　　(单位:平方千米)

区域	行政区	2000年	2006年	2012年	2000—2012年变化
中心区各区	伦敦城(City of London)	4 069	4 622	5 000	931
	卡姆登(Camden)	1 894	2 058	2 137	243
	威斯敏斯特(Westminster)	5 276	5 167	5 373	97
	伊斯灵顿(Islington)	1 271	1 442	1 455	184
	哈克尼(Hackney)	450	510	546	96
	塔哈姆雷特(Tower Hamlets)	1 468	2 222	2 458	990
	南华克(Southwark)	1 033	1 074	1 270	237
其余主要各区	巴金和达格纳姆(Barking and Dagenham)	103	98	101	−2
	巴尼特(Barnet)	320	380	356	36
	贝克斯利(Bexley)	134	152	151	17
	布罗姆利(Bromley)	339	310	295	−44
	克罗伊登(Croydon)	760	716	640	−120
	伊灵(Ealing)	441	446	442	1
	格林威治(Greenwich)	131	153	155	24
	哈林盖(Haringey)	153	147	141	−12
	哈罗(Harrow)	332	251	224	−108
	希灵顿(Hillingdon)	683	685	664	−19
	卢伊沙姆(Lewisham)	146	158	149	3

(续表)

区域	行政区	2000年	2006年	2012年	2000—2012年变化
其余主要各区	纽汉姆(Newham)	172	209	242	70
	贝德布里奇(Redbridge)	181	163	156	−25
	里士满(Richmond upon Thames)	264	298	300	36
	旺兹沃思(Wandsworth)	344	340	310	−34

(资料来源：作者根据英国政府统计数据整理绘制，数据下载网址 https://www.gov.uk/government/statistical-data-sets/live-tables-on-commercial-and-industrial-floorspace-and-rateable-value-statistics)

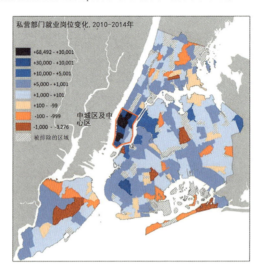

图7-1-7 纽约各地区就业变化，2010—2014年
(资料来源：NYC Department of City Planning，2016)

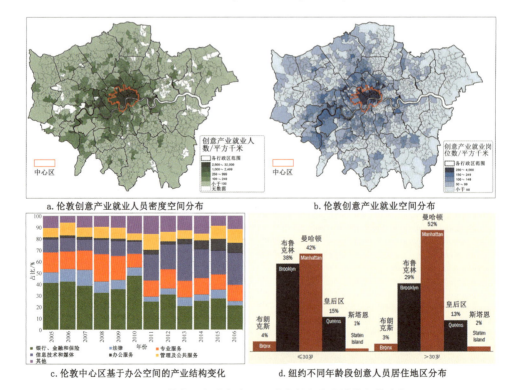

a. 伦敦创意产业就业人员密度空间分布　　b. 伦敦创意产业就业空间分布

c. 伦敦中心区基于办公空间的产业结构变化　　d. 纽约不同年龄段创意人员居住地区分布

图7-1-8 英美国家城市中心区成为创意产业增长极的表征

[资料来源：a、b图(Greater London Authority，2015c)，c图(Greater London Authority，2017a)，d图(Center for an Urban Future，2015)]

社会维度方面,旧城中心区办公空间的作用依旧明显,分别体现在三方面。

① 办公空间依旧像 1990 年代前,往往能够促进土地混合利用开发,但是其在项目中的地位有所变化,已由大多数处主导地位转变为可以承担主导地位、平衡作用、次要地位等多重角色(Schwanke,2003:49-50),较为明显地体现在办公开发已经成为促进住房开发,尤其是可支付性住房建设的重要手段,因此新时期办公开发不但能够促进职住平衡,而且兼具重要的社会包容性意义(表 7-1-3)。

表 7-1-3　伦敦中心区通过商务办公开发兴建的可支付性住房状况,2005—2015 年

商务办公开发空间(α)/平方米	计划同步兴建可支付性住房套数	允许开发地块外建设可支付性住房套数	替代可支付性住房建设的现金补偿/磅
1 000≤α	12 410	0	34 984 638
500≤α<1 000	2 939	100	12 644 323
400≤α<500	325	0	62 445
300≤α<400	827	0	485 000
200≤α<300	1 070	0	1 600 000
100≤α<200	1 638	0	2 050 000
0≤α<100	1 252	2	87 000

(资料来源:Greater London Authority,2015a)

② 一改 1990 年代前只重视大企业的做法,保护并促进了中小企业集聚混合发展(表 7-1-4)。如伦敦中心区要求小尺度办公面积(500 平方米以下)最少要占总体办公面积的 14%～17%,平均租金不超过最高租金的 50%(Greater London Authority,2016a),因此小企业办公面积由 1995 年 207 万平方米增加至 2010 年的 260 万平方米(Greater London Authority,2015a)。而美国纽约中心区各商务开发区(Business Improvement District)中也明确强调通过各种方式鼓励并促进小型企业的生存与壮大(NYC Department of Small Business Services,2018)。这对社会可持续发展具有三重作用:第一,其在需求端有助于增加全社会全阶层就业岗位(Roberts & Sykes,2000:137;Thurik & Wenneker,2004;布莱克福德,2013:184),如过去 20 年,英国中小企业创造岗位数量占新增数量的三分之二(Jones & Evans,2013:101-102),美国 1990—2010 年间中小企业每年维持并新增岗位能力也明显优于大企业(Small Business Administration,2012);第二,其有助于促进社会联系和社会融合,因为中小企业更倾向于包容外来人口与少数种族人口(Park,1997;Waldinger,1999:254-300)、更倾向于位于其发起的地方并有效促进当地居民就业(Dixon & Marston,2003)、更有助于带来宜人的街道肌理和地方性的多元活力氛围(Coupland,1997:159);第三,中小企业有助于当地居民积累工作经验,从而提升全社会的就业能力,解决贫困人口的就业包容性问题,并应对中心区弹性发展需求(Ofsted,2015)。

表 7-1-4　伦敦中心区企业规模结构变化

企业雇员数/人	2010 年		2014 年	
	数量/个	比例/%	数量/个	比例/%
0—4	68 315	63.2	81 340	64.6
5—9	17 160	15.9	18 585	14.8
10—19	10 950	10.1	12 550	10.0

(续表)

企业雇员 数/人	2010 年		2014 年	
	数量/个	比例/%	数量/个	比例/%
20—49	6 625	6.1	7 735	6.1
50—99	2 595	2.4	2 850	2.3
100—249	1 540	1.4	1 755	1.4
250—499	510	0.5	560	0.4
500—999	270	0.2	270	0.2
1 000 及以上	145	0.1	175	0.1

(资料来源：Greater London Authority, 2015b)

③ 促进了共享空间发展。"共享办公"(Co-working)模式成为中心区办公空间在应对创新创意产业和中小企业发展需求下的新兴利用方式(Gandini, 2015)。英美各城市建立了各种组织以应对企业和个人对共享办公空间的需求，主要针对中心区及其周边地区，如 WeWork(图 7-1-9)、

a. WeWork 共享办公在伦敦区位及发展趋势，2014—2017 年

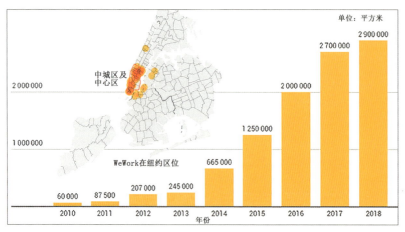

b. WeWork 共享办公在纽约区位及发展趋势，2010—2018 年

图 7-1-9　英美国家城市中心区 WeWork 共享办公发展趋势

［资料来源：a 图(Greater London Authority, 2017a; WeWork 伦敦官网 https://www.wework.com/zh-CN/l/london)；b 图作者根据 WeWork 纽约官网 https://www.recode.net/2018/3/22/17119012/wework-massive-growth-second-biggest-office-tenant-new-york-city-manhattan-cowork-space-real-estate 整理绘制］

Desktime 等,主要形式包括工作空间共享、社交空间共享、设备共享、培训教育资源共享、错时共享等方式(Bouncken & Reuschl,2018),其不但有利于各企业之间的互动合作并促进社会交流,而且令中心区办公空间变得更加具有弹性(flexible)(空间可变化,与餐饮、娱乐功能更易混合)与可支付性(affordable)(小企业更易起步)(Bouncken & Reuschl,2018;Greater London Authority,2017a;Waters-Lynch & Potts,2017)。

7.1.2.2 商业功能的经济、社会维度衍化

经济维度方面,中心区各类政策不再延续1970—1980年代鼓励商业向郊区分散发展的思想,转而强调加强中心区开发。英国从1990年代开始先后出台报告《城外大型零售业发展的影响》(The Effect of Major Out of Town Retail Development)(1992年)、《充满活力和生命力的城镇中心:迎接挑战》(Vital and Viable Town Centres:Meeting the Challenge)(1994年)、《如何打造成功的城市中心》(What Makes for A Successful City Centre)(1996年)、《主要街道和城镇中心的健康检查》(A Health Check for High Streets and Town Centres)(2010年),均表示旧城中心区商业开发正面临郊区化挑战和本身存在的各种问题,并强调其健康发展对中心区可持续性的重要性。美国各城市也同样认识到商业重心回归中心区对中心区和城市均具有重要意义(Padilla & Eastlick,2009;Sneed et al.,2011;Hunt & DeVries,2017:232)。于是针对零售布局的引领政策一改对郊区蔓延发展的宽容倾向,强调优先开发中心区商业(图7-1-10),同时,着重鼓励土地混合利用开发,为零售、就业、娱乐、居住、生活服务等多元功能提供空间,提升中心区空间环境质量,达到通过商业引领的项目开发提升中心区整体宜居活力与可持续发展的目标(表7-1-5)。

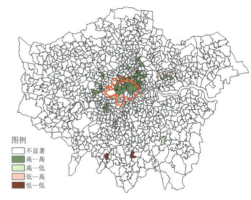

图 7-1-10　伦敦零售商业密度变化趋势,2011—2014年

(资料来源:Greater London Authority,2015d)
注:可看出中心区及内城为主要增长区域。

表 7-1-5　英国1990年代以来不同阶段中心区商业开发政策演变

相关政策文件	中心区地位	鼓励土地混合利用内容	服务对象
规划政策指导说明6:城镇中心与零售业发展(修订)(1993年)	保持中心区与非中心区商业开发的适度平衡,维持并促进中心区活力	①商业带动的工作、居住、娱乐、金融、教育、医疗等功能混合;②不同人群、不同时间段混合;③不同类型、规模的零售混合	服务当地居民、商家和外来访客
规划政策指导说明6:城镇中心与零售业发展(修订)(1996年)	优先发展各级中心区商业	在1993版本基础上,单独强调混合功能开发,包含三点:①强调与居住及其配套混合;②强调与夜间娱乐混合;③强调不同类型和档次零售混合	服务当地居民、商家和外来访客
规划政策声明6:城镇中心规划(2005年)	形成商业网络等级式发展,中心区位于最高等级	取代1996版本,在其基础上强调三点:①促进居住、就业、娱乐三者混合;②不同功能时间段上的互相补充;③提升对当地居民的服务作用	服务当地居民、商家和外来访客,强调服务各不同社会群体
重新定义城镇中心的形态和目标(2013年)保障城镇中心的活动(2014年)	"城镇中心优先(Town centre first)"政策,保持和促进中心区商业活力	取代2005版本,并强调:①由购物氛围转向整体宜居氛围;②控制商业比例与其他功能比例的平衡;③强调不同类型、规模、档次商业混合;④提升服务当地居民能力;⑤提高应变适应性	服务当地居民、商家和外来访客,强调服务各不同社会群体

(资料来源:作者整理绘制)

社会维度方面,各城市认识到通过零售商业解决中心区社会排斥问题的最佳手段就是为各社会群体公平提供购物消费机会,同时中心区零售商业不但应当应对区域需求,也应当应对社区的日常生活服务需求和就业需求(Wrigley et al.,2002),这就要求中心区商业不但需要与居民服务功能混合开发,而且其自身内部需要混合不同功能类型和档次类型(Sneed et al.,2011)。同时,需要促进大型连锁品牌和具有当地特色的小型私有商铺的融合(Padilla & Eastlick,2009)(图7-1-11),而这也有助于保护和促进中心区地方特色(Cox et al.,2010;Portas,2011),并促进中心区商业弹性发展。

图 7-1-11 英国零售额变化趋势(按商铺规模分),2001—2013 年
(资料来源:Greater London Authority,2015d)
注:可看出各规模商铺零售额均有不同程度提升。

在混合功能开发与街区环境营造的背景下,新时期中心区商业开发形式由原有的独立式购物中心建设转变为"街区式大型更新模式"(mega retail-led regeneration project)(Lowe,2005;Tallon,2013:197),其已经不再像之前只针对中产消费者,而变得更像是原有传统商业街区的衍生物(Loukaitou-Sideris & Banerjee,1998:XX-XXI),希望通过零售引领的混合开发营造具有吸引力的整体社区环境(Padilla & Eastlick,2009),如美国圣地亚哥、菲尼克斯和印第安纳波利斯(Robertson,1997)、波特兰(Padilla & Eastlick,2009)等城市中心区商业区更新,英国伯明翰斗牛场(Bull Ring)更新项目(2003年)、曼彻斯特阿恩代尔中心(Arndale Centre)重建项目(2005年)、利物浦一号(Liverpool One)更新项目(2008)(图7-1-12)、布里斯托卡博特广场(Cabot Circus)项目(2008年)、卡迪夫圣戴维斯(St David's)扩展项目(2009年)。这些成功项目所具备的共性即是将土地混合利用衍化理念贯彻应用,营造多元活力的混合功能街区(表7-1-6)。这类模式的成功也引领了各地潮流,据统计英国2006—2010年新建造的商业区中有93%位于中心区(Tallon,2013:197)。而美国芝加哥中心区最为重要的13处零售购物场所中9处是2000年后建设,其中5处是2005年后建设(Chicago Loop Alliance,2011)。

表 7-1-6 中心区商业引领的街区更新项目(mega retail-led regeneration project)土地混合利用要素

要素	内容要求
氛围特征	营造具有地方化特色的独立特色区域
连续性与私密性	与周边肌理良好对接,区域内公共与私有空间明确区分
公共领域质量	营造具有吸引力的户外空间
便利的交通	方便可达与通过,多种交通方式,强调公共交通与步行交通优先
易读性	明确的形象、易于理解的结构与方向感
适应性	空间易于改变,以适应不同功能需求
经济可持续性	功能多样性,以保证具有弹性的可持续经济收益
功能多样性	活动类型的更多选择,工作、购物、娱乐、居住、生活的更多选择
产权多样性	不同类型、不同规模、不同档次品牌的混合,国际与本地的混合

(续表)

要素	内容要求
环境可持续性	可持续的建筑环境,与自然和谐相处
安全性	无不适、担忧和恐惧感
开放性	对周边社区的服务,对户外空间活力有所贡献
包容性	以上各个层面充分考虑包容不同收入、年龄、性别的所有人,为当地居民、入驻商户和外来访客统筹考虑

(资料来源：Robertson,1997；Dixon & Marston,2003；Lowe,2005；Emery,2006；Padilla & Eastlick,2009；Gibbs,2012；Charlton et al.,2013)

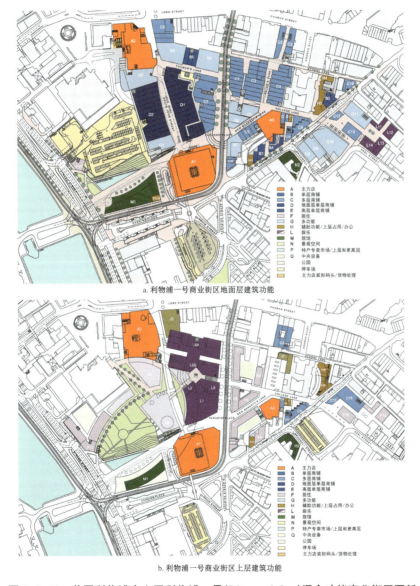

图 7-1-12　英国利物浦中心区利物浦一号(Liverpool One)混合功能商业街区更新
(资料来源：BDP,2009)

7.1.2.3　文化休闲功能社会维度衍化

吸引中产阶级和外来游客、促进经济发展与社会就业、有效提升历史遗产保护热情等有利因素,令文化休闲产业在1960—1990年代中心区更新过程中大放异彩,这些因素在1990年代后依旧是各城市中心区继续秉持文化要素引领更新(culture-led regeneration)的重要原因,而与创意产业的紧密联系、吸引人口回归中心区居住等原因令文化休闲产业进一步得到重视与强调(García, 2004；Tallon et al., 2006；Grodach & Loukaitou, 2007；Mckenzie & Hutton, 2015)。英美各主要城市如伦敦、伯明翰、格拉斯哥、曼彻斯特、利物浦、纽约、芝加哥、波士顿等都相继出台专门的文化休闲产业提升政策,其中中心区因为历史要素多元、设施完善、创意产业与阶层集中,所以成为文化娱乐产业的重要承载空间(图7-1-13)。但在新时期,文化休闲产业不仅在促进经济发展和创造就业上有所贡献,更重要的是其在社会维度上的混合衍化。

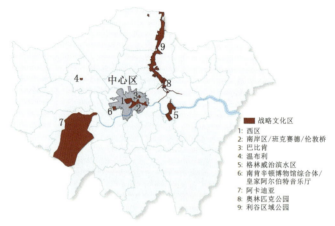

a. 伦敦战略文化区布局

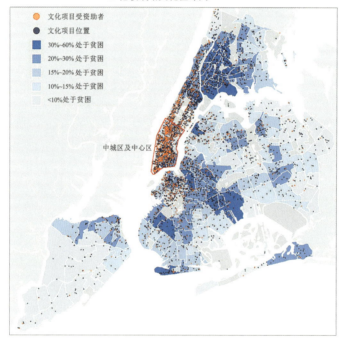

b. 纽约文化项目及参与人员分布

图 7-1-13　英美国家城市文化项目布局

[资料来源：a图(Greater London Authority, 2015e), b图(The City of New York, 2015)]

为了应对后现代社会文化多元性与差异性,避免中心区绅士化现象,体现对广泛消费者和劳动力市场的全面社会关注,各城市认识到中心区文化休闲产业需要满足不同阶层、年龄、性别、种族的人对文化的需求,提高全民对文化事件的通达度(accessibility)和参与度(involvement),从而通过文化活动丰富全民生活,以达到提升生活品质、社会融合度和归属感的最终目标(Miles &

Paddison,2004;The City of New York,2015;Greater London Authority,2018b)。具体做法为：①尽可能丰富文化休闲活动类型，包容各文化群体喜好(如草根文化、地方文化、外国文化)；②促进各文化休闲活动之间的空间和时间混合联系，从而增大影响效应；③增加弱势群体(儿童、女性、老人、残疾人、同性恋、贫困人口、少数种族、外来人口)的参与可能性、便利度与舒适度。在一系列措施后，文化活动参与人群结构日益均衡多元，以美国为例，据统计，2002年到2012年间，美国参与视听表演类文化活动的人员结构从年龄到种族都趋向更加均衡(表7-1-7)，这均有利于提升中心区社会融合氛围。

表7-1-7　美国参与视听表演类文化活动人员结构演变　　　　　(单位：%)

类别		2002年	2008年	2012年
按年龄分类结构比例	18—24岁	11.80	12.10	11.70
	25—34岁	18.00	18.50	17.10
	35—44岁	23.00	20.00	16.30
	45—54岁	22.10	20.40	19.20
	55—64岁	13.00	15.80	18.60
	65—74岁	7.70	8.50	11.10
	75岁及以上	4.40	4.70	6.00
按种族分类结构比例	西班牙裔	6.50	8.20	9.40
	白人	80.50	78.90	75.40
	非裔美国人	8.10	7.00	8.50
	其他	4.90	5.90	6.60

(资料来源：National Endowment for the Arts,2015)

7.1.2.4　公共空间的社会维度衍化

进入现代规划以来，中心区的社会属性长期被忽视，而社会属性(如公共设施使用、社会交往)恰恰决定人们是具有归属感还是疏离异化感，对中心区活力与长远发展至关重要(Evans,1997：80)，这直接体现在公共空间营造方面。对此，Mitchell(2003)、Whyte(2009)、Low(2010)、Low & Smith(2013)、Madanipour(2021)、马库斯和弗朗西斯(2017)等人相继出版著作①，强调中心区公共空间的人性设计与社会属性，其中公共可达性(public ocessibility)和包容性(inclusion)是衡量公共空间公共性(publicness)的最重要因素，这也是对1990年代前中心区大范围公共空间私有化反思带来的结果(Turner,2002;Whyte,2009)。在这些思想和公众呼吁下，各城市也纷纷革新实践管理目标，认为新时期营造公共空间的主要任务是能否带给所有人便捷、安全、舒适和极具吸引力的感受，最终实现促进社会交往、社会融合以及社会归属感的目的(Imrie et al.,2009：201-202;Brown et al.,2014：218-219)，从而令公共空间真正成为有温度的场所。

因此，与1990年代前最大的区别在于，英美国家各城市在中心区公共空间环境质量舒适化设计的基础上，重点提升公共空间包容性维度与网络通道联系(表7-1-8)，这也体现在英美各城市

---

① 具体详见：Mitchell D. The right to the city: social justice and the fight for public space[M]. New York: Guilford Press, 2003; Whyte W H. City: rediscovering the center[M]. Philadelphia: University of Pennsylvania Press, 2009; Low S M. On the plaza: the politics of public space and culture[M]. Austin: University of Texas Press, 2010; Low S, Smith N. The politics of public space[M]. New York: Routledge, 2013; Madanipour A. Whose public space? International case studies in urban design and development[M]//Mitrašinović M, Mehta V. Public space reader. New York: Routledge, 2021; 马库斯,弗朗西斯. 人性场所：城市开放空间设计导则：第2版[M]. 俞孔坚,王志芳,孙鹏,等译. 北京：北京科学技术出版社,2017.

中心区规划政策中,如以纽约为代表的美国私人公共空间设计与管理导则(于洋,2016)、波士顿市政广场新时期的二次更新改造(Walsh,2017)(图7-1-14)、芝加哥千禧公园和波特兰珍珠区公园改造(Brown et al.,2014:223-232),以及英国各城市中心区公共空间网络营造(Punter,2010;Vescovi,2013:139-154)等。

表7-1-8 基于社会属性的中心区公共空间营造要素

要素	具体内容	要素	具体内容
人性设计	① 具有灵活、引人入胜的街道娱乐公共活动 ② 内在的、细节体现的独特特征 ③ 驻足观赏空间(可欣赏的景色、活动,可驻足休憩的设施) ④ 街道连续性、人性尺度、步行友好环境 ⑤ 平衡隐私与公共 ⑥ 充分利用自然资源,营造宜人环境气候 ⑦ 混合活动(普通与新奇) ⑧ 混合功能氛围(尤其混合居住),强调街道层面、广场上灵活亲民的商业文化功能 ⑨ 设置多尺度交往空间与设施 ⑩ 丰富多元的夜间经济活动	文化特征	① 当地特殊性 ② 历史连续性 ③ 良好的免费艺术吸引点 ④ 特色的标志性景观(自然、建筑、构筑物等) ⑤ 本土文化庆典 ⑥ 满足不同年龄和品位的需求 ⑦ 容纳多样化公共创意艺术
安全包容	① 满足不同年龄、性别、阶层、种族的人群需求 ② 满足特殊群体的特殊需求 ③ 良好的夜间照明设施、监控系统 ④ 降低空置率 ⑤ 禁止过分的景观(避免令人感到压迫感)	网络通道	① 良好联系的步行网络 ② 安全的停车系统、公交接驳系统 ③ 高质量环境 ④ 交通稳静化、步行优先 ⑤ 清晰的结构与指示系统

(资料来源:Evans,1997:84-85;Tibbalds,2004;Whyte,2009:103-140;Low,2010;Vescovi,2013:139-154;马库斯、弗朗西斯,2017:11-82)

注:下划线标示内容是与1990年代公共空间营造的主要区别。

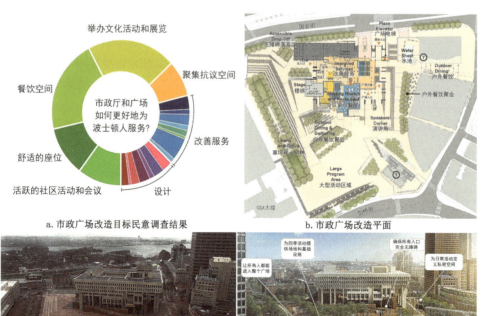

a. 市政广场改造目标民意调查结果　　　b. 市政广场改造平面

c. 市政广场现状　　　d. 市政广场改造效果示意

图7-1-14 美国波士顿市政广场基于社会维度的改造
(资料来源:Walsh,2017)

7.1.3 环境维度提升及其混合衍化

7.1.3.1 绿色功能提升动力机制与方法

旧城中心区土地混合利用实践在1990年代后开始着重强调提升绿色功能(环境可持续)主要基于两方面原因:

① 土地混合利用在1990年代后受到政府和学者青睐的原因之一,即其可以通过减少机动车出行带来环境可持续效益。后来自从2002年约翰内斯堡召开的第二届地球峰会,缓解及应对气候变化成为环境可持续的重要议题。据统计,全球城市人类活动占据每年地球能源消耗量的75%,但同时占全球温室气体释放量的80%(Jones & Evans,2013:137),并产生世界上大部分的废弃物和污染(Tallon,2013:164),其中中心区作为城市建筑、人口、道路密度最高但同时也是基础设施最为陈旧的区域,问题尤为严重,如城市热岛效应、空气质量、能源过度消耗、污染排放等问题(图7-1-15)。所以基于环境可持续的中心区城市更新对应对气候变化意义重大①,而土地利用空间作为重要的节能减排载体,令中心区土地混合利用实践增加了绿色功能提升要求(黄林琳,2015)(图7-1-16),这也是现代人对未来下一代人的负责。

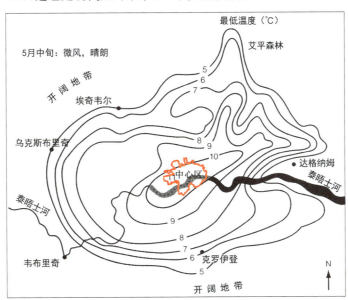

a. 伦敦热岛效应分布(中心区比郊区平均高6℃)

b. 城市热岛效应及高密度建设阻碍空气流动,导致形成中心区"污染丘"

图7-1-15　中心区生态环境问题日益严重

(资料来源:Smith,2010:78-79)

---

① 气候尽管在中心区土地混合利用理念复苏时就受到关注,但当时仅体现在设计的物质层面,原因是随着混合功能项目尺度逐渐增加,步行空间(地面户外空间、地下地上连廊)成为各建筑之间联系的重要枢纽,为了能够保持地块活力,需要令户外使用人群躲避气候的不良影响(强烈日照、阴雨、寒冷大风等),所以应对气候主要体现在户外空间室内化、增加自然植被与水体、营造舒适微气候等方式,这种被动式躲避与1990年代后的主动缓解和应对气候变化的意义完全不同。

② 高品质、多元化、高效率以及良好可达性的城市绿色基础设施（Green Infrastructure，包括绿色屋顶与墙面、可渗透地面、街道绿色植被、城市森林、公园、湿地、绿色交通设施、建筑节能减排基础设施等）能带来经济、生态环境、健康、幸福感、文化娱乐和社会融合等诸多方面好处（Couch et al.，2003：207-208；Lee，2011；Foster et al.，2011；Wright，2011；Mell et al.，2013；Irvine et al.，2013；Rowland，2014）（表7-1-9），应对了当代经济发展环境需求和居民身心需求，有助于

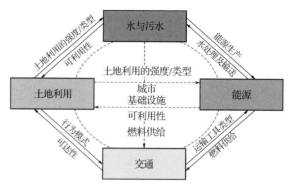

图 7-1-16　土地混合利用对节能减排的潜在作用
（资料来源：黄林琳，2015）

缓解中心区高密度、高硬度空间带来的负面效应，有利于提升中心区产业入驻意愿，以及居民就业、居住和消费吸引力，进而提升总体竞争力。

表 7-1-9　绿色基础设施产生的积极效益

维度	具体效益	维度	具体效益
环境	① 减缓城市热岛效应 ② 提供遮阴 ③ 雨水管理与渗透 ④ 提供野生动物栖息地 ⑤ 节约能源 ⑥ 降低噪声 ⑦ 吸收污染、提升空气质量 ⑧ 温室气体封存 ⑨ 降低机动车出行距离，促进步行 ⑩ 减少蒸发 ⑪ 减少侵蚀	经济	④ 科研教育 ⑤ 促进旅游 ⑥ 提高生产率 ⑦ 提高场所美观度
经济	① 增加房产价值 ② 创造就业 ③ 提高当地食品供应	社会	① 提供健身娱乐场所 ② 增进文化氛围 ③ 利于精神健康 ④ 减缓压力 ⑤ 有助于公平性 ⑥ 社区团结与社会融合 ⑦ 营造场所感 ⑧ 提高注意力 ⑨ 提升场所安全度

（资料来源：Rowland，2014）

基于上述原因，通过更新实现环境可持续性成为中心区土地混合利用实践中的重要内容（Evans，1997：154-157；Schwanke et al.，2016：27），这也与可持续更新对土地混合利用理念的衍化结果相统一。基于以上需求，英美各城市专门颁布政策文件，如英国伦敦的《可持续设计与建设》(*Sustainable Design and Construction*)（2014年）、伯明翰的《伯明翰绿色委员会：建设绿色城市》(*Birmingham's Green Commission: Building a Green City*)（2013年）、美国纽约的《一个城市：为了持久的建设》(*One City: Built to Last*)（2014年）、芝加哥的《芝加哥可持续发展政策手册》(*Chicago Sustainable Development Policy Handbook*)（2017年）等，均划定中心区为重点关注区

域,"令旧城比郊区更绿色"已经成为西方国家的共识(Brown et al.,2014:78)。这种强调对既有环境进行生态化改造的思想在英国主要以"城市生态更新"(Urban Retrofit)为主(图7-1-17),美国则强调由"新城市主义"演变而来的"绿色城市主义"(Green Urbanism)①,但两者均是根据土地在提升环境可持续过程中的角色,从节能和减排两方面提出绿色功能提升措施,并辅以社会管理政策和经济政策(表7-1-10)。在这些政策作用下,中心区各方面环境问题明显好转,具体体现在绿色空间数量与可达性增加(表7-1-11,表7-1-12,与二战后标准初建相比,增加了口袋公园类型)、交通方式更为绿色(图7-1-18)、空气环境质量更为宜人(图7-1-19)等。

表7-1-10 中心区土地混合利用实践中绿色功能提升措施与目标

系统	具体措施	节约保护资源与能源*	减少污染废弃物排放**
街区模式	① 最大化、复合化、共享化地紧凑利用已开发土地和既有建筑	√	—
	② 不破坏包括既有自然资源、开放空间等在内的绿色基础设施空间,且为新增加提供可能性(包括绿色屋顶与墙面、各类绿色植被、铺装、水体等绿色空间)	√	√
	③ 不破坏农业生产资源,并为新增加提供可能,从而提升当地食品供应量	√	—
	④ 工作、居住与娱乐等功能混合,并与慢行交通、公共交通紧密结合,从而降低私人机动车出行	√	√
	⑤ 通过场地布局优化,促进良好的自然日照环境、热环境、风环境、声环境、给排水环境	√	√
	⑥ 完善优化地块能源集中使用网络和废弃物处理网络,根据不同功能空间能源使用差异化和互补性,高效、节约、循环地利用各类能源	√	√
交通模式	① 提升绿色交通模式(步行、自行车、公共交通等)的网络连接性、便利度和环境品质	√	√
	② 合理调整交通网络,以减少对自然资源破坏	√	—
	③ 采用可再生能源和新技术,提升能源使用效率并降低排放	√	√
	④ 实行交通管控,减缓拥堵	√	√
建筑模式	① 促进使用自然加热、冷却、通风和照明系统	√	√
	② 提升能源使用效率,并尽可能使用可再生能源	√	√
	③ 使用地方性材料、低加工材料及可循环利用材料	√	—
	④ 使用废弃物再循环系统和处理系统	√	√
	⑤ 抵抗声、光污染,并减少相应排放	—	√
	⑥ 促进建筑内部居住空间与工作空间、娱乐消费空间混合	√	√

① "城市生态更新"(Urban Retrofit)理念后传入美国,如纽约建立"纽约生态更新加速器"(NYC Retrofit Accelerator)项目,而绿色城市主义在形成之初是因为新城市主义思想中严重缺乏绿色生态内容,于是参考了欧洲绿色城市建设经验,所以说两种理念殊途同归。具体详见:Eames M, Dixon T, May T, et al. City futures: exploring urban retrofit and sustainable transitions [J]. Building Research & Information, 2013, 41(5): 504-516 和 Dixon T, Eames M, Hunt M, et al. Urban retrofitting for sustainability: mapping the transition to 2050[M]. London: Routledge, 2014. Green Urbanism 理念具体详看:Lehmann S. The principles of green urbanism: transforming the city for sustainability [M]. London: Earthscan, 2010 和 Beatley T. Green urbanism: learning from European cities[M]. Washington, D. C. : Island Press, 2012.

(续表)

系统	具体措施	节约保护资源与能源*	减少污染废弃物排放**
生活模式	① 提升各类设施服务当地社区能力，减少居民长距离出行需求	√	√
	② 增加当地产品(农产品、材料、能源)和有机产品的供应使用份额	√	√
	③ 增加环保产业生产和消费份额，并为其提供入驻优惠政策	√	√
	④ 提倡废弃物分类处理	√	√
	⑤ 提倡空间、物品共享使用理念	√	√

(资料来源：Lehmann，2010；Dixon et al.，2014；Schwanke et al.，2016)

注：*资源与能源包括土地、自然环境、自然生物、农业生产资源、能源矿产、水、电、气等；**污染废弃物包括大气污染、水体污染、噪声污染、土壤污染、光污染等。

表 7-1-11　纽约公园可达性规定

等级	规模/英亩	步行可达性要求/英里
口袋公园	<1	1/4
社区公园	1~20	1/4
大型公园	>20	1/2

(资料来源：New Yorkers for Parks，2010)
注：1 英亩约 0.4 公顷，1 英里约 1.6 千米。

表 7-1-12　伦敦公园可达性规定

等级	规模/公顷	可达性要求/米
口袋公园	<0.4	<400
小型公园	<2	<400
地方公园	2	400
地区公园	20	1 200

(资料来源：Greater London Authority，2015e)

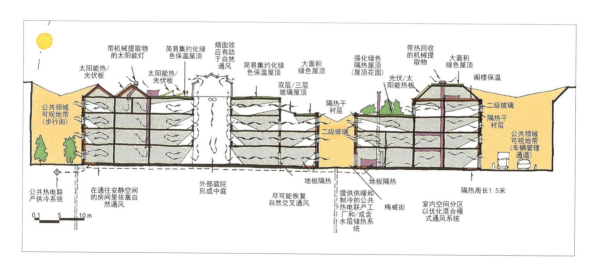

图 7-1-17　旧城中心区混合功能街区生态更新方法剖面示意
(资料来源：Lloyd-Jones，2010)

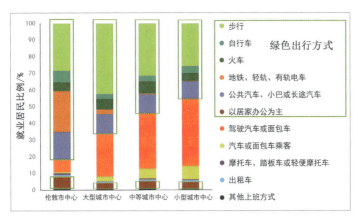

图 7-1-18　英国 2015 年城市中心区居民通勤方式结构
（资料来源：Thomas，Serwicka，and Swinney，2015）
注：城市规模越大，中心区绿色出行方式比例越高。

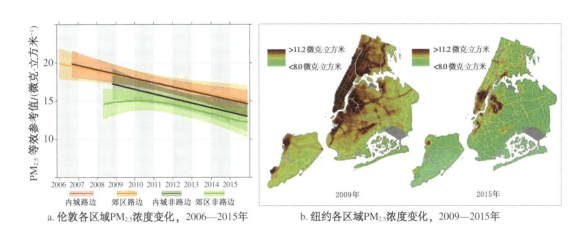

a. 伦敦各区域$PM_{2.5}$浓度变化，2006—2015 年　　b. 纽约各区域$PM_{2.5}$浓度变化，2009—2015 年

图 7-1-19　英美国家城市各区域空气质量变化
［资料来源：a 图(Greater London Authority，2016b)，b 图(The City of New York，2017)］

7.1.3.2　绿色功能的可持续维度衍化

如上文所述，绿色基础设施因为具有多维度功效，所以往往体现出空间复合利用效果，即同一空间同时具有经济、社会、环境等差异化功能，相对于 1990 年代前，这极大地拓展了土地混合利用衍化维度。以近些年最为各城市强调的绿色屋顶(Green Roof)政策为例，其在应用之初，更多的是因为其具有重要的环境可持续效益(Mentens et al.，2006；Oberndorfer et al.，2007；Castleton et al.，2010；Rowe，2011)，如缓冲并储蓄降水、保护建筑屋顶结构、保暖降温节约能源、缓和城市热岛效应、净化空气、隔绝噪声、充分利用太阳能、保护生物多样性等。但随着人们对城市绿色空间日益青睐，绿色空间功能被不断深化发掘，绿色屋顶也开始向"生活性屋顶"(Living Roof)转变(Lehmann，2010：294-310；Hopkins & Goodwin，2011：205-230)，更注重兼具其社会可持续效益，如休憩娱乐、亲子教育、健康锻炼、农产品生产等功能(图 7-1-20)。同时，研究发现绿色屋顶甚至具有经济效益，因为其可以提升土地混合利用项目中顶层空间居住环境质量，从而提升房产价值(Greater London Authority，2008；Rabianski et al.，2009b)。值得注意的是，这种复合维度效果在城市绿色基础上的表现并不是个例，例如城市农场(Urban Farming)(图 7-1-21)、社区花园(Community Garden)也同样起到了社会、经济、环境等多维度作用。

图 7-1-20　伦敦中心区绿色屋顶建设
（资料来源：Greater London Authority,2019）

图 7-1-21　底特律中心区拉斐特绿地（Lafayette Greens）城市农场
（资料来源：作者根据 https://www.asla.org/2012awards/073.html 整理绘制）

7.2 基于全面提升的时空混合衍化模式

7.2.1 整体可持续的空间模式

在功能要素发生了明显可持续维度衍化背景下，中心区土地混合利用空间模式也相应发生了改变，基于 1990 年代前的空间模式，这种改变依旧是从局部空间和整体空间两个层次实现的。

7.2.1.1 可持续维度提升的局部空间

局部空间的演变主要体现为对各功能可持续维度衍化的应对，其发生于各混合功能建筑空间和局部功能混合街区空间中。

相对于 1990 年代前，局部空间模式的改变主要体现为三个方面：

① 功能混合逻辑，由原有居住引领、生产消费引领等带有明显主导功能倾向的功能混合逻辑，转变为相对均衡地融合工作、消费娱乐、居住等各功能，形成"职住娱"全生活功能链条。

② 关注社会维度，着重强调增加社会性住房、中小企业、地方居民商铺等空间供给，并提高公共空间共享度与包容性（如沿街面活力、公共空间多元化功能和包容性设计）。

③ 环境维度提升，运用多种方式尽可能增加建筑内部与街区的绿色空间数量与规模，并运用各种绿色生态技术，提升建筑与外部空间的可持续表现；同时，强调与公共交通系统的紧密联系，地块可达性由原有的机动车导向转变为绿色交通导向。

在这三方面改变下，混合功能建筑向"社会单元"或"垂直城市"转变。前者典型的如英国斯旺西中心区的斯旺西大厅（Swansea Foyer）（图 7-2-1），其利用既有历史建筑，通过生态技术改造，在维系原有临街风貌的基础上，将内部改造为充分利用太阳能的资源节约、环境友好的共享"社会单元"，在"社会单元"内提供社会性住房、学习、就业培训、办公、商业娱乐等功能，所有居住、工作在此的居民形成一个"微型社会"，共享学习、工作、生活、娱乐的集体氛围。后者典型的如英国伦敦的碎片塔（Shard Tower）和马克斯巴菲尔的天空之屋（Marks Barfield's Skyhouse）（图 7-2-2），在高层建筑中充分融合商业娱乐、办公、居住、社区服务、旅游服务、绿色公共空间等城市所有功能，提供不同尺度办公空间、商铺空间与居住空间满足不同人群需求，同时与公共交通和周边空间紧密结合，激发周边经济、社会与空间活力，并强调对建筑节能、排放和微气候的绿色生态技术处理,这种植根于周边环境与城市运作系统当中、承载城市所有功能、面向城市所有人群、体现环境可持续态度的高层混合功能建筑,宛如一座"垂直城市",与 1990 年代前的混合功能建筑空间形成明显区别。

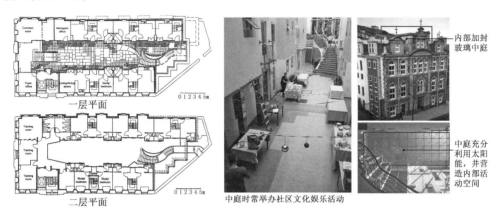

图 7-2-1　中心区"社会单元"式混合功能建筑斯旺西大厅
(资料来源:Towers,2015:236;https://www.erbrown.co.uk/)

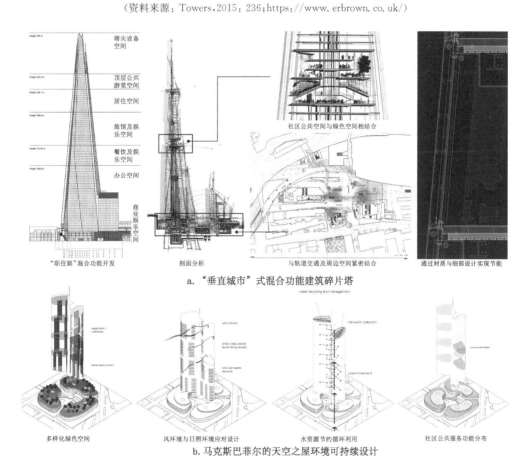

图 7-2-2　中心区"垂直城市"式混合功能建筑
(资料来源:作者根据 https://www.archdaily.com/ 和 https://marksbarfield.com/projects/skyhouse/ 整理绘制)

同样在上述三方面改变下,混合功能街区空间实现了向"城市街区"的转变,其可以看作是"垂直城市"的横向维度空间体现,因其可分阶段实施以及对技术与资金要求相对较低等特征,这种模式的应用更为普遍。

对待既往的混合功能街区,管理者与设计者大多在混合功能的既有特征基础上,以提升街区的开放性、共享性、宜人性、包容性与绿色可持续性为目标,从而实现以品质提升为主题的 2.0 版升级。典型的如美国波士顿市政广场更新(见前图 7-1-14)、巴尔的摩滨水区更新(图 7-2-3)、英国伦敦布劳德盖特(Broadgate)街区更新(图 7-2-4)、布里斯托卡博特广场(Cabot Circus)更新(图 7-2-5)等项目,它们的共同特征是:在既有混合功能基础上增加更具共享性、包容性的项目功能,包括免费的文化休闲体验功能、社会性住房、公共服务设施、街区地方性商铺等,通过细部场地设计、绿化景观设计、小品设施设计、丰富活动类型等方式提升公共空间品质,通过既有空间生态更新提升街区环境可持续表现,通过改善步行空间连续性提升街区与周边社区的联系,促进彼此间形成"职住娱"功能互动。

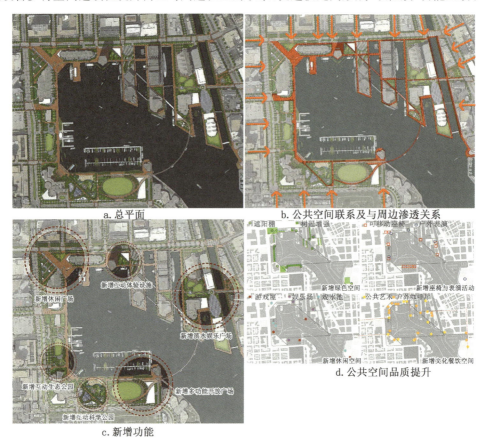

图 7-2-3 巴尔的摩滨水区二次更新升级

(资料来源:作者根据 https://www.baltimorecity.gov/ 整理绘制)

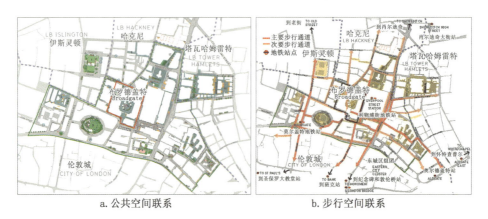

图 7-2-4 伦敦中心区布劳德盖特街区及周边地区更新

[资料来源:作者根据《利场浦街道改善政策》(*Liverpool Street Area Enhancement Strategy*)(2013 年)整理绘制]

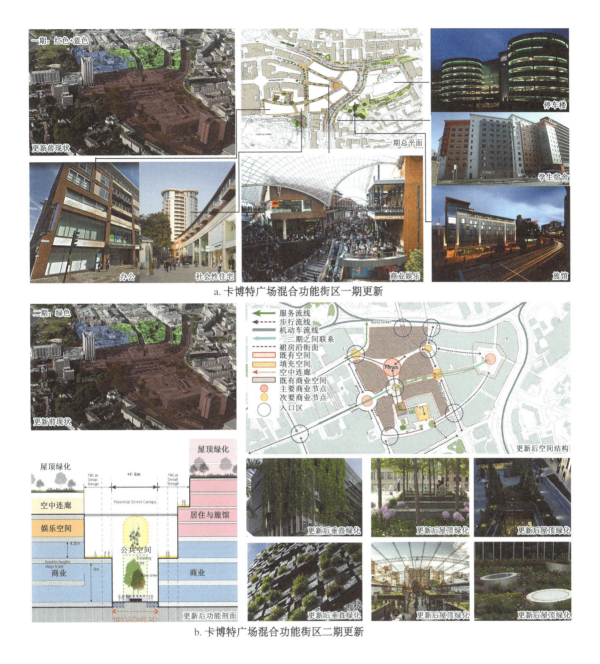

图 7-2-5　布里斯托中心区卡博特广场混合功能街区更新
(资料来源：O'Brien，2013；https://planningonline.bristol.gov.uk/)

而对于1990年代后首次进行更新建设的混合功能街区，管理者与设计者在起初的方案中就全面贯彻了土地混合利用衍化理念，从而将局部地段建设成为新生活方式的"城市街区"。典型的如英国国王十字(King's Cross)街区(图7-2-6)、美国纽约埃塞克斯十字(Essex Crossing)街区(图7-2-7)等项目，它们的共同特征是：实现了"职住娱"多功能平衡式混合、多规模办公空间混合、商品住房与社会性住房混合、国际性商铺与地方性零售混合、消费服务与社会服务设施的混合等一系列土地混合利用内容，充分强调公共空间共享化、人性化、绿色化设计，并极力促进公共交通可达性与慢行交通系统便利性，同时运用多样化生态技术提升地块内绿色空间数量与质量，根据混合功能提高地块能源节约利用水平以及街区微气候环境质量。

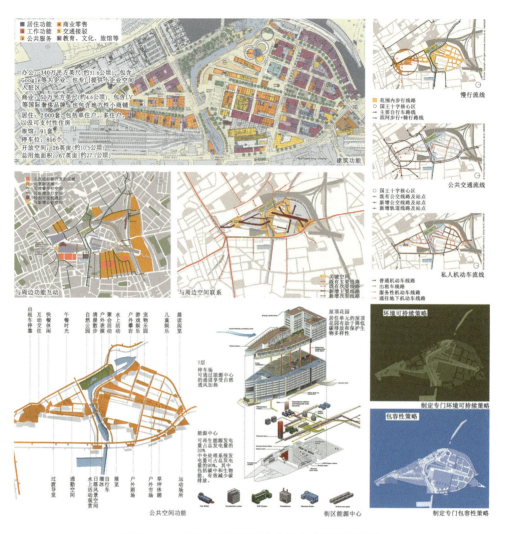

图 7-2-6 伦敦中心区国王十字混合功能街区更新
（资料来源：作者根据 https://www.kingscross.co.uk/整理绘制）

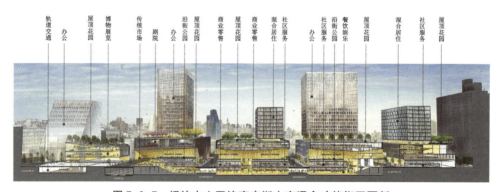

图 7-2-7 纽约中心区埃塞克斯十字混合功能街区更新
（资料来源：作者根据 http://www.thelodownny.com/leslog/2013/09/
essex-crossing-renderings-development-plans.html 整理绘制）

7.2.1.2 绿色渗透性提升的整体空间

由 1990 年代前的中心区土地混合利用整体空间开发经验教训可知，局部片段的优秀开发不足以形成整体性效应（Tibbalds，2000：4），所以必须以适当的纽带串联各局部片段，从而综合提升中心区土地混合利用整体效果。因此，与 1990 年代前相比，新时期英美国家在中心区土地混合利用实践中,以绿色交通引导的公共空间体系作为重要抓手,实现了中心区土地混合利用整体空间的有机串联,这实际上也是早期"触媒效应"的实现。其具体做法体现为两方面。

首先,各城市纷纷以"全覆盖式"提升中心区步行交通空间联系与环境质量及公共交通体系与换乘接驳便利度为手段,建立中心区整体空间发展骨架(图7-2-8、图7-2-9)。步行网络方面,如伯明翰、布里斯托、芝加哥、波特兰等城市,希望持续增加拓展纯步行化网络,从而实现串联中心区整体空间的目标,而像伦敦、纽约等近期内无法实现完全步行化的城市,则主要通过提升步行空间安全便利度、提高步行优先度等方式,实现中心区步行网络升级。公共交通体系方面,各城市比较一致,均结合步行网络,竭尽所能地进一步提升公共交通供给方式和供给路线密度。因此,在上述两方面努力下,步行交通网络与公共交通网络耦合发展的空间框架,也就成为各城市中心区土地混合利用整体空间发展的依托,未来重点发展项目、发展廊道、发展区域均以此空间框架为确定依据。

a. 布里斯托中心区步行网络优化　　　　b. 布里斯托中心区公共交通网络优化及未来发展空间结构

c. 伦敦中心区控制机动车速度以提升步行优先度　　d. 伦敦中心区进一步增加地铁线路覆盖度　　e. 以高层为代表的土地混合利用既有和未来重点发展区位

  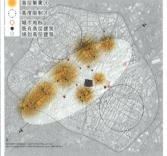

f. 伯明翰中心区步行网络优化　　g. 伯明翰中心区公共交通网络优化　　h. 以高层集聚区为代表的土地混合利用重点发展区位

图7-2-8　英国各城市中心区依托步行空间与公共交通耦合网络的土地混合利用整体发展框架
[资料来源:a、b图作者根据《布里斯托发展框架核心策略》(Bristol Development Frame Core Strategy)(2011年)和《布里斯托中心区方案》(Bristol Central Area Plan)(2015年)整理绘制,c、d、e图作者根据《中央活力区补充规划导引》(Central Activities Zone Supplementary Planning Guidance)(2016年)和《伦敦连接地图》(London Connection Map)(2014年)整理绘制,f、g、h图作者根据《伯明翰大城市方案:中心区总体规划》(Birmingham Big City Plan: City Centre Masterplan)(2011年)整理绘制]

a. 波特兰中心区步行交通网络优化

b. 波特兰中心区公共交通网络优化

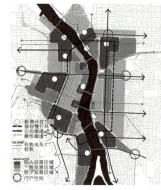
c. 波特兰中心区未来发展空间框架

d. 纽约中心区步行安全及优先度提升

e. 纽约中心区公共交通网络优化

f. 纽约中心区未来重大项目开发区位

g. 芝加哥中心区步行网络优化

h. 芝加哥中心区公共交通网络优化

i. 芝加哥中心区土地混合利用发展框架

图7-2-9 英国各城市中心区依托步行空间与公共交通耦合网络的土地混合利用整体发展框架
[资料来源:a、b、c图笔者根据《中心城区2035年—目标与策略》(Central City 2035 — Goals and Policies)(2017年)和《中心城区2035年—交通体系方案》(Central City 2035 — Transportation System Plan)(2018年)整理绘制,d、e、f图笔者根据《一个纽约:建设强大而公正城市的方案》(One New York:The Plan for a Strong and Just City)(2015年)和《纽约市行人安全研究与行动计划》(The New York City Pedestrian Safety Study & Action Plan)(2010年)整理绘制,g、h、i图笔者根据《芝加哥中心区方案》(The Chicago Central Area Plan)(2003—2020年)整理绘制]

其次,各城市重点强调以中心区内带形、环形或网形的区域性公共空间为激发纽带、以公共交通节点为激发枢纽,提升既有土地混合利用局部空间之间的共生共荣效果,并激发带动新的土地混合利用局部空间更新开发。如在实际开发建设过程中,各城市在中心区规划框架基础上,纷纷依托贯穿中心区的重要公共空间廊道(往往是重要的生态景观廊道,如自然水系和人工生态绿带),建立土地混合利用重点发展轴带,美国典型案例(图7-2-10)如波士顿玫瑰绿道、纽约水岸计划、芝加哥水廊开发等,英国典型案例(图7-2-11)如伦敦中心区泰晤士河南岸开发、索尔福德中心区水带项目、斯旺西中心区滨水提升项目、格拉斯哥中心区公共空间网络提升计划等。这些项目也充分证明,公共空间体系的整体质量对土地混合利用整体空间的开发至关重要,有利于营造吸引不同群体居民工作、生活、娱乐的整体土地混合利用氛围,同时也有利于实现公共空间经济、社会、环境多维度衍化效果。

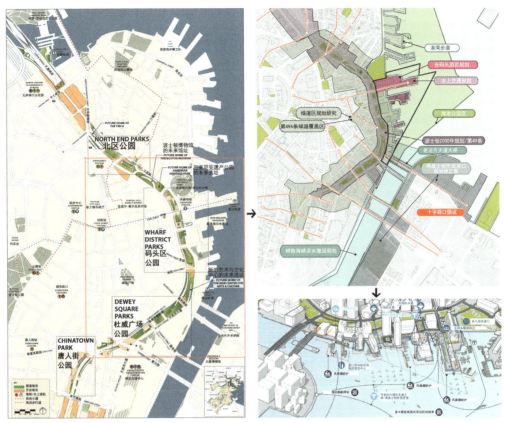

a. 波士顿玫瑰肯尼迪绿带建设(利用原有高速路的生态更新)　b. 依托绿带的滨水区局部空间土地混合利用更新建设

c. 芝加哥中心区水廊开发计划　　　　　　　d. 纽约中心区水岸开发计划

图7-2-10　美国各城市中心区依托重要公共空间纽带串联激发各土地混合利用局部空间

[资料来源:a、b图作者根据《罗斯肯尼迪绿道》(The Rose Kennedy Greenway)(2013年)和《中心区滨水区市政港湾规划和公共领域激活计划》(Downtown Waterfront District Municipal Harbor Plan & Public Realm Activation Plan)(2017年)整理绘制,c图作者根据《芝加哥滨水廊道发展规划》(Chicago River Corridor Development Plan)(1999年)整理绘制,d图作者根据《纽约滨水综合规划》(New York City Comprehensive Waterfront Plan)(2011年)整理绘制]

图 7-2-11　英国各城市中心区依托重要公共空间纽带串联激发各土地混合利用局部空间

[资料来源：a 图作者根据《中央活力区补充规划导引》(Central Activities Zone Supplementary Planning Guidance)(2016 年)整理绘制，b 图(Vescovi，2013：93)，c 图作者根据《格拉斯哥中心区发展策略》(Glasgow city centre development strategy)(2014 年)整理绘制，d 图作者根据《斯旺西中心区：战略框架回顾》(Swansea City Centre: Strategic Framework Review)(2015 年)整理绘制]

7.2.2　连续可持续的时间模式

在可持续维度衍化背景下，1990 年代前的土地混合利用时间维度在横向与纵向两层次上也均发生了演变，其趋势是尽可能增强空间的时间利用强度与多样性维度。

7.2.2.1　横向时间维度衍化：过去、现在、未来的承接

通过 1990 年代前的保护热潮，历史要素活化利用已经成为中心区土地混合利用开发中的重要原则，这也实现了土地混合利用理念中时间维度的横向延展。进入新时期后，利用混合功能开发实现生态环境改善优化和节能减排，成为主动应对并缓解气候变化的重要手段，这就令土地混合利用承载了保障"现在人"长时间健康生活，以及"未来人"生存环境质量的重要作用，从而也就令土地混合利用的时间维度链条实现了从"延续过往"到"满足现在"，再到"承载未来"的"全横向"延展。这极大地提升了中心区土地混合利用时间维度内涵。

以伦敦中心区国王十字(King's Cross)地区土地混合利用项目为例(图 7-2-12)，此项目荣获英国皇家规划协会颁发的"卓越规划奖"(2018 年)，并被美国城市土地协会(ULI)列为新世纪具有创新性的中心区大型土地混合利用成功典范之一，其实践过程充分体现了土地混合利用的横向时间维度衍化。

图 7-2-12　伦敦中心区国王十字对土地混合利用理念横向时间维度衍化的体现
[资料来源：作者根据《国王十字景观》(*King's Cross Landscape*)(2014年)、《国王十字背后的规划和政策》(*The Planning and Politics behind King's Cross*)(2015年)、《国王十字的可持续性》(*King's Cross Sustainability*)(2016年)整理绘制]

"延续历史"方面，项目本着完整保护历史要素、延续地方特色的主旨，全面留存了场地原有的历史建筑与构筑物，并打破博物展览式的利用方式，根据其各要素内外空间特征，充分赋予其现代使用功能。如改造原有卸煤场及其周边为商业广场、改造原有谷仓及其周边为教育娱乐活动中心、改造储气罐及其周边为运动休闲广场等。

"共享现在"方面，项目为了满足居民现代生活需求，置入办公、商业、文化娱乐、教育医疗、混合居住、社区服务等现代化多功能建筑，并充分利用公共空间，满足地块及周边工作、娱乐和生活的居民的健身、餐饮、观演、运动、阅读、休憩、交往、聚会等各类活动,从而真正做到包容社会不同年龄、性别、文化背景、经济状况的居民群体需求。

"承载未来"方面,项目充分秉承环境可持续发展理念,分别从五个方面切实提升地块绿色生态表现:①保护并尽力增加地块多样化绿色空间,包括绿色屋顶、垂直绿化、自然绿色公园等;②运用生态更新技术改造原有历史建筑,且保证新建建筑符合绿色建筑标准;③提倡并鼓励绿色交通优先,为公共交通、自行车交通、步行交通提供便利条件;④建立能源中心与综合能源利用体系,根据不同功能建筑集约节约利用水、热、电等能源;⑤建立废弃物回收再利用体系,对场地内建筑拆除及生活废弃物实现最大化循环利用。

7.2.2.2 纵向时间维度衍化:时间的全面高效化利用

相对于 1990 年代前,新时期中心区土地混合利用纵向时间维度的衍化主要体现在促进空间的"全时"利用,具体表现为全面促进夜间经济以及空间的共享复合利用。

(1) 夜间经济的全面繁荣

尽管从 1970 年代文化休闲功能成为中心区复兴的主要内容开始,英美各城市就已经出现夜间经济的自我复苏,但真正开始大规模实施夜间经济①政策开始于 1990 年代(Heath,1997;Hae,2011)。其最初的主要原因是:①通过夜间活动促进中心区经济复兴;②营造中心区活力形象与氛围,吸引投资;③增进中心区安全度。其中增加安全度是最主要原因(Heath,1997)。但起初各城市以餐厅、酒吧、夜总会、电影院、俱乐部为主,除电影院外,均与酒精销售有关,如英国第一个推出"24 小时城市"概念的曼彻斯特 1997—1999 年间,特许执照的营业场所(可夜间经营出售酒精类产品)增加了 243%(Tallon,2013:240),伦敦 1983 年到 2003 年间,申请酒精类执照的场所数增加了 45%,而它们大多集中在中心区(Evans,2014)。这导致的结果与 1990 年代前的夜间经济问题极其类似,在促进夜间经济发展的同时,以年轻人酒后施暴为代表的犯罪与反社会现象频起,音乐、交通噪声吵闹,这些因素反而加剧了中心区安全问题、社会排斥问题和居住环境质量问题(Roberts,2006;Roberts & Gornostaeva,2007;Evans,2014),导致妇女、老人和上层人士不愿意参与其中(Bromley et al.,2000),种族之间缺乏融合(Talbot & Böse,2007;Grazian,2009)。

所以中心区提供具有吸引力和安全的环境变成重点,同时,应对文化多样性及创意文化需求也成为重要目标,因此夜间经济的功能目标转变为发展更为均衡的夜间城市活动(表 7-2-1),通过发展多种多样的夜间经济功能吸引不同年龄段、不同社会阶层、不同性别、不同种族的人群,延长中心区经济、社会和文化生活,从而最终树立正面积极形象以吸引更多的投资、消费和居住人群(Tallon,2013:241;May,2014;London Assembly,2018)。在一系列政策下,夜间活力得到大幅度提升,加之同时促进了社会融合,所以社会环境安全问题也就随之迎刃而解(表 7-2-2,图 7-2-13)。

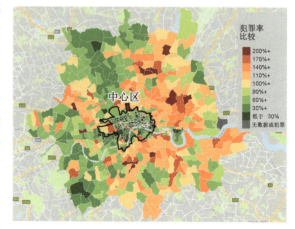

图 7-2-13 伦敦内城犯罪率地图,2018 年
(资料来源:作者根据 https://www.plumplot.co.uk/Inner-London-violent-crime-statistics.html 整理绘制)
注:可看出,中心区犯罪率为内城较低区域。

---

① 英国主要实施"24 小时城市"(Twenty-four Hour City)政策,美国则实施"夜生活经济"(Nightlife Economy)政策。

表 7-2-1 2000 年代后英美国家城市中心区夜间经济活动功能混合拓展内容

相关活动	内容	服务对象
办公活动	创意文化产业、艺术展示	
文化活动	剧院、音乐厅、电影院、图书馆、历史遗迹与城市夜景游览	① 为各类文化休闲形式提供场所
零售活动	夜间购物、市场	② 向所有人开放,令所有人可负担(affordable)
运动娱乐	各类体育健身娱乐运动、赌场	
餐饮活动	餐饮、咖啡文化、酒吧、俱乐部	
街道娱乐	节庆、嘉年华、儿童娱乐设施、户外表演	③ 令外来人口、当地社区与个人均能有效参与
社区活动	社区聚会、娱乐、阅读、培训	
安全保障	营业执照管理、照明设施、监视器系统、巡查警力、混合居住功能、社区环境提升、安全的公共交通系统、步行系统与停车系统、不同业态店面营业时间差异化管理、店面连续性	

(资料来源: Heath,1997; Coupland,1997:181-196; Thomas & Bromley,2000; Roberts & Gornostaeva,2007; Greater London Authority,2017b)

表 7-2-2 纽约暴力犯罪分布状况,2015 年

区域	人口/人	犯罪数/件	每千人次数
布罗克斯(Brox)	1 438 159	10 536	7.33
布鲁克林(Brooklyn)	2 621 793	12 630	4.82
曼哈顿(Manhattan)	1 636 268	7 047	4.31
皇后区(Queens)	2 321 580	7 586	3.27
史丹顿岛(Staten Island)	473 279	1 193	2.52
全市	8 491 079	38 992	4.59

[资料来源:《社会指标报告》(Social Indicators Report)(2016 年)]
注:可看出,曼哈顿中心区犯罪率已经低于全市水平,相比较 1990 年代前有了明显改善。

(2) 空间共享复合利用

随着中心区空间日益紧张与固化,提升空间的高效利用,成为土地混合利用的重要手段,其基本方式可分为"同时共享"与"错时共享"。

"同时共享"指不同功能与不同人群在同一时间内对同一空间进行共享利用。这种利用方式实际上也就是功能混合最起初的利用方式,即同一空间内同时承载不同功能。而 1990 年代后,"同时共享"更强调不同人群的共享利用,如公共空间的包容化利用、办公空间的大小企业共享、商业空间的国际与地方商铺共存、居住空间的混合相处等,其本质上也就是空间可持续维度的提升。

"错时共享"指同一空间在不同时间段承担差异化功能,其相对于"同时共享"更能体现纵向时间维度上对空间的最大利用,从而将空间功能混合由静态延展为动态,有助于实现土地混合利用对空间活力的长时间促进。

"错时共享"起源于 1990 年前的停车空间共享,管理者利用办公、商业、居住对停车空间时间需求的不同,实现停车空间的高效利用(Procos,1976:76)。1990 年代后,"错时共享"在空间使用功能多样性和空间使用人群多样性上均有所衍化。其中最具代表性的利用方式是基础教育校园

在课余时间的社区化利用[①](Dynarski et al.，2004；Ogilvie & Zimmerman，2010；Lawson & Veen，2016；Public Policy Institute for Wales，2016)，具体主要利用内容包括健康项目、休闲学习、教育辅导、社区安全保障、经济福利、促进社区和谐等项目(表7-2-3)。其重要意义在于，在中心区土地利用紧张的背景下，提升了公共资金支持建设的学校空间利用效能，建立起学校与社区的紧密对应合作关系。此政策顺利实施的重点是通过各类协议和管理方式以保证学校和社区的利益需求，并保证设施与人员安全(Bryan，2005；Ogilvie & Zimmerman，2010；Public Policy Institute for Wales，2016)。

表7-2-3 英国北爱尔兰学校空间课余时间社区日常利用方式

健康项目	休闲学习	教育辅导	社区安全稳定性	经济环境福利	社区特色与社会和谐
早餐娱乐部	环境娱乐部	家庭作业	过渡期辅助	夏季项目	爱尔兰父母日
烹饪俱乐部	课后俱乐部	数学	职业辅导	年轻商务公司	父母辅助
运动指导	舞蹈	中学毕业辅导	咨询	盖斯主席奖励	毒品预防
板球俱乐部	音乐教育	信息交流	过渡期临时工作辅导	居住旅游	自杀预防
	唱诗班	法语	朋友俱乐部	欧洲语言日	娱乐中心
健康日活动	戏剧俱乐部	柔道	丧亲安抚		欧洲遗产日
	美术				

[资料来源：作者根据《学校房舍的社区利用：供学校的导引工具》(Community Use of School Premises: A Guidance Toolkit for Schools)(2014年)整理绘制]

除此之外，与校园社会化利用相类似的还有商业性公共空间的社会化利用(提供交往、社区文化娱乐、集会之用)、剧院空间的多功能利用(白天会场、教育培训，深夜电影院、聚会节庆)等方式，这些方式均高效利用了原本单一化功能空间，不但有利于促进局部空间的功能混合，而且有利于促进土地混合利用的可持续维度衍化。

7.3 满足多元需求的实施政策工具

7.3.1 规划体系改革：优化土地混合利用效果

由前文可看出，新时期中心区土地混合利用实践的衍化呈现出功能混合多样性与多维性、规划设计模式复杂化与多变化的特征趋势。为了更好地应对这种趋势，英美国家相对于1960—1990年代间的改革，从进一步提高管理弹性和多种方式保障实施质量两方面积极改革规划管理体系，以图提升土地混合利用可能性，并尽可能优化土地混合利用效果，避免出现之前的各方面弊端。

7.3.1.1 进一步提升管理弹性

(1) 增强既有建筑功能转换弹性

中心区物质空间呈现日益紧张与固化的特征，因此更好地利用既有空间成为增强中心区功

---

① 尽管利用学校承担社区角色这种做法在英美各国均可追溯到20世纪初，但作为政府鼓励政策大范围实施发生于1990年代后，具体详见：Public Policy Institute for Wales. Increasing the use of school facilities[R/OL].[2016-03-01]. http://ppiw.org.uk/files/2016/04/Increasing-the-Use-of-School-Facilities-Report.pdf 和 Lawson H A, van Veen D. Developing community schools, community learning centers, extended-service schools and multi-service schools[M]. [S. l.]: Springer, 2016: 303-326.

能混合状态的有效方式,而市场波动也常会令不同功能空间呈现空置状态,这令英美国家均开始重视既有建筑的功能转换。

在这方面,英国因为早就取消了以区划为基础的未来发展框架,所以其提升既有建筑的功能转换就相对容易,提升弹性力度也较为明显。政府首先于 1987 年对实施了 40 年的土地利用分类导则《城乡规划(使用类别)法令》[The Town and Country Planning (Use Classes) Order](1947 年)和《城乡规划(一般发展)法令》[The Town and Country Planning (General Development) Order](1948 年)进行颠覆性改革,将用地种类缩减为 5 大类,同时相应修改申请规划许可条件,其重要意义在于提高了不同用地种类的划分弹性和自由度,并减少不同功能之间转换时申请规划许可的必要性(Home,1992;Ward,2010:192),在此基础上英国各地区相继根据自身情况制定并修改了相关内容,尤其是逐渐提高了无须申请规划许可的功能转化弹性,增加了既有建筑向住宅及其服务设施转化的通道,极大地促进了已开发地区的土地混合利用潜力(表 7-3-1)。

表 7-3-1　英格兰地区土地利用功能转化自动许可演变,1987—2015 年

种类	功能内容	允许功能转化(1987 年)	允许功能转化(2015 年)
A1 商铺	除了热食的其他物品售卖、邮局、售票处、三明治店、理发店、殡葬店、展售、招聘中介、修理清洗回收店	—	允许转为 A1 类混合并不超过 2 间公寓;允许暂时转换为 A2、A3、B1(不超过 150 平方米);允许转为 C3 及必要的转换设施;允许转为 A2 中的储蓄银行
A2 金融专业服务	银行、房地产公司、专业服务(不包括健康和医疗)、出租中介	允许转为 A1(街面层并带窗)	允许转为 A1(街面层并带窗);允许转为 A2 类混合并不超过 2 间公寓
A3 餐饮	餐厅、咖啡馆	允许转为 A1	允许转为 A1(街面层并带窗);允许转为 A2;允许 2 年内暂时转为 A1、A2、B1(不超过 150 平方米)
A4 饮酒场所	酒馆、酒吧等	(1987 年未有此类)	允许转为 A1、A2、A3;允许转为 A2;允许暂时转为 A1、A2、A3、B1(不超过 150 平方米)
A5 热食外卖	外卖店	(1987 年未有此类)	允许转为 A1、A2、A3;允许转为 A2;允许 2 年内暂时转为 A1、A2、A3、B1(不超过 150 平方米)
B1 商务	除了 A2 之外的办公、研究生产部门,不影响居住服务功能的可外卖的生产功能	允许转为 B8(不超过 235 平方米)	允许转为 B8(不超过 500 平方米);允许转为 C3;允许暂时转为 A1、A2、A3(不超过 150 平方米);允许转为 D1(国家资助的学校或登记诊所)
B2 一般生产	除 B1 之外的产业	允许转为 B1、B8(不超过 235 平方米)	允许转为 B1、B8,其中 B8 不超过 150 平方米
B8 仓储物流	仓储物流	允许转为 B1(不超过 235 平方米)	允许转为 B1(不超过 500 平方米);允许转为 C3
C1 旅馆	酒店、旅馆	—	允许转为 D1(国家资助的学校或登记诊所)
C2 居住设施	住宿学校、学院或训练中心、医院、护理院	—	允许转为 D1(国家资助的学校或登记诊所)

(续表)

种类	功能内容	允许功能转化(1987年)	允许功能转化(2015年)
C3 住宅	不超过6个人且产权唯一	—	允许转为C4
C4 多产权住宅	不超过6个人居住,产权由3—6人共享	(1987年未有此类)	允许转为C3
D1 非居住设施	诊所、健康中心、托儿所、日间托儿所、教育、博物馆、公众会堂、图书馆、美术馆、法院、敬拜场所	—	允许转为国家资助的学校；允许2年内暂时转为A1、A2、A3、B1(不超过150平方米)
D2 集会和休闲	电影院、音乐和音乐厅、舞蹈和体育场馆、游泳池、溜冰场、体操、游戏厅、其他室内外运动休闲用途	—	允许转为D1(国家资助的学校或登记诊所)；允许暂时转为A1、A2、A3、B1(不超过150平方米)
Sui Generis 特殊	未在上面所列功能,包括剧院、多于6人的产权共享住宅、招待所、加油站、机动车售卖、废料回收厂、零售大卖场、夜店、自助洗衣店、机动车出租、赌场、娱乐中心、游乐场、废物处理中心、彩票公司、贷款商店等	—	允许赌场转为A3、C3(不超过150平方米)和D2；允许娱乐中心或赌场转为C3(不超过150平方米)；允许彩票公司或贷款商店转为A1、A2(不超过2间公寓)、A3(不超过150平方米)、D2(不超过200平方米)、C3,允许暂时转为A1、A2、A3、B1(不超过150平方米)
农业建筑	农业种植用建筑	(1987年未有此类)	允许暂时转为A1、A2、A3、B1、B8、C1、D2(不超过500平方米)；允许转为C3；允许转为D1(国家资助的学校或登记诊所)

{资料来源：作者根据《城乡规划(使用类别)法令》[The Town and Country Planning (Use Classes) Order](1987年)、《城乡规划一般发展法令》(The Town and Country Planning General Development Order)(1988年)、《城乡规划(一般发展许可)(英格兰)法令》[The Town and Country Planning (General Permitted Development) (England) Order](2015年)整理绘制,2015年有些转化需要一定前提条件,具体详见 http://www.legislation.gov.uk/uksi/2015/596/contents/made}

在美国,政府同样致力于提升既有建筑功能转换,虽然由于区划条例的限制而不如英国的转换弹性,但依旧体现了提升中心区居住功能、促进职住游三者混合的倾向。如纽约2017年最新颁布的《区划决议》(Zoning Resolution)[①]中,尽管对各类用地功能转换的限制较为严格,大多仅允许同类功能组中相互转换,但对转化为居住功能却持一定宽松态度,如其中"A01-C05"是为了"既有建筑的居住功能转换"专门制定的相应规章,规定"1961年12月15日之前就存在的商业街区的非居住功能建筑或建筑中的非居住功能,均可转化为居住功能""1989年6月30日之前存在的多户居住街区内的居住建筑或混合功能建筑中的居住功能可在符合街区容积率、建筑密度等建设条件下,进行居住功能拓展或转换""1977年1月1日之前产业街区内建筑允许转化为居住功能",同时也体现了一定的社会人文关怀倾向,如"居住街区和商业街区内的社区服务设施在条件允许下可以转化为长期护理设施或具有居住功能的康护设施或非营利设施"。

(2) 简化规划流程与优化区划技术

在英国,由于其早在1968年改革中就已废弃基于区划的蓝图式规划,所以除上文所述增强既有建筑功能转换弹性外,简化更新规划流程、放宽未来规划具体功能限定就成为提高规划管理弹

---

① 具体详见:https://www1.nyc.gov/site/planning/zoning/access-text.page。

性的主要方式。这种倾向体现在其 1991 年、2004 年、2011 年三次规划体系改革中①(于立,1995,2011;Cullingworth et al.,2014:112-122;徐瑾、顾朝林,2015;杨东峰,2016),具体表现为以下两方面：

① 缩减中央政府管理权限,将规划决定和审批权力下放至地方,甚至是社区。1991 年改革后,英国就一度取消了中央政府对 1968 年体系中"战略结构规划"的审批权,2004 年改革则再次强调坚持地方政府在规划事务的主导权,而 2011 年改革更是取消了原本的"区域空间战略(Regional Spatial Strategy)—地方发展框架(Local Development Framework)"二级制度,以新的"地方规划(Local Plan)—邻里规划(Neighbourhood Plan)"取代,将规划权力进一步下放地方政府和社区,同时限制中央对地方规划的干预,并将原有中央政府近 1 000 多页的《规划政策指引》(Planning Policy Guidance,PPG)、《规划政策陈述》(Planning Policy Statement,PPS)政策系列文件浓缩为 50 多页的《国家规划政策框架》(National Planning Policy Framework)(2012 年)。

② 提高规划应对弹性和速度。2004 年的规划体系改革以"地方发展框架"取代了原有的"地方规划","地方发展框架"进一步缩减了原有"地方规划"中的精准控制和定量控制内容,其包括发展规划内容(强制编制,包括文字描述的核心战略、一张总体建议图、小范围地段行动规划及其区位示意图)和附属文件(非强制编制)两部分,这种改变延续到了 2011 年后新的"地方规划"中。这相对于 1968 年体系就再次提高了控制弹性和应对建设需求变化的速度：一方面,中心区规划可作为发展规划内容的一部分,也可作为行动规划或附属文件单独编制,在 1968 年体系中确立的以具体项目为导向的控制思路基础上,新体系更偏重策略指引,所以功能分区变得更为笼统,在限定严格控制要素(历史、文化、自然等保护内容)前提下,大多只规定某一范围内主体功能或主要功能界面,这就意味着各区域内皆存在混合功能开发可能性;另一方面,充分体现"地方发展框架"优势,当需要调整某一地段规划时,只需要调整发展规划内容中相应部分或者相应小范围行动规划即可。

在美国,各政府则继续丰富区划技术以提升土地混合利用弹性,与之前新增的区划技术相比,1990 年代后的区划技术创新都不再仅仅拘泥于如何促进土地功能混合开发,而进一步关注土地混合利用的效果以及公共利益的实现,主要包括叠加区(Overlay District)、绩效标准(Performance Standard)、基于形态的条例(Form-based Code)(表 7-3-2),其中基于形态的条例(Form-based Code)与传统区划逻辑差别明显,而且尤其关注物质空间设计质量,所以笔者在下节详细阐述。

表 7-3-2　1990 年代后美国关注土地混合利用效果的区划技术创新

区划技术		实施方式
叠加区 (Overlay District)	运作机制	在既有分区(如居住用地、公共绿地等)之上叠加分区规则,为了能够打破传统区划的严格限制,采取更多的或特殊的要求,从而促进土地混合利用高质量开发
	具体内容	在原有区划基础上,允许土地使用多样化、场地规划和开发规则灵活性,但同时也必须满足比原有同类分区使用强度更高的要求、更为特殊的城市空间形态设计要求、步行环境设计要求等,从而促进紧凑的土地混合利用发展,减少汽车依赖、改善空气质量、创建高质量场所

---

① 1991 年改革以《规划与补偿法》(The Planning and Compensation Act)(1991 年)为标志,2004 年改革以《规划与强制购买法》(Planning and Compulsory Purchase Act)(2004 年)为标志,2011 年改革以《地方自治法》(Localism Act)(2011 年)和《国家规划政策框架》(National Planning Policy Framework)(2012 年)为标志,2004 年和 2011 年的改革更为显著。

(续表)

区划技术		实施方式
绩效标准（Performance Standard）	运作机制	取代原有的控制土地使用功能和开发容量标准的传统区划，以土地使用产生的效果作为评价和限制标准，这种区划对开发商如何达成标准没有要求，所以也就提升了开发商的土地利用方式灵活性，但同时也实现了公共利益目标
	具体内容	标准（也就是促进实现的目标）包括自然资源保护、开放空间提供、能源使用标准、环境污染标准、交通拥堵标准、视觉效果标准、场所氛围标准、住房类型标准、提升社区安全、公共服务标准等，同时政府有权利拒绝认为有危害公共健康、安全和福利的行为

（资料来源：Schwanke，2003：142-152；卡林沃思、凯夫思，2016：145-150）

(3) 防止居住功能的过度侵袭

虽然土地混合利用受到各城市的一致鼓励，但随着居住功能的迅速增长与蔓延，各城市也开始担心居住功能的过度侵袭会影响到中心区主体功能的集聚效应，因此在提升管理弹性的同时，也对一些重点街区提出了混合开发限制要求。

如最新版《伦敦中心区规划》(2016年) 就根据对居住功能开发限制将中心区划分为三类：①新增居住功能不适宜地区，主要包括最为集中的商业核心街区；②办公或其他中心区主体功能优先地区，主要包括各主体功能相对集中的地区；③居住功能与其他功能同等发展机会地区。美国纽约最新《区划决议》(*Zoning Resolution*) (2017年) 也制定了相关政策，防止建筑过度"居住化"从而影响地区商业商务特征，如"在中心区重点地段，街道层商业等非居住功能禁止转换为居住功能""第五大道等街区全区禁止新的居住功能转化"。而美国其他城市区划中也大多通过比例限制对功能主体性进行保障，如要求商住混合街区内办公空间不得低于50%（Atlanta Regional Commission，2002）。

7.3.1.2 多种方式保障实施质量

1990年代前土地混合利用项目中一系列社会问题以及新时期对生态环境的日益重视，令政府和学者发现必须对私人开发实施有效的管控，提升土地混合利用设计和运作管理质量，才能真正地实现土地混合利用的多维目标。所以1990年代后英美国家纷纷改革规划体系，主要包括提高城市设计控制力度、融入环境可持续发展要求、注重场所氛围管理、提升公众参与地位并丰富方式等四个方面。

(1) 城市设计控制

英国很早就强调旧城中心区规划过程中的城市设计思考，一度经历了1960年代前基于现代城市规划思想的物质空间秩序控制，以及1970年代基于景观形态控制思想的居住区环境控制、历史保护区景观控制和中心区步行环境控制（唐子来和李明，2001；Cullingworth et al.，2014：351-357）。但这些控制都被认为是基于精英喜好的美观视觉控制，在1984年受到查尔斯王子的强烈批判，其结合自己支持的带有浓厚新城市主义特征的"城市村庄"(Urban Village)规划理念，提出城市设计应当基于公众需求营造整体环境氛围，自此城市设计控制成为关注热点，并转向公共社会价值导向。而"城市村庄"理念本就以土地混合利用开发为主要原则，所以说城市设计控制与土地混合利用营造的环境质量息息相关，这也体现在1997年中央政府修改颁布的《规划政策指引：总体政策与原则》(*Planning Policy Guidance 1: General Policy and Principles*) 中，文件认为城市规划的最关键因素为"可持续发展""土地混合利用"和"设计"。然而,城市设计一直以来并不具备法律效力,所以如何让城市设计在开发控制过程中得到体现成为关键问题。针对这一问题建筑和建筑环境委员会(The Commission for Architecture and the Built Environment,CABE)颁布文件《通过设计:在规划系统中的城市设计》(By Design:Urban Design in the Planning System)(2000年),成为各城市将城市设计融入规划开发申请过程中的指导工具书。尽管其在2014年被新的《设计导引》(Design Guidance)所取代,但其基本思路得以延续。具体而言包括三个层次。

① 针对中心区整体可编制专门的补充规划文件(Supplementary Planning Document)或地区行动规划(Area Action Plan),作为控制整体设计的基本纲领性文件。中心区各地块设计必须符合纲领性文件要求,否则地方政府可以驳回规划申请。而基本纲领性文件均体现了土地混合利用的衍化需求,如前文提及的《伦敦中央活力区规划》。

② 各具体项目规划申请文件中须包含设计准则(Design Code),设计准则指针对某一地块具体的设计指引文件,需要遵从中心区整体设计要求,由地块各利益相关者(土地拥有者、开发商、资助者、设计团队、政府等)协同编制。基本内容大致包括设计愿景、街区设计、道路交通设计、建筑单体设计、开放空间设计、特色地段设计、环境标准等,控制要素注重公共环境氛围的质量保障(表7-3-3、表7-3-4)。设计准则作为项目申请的必需文件,其设计控制要素被写入地块开发协议中,从而保障了设计准则的落地实施(图7-3-1)。而从设计原则和具体内容可得,其与土地混合利用衍化内容要求相一致,这也就在设计层面保证了土地混合利用项目质量。

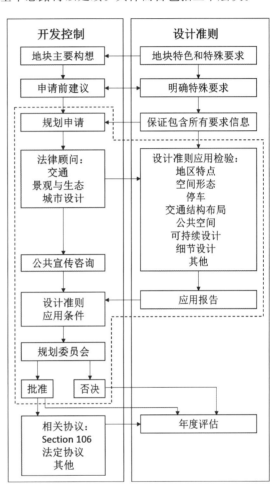

图7-3-1 英国设计准则融入开发控制的具体过程
(资料来源:Newcastle City Council,2007)

表7-3-3 英国中心区具体项目设计准则(Design Code)控制要素设计原则部分

设计原则	要求
特性	一个拥有自我特色的地方
连续和区分	一个公共空间和私人空间具有明显区分的地方
公共领域质量	一个有吸引力的户外区域
轻松通行	一个容易到达和穿行的地方
易辨性	一个具有明确形式、容易辨认理解的地方
适应性	一个根据需求易于改变的地方

(续表)

设计原则	要求
安全性	一个令人感到安全的地方
多样性	一个具有多样化和多选择性的地方
创造性	一个体现设计创造力的地方
包容性	一个社会融合的地方
自然性	一个充满绿色空间的地方
可持续性	一个能源高效集约利用、充分应对气候的地方

(资料来源：The Commission for Architecture and the Built Environment, 2000, 2006; Ministry of Housing, Communities & Local Government, 2014)

表7-3-4 英国中心区具体项目设计准则(Design Code)控制要素设计内容部分

设计内容	要求
设计愿景	区位、功能结构、总平面、效果图、设计原则、开发时序
街区设计	地块建设属性(高度、密度、产权切分、出入口)、地块功能比例(各功能面积、住宅套数和可支付住房套数)、界面控制、开放空间控制(位置、规模、出入口、围合方式)、地下空间
街道设计	道路交通体系、公共交通系统、步行体系、交通稳静化、街道特色、铺装、灯光、界面、植被
建筑设计	建筑风貌、密度、组合方式、材质
开放空间设计	空间结构、类型、承载活动、不同阶层和人群使用设计
特色地段设计	街区、街道、建筑、开放空间设计的具体应用测试
环境标准	建筑、环境的生态控制要求

(资料来源：Northampton Borough Council, 2005; London Borough of Southwark, 2015)

③ 建立设计审查(Design Review)制度，在规划批准前，对不同级别的设计，组织适合的、独立的评审委员会(panel)，强调委员会成员的专业性和多学科组成，以负责、透明的过程，及时地向规划当局、设计团队和业主提出客观、明确、易懂的建议，辅助规划当局对设计质量做出判断(Design Council, 2013)。

在美国，从1960年代末开始，城市设计导则就已经开始成为美国各城市政府控制中心区和重点地区整体环境形态的有力方式(金广君，2001)，通过不断实践探索与修正，于1990年代初逐渐成熟。美国城市设计导则的实质是"通过有限理性的弹性控制，确保城市整体设计效果"(高源，2007)，因此其主要特征包括两点：①其控制对城市设计效果有影响的所有因素，这就令城市设计导则的管控范围十分宽泛，可以包含整体意向、自然环境、社区环境、历史环境、空间形态、交通系统等各个方面；②其管控具有规范性与指导性两方面，通过规范性把控影响环境形态的最低标准，通过指导性进一步提升整体设计质量。

在具体实施时，美国城市设计导则是对区划技术的补充，其确保整体设计效果的根本目标和管控的宽度与深度对提升土地混合利用效果起到了重要作用。以被誉为成功典范的波特兰中心区设计导则为例，其城市设计目标就与土地混合利用衍化趋势保持一致，而将设计导则列为项目开发审查的必要性环节，也就令其控制效果得以切实实现(表7-3-5、表7-3-6)。

表 7-3-5　波特兰市中心区城市设计目标

设计目标	内容
经济中心	多样性活动、<u>经济竞争力、创新引领者</u>
交通核心	安全、<u>可负担</u>、便捷、多样化、高效的交通体系
城市设计	人性尺度设计、历史与现代的融合；保持自然风光，<u>保持多样化空间从而促进社会交往</u>
亲水性	保持威拉米特河的自然生态环境并设置多样化功能与之互动，<u>保证其周边空间的公共可达性</u>
住房社区	多样化的、<u>可支付性</u>的住房，从而容纳不同年龄、收入和能力的人群，并提供充分的社会交往、娱乐和促进身心健康的机会
<u>健康环境</u>	<u>公平兼顾人类健康、自然环境和经济发展</u>；提高环境弹性从而应对并缓解气候变化
团结合作	公共部门、私人部门、公众之间的互相紧密合作

[资料来源：《波特兰中心区规划》(*Portland Central Plan*)(1988 年)和《中心城区 2035 年》(*Central City 2035*)]
注：下划线部分为 2018 年规划中新增部分。

表 7-3-6　波特兰市中心区项目开发审查程序

项目开发审查程序步骤	步骤内容
步骤 1	确定属于哪类区划
步骤 2	确定所提用途是否符合区划
步骤 3	确定是否属于附加区划范围
步骤 4	确定开发标准要求
步骤 5	确定设计导则要求
步骤 6	确定交通法规要求
步骤 7	申请之前的会议(明确项目、法规和问题)
步骤 8	提交项目申请
步骤 9	评估是否与各类规范和相关规划一致
步骤 10	公开听证

(资料来源：彭特，2006：16，74-75)

但归根结底，美国城市设计导则还是依存于传统区划实施的，它并没有改变传统区划根据分区功能逐个用地进行严格限制的本质，在完善传统区划要求的同时也令项目开发要求和过程变得更为复杂，而且往往容易陷入城市外部空间美观设计的泥沼(章征涛等，2018)。随着时代发展，尤其是当新城市主义和精明发展思想深入人心时，人们希望通过规划达成更多目标，如社区场所特征和质量、经济繁荣、提升住房供应、环境可持续发展等，这时，传统区划基于功能分区的严格限制与整体用地地块项目的审核方式就成为阻碍发展的桎梏(戚冬瑾和周剑云，2013；卡林沃思和凯夫斯，2016：157)。

于是，新城市主义学者提出了"基于形态的条例"(Form-based Code)，其完全颠覆了传统区划基于土地利用类型实施控制的逻辑，是基于物质空间形态对地区开发进行控制，通过文字、图表或者其他视觉表达方式，控制不同区域内的街道和街区建设强度与类型、街区内建筑形态与体量、公共空间环境质量，对功能的要求以兼容性矩阵进行限定，从而既增加了自动许可弹性，又避免了某些功能的过度开发(图7-3-2)。对于中心区土地混合利用而言,其不执着于传统分区的土地使用类型、密度、容积率等要素,这令土地开发摆脱了整体地块开发模式和功能束缚,在中心区土地利用空间日益"固化"背景下,有效应对了地块中仅某几栋建筑或某几处空间可以更新的现实状况,同时,其相对于传统区划和城市设计导则,能够更好地控制场所空间特征与质量(图7-3-3),并将公众参与提升到法案制定阶段。"基于形态的条例"协会总结了其具有的显著8个优势,这也是越来越多城市尝试用其替代"传统区划+城市设计导则"方式的原因,但同样,其也具有不可掩盖的缺点(表7-3-7),这也令其在未来发展中势必要做出进一步调整。

图7-3-2 美国第一个大城市形态控制准则"迈阿密基于形态的条例"
(Form-based Code)中城市中心区相关控制指标
(资料来源:笔者根据 http://www.miami21.org/T6_jump.asp 整理绘制)

a.传统区划对地块控制效果　　b.城市设计导则对地块控制效果　　c.基于形态的条例对地块控制效果

图7-3-3 传统区划、城市设计导则与形态条例对地块控制效果对比
(资料来源:Farr,2011:33)

表 7-3-7 "基于形态的条例"(Form-based Code)优缺点

优点	缺点
① 具有预先确定性,可更好地实现预期效果 ② 公众可参与法案设计 ③ 跳脱区划限制,可以对任意单栋建筑、单个地块进行开发,避免了大型土地征集整理 ④ 可促进建筑形式和所有制形式呈现多样化 ⑤ 能够维系街区类型特征 ⑥ 非专业人士更易理解与使用 ⑦ 省略了设计指导,可以节省因设计弹性导致的大量的争议时间与问题 ⑧ 与设计导则相比,设计标准更具强制力	① 对在区划控制下发展起来的既有城镇提出了改革挑战,增加了实施困难 ② 准则一旦采纳实施,缺乏弹性,无法应对未来可能存在的价值观和建筑偏好的改变 ③ 未来具体项目开发的决策权再次回归到开发商和精英建筑师手中,缩减的规划程序和确定的设计标准,令公众参与的次数减少,令政府干预力度减弱 ④ 容易令街区演变为迎合特定阶层喜好的场所

(资料来源:伯克等,2009:405-406;戚冬瑾和周剑云,2013;卡林沃思和凯夫斯,2016:159-160)

(2) 注重环境维度的可持续发展要求

在可持续更新思想影响下,对中心区土地混合利用的要求呈现多维度拓展,其中对环境可持续的重视是相对于1990年代前的显著变化,因此,英美国家纷纷采取各种方式确保项目的环境因素考量。

在英国,政府在欧盟的号召下于1980年代末开始实施"环境影响评价"(Environmental Impact Assessment)和"战略性环境评价"(Strategic Environmental Assessment),其主要目标是把环境因素纳入规划项目考量中,并倾向于重点关注对区域性环境有影响的项目。后来,随着社会对整体可持续氛围的关注,2004年颁布的《规划和强制购买法案》(Planning and Compulsory Purchase Act)强制要求地方政府在地方规划实施过程中需要建立"可持续评价"(Sustainability Appraisal)体系,其重要意义在于(Cullingworth, et al., 2014:312):一方面将评价考虑因素由环境单维度拓展至社会、经济、环境等可持续全维度;另一方面将关注项目从区域性影响项目拓展至地方项目编制全过程(图7-3-4),包括地方规划中的核心政策、区位布局文件和地区行动计划。这一要求一直延续至今。其中,"地区行动计划"

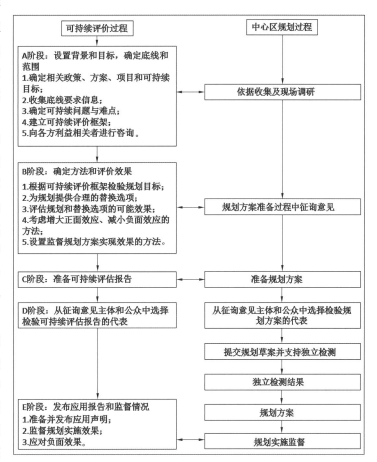

图 7-3-4 英国中心区规划过程中可持续评价程序
(资料来源:作者根据 https://assets.publishing.service.gov.uk/government/uploads/system/uploads/attachment_data/file/7623/152675.pdf 整理绘制)

的纳入意味着中心区规划成为受评价的对象,这就在法规层面保障了可持续更新理念下中心区土地混合利用的全面衍化(表7-3-8)。同时,一些重点土地混合利用项目,地方政府也会强调其符合可持续评价要求,如伦敦中心区国王十字项目,伊斯灵顿区政府在起始阶段就对其进行了可持续评价(Islington Council,2005),项目管理团队在项目投入使用后也会定期颁布可持续评价报告,以监测其可持续性的实施完成度(表7-3-9)[①]。

表7-3-8 英国中心区规划的可持续评价目标

评价维度	具体目标
社会:满足所有人的不同需求	① 保障所有人有体面、可支付的住房 ② 促进所有人享受工作、教育、健康服务的机会 ③ 降低预防犯罪 ④ 降低噪声、光污染影响 ⑤ 增强社区融合
环境:有效保护自然生态环境	① 降低并应对气候变化的影响(如洪涝、热岛等) ② 保护生物多样性 ③ 保持水土安全 ④ 保护当地历史、自然、文化特色 ⑤ 增加绿色基础设施建设 ⑥ 缓解交通拥堵,增加慢行交通和公共交通使用
经济:保持高水平、稳定的经济增长和就业状况	① 创造稳定、公平的就业机会 ② 保持经济多样性,并应对城市和当地社区社会多样性需求

(资料来源:Bristol City Council,2014)

表7-3-9 国王十字项目实施后可持续评估中环境要素评估内容

评价维度	评价内容
绿色建筑与碳足迹评价	① 商业建筑可持续等级评价 ② 居住建筑可持续等级评价
能源效用与废物排放	① 公共领域碳排放强度评价 ② 建筑碳排放强度评价 ③ 太阳能设施产电量使用状况 ④ 废水循环使用状况 ⑤ 雨水储蓄状况 ⑥ 建筑废物转移状况
可达性与移动性	① 就业者绿色通勤比例 ② 访问者绿色通勤比例 ③ 区内学生绿色交通比例 ④ 自行车空间供给状况
绿色基础设施	① 拥有绿色屋顶建筑数量 ② 绿化面积、树木数量

[资料来源:作者根据《国王十字的可持续性》(King's Cross Sustainability)(2016—2017年)整理绘制]

在美国,1969年的《国家环境政策法案》(*National Environmental Policy Act*)就已经开始要求各项目必须实施环境影响评估,但当时的主要目的是防止环境破坏。1990年代后,美国的环境

---

① 具体详见:https://www.kingscross.co.uk/sustainability。

政策迅速转向可持续发展,目标提升为积极应对和缓解气候变化(卡林沃思和凯夫斯,2016:79-89),在此目标下,美国联邦政府和各州政府以绿色建筑评价为基础,将环境可持续目标拓展至能源、雨水、植被、交通、废弃物、自然生物等各方面。而保证这些环境因素可以切实实现的方式大致分为下列两种。

① 将环境可持续发展要求融入区划管理中。此类方法是通过对传统区划修改,从而令绿色建筑建造获取最大自由度,有时也会以强制性措施予以要求。如纽约2012年实施绿色区划(Zone Green)项目①,对区划条例进行修改,打破既有条例带来的对绿色建筑实施的限制,赋予各产权者建造绿色建筑或对既有建筑进行生态化改造的权力(表7-3-10、表7-3-11)。而据Jepson等人研究(Jepson & Haines, 2014),环境可持续发展要求也已经融入美国各城市区划条例中,虽然要求的严格程度各有不同,但体现了各城市积极倾向(表7-3-12)。

表 7-3-10　纽约绿色区划(Zone Green)项目目标

绿色区划(Zone Green)项目目标	目标内容
目标1	节约能源与资金
目标2	制造干净、可循环的能源
目标3	有效管理雨水
目标4	加大新鲜和当地食物的供给
目标5	降低碳排放
目标6	降低城市热岛效应

［资料来源:作者根据纽约绿色区划(Zone Green)项目整理绘制］

表 7-3-11　纽约绿色区划(Zone Green)项目对区划的具体修改

绿色区划(Zone Green)项目允许对区划的修改	修改内容
能源高效的建筑墙面	① 允许既有建筑进行外墙隔绝改造 ② 取消因满足绿色能源标准而修建厚重外墙的限制和罚款 ③ 提升绿色高效空调设备在建筑外部的摆放弹性许可
日照控制设施	① 允许装置窗户遮阳设备,以减少夏季的降温需求
房顶设施	① 允许太阳能和热水系统超过建筑高度限制 ② 允许提升房顶绿色设施的设置弹性许可,包括雨水管理、娱乐设施、绿色屋顶系统等 ③ 允许高层建筑和滨水地区为减少风速设置设施 ④ 鼓励绿色屋顶起到教育、食物生产作用

［资料来源:作者根据纽约绿色区划(Zone Green)项目整理绘制］

表 7-3-12　美国32个城市区划中环境要素强制要求级别

环境可持续发展要素	区划中强制性要求级别		
	低	中	高
鼓励高密度开发	填充式开发;小尺度居住区;最大化利用;容积率允许与转移	—	—

---

① 具体详见:https://www1.nyc.gov/html/gbee/html/codes/zone.shtml。

(续表)

环境可持续发展要素	区划中强制性要求级别		
	低	中	高
鼓励混合功能开发	混合功能建筑；职住一体化	—	混合功能用地；多种方式提供住房
鼓励当地食品生产	城市农业；社区花园；商业花园；农业市场	—	—
保护自然生态系统	湿地与野生动物保护；绿色屋顶；绿色基础设施	开放空间保护；自然景观保护；水资源保护；山体保护	停车场绿化
鼓励多样化交通	停车数上限要求；TOD模式；换乘点；街道体系完善	自行车路径与停放	共享停车 步行友好发展
降低燃料使用	风能源系统；绿色建筑	太阳能系统	—

（资料来源：Jepson & Haines，2014）

注：强制性要求指有明确标准限定的要求，而不是泛泛提及。

② 将环境可持续发展要求融入项目开发控制过程中。此类方法是单独设置环境可持续发展要求标准，并要求新建项目或更新项目需要在总体上满足各项指标。如芝加哥2017年颁布《芝加哥可持续发展政策手册》(*Chicago Sustainable Development Policy Handbook*)（表7-3-13），明确要求各开发项目必须满足环境可持续发展要求，满足的方式包括两种：a. 地块建筑中无绿色认证建筑，则起评分为0分，需要通过满足各项环境指标，从而达到及格分数；b. 地块建筑中有满足绿色认证的建筑，根据建筑认证种类和级别，获取一定起评分，其余分数通过满足环境指标获取。这种方式突出了绿色认证建筑的重要性，同时也最终保证了项目的整体环境友好发展。

表7-3-13 芝加哥开发项目环境可持续评分选项及具体内容

评分选项	评分内容
健康	具有健康建筑标准(Well Building Standard)认证，或具有满足相关标准的确切证明
能源	提供能源设计意图说明(The Statement of Energy Design Intent)，此项得分需在75分以上；超出芝加哥能源保护准则(Chicago Energy Conservation Code)标准5%～40%；提供可循环能源使用具体证明
雨水	超出芝加哥雨洪系列(Chicago Stormwater Ordinance)标准25%、50%、100%雨水渗透；集水泵的设置与再利用；能够抵抗100年不遇的风暴
可持续景观	保持地块内60%物种原生态；提供乔木、灌木、禾木的组合；地块面积40%[且大于500平方英尺(约46.5平方米)]景观可以用于食品生产；保持自然景观的生态功能，如25%水岸线需要大于50英尺(约15.2米)自然状态；每棵树需要提供500立方英尺(约14.2立方米)、2.5英尺(约76.2厘米)深的土壤环境；获取可持续场所证明(Sustainable SITES Certification)
绿色屋顶	50%～100%屋顶净面积(除去设备、路径、游泳池、天窗之后的面积)绿化种植，当土壤深于6英尺(约182.9厘米)或植物种类大于30种时，可以额外得分
水	满足绿色建筑认证体系水使用效率2级(Leadership in Energy and Environmental, Design Credit Water Efficiency 2)标准，并满足减少室内水源利用标准
交通	为便捷到达交通换乘点提供路径；提供共享单车站点；为居住每个单元提供室内自行车停车点；自行车停车位与公共建筑停车位比例大于2∶5；提供机动车充电装置；提供公共交通动态信息屏

(续表)

评分选项	评分内容
固体废弃物	80%项目建设固体废弃回收再利用
就业岗位	不低于5%的稳定岗位提供给弱势群体、贫困阶层或非营利组织
野生动物	获取鸟类安全建筑(Bird Safe Building)证明，施工和使用过程制定并遵守符合鸟类碰撞危险绿色建筑试点信用SSpc55(Bird Collision Deterrence LEED pilot credit SSpc55)条款的条约

［资料来源：作者根据《芝加哥可持续发展政策手册》(*Chicago Sustainable Development Policy Handbook*)(2017年)整理绘制］

此外，针对中心区日益固化的建筑空间，英美国家还纷纷出台政策促进既有建筑进行生态化改造。

在英国，典型的如伦敦的"整修"(RE：FIT)项目和"更新"(RE：NEW)项目。两者都是从2009年开始实施：前者针对公共建筑，其运行机制是，伦敦政府出资资助，建立整修项目实现单位(RE：FIT Programme Delivery Unit，PDU)，专门与有兴趣的公共部门或志愿组织签订协议，按照商定规则，对城市公共建筑进行生态化改造，至2015年已经资助199个公共组织，对460栋公共建筑进行了生态化改造[1]；后者针对私人建筑，其运行机制是，通过建立专门组织更新支持团队(RE：NEW Support Team)，对有兴趣提升自己住房生态环境表现的所有者(因为更新后往往能够降低能源费用，并提升房屋舒适度)，给予全程技术支持，包括确定生态更新目标、选择最经济高效的施工技术方式、帮助举行小型工程招标会以减少支出等[2]。

在伦敦经验的基础上，英国政府2013年也开始实施"绿色交易"(Green Deal)项目[3]，其运行机制与"整修"(RE：NEW)项目大致相同，政府根据个人自愿申请，判断其房产可提升的部分及未来通过生态化改造可节省的能源消费，帮助其选择一家绿色交易供应商(Green Deal Provider)签订合约进行改造，政府通过绿色交易财务公司(Green Deal Finance Company)拨款垫付，改造后，房产所有人以分期电费方式在一定期限内对改造费用进行偿还，保证期限内总偿还费用不高于因为改造带来的节省消费额度。但这一方式也存在争议，如政府包揽缺乏透明度、是否能保证改造质量、节省消费额度的确定是否科学正确等。因此在2015年完成100万套住房改造目标后该项目被叫停，并于2017年开始征集各方意见对其进行改革，以期提供替代计划。

2018年，英国对待既有建筑生态化更新的态度由自愿申请转变为半强制性，其方式是设置"最小能源效率标准"(Minimum Energy Efficiency Standards，MEES)，并规定住房如果要出租营利，就必须获得"能源利用证明"(Energy Performance Certificate)E级以上(分A—G等7级)，这也就"半强制"化地实现了一部分住宅的生态化更新。

而在美国，其生态化更新政策颁布实施相对较晚。典型的如纽约，其在2015年建立改造加速器(Retrofit Accelerator)[4]，其运作机制与伦敦的"RE：NEW"项目一致，即：对有兴趣对自己的房产进行生态化改造的业主，提供免费一对一服务，了解需求、帮助寻找经济高效的施工方和有可能的经济资助来源、培训运作使用系统等。2019年，纽约又颁布《2019年地方法案第97款》(*Local Law 97 of 2019*)，开始"强制性"要求所有建筑每年实现定量减排，并允许通过三种方式

---

[1] 具体详见 http://citynvest.eu/content/london%E2%80%99s-building-retrofit-programme-refit。
[2] 具体详见 https://www.london.gov.uk/what-we-do/environment/energy/renew-0。
[3] 具体详见 https://www.designingbuildings.co.uk/wiki/Green_deal。
[4] 具体详见 https://retrofitaccelerator.cityofnewyork.us/。

予以实现：①通过生态化改造满足每年降低能源消耗标准；②购买可再生能源信用额度(有限制)；③通过缴费抵消温室气体减排量(最高抵消 10%)。这就极大程度上促进了生态更新普及化①。

(3) 场所氛围管理

随着中心区土地混合利用项目日益增多，不同功能间的冲突以及公共领域质量低下成为人们诟病混合功能开发的重要原因，除了在项目开发之初，通过设计手段尽量避免各功能之间的负面影响外，建成后的日常管理也日益受到重视，根据实施管理的区域范围，其主要方式可分为局部地区的限制性条约(Restrictive Covenants)与整体性公共空间管理(Public Space Management)。

限制性条约是局部地区房地产所有者组织制定的具有法律约束力的条款，其目的是用以维系地区环境，所以其限制内容可以根据所有者需求涉及地区各个方面，在美国某些城市或地区，甚至可以取代区划管理(Ellickson,1972)②，而在英国很多时候应用于一些封闭式居住区管理(Atkinson et al., 2005)。在 1960 年代前，许多社区用其排斥某些功能或者人群，如许多郊区社区制定种族限制条约(Racial Restrictive Covenants)阻止黑人入住。虽然后期这种具有歧视性的约束条款逐渐被取缔，但限制性条约对维系环境的强制性作用可见一斑。

限制性条约在制定时需要通过各业主(政府、私人开发商、社区)的沟通协商，分三步进行制定：①列明易于产生矛盾的问题；②补充是否存在注意的特殊事项；③对条约进行复查检视(表 7-3-14)。限制性条约的制定，有力补充了设计的不足，针对性地避免混合功能有可能带来的彼此负面影响，所以也就通过管理手段提升了局部地区土地混合利用质量。

表 7-3-14 限制性条约制定步骤及相关内容

步骤	相关内容
确定管理问题	① 确定各功能产权，尤其是公共领域产权拥有权 ② 确定各功能，尤其是公共领域的使用目标与权利责任(允许的商业活动、社会活动) ③ 确定各功能区内部以及彼此之间，尤其是公共领域环境维护责任(声光热、固液气等污染物、绿化景观、外立面、小品设施)及维护费用分配 ④ 公共停车管理权与责任 ⑤ 地块内各功能安全维护责任 ⑥ 公共领域(指公共空间、公共设施及其周边环境)更新升级责任(外立面、绿化景观、小品设施)
注意特殊事宜	① 是否需要控制户外设施使用以避免噪声污染居民 ② 是否需要控制底层商铺产生噪音或气味影响楼上居民 ③ 是否需要控制室外强烈照明 ④ 是否需要控制商业功能垃圾堆放和运输 ⑤ 是否需要控制货物运输时间和运输线路 ⑥ 是否需要控制商业功能停车数量 ⑦ 是否需要控制商业功能共享社区娱乐服务设施

---

① 具体详见 https://www.urbangreencouncil.org/content/projects/all-about-nycs-historic-building-emissions-law。
② 休斯敦在美国规划体系中是一个特例，其并没有应用区划技术对土地利用进行管理，而是采用"严格契约"(restrictive covenants)，可以看作是规划协议(planning agreement)一种形式，其一般包括区划中所不包含的内容，如建筑管理要求、建设消耗要求、美学要求、维护要求等，以及明确的契约失效时间，而建筑间距、退线等建筑设计要求则通过"建筑技术条例"(Building Code)进行控制，道路宽度等道路体系要求则通过城市道路规划(Thoroughfare Plan)控制。

(续表)

步骤	相关内容
沟通后的限制性条约检视	① 是否对公共领域以及不同功能之间的共享区、边界区起到有效管理 ② 是否对维护、运作、使用建立了各方认同的统一标准 ③ 是否预防了不同功能、不同业主之间有可能相互造成的负面影响 ④ 是否公平地体现了多方利益 ⑤ 是否令维护费用符合各方收益比例 ⑥ 是否延续了公众参与在其中的作用 ⑦ 是否延续了保证私人利益不得损害公共利益的逻辑 ⑧ 是否具有一定弹性以应对未知事宜的发生

(资料来源：Schwanke，2003：266，277-279)

由上可以看出，限制性条约的制定往往需要有明确的"社区范围"，如某个商务开发区(Business Improvement District)，当"社区范围"不固定或区域范围过大时，由于无法组织起有效的业主机构，限制性条约就无法制定。同时，通过限制性条约内容也可以看出，其最主要的关注点即公共领域，因此当限制性条约无法制定时，公共空间管理就成为保证土地混合利用整体环境质量的重要方式，而且公共空间管理也体现了对1990年代前公共空间私有化、碎片化等现象的有效应对，对提升土地混合利用氛围中的包容性具有重要意义，同时，也与中心区土地混合利用空间模式中步行化日益扩展的趋势相一致。

公共空间管理的对象是公共空间内能够影响场所质量的一切因素，大致包括围合建筑、基础设施、景观小品和功能活动等四部分(表7-3-15)，它们分别对中心区土地混合利用效果均有着不同的影响作用，如建筑沿街面活力、公共交通设施可达性、交往休憩设施供给、多样化社会活动等。从管理成效角度看，公共空间质量需要通过管理组织、使用规则、维护责任、管理资金等四个方面共同保障，而根据管理权属，公共空间可分为政府管控、私人部门管控、社区管控三类(Carmona, de Magalhães, and Hammond, 2008：71-79)(图7-3-5)。

	政府管控	市场管控	社区管控
	公共服务精神；问责制；功能独立；公私分离	委托；盈利制；合同关系；功能重叠；客户与承包人分离；公共和私人重叠	授权；公民精神；服务的联合生产；功能重叠；公共和社区重叠；客户与承包人重叠
管理组织	①层次结构 ②组织重组 ③咨询和用户反馈	①合同界定 ②伙伴关系设计	①协议和合作伙伴关系设计 ②合同界定 ③利益相关者参与
使用规则	①立法和执法 ②绩效管理	①合同执行 ②合作伙伴绩效管理	①合同执行 ②伙伴关系设计 ③机构支持 ④能力建设
维护责任	①分离交付使用 ②技术专长 ③标准制定 ④咨询和用户反馈	①交叠使用 ②分离客户承包人 ③合同起草 ④成果规范	①合同起草 ②标准制定 ③机构支持 ④本地通用标准
管理资金	①预算分配 ②合理化和效率提高	①替代来源 ②物有所值和竞争 ③利益相关者的识别和参与 ④既得利益	①替代来源 ②利益相关者的识别和参与 ③承诺 ④当地知识 ⑤能力建设

图 7-3-5　不同主体主导的公共空间管理方式

(资料来源：Carmona, de Magalhães, and Hammond, 2008：72)

表 7-3-15　公共空间管理对象

类型	要素
建筑物	墙;结构体;视窗;出入口;阳台/投影;店面;标牌;建筑照明;泛光灯;艺术品;装饰;檐篷;柱廊;天际线/屋顶景观;转角;旗帜和横幅;纪念碑/地标
基础设施	道路和自行车道;巴士站/庇护所;电车/公交专用道;交通灯/路标;民意投票所;电信设备;街道照明;远程信息处理设备;停车位;公共厕所;废物回收箱;监视器;电话/邮政信箱;排水渠;工具箱;地铁服务
景观	树木;种植区;草坪和边缘;花坛/吊篮;铺路路面;交通稳静;台阶;边界墙/栅栏/栏杆;喷泉/水景;公共艺术;标牌;广告;街道家具;系船柱;乐队表演台;节日装饰
活动	大事件;聚会;街头娱乐;街头贸易;市场;外部餐饮;报亭;游乐场;公园;体育设施;零售用途;休闲用途(主动/被动);社区用途;家园活动;工作场所;工业用途;旅游

(资料来源：Carmona, de Magalhães, and Hammond, 2008:10)

① 政府管控公共空间。由于是政府管控，所以管理组织较为简单明确，由各级政府依据行政管辖范围进行管理，但同时其也需要及时倾听公共空间各方使用者的反馈意见，以做出及时调整。其颁布的规则具有单方面强制性，各使用者只需共同遵守即可，如纽约对公共街道街边摊贩(Street Vendor)的规定，只要其具有资质证明，并自觉遵守位置、摊位尺寸、时间等规则，就不会遭到任何人的异议(Department of New York Cultural Affairs, 2009)。此类公共空间的维护主体为政府或其委托代理组织，管理资金则由政府承担。

② 私人部门管控公共空间。此类公共空间是政府公共责任转移下的产物，往往位于中心区商业性质建筑周边，因此为了能够平衡私人与公共利益，政府需要与私人部门合作制定条约，在不打击私人部门积极性的同时保障公众使用。同样以纽约为例，政府对私人拥有的公共空间，往往对其规模尺度、沿街面长度、公共开放时间、景观小品设置标准、商业摊位设置规模和时间等做出具体要求①。此类公共空间的维护与管理资金也是通过政府与私人部门协调确定的，双方明确各自的维护责任和管理费用比例，有时政府会以建设初期的奖励政策或税收优惠政策将维护责任和管理资金全都转移给私人部门。

③ 社区管控公共空间。此类公共空间的出现是出于政府广泛的公共政策需求，如打造公共游览路线或阻止社会排斥等现象，而近些年由于"社区花园""城市农场"等场所而日益增多，其管理者是社区组织。与私人部门一样，政府需要与社区组织合作制定条约，但条约的强制性并不强，原因是政府并没有对此公共空间建设提供额外帮助，因此大多数情况只能大致约定此类空间的公共开放时间和开放对象，同时对其维护责任提出建议，或者以政府公共普适性的规则进行管控。此类空间的管理费用大多由社区组织自行承担，政府有时会给予一定的奖励资助，但当资助比例较高时，相应的对其公共使用要求也会提高。

(4) 公众参与的地位提升与方式拓展

1990 年代前公众参与的"形式化"与"自私化"显然无法满足新时期中心区土地混合利用多维度发展的需求，尤其是需要应对体现最广泛的公共利益。因此进一步切实提升规划决策中公众的权力和为最广泛公众提供发表意见的途径就成为新时期公众参与政策的关注重点。

---

① 具体详见：Kayden J S. Privately owned public space: the New York City experience[M]. New York: John Wiley, 2000; 纽约城市规划部门关于私有公共空间(privately owned public space)导则的历史演变分析，网址为 https://www1.nyc.gov/site/planning/plans/pops/pops-history.page。

在英国，提升公众参与地位成为政策重点，这体现在规划制定和地块开发两方面。

规划制定方面，1991年的规划体系改革将"规划引领"（Plan-led）的地位提高，在公众参与层面也就意味着势必需要争夺规划制定的权力，原有的规划审查制度势必向规划公众参与制定转变（Cullingworth et al.，2014：113）。于是，2004年《社区参与规划：政府目标》（*Community Involvement in Planning：The Government's Objectives*）、《规划和强制购买法案》（*Planning and Compulsory Purchase Act*）等文件颁布后，社区参与开始贯穿整个地方规划制定过程，在编制中心区规划草案前就必须寻求广泛的所有相关者征询，规划草案提交的同时须提交社区参与报告（2012年后改为征询报告），并在提交草案审核前进行为期六周的公示（网上和现场）（图7-3-6）。而2010年联合政府上台后秉持了"大社会主义"，核心是改革公共服务体系，鼓励各社区自己做主、自给自足（Jones & Evans，2013：32），以地方为基础的、自下而上的城市更新决策方式被认为更具民主性，因为其赋予了个体和社区相比较以往更大、更具有决定性的权力（Tallon，2013：135）。在这种思想指导下，政府颁布《地方主义法案》（*Localism Act*）（2011年），创新设定新的"法定"规划形式，允

图7-3-6 英国规划制定过程中的公众参与
（资料来源：吴晓松、张莹、缪春胜，2015：119）

许教区议会和社区团体自行成立"邻里论坛"（Neighbourhood Forum），组织编制"邻里发展规划"（Neighbourhood Development Plan），这就真正意义上做到赋权公众的目的。至2014年春，已经超过1 000多个社区开始编制"邻里发展规划"（Cullingworth et al.，2014：513）。但值得注意的是，这种公众参与方式存在像美国1990年代前"别在我家后院（Not In My Back Yard）"的"自私化"隐患，因此"邻里发展规划"也被要求必须遵守上级"地方规划"的相关公共利益要求。

具体地块开发方面，中央政府同样努力将公众参与阶段提升到项目方案制定之前（图7-3-7）。《国家规划政策框架》（*National Planning Policy Framework*）（2012年）建议地方政府应鼓励项目申请者在提交开发申请前就寻求当地社区参与，在申请提交给规划当局后，项目申请者须将开发规划以公告、场地告示和报纸广告的形式接受邻里社区质询，规划当局则会与地块各方利益相关者、其他相关政府部门（如健康、交通、环境等）沟通协商，并根据质询结果和协商结果要求规划申请做出修改。这就一定程度上保证了公众对具体项目制定的决策权。

在美国，拓展公众参与途径成为政策重点。在1990年代前，美国有的城市社区就已经拥有自主决定发展规划的权力，但大多数情况下，公众参与的形式限于项目起初的公众咨询和项目末尾的公众听证会，因此，为了能够获得更多相关利益者的意见，除了规定在项目申请前就必须保证市民、财产所有人和邻里社区居民充分了解申请材料、提出相关问题并参与设计外，采取多样化公众参与形式成为美国政府的主要关注点（卡林沃思和凯夫斯，2016：30-31）。具体而言，拓展后公众参与形式主要包括公共会议、听证会、工作坊、咨询委员会、仲裁协调、网络参与等方式，这些方式往往在城市规划各个阶段中相互交织，共同保障公众参与的切实可行，但其各自在参与广度、参与阶段、与当地结合紧密度、分享信息度、信任感、解决冲突的能力、监督并停止有害行为的能力等方面也拥有不同程度的缺陷（表7-3-16）。总之，美国公众参与形式的"丰富化"应对了新

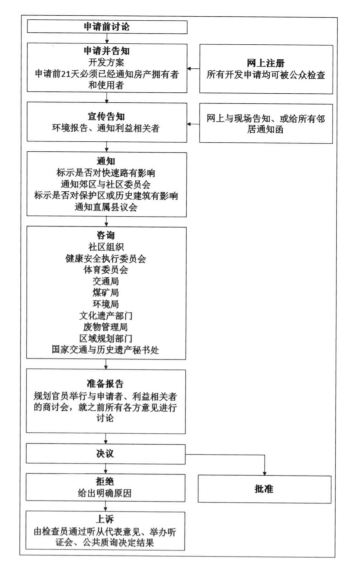

图 7-3-7 英国地块开发过程中的公众参与
(资料来源：Cullingworth et al.,2014：144-145)

时期项目开发中为多元利益提供诉求机会的需求，但公众参与程度的提升同时也带来了一定的弊端，如时间金钱的浪费、政府效能的降低、私利斗争的增加、相互信任度的丧失等（梁鹤年，1999）。

表 7-3-16　美国城市规划过程中公众参与主要形式优缺点

形式	参与基础 窄	参与基础 宽	参与阶梯 低	参与阶梯 高	反映当地意见 低	反映当地意见 高	以当地为优先考虑 低	以当地为优先考虑 高	宣传通知力度 低	宣传通知力度 高	建立信任感 低	建立信任感 高	解决冲突 低	解决冲突 高	监督或阻止破坏性建设 低	监督或阻止破坏性建设 高
公共会议	√	√	均有可能	均有可能	均有可能	均有可能	√	√	√		√					
公共听证	√	√	均有可能	均有可能	均有可能	均有可能	√		均有可能	均有可能	均有可能	均有可能	均有可能	均有可能		
公共工作坊	√		√		√		√			√	√		√		√	

(续表)

形式	参与基础		参与阶梯		反映当地意见		以当地为优先考虑		宣传通知力度		建立信任感		解决冲突		监督或阻止破坏性建设	
	窄	宽	低	高	低	高	低	高	低	高	低	高	低	高	低	高
咨询委员会	√			√		√		√		√		√	均有可能		均有可能	
仲裁协调	√			√		√		√		√		√		√		√
网络工具		√	均有可能		均有可能		均有可能		均有可能		均有可能		均有可能		均有可能	

(资料来源：卡林沃思、凯夫斯，2016：30-41；Grodach & Ehrenfeucht，2016：222-225)

注：公共会议指政府和项目组织机构召开会议，向公众提供相关信息，并希望得到反馈；公共听证指建立一个听证组织，针对某个具体项目对各方意见进行听取汇总；公共工作坊指组织政府、开发商和公众一起进行长时间的讨论，共同对某些问题进行交流或确定发展方向；咨询委员会指领导机构授权建立的代表社区利益的团体，成员包括当地居民、社区组织领导和各志愿团体代表，全程参与项目开发，并对政府提供建议；仲裁协调：各利益相关者对某一具体问题产生分歧时，通过政府建立平台进行协商，最终达成具有法定效力的协议；网络工具指近些年新兴的方式，包括社交平台软件、模拟游戏、GIS管理系统、遥感系统、虚拟评估模型等方式，意图广泛收集公众意见。

7.3.2 更新政策优化：社会民主制度

1980年代市场机制背景下"公私合作"的更新模式受到各种诟病，各城市发现仅靠私人开发商进行城市中心区更新不足以解决所有问题，尤其是社会问题(Jones & Evans，2013：74)。但私人资本引领的更新却又的确能够敏锐地应对市场，令项目在完成政府目标的同时有盈利，并大大改善城市基础设施和空间面貌，所以政府意识到如果要继续保持这种"可运作性"，又能够让更多的人在更新过程中获益，从而解决更广泛的社会、环境问题，就必须寻求更综合包容的再生方式，将更多不同立场层面的角色（慈善机构、志愿团体、当地社区组织等）纳入城市更新实施过程中(Tallon，2013：203)，这就是"第三条道路"。

"第三条道路"既不是复辟二战后的凯恩斯主义的福利国家制度，也不是继续遵循1970年代、1980年代的新自由主义下的市场驱动制度，而是在二者之间建立一种"调和"的方式，主张建立更广泛的社会民主制度，通过全社会的共识与合作，实施环境、社会、教育、健康、经济等覆盖全领域的为全体市民服务的积极政策。这种制度下的规划实施方式即"协作式规划"(Collaborative Planning)，提倡所有利益相关者(Stakeholders)的合作协同，多个主体共同参与规划，并有可能各自负责其中的某一部分，从而实现各目标。这样更有利于文化多样性，更有利于应对后现代社会中丰富多元的不同"人"的需求，具体体现在空间落地实施上，就是土地混合利用政策(Robbins，2013)。

"第三条道路下"的"协作式规划"在具体更新实施时，基本是在"政府—私有部门—社区"三方合作框架下进行的(张更立，2004；黄静和王净净，2015)。根据政策关注主导功能的不同，它可分为"商业引领""商务引领"和"社区引领"三种类型，均在不同程度上促进了旧城中心区土地混合利用衍化。

7.3.2.1 "商业引领"方式

"商业引领"方式主要包括商务促进区(Business Improvement Districts，BID)、城镇中心管治(Town Centre management)和波塔斯试点城镇团队(Portas Pilot Town Teams)[①]。其建立的起

[①] 商务促进区(Business Improvement District)起源于美国，虽然最早于1975年建于新奥尔良中心区，但各城市大规模建设始于1990年代，后传入世界各国；城镇中心管治(Town Centre management)(1993年开始实施)和波塔斯试点城镇团队(Portas Pilot Town Teams)(2011年开始实施)则主要实施于英国。

初目的都是与零售娱乐郊区化建设相抗衡(Evans,1997：127；Houstoun,2003：5；Tallon,2013：200)，所以强调提升旧城中心区整体氛围,改善形象以进行地区营销,起初更关注商业氛围开发,但后期总体策略拓展到一系列经济、环境、社会和文化方面的项目(卡林沃思和凯夫斯,2016：367)(表7-3-17,图7-3-8),因此其往往推动了旧城中心区土地混合利用开发(Rowley,1998)。

表7-3-17　中心区商务促进区(Business Improvement District)政策发展目标

目标	具体措施
保持街区干净、安全	环境垃圾处理；安全警示、监控系统
促进外来商业开发	吸引投资和各类型商户入驻
解决空置问题	空间创意营造与利用
提升场所感	设计街区标志性形象,注重沿街面与步行空间,促进夜间经济繁荣
激活公共空间	增加创意行为载体和绿色空间
运用创新技术手段	建立大数据、3D地图等分析地块表现并共享资源信息
促进社区参与	与当地社区组织合作,提升社区居民身心健康
提升社会关注	为无家可归者提供各类帮助
满足社区商铺需求	为当地小型商铺提供资源和帮助
与政府各部门合作	提供防疫、绿色基础设施及公共座椅等公共设施,提倡绿色交通方式
鼓励可持续发展	提升绿色空间,应对并减缓气候变化

(资料来源：NYC Department of Small Business Services,2018；London Enterprise Panel,2015；Grodach & Ehrenfeucht,2016：86-89)

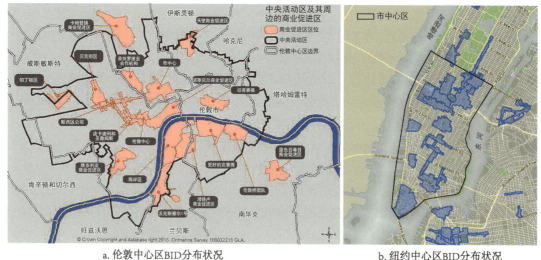

a. 伦敦中心区BID分布状况　　b. 纽约中心区BID分布状况

图7-3-8　英美国家城市中心区BID分布状况

［资料来源：a图(Greater London Authority,2016a),b图作者根据http://nycbids-directory/整理绘制］

"商业引领"方式的基本运行机制是建立独立的半官方或非营利组织作为统一运行机构,成员包括与划定区域有关的各利益团体,但主要成员还是各产权代表、资助资金提供者(政府、私有部门)及规划与监管者(各方专家、社区、志愿组织等)。为了避免像1990年代前中心区项目中私人利益的无限膨胀,这种方式通过三方面策略以保障更广泛的社会公共利益(Drummond-Cole & Bond-Graham,2012；Tallon,2013：199-200)：首先,所有决定均由各方利益协商确定,为了保障各方利益有时会建立投票制度,如商务促进区,按照成员数超过半数同时按照税收价值创造数超过半数时决定才生效,这就同时保障了大型私有企业利益和广泛群众利益;其次,签订公共管理协议以保障基本的公共利益,如公共空间环境质量和使用权利等;再其次,建立监管评估制度,评价经济、社会、环境各方面实施表现。在近些年经济再次紧缩、政府公共资金紧张、郊区化竞争激烈的情况下,"商业引领"方式日益受到各城市政府青睐,如英国截至2012年,已有约600个城镇中心区建立城镇中心管治(Town centre management)制度,建立商务促进区已超过150个(Tallon,2013:199-200),而美国1990年代以来新建商务促进区数量就超过几千个(Peyroux,Pütz,and Glasze,2012),政府在"商业引领"方式中的角色也更多变成协调者,在刺激私人部门投资的同时保障社会公共利益。

7.3.2.2 "商务引领"方式

"商务引领"方式在某种程度上可以看作是1980年代"公私合作"方式的衍生物,主要包括城市再生公司(Urban Regeneration Company)[城市开发公司(Urban Development Corporation)的改革政策]和新一轮的企业区(Enterprise Zone)政策①。这类政策的建立目标依旧是推动经济发展,但政府充分认识到之前市场引领下的城市更新弊端及政府公共部门对这一过程的调控缺失(Jones et al.,2003),同时也有意识地没有回归到明显的"从上而下"的政府引领道路(Ward,2010:252),而是在政府的协调下将相关利益者联系在一起(Tallon,2013:88-89),主要指企业部门和社区居民。如与企业区(Enterprise Zone)配套的"地方企业合作组织"(Local Enterprise Partnership)是从1990年代地方自发形成的区域性合作关系机构演变而来(Roberts et al.,2016:45-46)②,目的是协调地方政府之间、各地方组织之间的合作关系,为企业发展创造有利条件,所以其机构内部组成呈现多元化特征,往往包括区域内各地方政府、教育培训机构、商业机构、学校、私人企业、志愿团体和贸易组织(Jones & Evans,2013:31)。而城市再生公司(Urban Regeneration Company)公司董事会同样具备多元化特征,包括国家更新机构英国伙伴(English Partnership)、区域发展机构(Regional Development Agency)、地方政府、各大开发商代表、零售商代表、住房组织代表和社区代表(Couch et al.,2003:47)。正因为参与组织多元性,所以尽管"商务引领"政策以支持企业发展、促进经济开发为初心,但其实际发展目标总体体现了多元性特征,实施开发结果也就往往呈现出土地混合利用状态,具体表现在三方面。

① 吸引可促进"未来发展"的多元化产业,这就在保持竞争力的同时促进了经济多元化发展,如利物浦城市企业区(Liverpool City Enterprise Zone)中希望发展的产业包括创意、创新技术、能源、电子、咨询、旅游、交通等(Mayor of Liverpool,2014)。

② 不仅仅是发展多元产业,而是将新产业入驻看作是整体发展机遇,以提升地区交通、生活、工作环境品质,达到同时促进就业、居住、娱乐的目标,这与土地混合利用理念相一致。如布里斯托中心区的布里斯托寺院区企业区(Bristol Temple Quarter Enterprise Zone)③,其明确指出目标

---

① 城市再生公司(Urban Regeneration Company)是在英国城市工作组(Urban Task Force)的通向城市复兴(Towards an Urban Renaissance)倡议下建立的,兴起于1999年;企业区(Enterprise Zone)则推出于2011年。美国没有明确的政策,多为各城市自由组织的共同管治平台,如1990年代的波士顿中心区普鲁迪思中心(Prudential Center)扩展项目,时任市长凯文·怀特(Kevin White)组织建立了市民组织谨慎房地产咨询委员会(Prudential Property Advisory Committee),成员包括当地22个不同的社区组织、公共部门以及私人商业组织,共同负责建立设计导则、评估设计理念、评价环境影响等事宜;再如美国田纳西州查塔努加(Chattanooga)的公民设计研讨会(Public Design Charrette),在项目规划制定前,组织召开公民设计集中周,邀请各社区代表组建团队提出自己对地块的未来设想,最后将各方案中的要素进行汇总,形成最终草案,从而最大限度地容纳社区意见。

② 如1994年考文垂和沃里克两郡的合作机构(Coventry and Warwickshire Partnership),具体详见:Roberts P,Sykes H,Granger R. Urban regeneration[M]. London:Sage,2016:45-46.

③ 具体详见:https://www.bristoltemplequarter.com/。

是创造一个受所有人欢迎的居住、工作、娱乐之所，帮助布里斯托成为世界性城市，并促进其成为一个"人人均可受益的公平公正"的城市。

③ 管理者的多元化令管理机构兼具公共行政职能、社会职能和经济职能，所以其制定的规划战略体现的是多方利益博弈的结果，体现了多维度需求和多方利益需求，这与土地混合利用的衍化相统一。如英国第一个城市再生公司（Urban Regeneration Corporation）"利物浦愿景"（Liverpool Vision），其在 2000 年提出的第一版中心区规划的发展目标为（Couch et al.，2003：48）：a. 21 世纪办公经济实践区；b. 世界级旅游文化圣地；c. 国家与区域级商业购物区；d. 高品质安全的城市环境；e. 包容的社区。这相当于建立了一个经济、社会、物质空间环境多维度的综合发展联系框架（Jones et al.，2003）。而因为管理多元性，其规划发展方向在应对多方需求的背景下也得以不断完善，如利物浦愿景 2012 年新版的中心区规划框架中，规划不仅增加了低碳生态维度目标，而且在经济、社会、物质空间各维度均有进一步深化拓展（Liverpool Vision，2012）。

7.3.2.3 "居住引领"方式

"居住引领"方式是以关注内城及中心区社区发展为主要目标的更新政策，根据实施机制大致可以分为下列两个阶段。

第一阶段主要包括城市挑战（City Challenge）、单一再生预算（Single Regeneration Budget）、赋权区（Empowerment Zone）和企业社区（Enterprise Community）政策①。这类政策的主要特征是以"竞标"方式促使地方政府、私人公司和社区组织组成联合体，以实现社区的真正参与（Roberts & Sykes，2000：72-73；Ward，2002：347；Jones & Evans，2013：74）。其基本运作机制为：中央政府拨款；以地方政府引领建立"公—私—社"三方投标主体，竞争获取资助；在享受税收制度优惠的条件下，地方自主进行规划发展。其在两方面促进了中心区土地混合利用发展衍化：

首先，其强调从社区经济、物质更新转向多维度的综合考虑经济、社会和环境等因素的可持续性综合更新。在项目竞标之初就要求提供一份最大程度融入可持续发展概念的完整可行的城市更新策略方案，并重视策略制定和实施中各方合作关系，以此作为竞标取胜的关键（Roberts & Sykes，2000：31-32，44；郑泽华，2011；卡林沃思和凯夫斯，2016：359），中标后继续从方案深化、实施监督两方面确保目标实施效果（严雅琦和田莉，2016）。因此，其发展规划往往包括经济、文化、历史保护、教育、健康、社区服务、物质空间、环境质量等方面，而不仅仅是社区物质环境（Tallon，2013：73-75）。

其次，其强调对衰退地区的重点扶持，并重视对"人"的关注，这有利于实现社会融合及包容性目标，符合土地混合利用的社会维度衍化。如 Liverpool City Centre East（City Challenge 项目）被认为的成功之处包括（Couch et al.，2003：45）：①功能多样性开发满足了各方利益需求；②提升了居住环境和社会服务设施，并通过混合产权促进了社会融合；③提高了当地弱势群体就业能力。而 Empowerment Zone 计划也因关注弱势群体的社会基础设施、提高贫困人口就业能力、关注青少年发展等方面而受到好评（Roberts & Sykes，2000：261-263；郑泽华，2011）。

第一阶段的"居住引领"方式在后期因为政府主导的权力关系再次令社区参与名存实亡，而且过度关注经济发展，使得大多数贫困社区未能从中获取明显利益（Oakley & Tsao，2006；Tallon，2013：78-79）。因此第二阶段更多地关注如何真正赋予社区自身权利与解决社会排斥问

---

① 城市挑战（City Challenge）和单一再生预算（Single Regeneration Budget）政策主要在英国实施，后者是取代前者的产物；赋权区（Empowerment Zone）和企业社区（Enterprise Community）政策主要在美国同时期协同实施。

题,实现"从外部干预到内部自主"的转变。这一阶段英国的主要政策包括社区新政(New Deal for Communities)、邻里重建(Neighbourhood Renewal)、地方战略合作关系(Local Strategic Partnership)、可持续社区方案(Sustainable Communities Plan)和邻里规划(Neighbourhood Planning),美国的主要政策包括希望六号(HOPE Ⅵ(Housing Opportunities for People Everywhere Ⅵ,HOPE Ⅵ)、后续的选择邻里倡议(Choice Neighborhood Initiative)以及承诺区倡议(Promise Zones Initiative)。

  第二阶段政策的实施机制是依托以社区为基础的联合组织进行总体掌控,调动所有城市更新相关机构,包括地方政府、开发商、公共部门、社区组织,依托中央政府拨款,以"联合式、综合性"(joined-up holistic)的方法在较长时间跨度中解决问题(Imrie et al., 2009; 224-228; Couch et al., 2011; Tallon, 2013; 94; 李甜等, 2015)。目标从一开始的物质环境、居民混合住房、健康、教育、安全和就业等社区问题拓展至地区整体经济、社会与环境全领域(表7-3-18)。这就实现了以社区建设为抓手全面促进土地混合利用衍化。

表7-3-18 英美国家第二阶段"居住引领"方式目标演变

国家	政策起始时间	实施目标
英国	社区新政 (New Deal for Communities)(1998) 邻里重建基金 (Neighbourhood Renewal Fund)(2000) 地方战略合作关系 (Local Strategic Partnership)(2001)	重点提升社会包容性:包括就业、住房、教育、健康和安全等方面,以缩小弱势地区与其他地区差距
	可持续社区方案 (Sustainable Communities Plan)(2003)	拓展至公共领域:提供满足个人和公共不同需求的建筑;混合住宅形式,利于不同结构、年龄、收入的家庭融合;高质量的公共服务体系,包括教育培训机会、医疗保健和社区设施,尤其是娱乐设施;高品质设计的公共空间和绿地;多种多样、充满活力和富有创造力的地方文化
	邻里规划 (Neighbourhood Planning)(2011)	实现彻底的社区自主:教区议会和社区团体自行成立"邻里论坛"(Neighbourhood Forum),组织编制 法定"邻里发展规划"(Neighbourhood Development Plan),囊括地区所有事宜
美国	希望六号(HOPE Ⅵ)(1993—2010)	促进混合居住:提升住房品质;建设配套设施;提升社区支持服务(教育、安全等);改善物业水平;促进就业
	选择邻里倡议 (Choice Neighborhood Initiative)(2009) 承诺区倡议 (Promise Zones Initiative)(2010)	建设可持续混合社区:混合居住开发;促进教育就业;提升公共设施服务水平;历史保护;提升路网服务水平和可达性;提升社区零售业、娱乐设施等经济机遇;强调绿色基础设施与绿色建筑建设

(资料来源:Couch C, Sykes O, Börstinghaus W. Thirty years of urban regeneration in Britain, Germany and France: The importance of context and path dependency[J]. Progress in Planning, 2011, 75(1): 1-52.; Hyra, 2012; Jones & Evans, 2013; 118; Tallon, 2013; 135; 李甜、宋彦、黄一如, 2015; 杨昌鸣、张祥智、李湘桔, 2015; Grodach & Ehrenfeucht, 2016, p.57)

7.4 本章小结：演变动因、演变重点、实践模式

（1）演变动因：应对全球化竞争，发挥可持续效应以保持中心区活力持续兴盛

土地混合利用复苏实践虽然给中心区带来了活力，但同时也产生了"居住、生产、消费"多维绅士化、建设同质化、地块空间私有化与排斥化、外部空间断裂化、功能彼此间负面影响、公共交通发展不足、郊区化愈演愈烈、办公商业过度开发后空置现象明显等新的问题。正值此时，以可持续发展为共识的全球化竞争时代来临，高端生产服务业成为提升城市竞争力的支柱产业，而中心区因为交通、信息通信、金融商业服务、教育培训等基础配套设施优势成为承载这类产业的首选之地。为了促进这类产业的健康繁荣发展，中心区就必须解决复苏实践带来的新问题，力图营造"多元、共享、包容、绿色、健康、创新"的环境氛围，即实现向"中央活力区"的转型。

与此同时，可持续更新理论从物质空间设计、城市发展行为改良、复杂系统提升等三方面对土地混合利用提出了衍化拓展要求，与复苏理论框架进行对比，这些衍化要求在对复苏理论早就提出的内容再次强调的同时，针对复苏阶段的问题以及全球化发展的新需求，增加了"兼顾公共社会功能、公共空间包容性、公共交通导向开发、承载创新经济、应对气候变化、城市管治转型"等新内容，恰恰完全符合了"中央活力区"转型要求。

因此，此阶段英美国家将土地混合利用提升为国家性发展政策原则，并促使其路径发生演变，其根本原因就是为了发挥其多维度可持续效应，从而促进中心区活力持续兴盛，以提升中心区、城市乃至国家的全球化竞争力。实践需求与理论框架全面耦合，就意味着土地混合利用理念将会得到全面贯彻。

（2）演变重点：如何在日益固化的空间中实现满足多元需求的多维度可持续效应

但是，此阶段的中心区发展面临三个问题：第一，历经了近百年的持续更新，旧城中心区空间日益固化，地价日益上升，这意味着可更新空间日益紧张；第二，由于家庭结构变化、单身和创意人口增加，以及政策鼓励等原因，中心区居住人口数量终于转降为升，这为土地混合利用的可持续效应实现提供了良好基础，但同时也对中心区紧张化的空间提出了挑战；第三，社会维度、生态环境维度的提升与经济建设效率存在相互制约关系，国家此时依旧没有能力对建设进行全面掌控（这种行为也不被各方认可），所以必须激发政府、私人资本和社会公众的多方力量，实现经济、社会与环境等多维度同时提升的目标。因此，如何在日益固化的空间中贯彻土地混合利用理念，并令其发挥经济、社会、环境等多维度可持续效应，以满足多元利益需求，就成为此阶段土地混合利用路径演变的重点。

（3）实践模式：以政府引导下的社会民主制度促进既有空间全面可持续更新

在明确解决重点和价值目标的前提下，对此阶段的实践模式的理解也就顺理成章了。

① 功能要素维度，在促进"职住娱平衡"的基础上，提升多维度可持续效应。多元化人口回归中心区居住，令土地混合利用功能混合逻辑转向实现"职住娱平衡"的理想模式，这体现在居住功能、商务办公功能、商业功能开发时彼此之间的相互融合。同时，满足不同属性人口的多元化需求也促进了经济维度、社会维度和生态环境维度的提升：经济维度体现为确立中心区经济发展地位，以"职住游"全面功能混合促进经济发展，并尽可能促进创新产业集聚；社会维度体现为居住功能中的混合居住政策，办公商业开发对中小企业发展、地方商铺、多样化社会生活服务设施、经济性住房建设的融入，以及文化功能及公共空间的包容共享氛围；生态环境维度体现为在为当代人提供绿色健康生活环境、发挥多维度可持续效应的同时，以应对缓解气候为目标保障未来人口

的可持续生存环境。

② 时空模式维度，应对功能要素维度转变，由混合功能涓滴转变为职住娱平衡的全面提升模式。其中，局部空间呈现出朝向"社会单元""垂直城市"或"城市街区"模式转型的态势，将功能要素的衍化集中体现，而整体空间则体现为"绿色交通引领、绿色空间串联"的全覆盖渗透模式，提升土地混合利用开发的开放共享效应。而时间模式则在横向维度上实现了对"过去—现在—未来"全生命周期的承载，在纵向维度上以夜间经济繁荣、空间共享复合利用等新形式实现了对空间的全天高效率应用。

③ 实施政策维度，与复苏阶段相比，最大的特征是管治逻辑由"促进功能混合"转向"提升土地混合利用效果"。这一逻辑转变体现为三方面：第一，通过提高既有空间功能转换弹性、简化规划流程、创新区划技术等方式提升中心区既有固化空间实现土地混合利用的可能性；第二，通过城市设计控制、可持续评价、生态更新、场所氛围管理、公众参与地位提升与方式拓展等方式，实现对土地混合利用"全方面综合细致化"的"事前＋事后全过程"效果保障作用；第三，更新政策机制转变为"政府引导"下"全社会合作"的社会民主制度，在保障各方参与积极性的同时，更有利于满足各方多元需求。

在各维度衍化实践下，中心区呈现出人口多元融合、创新经济发展、大中小企业融合共存、商业、文化、公共空间氛围共享、生态环境质量改善、社会安全度提升等可持续效应。

值得注意的是，本章重点陈述的实施政策是指 1990 年代后或成熟或创新的政策形式，其起到了对之前政策体系的拓展性改革作用，而不是全盘颠覆。在新的时期，1990 年代前对土地混合利用有利的政策也依旧得到了延续。如美国对中心区历史保护提出的联邦重建税收信贷（Federal Rehabilitation Tax Credits）（Ryberg-Webster，2013），以及税收增长融资（Tax Increment Financing，TIF）（姚之浩和曾海鹰，2018）和基于财产的激励措施（Property-based Incentives）（Grodach，Ehrenfeucht，2016：82-83）等"政府引领"的城市更新政策工具，还有英国的私人融资倡议（Private Finance Initiative，PFI）（Tallon，2013：77-78）等"公私合作"形式的城市更新政策工具。这些政策对新时期的土地混合利用实践也起到了一定促进作用，但因为其实施逻辑并未有明显变革，因此本书未对其详述。这也充分证明了实践模式的转变并不是一个"一刀切"的过程。

第 8 章　规律：路径演变的特征、机制与本质

基于可持续更新视角,对英美国家旧城中心区土地混合利用路径百年多的具体历程进行剖析,我们可以发现其具有一致性的发展趋势。对这一趋势进行进一步的规律总结,有助于我们更深刻地理解认知旧城中心区土地混合利用实现可持续效应的路径演变特征,而对其演变路径背后机制与本质的探索,将令我们准确把握促进和保障旧城中心区土地混合利用向更好状态演变的正确方向和关键要素。同时,规律的总结对正确理性地审视我国旧城中心区土地混合利用既往演变历程和未来发展趋势也具有重要的理论指导意义。

8.1　协同性：混合利用路径演变特征

8.1.1　功能要素的双重化演变

8.1.1.1　功能混合逻辑的演变

旧城中心区土地混合利用功能要素的演变首先体现在功能混合逻辑的演变,即不同功能之间混合方式的演变,以及它们之间的混合比例调适。

纵观中心区土地混合利用"瓦解—复苏—衍化"三阶段,功能要素之间的关系主要经历了从"功能隔离"到"多功能混合"再到"职住娱平衡"的发展历程(图 8-1-1)。

在瓦解阶段(图 8-1-1a),原有工业城市的"功能混杂"被认为带来了诸多问题,于是在"功能秩序"与"疏散思想"下,中心区原有功能在整体上呈现为"职住分离"趋势,在中心区内部则呈现各功能区隔离的状态,中心区转型为中央商务区。

在复苏阶段(图 8-1-1b),"功能分离"的弊端日益受到重视,于是"功能混合"成为复苏中心区活力的重要手段,此时在功能要素混合上呈现三种趋势:首先,是出于中央游憩区消费引导的建设倾向,各商业性功能之间形成"促进消费联盟",一切彼此之间有助于互

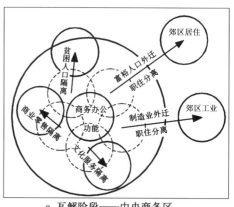

a. 瓦解阶段——中央商务区

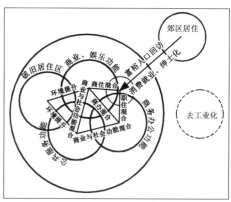

b. "复苏"阶段——中央游憩区

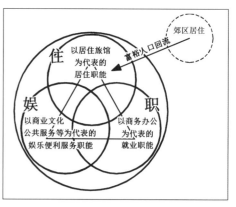

c. "衍化"阶段——中央活力区

图 8-1-1　功能要素混合逻辑演变
(资料来源:作者绘制)

相促进消费、减低商业投资风险的功能在市场操作下迅速混合在一起；其次，是出于减缓中心区人口流失并促进郊区人口回住，居住功能的复苏促进了一定的"职住混合"和"娱住混合"，前者体现在办公空间引领的混合功能项目和 Loft 等形式的职住一体化空间，后者体现在居住社区的服务设施提升和上住下商的商住混合楼建设；再其次，伴随着政府将公共服务职能转嫁给私人开发商，商业营利功能与社会服务功能的混合也成为此阶段的重要混合形式。由此可见，复苏阶段的中央游憩区功能混合理念是促进一切彼此之间相互兼容的功能进行混合，从而分别达到促进消费、提升居住环境品质、保障公共服务的目的。

在衍化阶段（图 8-1-1c），复苏时的功能混合并没有阻止人口郊区化趋势，因此复苏阶段的功能混合虽然趋势较多，但实质结果是商务与游憩的混合，所以衍化阶段的重点是提升中心区居住功能，从而应对日益增加的人口回流趋势，并体现可持续发展要求。于是，伴随着居住功能融入，中心区功能混合度从整体到局部都体现出"职住娱"混合，这种混合与复苏阶段时的混合意义截然不同，其颠覆了复苏阶段的"留住访客"的混合作用逻辑，即从"不同时间段均能吸引访客到此，并尽可能长时间留住访客"的混合功能作用转变为"提供给居民生产、生活、娱乐的全面功能需求"，在某种程度上也可以看作是对工业革命前中心区氛围的回归，这真正有益于本质上实现"人地共存"，缩减"人"的出行距离，从而实现土地混合利用可持续发展价值。

但随着居住功能的回归，中心区经济发展职能在一定程度上受到了威胁，这就提出了一个新的命题——"职住娱"的平衡比例。首先需要明确的是，因为各中心区的边界划分标准不一，各城市发展阶段不尽相同，而各中心区的主体功能（如商务、商业、文化娱乐）以及各功能的建设标准亦有所差别，所以，"职住娱"的完美平衡比例在实践中是无法得到统一的。但从实践过程和政策倾向上看，促进"职住娱"趋向平衡的这一趋势是得到广泛验证的（图 8-1-2），这从伦敦中心区和芝加哥中心区 1990 年代后各功能建筑面积变化趋势中可见一斑（表 8-1-1）。而西方近些年对新建中心区的指标设定上也可以佐证这一趋势，如法国拉德芳斯针对商务办公配比过高的问题，将二期商务办公配比由一期的 80% 下调控制为不得高于 50%，而荷兰阿姆斯特丹祖伊达斯中心区在建设之初就规定就业、生活和公共设施功能分别占据 1/3（华高莱斯，2018）。

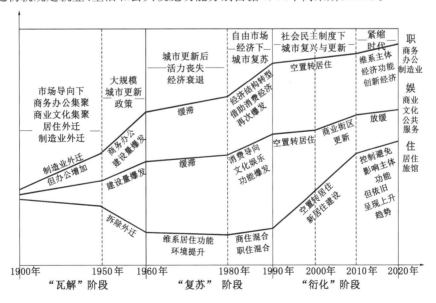

图 8-1-2 中心区"职住娱"功能建设趋势
（资料来源：作者绘制）
注：可看出"职住娱"经历了由"失衡"到"趋向平衡"的过程。

表 8-1-1　伦敦、芝加哥中心区功能建筑面积比例变化趋势　　　　　　　　　　　（单位：%）

功能要素		伦敦中央活力区	伦敦中央活力区核心区	芝加哥中央活力区
职：商务办公	1996 年	39	48	62
	2013 年	37	45	58
住：居住、旅馆	1996 年	30	19	24
	2013 年	34	23	27
娱：零售、其他	1996 年	31	33	14
	2013 年	29	32	15

[资料来源：伦敦数据(City of Westminster,2014)，芝加哥数据(Department of Planning and Development,2003)整理绘制，其中 2020 年数据是政府依据 1980—2000 年变化趋势的预估结果]

注：可看出，伦敦和芝加哥中心区各功能比例近年来日益趋向"职住娱平衡"。

8.1.1.2　可持续维度的提升

从可持续更新角度审视，旧城中心区土地混合利用实践的功能要素存在更具内涵意义的维度化演变趋势，即从偏重经济维度向注重经济、社会、环境均衡维度的可持续维度演变（图 8-1-3）。同时，这也体现了实践与理论地不断弥合过程。

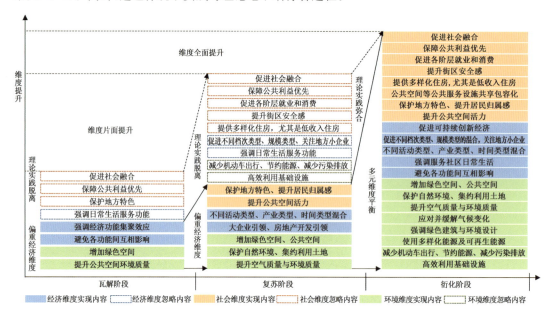

图 8-1-3　旧城中心区土地混合利用可持续维度拓展演变过程
（资料来源：作者绘制）

在瓦解阶段，政府和开发商致力于建设中央商务区，于是片面强调现代规划理论中与经济效益相关内容，着重功能集聚效应以及与经济利益相关的绿色空间提升、功能片区环境单纯等环境因素，而忽视了现代规划理论中历史保护、社会结构维系等社会维度内容，并对中小企业和弱势群体生存环境造成了严重损害。

在复苏阶段，为了恢复中心区活力，营造中央游憩区成为重要目标，其本质上还是以经济利益为根本导向，所以土地混合利用的实践重点在于经济要素上促进不同活动类型、产业类型、时间类型的混合开发，以大企业发展为主要载体，最大化提升经济效益，同时营造良好的环境质量，以提升郊区富裕阶层回流中心区进行就业、消费和居住的意愿。在此背景下，充分利用历史环境要素、营造高品质公共空间成为私人资本的重要手段，在政府的公共政策干预下，其起到了一定的社会维度作用，但中小企业发展、贫困人口就业消费、减少机动车出行等问题依旧没有得到有效应对，反而出现了绅士化、私有化等新的社会问题。

进入衍化阶段，长期对社会维度和环境维度的忽视被广泛诟病，在经济结构转型背景下，共享包容地满足多元化人群需求被认为是中心区健康发展的重要保障。土地混合利用作为中央活力区建设的重要手段也就呈现出多维度均衡发展趋势：在经济维度上关注创新经济发展，以及强调对不同规模类型、地方小企业和社区日常生活服务功能的承载；在社会维度上突出以社会融合和公共利益优先思想，为各阶层提供就业、消费、居住和休闲娱乐机会；在环境维度，则以应对减缓气候变化为最终目的，通过绿色基础设施建设、能源高效节约利用、提升绿色交通出行等方式，营造健康品质环境。

同时，我们也应该注意到，可持续维度的拓展是由中心区各使用功能内部的拓展实现的，换句话说，各使用功能自身也存在着由经济维度向均衡维度演变的趋势（图 8-1-4）。如居住功能，其在实现"促进职住或商住混合化"到"职住娱平衡"转变的同时，也实现了由"贫富隔离"到"吸引郊区富裕人口回流＋环境优化"，再到"多样化住房融合＋绿色化建筑"的转变。商务办公、商业零

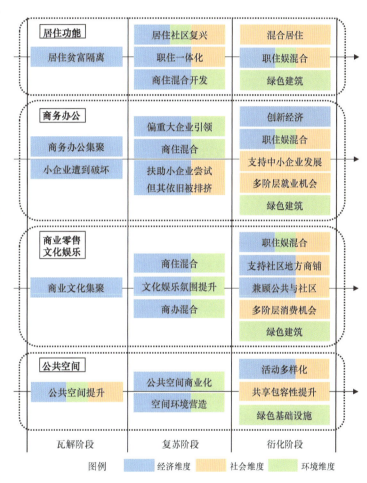

图 8-1-4　各功能内部可持续维度拓展
（资料来源：作者绘制）

售、文化娱乐、公共空间等中心区主体功能也均体现了类似趋势。由此也可以看出功能混合逻辑的演变与可持续维度的演变是并行不悖、相得益彰的。

8.1.2　时空模式的应对性演变

功能要素的演变势必需要通过土地混合利用方式的演变来实现，这是本书在绪论中就已经阐明的辩证关系，因此功能要素的双重演变意味着土地混合利用的空间模式和时间模式均发生了应对性演变。

8.1.2.1　空间模式双层级演变

尽管各学者认为土地混合利用的空间尺度多样，包括建筑、地块、街扩、街道、街区等不同范

围(Coupland,1997:87;Rowley,1996b,1998;Schwanke,2003:5;Bell,2008),而且呈现水平、垂直等不同方向维度(Hoppenbrouwer & Louw,2005),但从实践过程看,笔者认为中心区土地混合利用空间模式的演变是通过"局部-整体"双层逻辑关系实现的。

"局部"层面指的是单栋建筑或步行范围内的局部街区,其中单栋建筑是促进土地混合利用空间模式演变的最小承载结构,而随着实践发展,土地混合利用开发的尺度越来越跳脱单一建筑,更多的是大尺度大规模式的开发(BCO,2004),步行范围成为局部土地混合利用实现的最重要单元(Witherspoon et al.,1976:6;Schwanke,1987:3;Schwanke,2003:5;Niemira,2007;Herndon,2011;DeLisle & Grissom,2013;Wardner,2014),因为一方面土地利用项目开发均以良好的步行联系作为基本保障,另一方面促进步行出行也是土地混合利用的重要目标之一。"整体"层面则较为容易理解,是指中心区整体空间结构体系模式。

(1)"局部"层面

"局部"层面空间模式更为直接地反映了土地混合利用项目的建设状况,是局部功能的直接承载空间,因此其演变路径与功能混合逻辑、可持续维度的双重演变趋势特征保持了高度一致。

首先,内部功能混合逻辑经历了从"单纯空间"到"多样性功能",再到"职住娱混合"的历程。单栋建筑以商务办公建筑为例(图 8-1-5a):在隔离阶段,因为区划作用和对环境品质的追求,往往内部空间呈现"停车-办公服务-办公"的单纯功能逻辑组合;在复苏阶段,功能混合的益处令商务办公建筑空间模式迅速转变为"商业-商务-旅馆-文化娱乐-配套服务-公共服务"的功能综合体;在衍化阶段,由于办公空间的大量闲置以及对居住功能的诉求,商务办公建筑往往转变为"垂直城市"模式,即囊括"职住娱"等各方面功能。这种演变趋势在商业建筑、居住建筑等方面均有所体现,可谓是殊途同归。而伴随着土地混合利用空间尺度的拓展,局部街区亦呈现出这种功能

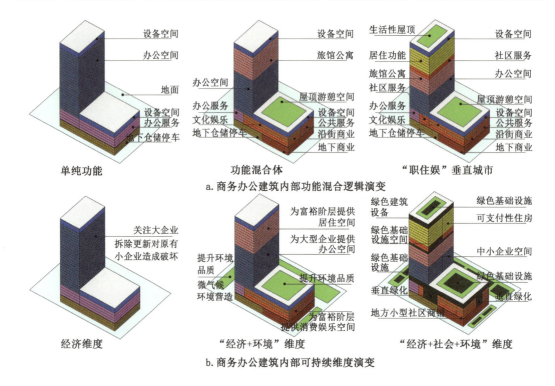

图 8-1-5 商务办公建筑空间模式双层级演变

(资料来源:作者绘制)

混合逻辑的演变趋势(图8-1-6a),即从相互隔离的功能区划演变为功能混合街区,再继续演变为"职住娱平衡"的功能街区,同时,随着这种"混合效应"的提升,在中心区日益更新发展影响下,局部街区的建设容量也随之提升,这种"功能日趋平衡＋容量提升"的演变趋势相对于单栋建筑对中心区来说更具实践意义。因为在实际建设过程中,局部街区内的地块或建筑不可能均呈现出混合状态,但局部街区日益趋向"职住娱平衡",就能够保证步行范围内满足人的各项功能需求,而容量的提升则能够扩大这种"混合效应",在土地紧凑集约利用的前提下容纳更多的人,这就为实现土地混合利用提升地块活力、带动步行出行、增强土地利用效率等效应提供了最大可能性。因此,这一空间发展趋势也往往是英美国家城市中心区建设中呈现的状态(图8-1-7),其也体现了土地混合利用理论对中心区内部尽可能多的地区趋向"职住娱平衡"的建设要求。

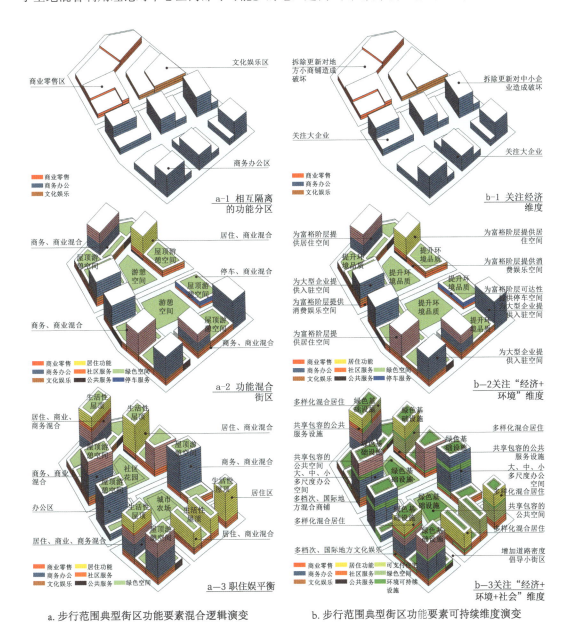

图 8-1-6 步行范围内局部街区空间模式双层级演变
(资料来源:作者绘制)

其次，由上节可知，各使用功能内部及中心区整体功能要素均呈现出由偏重经济要素到关注多维度均衡的可持续维度演变特征，这一演变是与趋向"职住娱平衡"同步进行的，而空间是功能表征的载体，因此，"局部"层面空间也同样经历了双重演变。再次以商务办公建筑为例（图8-1-5b）：在瓦解阶段，其对地方小企业的毁灭性破坏就是只关注经济维度的表现；而在复苏阶段，其继续关注为大企业提供入驻空间，并吸引郊区富裕人口回流，因此着力提升办公及商业服务空间环境品质（如公共空间绿化景观提升、微气候环境营造等），并为富裕阶层提供居住空间，这可以看作是以经济维度为主、环境维度为辅的空间发展方式；进入衍化阶段，在促进创新经济背景下，其开始重视为中小企业和地方特色商铺提供发展空间，并在开发中捆绑建设可支付性住房与服务设施，同时提升建筑的绿色可持续水平，这就同时起到经济、社会、环境三重作用。这种演变趋势在商业建筑、居住建筑中也有所体现，而近些年绿色空间的生产、生活化倾向（如生活性绿色屋顶、社区花园、城市农场等）更是这种三重维度作用的集中体现。扩大到局部街区层面（图8-1-6b），这种演变趋势就体现为在步行范围内，提供了多尺度、多档次的办公商铺空间，多样化的居住空间，多样化的文化娱乐空间，共享包容的公共服务设施与公共空间，以及多层次的绿色基础设施，而且这种趋向多维度均衡的态势是伴随着容量提升和街区尺度宜人化同步实现的，因此也就为最大化实现土地混合利用可持续效益奠定了基础。

（2）"整体"层面

整体空间由局部空间组成，所以，"局部"层面的双重演变趋势在"整体"层面也有所体现，但"整体"层面作为一个完整的空间体系，其演变路径更多地体现了中心区土地利用功能与外部空间关系的变化以及各局部空间之间联系的变化，具体而言，呈现出由"封闭"到"开放"、由"私人机动车交通导向"到"绿色公共交通导向"的转变。

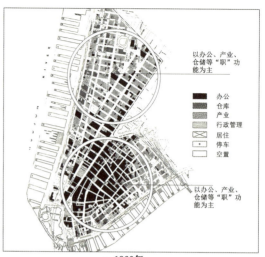

a. 1960年

b. 2003年

c. 2018年

图8-1-7　纽约下曼哈顿区局部街区趋向"职住娱平衡"趋势演变

［资料来源：a图作者根据《下曼哈顿区土地利用再开发区交通改善》（Lower Manhattan Land Use Redevelopment Areas Traffic Improvement）(1960年)整理绘制，b、c图作者根据 OASIS Map（http://www.oasisnyc.net/map.aspx?zoomto=garden:14)整理绘制］

"封闭"到"开放",指中心区土地混合利用空间由"局部封闭内向性"到"开放服务外向性"的演变趋势(图8-1-8a,b,c)。在瓦解阶段,各功能在区划作用下呈现出各自独立的空间分布趋势,阻断了各功能之间的流动联系,是一种"完全封闭"状态;复苏阶段,虽然功能呈现出混合趋势,但在"涓滴"式开发理念影响下,主要土地混合利用空间呈现出强烈的自给自足的"堡垒式"状态,其主要特征即重视街区内部或建筑内部空间环境,而忽视外部空间或对周边街区的贡献(如公共空间私有化、建筑街墙化),这是一种"半封闭"状态,既希望通过功能混合吸引不同需求的人到此激发活力,又尽量避免可能对自己造成不良影响的周边环境和"不受欢迎人群";在衍化阶段,随着功能要素的社会维度提升,服务当地社区和提升包容共享设计成为土地混合利用的重要理念,因此,复苏阶段的"堡垒"被打破,土地混合利用街区呈现出"无边界化"特征:一方面,其重视对周边街区的服务和带动作用,与周边既有功能形成互惠互利关系,因此往往融合了地方性商铺、日常社会服务设施等功能,并重视沿街空间开放性设计(如沿街商铺连续性、公共空间开放度等);另一方面,其重视对全社会群体的服务,在功能活动承载和空间设计上均体现出共享包容化态度。

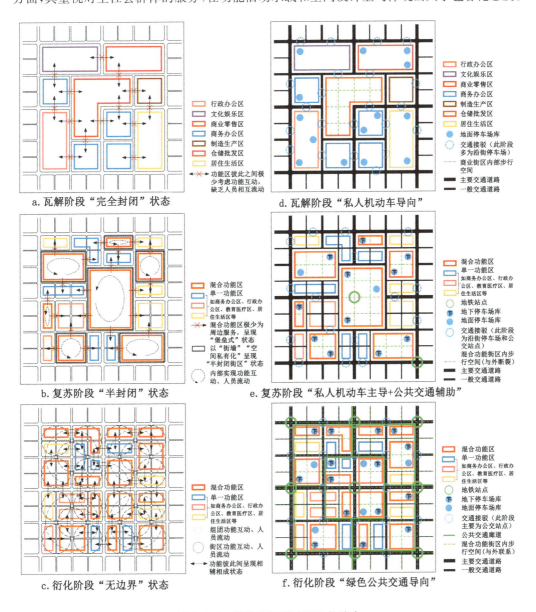

图 8-1-8　整体空间模式双层级演变

(资料来源:作者绘制)

"私人机动车交通导向"到"绿色公共交通导向",指中心区土地混合利用局部空间之间流动联系的演变(图8-1-8d、e、f)。在瓦解阶段,与功能区划匹配的交通分区,是显著的应对私人机动车交通的发展模式,其严重阻隔了各功能区之间的流动联系。在复苏阶段,随着人们对私人机动车带来的负面影响的认知,强调回归中心区的土地混合利用的重要出发点之一就是减少私人机动车的使用,但是此阶段人口郊区化态势依旧,中心区土地混合利用就必须尽可能吸引郊区富裕人口的到访,所以尽管一些城市开始强调公共交通建设,但提升私人机动车可达性仍是土地混合利用开发的重要关注点,同时在上述"半封闭"空间理念下,各自为政的土地混合利用局部空间之间的步行空间也往往呈现"断裂式"状态。进入衍化阶段,环境和社会维度的提升,令全社会开始重视绿色交通的重要作用,以公交为导向的 TOD 模式迅速风靡,围绕公交站点提升土地混合利用度不但能够有效减少私人机动车出行,而且有利于体现社会公平,同时"无边界化"的开放性促使政府日益重视中心区整体慢行空间联系和环境质量,因此,街区尺度愈发宜人(小街区、步行化设计),慢行渗透性显著提升,"绿色公共交通导向"也就成为中心区土地混合利用空间体系流动联系的新特征。

8.1.2.2 时间模式三层面演进

提升土地混合利用的时间维度有利于实现土地集约利用并扩大"混合效应",从实践过程看,中心区土地混合利用的时间模式体现出促进空间趋向尽可能长时段利用的演变特征,根据时间利用拓展维度,可分为三个层面的演进。

首先,促进了不同时间属性功能的混合(图8-1-9a)。这是土地混合利用复苏的重要目的之一,即促进中心区整体和尽可能多的内部地区实现 24 小时活力。其主要逻辑是打破原有严格区划带来的地块使用时间禁锢,将拥有不同时间活力的办公、商业、居住、娱乐等功能混合在一起,从而满足人的不同需求、提升街区整体氛围。这种"时间混合"模式后期扩大至实现"全年、一周、

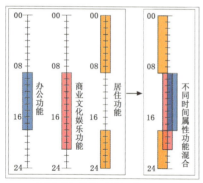

a. 不同时间属性功能混合

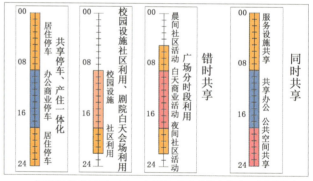

c. 短时间纵向拓展:同一空间的"错时共享"和"同时共享"

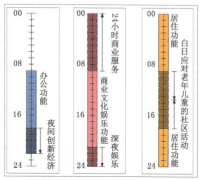

b. 短时间纵向拓展:24小时利用度延长

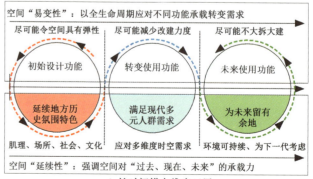

d. 长时间横向维度延展

图 8-1-9 时间模式三层面演进

(资料来源:笔者绘制)

24小时"的全时段利用,方式是将休闲游憩这种全时段功能融入其他各功能当中,通过不同季节、不同时间段的多元化休憩活动实现全时段活力。

其次,促进了短时间纵向维度延展。这体现在两个方面:一方面,是延长各功能的24小时利用度(图8-1-9b),典型的如"夜间经济",由开始仅限于餐饮娱乐活动到后期综合容纳夜间创新经济、夜间商业购物娱乐、夜间景观游览、夜间文化体育活动、夜间社区活动等各种类型活动,分别是对办公、商业、娱乐功能、居住等各功能的时间维度延展;另一方面,是促进同一空间的"错时共享"和"同时共享"利用强度(图8-1-9c)。"错时共享"指对某一具体空间的"不停歇使用",如停车空间共享、校园设施社区化使用、剧院的会议化使用、"产住一体化"空间、广场空间的不同活动错时利用等。"同时共享"则指对某一空间的"饱和化使用",如共享办公、公共空间的多元活动承载等。

再其次,促进了长时间横向维度延展(图8-1-9d),即提升了空间对"过去—现在—未来"的全生命周期的应对。这也体现为两方面:一方面,是强调空间的"易变性",从而能够令其在生命周期内的不同阶段灵活应对不同功能承载转变需求,而不需要对其进行拆除重建或大规模改建;另一方面,是强调空间对过去、现在、未来的承载力,从而起到延续地方历史氛围特色、满足多元人群现代需求、促进未来发展的社会人文作用。

由上述分析可以看出,时间维度提升的根本目的是促进更多的空间能够尽可能长的时间承载更多的功能要素。前两个层面的直接表现结果是提升了尽可能多的空间的"全年24小时活力",应对了"功能要素混合逻辑"的演变趋势。而第三个层面则具体体现为地区能够更多地延续历史空间肌理以及更可持续性(即为未来发展留有余地)。因为其证明此空间更具有"易变性"与"前瞻性",另一方面则证明这个地区具有更高的延续历史文脉(保持地方特色、延续历史场所)和保持原有居民及多样化人群(为低收入群体提供生存空间)的可能性,并且具有可持续发展能力,这也就意味着历史要素保护和绿色可持续功能提升对拓展土地混合利用的时间维度具有重要作用。

8.1.3 权力制度的保障性演变

纵观旧城中心区土地混合利用权力模式演变路径,作为促进和保障土地混合利用可持续效果的制度体系,为了应对功能要素和时空模式的双重演变特征,政府必须一方面提升管控弹性,为功能要素混合逻辑的演变和时空模式相应的混合延展趋势提供最大可能性,又要提升质量控制内容的范围与力度,保障可持续维度演变在功能要素和时空模式上得以实现,这就呈现出"两极拓展"趋势。同时,为了真正实现土地混合利用中的多元利益共享,调整落地实施政策的权力决策体系也就成为必然选择。

8.1.3.1 管理维度的两极拓展

(1) 功能维度的灵活度提升

首先,灵活度提升趋势体现了从"促进功能混合"到"提升混合效果"的关注点转变(图8.1-10a)。

在瓦解阶段,以传统严格区划为工具的管理制度意图将土地利用从"混杂"变为"纯净",其本质逻辑是将影响环境品质和房产价值的"不相容"的功能驱赶出去,尽管英美国家的区划工具中留有一定的弹性(如英国区划中的功能兼容性以及美国以纽约为代表的"金字塔"式区划逻辑),但在具体实施时,政府和开发商往往一味追求功能集聚化的经济效益和环境单纯化的品质效益。

在复苏阶段,英美国家纷纷提升传统区划弹性,其目标是应对多样化功能混合复苏,因此,提升弹性的本质逻辑是打破原有传统区划的束缚,尽可能促进功能混合的发生。美国的改革手段相对柔和,即通过不同形式去解放这种束缚,简单的方式如提高地块功能兼容性,复杂的方式则

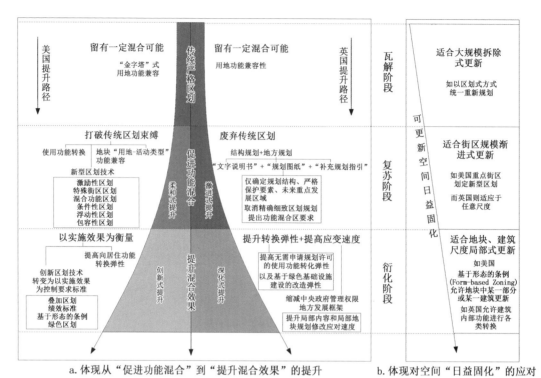

图 8-1-10　英美国家管理灵活度提升趋势
（资料来源：作者绘制）

是创造不同的新区划技术叠加在传统区划之上，从而在某些地段或某些情况下启动新的适合功能混合的区划逻辑，如激励性区划（Incentive Zoning）的逻辑就是当开发商愿意促进地块混合功能开发并提供相应公共服务设施时，其可以不受原有严格区划的限制，且能够获得容积率补偿。而英国的改革手段则相对激进，即彻底摒弃基于区划理论的规划发展思路，仅以"文字说明＋系统图纸"的方式对中心区未来整体发展框架提出构想，对具体区域而言，仅限定了严格保护的要素（如自然资源、历史资源、沿街面等），从而能够在"具体项目具体分析"的发展框架下，最大化满足开发者混合功能建设的需求。

在衍化阶段，面对复苏阶段功能混合带来的新的社会环境问题以及可持续更新的多维度要求，英美国家继续提升弹性的本质目标转变为促使土地混合利用实现效果最大化，即在功能混合逻辑上促进"职住娱平衡"，且同时尽可能实现可持续维度提升。于是，允许办公、商业空间向居住功能转化成为英美国家的一致方法，既应对了人口回流需求和办公商业空间空置化问题，又能够促进局部地区的功能混合平衡。美国此阶段新创造的区划技术也均与如何混合功能无关，而是转向以实施效果作为衡量标准，如叠加区划（Overlay District Zoning）、绩效标准区划（Performance Standard Zoning）和基于形态的条例（Form-based Zoning）均不再纠结于功能，而是强调街区的整体场所环境质量。而英国复苏阶段摒弃区划的做法本身就已经放弃了对功能要素混合逻辑的关注，因此在此阶段其主要通过简化规划流程的方式促进功能混合的转化速度，其最终目的是提升地区的应对能力，给土地混合利用发挥最大效果提供可能性。

其次，灵活度提升趋势体现了对中心区空间日益"固化"和"紧张化"的应对（图 8-1-10b）。

随着过去百年多的几次更新建设高潮，中心区可更新空间日益缩减，所以像 1990 年代前大规模用地的整体混合利用开发机会已少之又少，如何在日益固化的空间内实现土地混合利用并发挥最大效益逐渐成为英美国家的关注点。因此，相对于复苏阶段，衍化阶段的弹性提升措施更多地体现了对既有土地空间进行"功能转换""局部更新"和"维度提升"的需求应对。"功能转换"方面，如英国大幅度提升了无须规划申请的建筑功能转化弹性，允许商务商业功能之间以及它们向居住功能的转化，这极大促进了既有空间的"职住娱"功能平衡。"局部更新"方面，如美国新城市主义思想下日益兴起的基于形态的条例（Form-based Zoning），其彻底摆脱了传统区划基于整体地块功能、容积率等指标进行的规划发展控制，转而以场所空间形态类型作为控制标准，这就为地块中某一栋建筑或某一部分空间进行更新提供了便利。而英美国家为既有空间生态化改造放宽制度控制的做法，则应对了对"固化"中心区空间环境维度提升的需求。

（2）可持续维度管控内容与形式日益多元

在土地混合利用功能要素和时空模式均呈现可持续维度拓展趋势下，管控内容和方式也相应呈现多元化演变，这同时也体现了英美政府对土地混合利用效果的日益关注（图 8-1-11）。

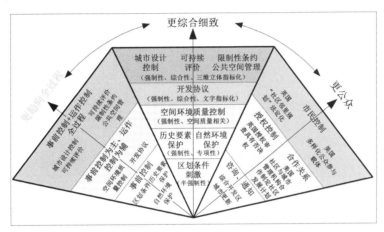

图 8-1-11　管控内容与形式综合多元化趋势
（资料来源：作者绘制）

一方面，管控内容的拓展呈现"更综合细致"的趋势。在复苏阶段，相比较区划附加条件、历史街区划定、环境质量相关法律和空间环境设计要求等专项控制手段，"开发协议"管控方式的出台就已经显示了政府对土地混合利用项目控制内容的综合细致化趋势，其管控的逻辑是政府与开发商对一切控制事项的协商结果，这也是保障最广泛公共利益的体现。进入衍化阶段，面对复苏阶段土地混合利用产生的新问题以及可持续维度的拓展，管控内容的综合细致度势必延展，城市设计控制、可持续评价、场所环境管理等手段均已包括经济、社会、环境等各方面内容，而控制内容中指标性强制规定也日益增多，如明确的可支付性住房建设指标、环境指标、明确的公共空间管理指标等，这减少了模糊性控制导致的争议，对土地混合利用过程中多元利益的各自保障起到了重要作用。

另一方面，管控形式的拓展呈现"更趋向全过程"的趋势。复苏阶段的管控形式是明显的"事前管控"，即在土地混合利用开发前，根据经验或设想，将一切预想到的管控要求进行明确的事先界定。但事实证明，随着建设和使用，土地混合利用会出现意想不到的复杂问题，如功能活动彼此间的影响、公共领域的使用冲突、设计实施效果偏离预期等。于是，在衍化阶段，可持续评价和场所氛围管理等手段明显将管控范围扩展到土地混合利用的使用阶段，与其他管控手段一起形成"事前＋运作"的全方位立体管控体系，从设计、建设、使用等各个阶段保障土地混合利用的实施效果。

此外，管控参与度呈现"更公众"的趋势。可以说，土地混合利用决策过程中的公众参与度在实践过程中是依照"公众参与阶梯"理论在不断提升的。以英国为例：在瓦解阶段，政府仅在规划尘埃落定后向公众"告知"相关情况；复苏阶段，在斯克芬顿（Skeffington Report）颁布后，公众被赋予了规划过程中"咨询"和"审查"的权力；而进入衍化阶段，"邻里发展规划"法定化意味着社区被赋予了"决策"权力,这就彻底将公众参与程度提升到了"参与阶梯"的最顶端。同时,因为是最广泛公众利益的承载体,所以旧城中心区土地混合利用需要获取更广泛公众的参与,从而避免"公众参与自私化"的现象[如"别在我家后院"(Not In My Back Yard)或"别在我的办公区"(Not In My Term of Office)],美国的公众参与方式丰富化演变正是应对了这种需求,其丰富的网络化参与形式令最广泛的公众得以参与到规划决策过程当中来,并通过公共会议、听证会、工作坊、咨询委员会、仲裁协调等多样化公众参与形式达到利弊互补的作用,但同时广泛的公众参与也增加了土地混合利用演变的时间成本和管控经济成本。

8.1.3.2 政策权力的多元民主化演变

由百多年实践过程可看出,更新实施政策对旧城中心区土地混合利用起到了重要作用,其决定了更新项目具体操作时的运作方式,而运作方式也往往能够决定项目实施目标的可持续维度倾向性(如偏重经济维度,或偏重多元平衡),运作权力的归属也同时能够决定更新政策是否体现了最广泛利益相关者的价值需求。

总体而言,更新政策权力经历了从"政府独揽"到"双边合作",再到"三方共治"的"多元民主化"演变过程,在此过程中,政府、私人资本和社区公众的角色也相应发生了变化,同时,更新政策权力的演变也与功能要素的可持续维度演变保持了一致性(表8-1-2)。

表8-1-2 更新政策权力演变趋势

阶段		瓦解阶段	复苏阶段	衍化阶段
政策权力模式		政府独揽	双边合作	三方共治
可持续维度倾向性		经济维度	经济维度	多元平衡
角色地位	政府	完全控制	"公私合作"中是政策引导者和管控者;"公社合作"中是政策、资金提供者,规划方案合作制定者	组织者、协调者、促进者、监督者,少量产权拥有者,决策者之一
	私人资本	资金支持、具体实施	资金主要投资者,具体规划方案制定者、实施者	产权拥有者,资金主要投资者,决策者之一
	社区公众	被支配	与政府一起制定发展规划,个人少量资金提供	产权拥有者,少量资金提供者,决策者之一

(资料来源:作者绘制)

瓦解阶段,国家将规划权力收归政府所有,在凯恩斯主义影响的国家福利施政思维下,政府全权掌控更新政策和规划方案制定权力,这种方式应对了解决旧城中心区土地混杂产权和实施大范围区划隔离的需求,私人资本在此过程中承担了资金支持和具体实施的积极参与角色,而社区公众则处于完全被支配的境地。此阶段,虽然政府以公共利益之名实施大规模城市更新政策,但本质上是应对了当时私人资本对中心区的利益攫取需求,所以造成了人口隔离、社会结构断裂、环境持续恶化、社会不公平等现实问题。

复苏阶段,在社会矛盾日益激化和全球经济危机背景下,政府的"独揽方式"变得难以为继,因此必须向社区民众和私人资本进行分权:对前者分权是为了缓和社会矛盾,提升贫困人口生存环境,这促进了居住功能引领下容纳就业设施、商业服务设施、社会服务设施、市政基础设施的土地混合利用开发;对后者分权是为了促进经济发展,实现中心区活力复苏,这促进了消费导向下商业性功能的混合开发。在这一阶段,政府与私人资本和社区公众分别建立了"双边合作"关系:对私人资本,政府一方面以优越的政策条件和部分前期资本投入(土地、设施或资金)对其进行刺激性吸引,另一方面以管控制度促使其承担公共服务职能;对社区公众,政府也试图以优惠政策吸引个人资本投入(如城市家园计划),但更多的是资金扶持,并与社区公众一起制定未来发展规划。实际上,由于公共财政紧张,依靠资金扶持的"公社合作"方式也很快转变为"公私合作",这令社区公众(尤其是贫困人口)在此阶段的"合作者角色"名存实亡。"企业主义式"的"公私合作"本质上也是偏重经济维度的发展模式,因此土地混合利用过程中的社会维度再次缺乏有效保障,这就带来了绅士化、私有化、同质化、忽视公共环境等一系列新的问题。

衍化阶段,"公私合作"中对社区的忽视受到广泛诟病,为了能够兼顾私人资本投资热情和社区公众利益,建立"政府-私人-公众"的三方合作关系成为必然选择,这在"商业引领""商务引领""居住引领"三种方式中均有所体现。这种合作关系因为建立了最多元化的决策群体,所以应对了可持续更新对土地混合利用多维度均衡发展的新时期要求,且有利于最广泛的实现各方利益。在这一关系中,政府起到组织者、协调者、促进者、监督者的多重角色作用,其目的是为土地混合利用实现最大化可持续效应提供可能性;私人资本的权力受到一定削减,但依旧是重要的更新经济来源和决策方;而社会公众获取了切实的决策权力,因此其在更新过程中会表现得更为积极主动,更新项目中的社会抵制成本和项目维护成本得到了有效降低,但同时时间成本也势必有所提升。

8.1.4 "功能-时空-权力"协同演变关系

在旧城中心区土地混合利用路径演变过程中,功能要素、时空模式和权力制度呈现出彼此相互渗透交织的协同演进状态,具体而言,功能要素演变趋势是实施效果的提升,时空模式演变趋势是实施方法的优化,权力制度演变趋势是保障手段的完善。以功能要素不同效果实现为层次划分依据,协同演变关系可以分为三个层次(图8-1-12)。

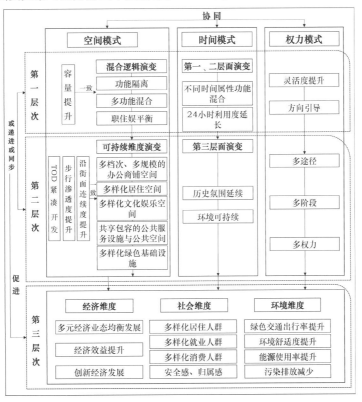

图 8-1-12 "功能-时空-权力"协同演变关系
(资料来源:作者绘制)

(1) 第一层次：时空模式与权力制度的基础协同

首先，通过促进空间模式演变为实现功能混合逻辑的演变创造可能性，即中心区整体空间体系和尽可能多的步行范围内的局部空间实现从"功能隔离"到"多功能混合"，再到"职住娱平衡"的转变，这是发挥土地混合利用第一层效果的空间基础。同时，这种趋向平衡尽量与容量提升保持一致，从而能够令空间基础发挥最大效用。

其次，通过促进时间模式的前两个层面演变，与空间模式演变协同促进功能要素混合逻辑的演变进程和实施效果，其直接表现为促进了中心区整体和尽可能多的局部空间多样化活动的发生，从而实现"全年24小时活力"，这是对空间基础的巩固，也是土地混合利用带来的首层次效果。

同时，本阶段权力制度的协同作用主要体现在灵活度的提升和对功能平衡的引导，即为创造"职住娱平衡"提供最大便利度和最具引导性的控制度。

(2) 第二层次：时空模式与权力制度的优化协同

首先，通过促进各功能空间内部演变和整体空间体系优化演变为功能要素可持续维度演变创造可能性，即在"职住娱平衡"的空间模式基础上，尽可能多的步行范围内的局部空间实现多档次、多规模的办公商铺空间，多样化的居住空间，共享包容的公共服务设施与公共空间；同时，促进中心区整体空间呈现TOD紧凑开发、步行渗透度提升、沿街面连续度提升等空间模式演变。以上两方面演变共同构成发挥土地混合利用可持续维度效果（第二层效果）的空间基础。

其次，通过促进时间模式的第三层面演变，与空间内部演变和空间体系优化一起协同提升可持续维度演变的可能性，其表现方式为保持延续历史肌理与空间环境及提升地块环境可持续设计，这是对空间基础的再一次巩固。

同时，本阶段权力制度的协同作用体现在通过拓展多途径（区划要求、城市设计、开发协议、可持续评价、场所氛围管理、公众参与）、多阶段（项目设计、实施、运作）、多权力（政府、私人资本、社区公众三方合作）的管控方式，保证土地混合利用时空模式的演变优化协同。

(3) 第三层次：可持续效果协同

土地混合利用可持续维度的实现，即土地混合利用时空模式产生效果：经济维度体现为促进了多元经济业态均衡发展、经济效益提升和创新经济发展；社会维度体现为促进了社会融合（多样化的居住人群、就业人群和消费人群），并提升了安全感和归属感；环境维度体现为提升了地块绿色交通出行率，提升了环境可持续表现（提升了环境舒适度、提升了能源使用率、减少了污染排放）。

值得注意的是，在实践过程中，"功能-时空-权力"协同演变阶段的划分并不一定十分明显，三个层次之间也许存在相继发生或同时发生的情况，如在促进"职住娱平衡"的同时实现了多样化办公商铺空间、多样化居住空间以及共享包容的公共服务设施与公共空间，再如时间模式第一、二层演变和第三层演变也可以同步实现。但总之，对土地混合利用可持续效果而言，产生效果的逻辑依旧是遵循三个层次划分的。

8.2 三角制：混合利用路径演变机制

不论是从混合功能开发角度（BCO，2004；Rabianski et al.，2009c；朱晓青，2014：33-42），还是从城市更新角度（Home，1982，18-32；Couch，1990：49-115；Evans，1997：97-115；耿慧志，1999；阳建强，2017；2018），抑或是城市空间结构角度（张庭伟，2001），政策、市场、社会[①]都被认为是演

[①] 在本书中，政策更多指城市规划体系中的法规体系、运作体系及其相关财政政策和社会政策；市场指依据市场经济规律运作，以追求最大利润为目标的市场主体，多为各企业；社会指共同生活并以各种关系组织在一起的群体集合，而不仅仅指某一个社区、社会组织或个人。

变机制的"三角决定力量",对旧城中心区土地混合利用而言亦是如此,这从百多年的演变路径历程梳理中可以得到佐证。因此,梳理总结各方决定力量在路径演变过程中不同时期的机制作用和彼此之间的相互作用关系,有助于更好地把握促进土地混合利用向更好方向演变的关键动力要素,从而切实高效地促进混合利用路径演变的实现。

8.2.1 动力机制的演变历程

政策、市场、社会对旧城中心区土地混合利用的影响机制并不是固化的,尤其是复苏阶段和衍化阶段在功能要素混合逻辑和可持续维度上具有明显区别,因此首先梳理动力机制的演变历程,明晰各阶段促进土地混合利用的原因①,有助于对动力机制实施逻辑建立总体认知。根据各阶段主要实践政策和研究成果,旧城中心区土地混合利用的促进机制经历了从市场应对到政策主导的转变过程。

8.2.1.1 1990 年代前市场的主动应对

1990 年代前复苏阶段,在长期衰退背景下旧城中心区土地价格相对于战后大规模开发时上升趋势变缓,同时,历史要素获得消费者喜爱、产业结构调整令中心区商务人士增多以及单身人士、艺术人士的回流倾向都令中心区开发具有了市场操作基础,此外,政府出台各项政策令中心区开发可以获得更加丰厚的获利空间,因此市场资本开始重回中心区。但此时,中心区开发必须与郊区市场竞争,并抵抗旧城地块周边衰退地区影响,应对旧城产权多样化和政府多元化目标需求,同时追逐效益带来的大规模建设空间需要良好的资本运作方式,避免单一功能和单一产权带来的市场风险,且希望产生最大化经济效益,所以土地混合利用发展成为不二选择。

可以说,此阶段土地混合利用的复苏是市场资本的主动应对结果(表 8-2-1),政府各项激励政策对这一过程起到了推波助澜的作用,而社会需求和市场反应则增强了市场资本的运作信心。

表 8-2-1　1990 年代前复苏阶段土地混合利用动力机制

受市场影响(主动)	受政策影响(辅助)	受社会影响(需求)
① 旧城既有土地产权多样化,所以满足需求多样化 ② 需要节约利用土地和充分保护利用既有空间功能 ③ 历史要素资本化运作 ④ 吸引富裕阶层和中产阶级消费,与郊区竞争 ⑤ 尺度规模增大,容易产生规模经济,单一功能无法支撑 ⑥ 可以通过激励政策获得更多利润空间 ⑦ 多样化功能之间促进作用,有利于扩大经济效益 ⑧ 降低出行的交通成本和时间成本 ⑨ 不同功能分期开发有利于资金运作 ⑩ 抵抗单一功能存在的供需风险 ⑪ 无法从周边获取相应支持,因此必须自我承载多元功能	① 必须依托政府的制度、征地权力才能顺利实施,所以需要满足政府多样化要求 ② 防止城市土地扩张与破坏自然资源,将政策重心回移中心区 ③ 缓解交通拥堵、节约能源、减少污染 ④ 鼓励大众公共交通,加大地下交通发展,促进站点周边开发 ⑤ 原有土地的重要历史建筑保护政策,促进历史建筑、废弃用地适用性再利用 ⑥ 促进中产阶级回流,复兴衰退中心区 ⑦ 制定激励政策,令开发商提供多样化公共服务,从而减少公共部门的公共基础设施投入	① 旧城既有产权多样化,所以需求多样化 ② 呼吁防止城市土地扩张与破坏自然资源 ③ 提升环境品质的需求,因此需要缓解交通拥堵、减少污染 ④ 对历史氛围的保护与喜爱 ⑤ 商务人士、单身人士的增多,消费空间和多元化氛围需求 ⑥ 保持地方性特色和环境氛围,保持居民的熟悉感和归属感 ⑦ 靠近公交站点,有助于弱势群体就业需求 ⑧ 提高环境安全感

(资料来源:作者绘制)

---

① 由于是希望促进土地混合利用实现,所以本节对瓦解阶段不做分析。

8.2.1.2　1990年代后政策的全面促进

1990年代后"衍化阶段",政府政策成为起主导作用的动力机制(表8-2-2)。在可持续发展理念风靡全球背景下,通过1990年代前的实践检验和可持续更新各分支理论的强调,政府充分认识到土地混合利用的"可持续效益",即同时能够起到促进经济健康发展(创造广泛就业,促进地方化投资、生产与消费,促进微小产业、家庭单位产业、服务业和创意业等新经济类型)、提升生态环境品质(促进紧凑式发展、节约能源资源、降低机动车出行,促进公共交通和慢行交通)、营造良好场所氛围(24小时活力、吸引力、地方特色)、维护社会稳定和谐(稳定就业,提升自豪感、归属感、安全感、健康度,促进社区融合稳定,包容弱势群体)等多维度作用,因此出台全方位、成体系政策,力求促进中心区土地混合利用开发。

表8-2-2　1990年代后衍化阶段土地混合利用动力机制

受市场影响(辅助)	受政策影响(主导)	受社会影响(支持)
① 土地混合利用项目规划运作方式不再难以捉摸,大小公司的资本和管理实力日益增强,足以掌控这一过程 ② 中心区地价日益上涨,必须通过高容量建设以达到营利目的,而高容量建设往往意味着多功能混合开发 ③ 抵抗单一功能存在的供需风险和大比例空置率风险 ④ 不同功能分期开发有利于资金运作和资金回流,这应对了紧缩时代投资需求 ⑤ 多样化功能之间促进作用,有利于扩大经济效益,并有利于提升房产价值 ⑥ 可以通过激励政策提升建设容量,获取更大利润空间	① 紧凑城市、精明增长、城市复兴等国家政策进一步强调提升中心区活力,将开发重点锁定内城 ② 政府对环境可持续日益关注,高密度、高强度的紧凑式开发以节约能源,降低机动车出行,促进公共交通使用 ③ 政府对城市设计质量日益关注,土地混合利用能够创造具有吸引力的、活力的、令人印象深刻的可持续场所 ④ 能够保持长期稳定就业率、居民的自豪感与归属感、社区融合稳定 ⑤ 能够促进经济可持续发展(创造广泛就业、促进地方化投资、生产与消费,促进微小产业、家庭单位产业、服务业和创意业等新经济类型) ⑥ 能够促进中心区居住人口提升 ⑦ 进一步促进历史建筑、废弃用地适用性再利用 ⑧ 能够令物业和土地价值长期升值并带动周边地区增长 ⑨ 提升公共基础设施使用效率 ⑩ 提升居民健康度,能够保持社会发展动力并减少公共福利负担	① 人口日益多元化、家庭结构日益多元化,导致需求多元化 ② 对场所氛围质量日益重视 ③ 对健康环境品质日益重视 ④ 对生活便利和稳定就业的需求日益关注 ⑤ 单身人群、无孩人群、创意人群居住空间和生活方式的喜好日益关注 ⑥ 弱势群体(老人、儿童、残障人士、贫困人口)便利出行、便利就业以及便利享受服务设施的需求日益关注

(资料来源:作者绘制)

此阶段,在政府政策大力推进下,市场资本转变为土地混合利用开发的重要助力,以实现政策所希望的各方面效果,所以项目开发不再主要是市场经济需求的结果,更多的是各类政策驱使与约束的集中表现。而政府政策带来的各方面益处恰恰满足了新时期社会群体的多元化需求,所以社会力量也就成为政策制度的坚决拥护者。

8.2.1.3　动力机制演变逻辑

动力机制由市场应对到政策主导的演变符合了混合利用路径演变的基本特征。

首先,由前文可知,功能要素经历了向"职住娱平衡"和向可持续维度均衡发展的演变趋势,而市场资本的"逐利性"意味着其本身无法自动实现这一演变,势必会忽视与利益无关的要素内容,因此为了实现土地混合利用的多维度效果(尤其是实现无直接经济利益的公共社会服务和对弱势群体的包容性关注),就必须以强制性政策予以保障。

其次,市场资本主导下的土地混合利用时空模式会出现"封闭自私化"现象,如前文提及的绅士化、同质化、私有化、街墙化、破碎化等现象,而为了实现空间模式向开放性和绿色交通主导的转变,就必须建立整体空间体系思维,尤其关注建立空间彼此之间的良好互动关系以及整体公共空间体系,这就需要政策的整体把控。

再其次,为了实现最广泛的公众利益,新时期土地混合利用决策方式向多元民主化方向演变,在政府、私人、公众三方合作关系中,政府承担了组织者、协调者、引导者等多重角色作用,可见其地位的不可替代性,因此政策机制也就势必成为土地混合利用发展的主导机制。

8.2.2 动力机制实施逻辑

通过动力机制演变历程的梳理,可以发现必须建立以政策机制为主导的动力机制体系,才能够保障土地混合利用的良性演变路径,因此进一步分析政策、市场、社会三角力量在这一机制体系中各自的实施逻辑,有利于提升土地混合利用良性转变的效率及其最终实施效果。

8.2.2.1 社会机制：应对社会生产消费方式是根本需求

虽然表面看,在动力机制演变历程中社会机制都没有起到主导作用,但不可忽视的是,社会居民是土地混合利用效果的最终检验者,政策和市场都是对社会需求的反映,即存在"只有真正符合市民需求,才能切实可行"的内在逻辑,因此社会机制是动力机制体系中的根本动力。何为市民需求,从社会发展角度看,市民在社会中承担两类基本角色[①]——生产者和消费者,生产创造决定着消费,而消费对生产具有调节导向作用,它们相互作用从而建立的社会生产消费方式决定着市民的日常生活特征与生活质量。而旧城中心区土地混合利用作为城市多元活动的集中载体必须满足市民需求,也就意味着必须应对社会生产消费方式的变化。这种社会机制的根本动力可以从演变历程中得到证明,社会生产消费方式经历了福特主义、新福特主义和后福特主义的变化,恰恰对应了旧城中心区土地混合利用瓦解、复苏和衍化的不同阶段。

(1) 福特主义影响下的土地混合利用瓦解

福特主义开始的标志是亨利·福特在1914年建立的自动化装配线的组织与技术模式,但是这种企业化模式在19世纪末就已经扩展到了许多工业部门(哈维,2003：166)。基于这种模式,当时社会建立起"大规模生产-大规模消费"的生产消费逻辑,在此逻辑下,大型企业是社会生产的主体,社会公众被大规模生产各环节切分成各阶层,并相应享受大规模消费服务,这与旧城中心区土地混合利用开始走向瓦解的时间一致,并对瓦解过程产生了内在影响(表8-2-3)。影响显示,福特主义模式中的生产过程明确划分、集聚效应发展逻辑、降低成本和提升效率的要求、促进大规模消费的目标、对阶层的划分作用以及对国家垄断式规制的需求恰恰导致了旧城中心区土地混合利用瓦解过程中的功能隔离、大型单纯功能区划、小型企业的消失、基于经济维度的功能置换、大规模物质性更新、人口隔离、国家集权制度等现实结果。

表8-2-3 福特主义生产消费方式对旧城中心区土地混合利用瓦解的作用机制

福特主义生产消费方式特征			对旧城中心区土地混合利用瓦解影响
生产消费过程明确划分	提升生产效率,将生产消费过程划分为供应、生产、管理、销售、资金服务、技术服务等多个彼此明确区分的环节	功能隔离	居住、生产、管理、零售、金融、技术服务等功能彼此分离

[①] 此处以社会整体作为分析对象,而不是个人单体,人的社会属性是一切社会关系的总和,生产关系是社会关系的基础。在社会关系中人具有社会价值和自我价值：社会价值即人通过实践活动满足社会和他人物质和精神需求的贡献与责任,在此,人的角色为生产者；自我价值是社会对个人的尊重与满足,在此人的角色为消费者,尤其是当精神层面的需求也成为一种消费品时,消费者的角色就更为明显。社会发展即是人的社会价值和自我价值实现的过程。

(续表)

	福特主义生产消费方式特征		对旧城中心区土地混合利用瓦解影响
集聚效应	"大规模生产-大规模消费"的运作逻辑令各功能都朝向集聚效应发展	大型功能区划	大型厂房区、大型商铺区、大型办公区接连出现,原有地方性小型企业在冲击下被逐渐淘汰
提高利润	极力降低生产成本,提升交易和管理效率	功能置换	工业生产势必向郊区迁移,而办公、商业则向人流、信息流、交通流最为集中便捷的中心区集聚
促进规模消费	物质生活改善,诞生大规模消费需求	物质环境提升	通过破旧环境大规模物质更新,整体提升中心区形象,提升整体消费环境
阶层划分	生产过程的角色划分导致阶层的划分	人口隔离	各阶层选择空间能力不同,也就导致富裕阶层有能力向良好生活环境的区域转移
垄断规制	福特主义的良好运作需要国家垄断式规制,国家需要出面协调劳资关系和阶层间的对立紧张关系	集权管理	国家以集权制度一方面实施中心区大规模秩序化的商业化更新和交通基础建设,为工业生产提供最大便利性条件;另一方面建造一定量的公共住房、公共建筑、公共空间、社区邻里活动空间以安抚工人阶层情绪,提升工人阶层积极性

(资料来源:作者绘制)

(2) 新福特主义影响下的土地混合利用复苏

福特主义在1960年代开始遭遇发展危机(哈维,2003:185),其主要原因包括(谢富胜,2007;Tallon,2013:135-140):①受技术和体制限制,生产效率提升日益困难;②工人阶层开始厌倦毫无创造力的重复性劳动,同时大规模产品令消费市场饱和,通货膨胀严重,而阶层利益的分配失衡令工人阶层生活质量严重下降,于是工人阶层开始反对福特主义生产方式;③全球竞争加剧,英美国家的生产成本与其他国家地区相比明显较高,因此失去竞争力;④社会文化氛围开始转向后现代主义,大规模同质化生产无法满足日益多元化需求;⑤全球经济危机、石油能源危机令大规模生产消费难以为继。

英美国家对危机的起初应对是新福特主义,指并不完全颠覆福特主义,而是以降低生产成本的方式提升生产利润,以图继续延续生产(Williams et al.,1987;Gottfried,1995;谢富胜和黄蕾,2005)。这种生产消费方式的主要特征是:①并没有本质改变"大规模生产"逻辑;②强调改革劳动力制度,一方面通过增加工作岗位弹性和压缩工资方式降低生产成本,另一方面通过提升技术和劳动力培训(适应多生产环节、应对高标准要求)提高生产效率,这导致社会劳动力不再局限于生产各环节,而逐渐呈现"核心-边缘"两极化特征;③应对后现代城市出现的社会多元消费氛围需求。新特福主义的生产消费方式转变,正与旧城中心区土地混合利用复苏同步(表8-2-4),通过分析可得,其对劳动力体制两极化改变、应对消费需求的生产目标改变、提升生产和消费效率、保障生产消费环境、市场自由需求等内容导致了中心区产业结构升级、消费导向功能混合、空间堡垒式私有化开发、新自由经济合作制度等复苏特征。

表 8-2-4　新福特主义生产消费方式对旧城中心区土地混合利用复苏的作用机制

新福特主义生产消费模式特征		对旧城中心区土地混合利用复苏影响	
提高生产效率	降低生产成本、通过技术提升生产效率	产业结构升级	原有传统技术产业消失,教育、健康、信息服务、高技术产业等成为高产出功能,所以占据高地租的中心区域,体现为办公空间增加
劳动力体制两极化改变	降低生产成本意味着通过雇佣更为灵活的劳动力或压低工资待遇以降低劳动力支出,伴随劳动力自身多样化能力发展,阶层不再以生产过程进行划分,社会呈现为两极化状态——具有高产出、持续上升能力的稳定工作的核心人员和具有低产出、无上升空间的弹性工作的边缘人员,前者大多数指高知识、高技术人员,后者则大多为普通职员或非技术人员	核心人员保持提升自身能力需求	同提升生产效率影响一致,导致产业结构升级,因为教育、健康、信息服务、高技术服务等产业有利于提升劳动力水平
		边缘人员失业率上升	普通职员向郊区转移,非技术人员大量失去固定工作、对社会不满、导致不安定因素
消费成为阶层划分标准	工作能力导致收入差距,收入差距意味着消费能力的差别,在劳动力弹性制度下,原有生产过程划分变得模糊,所以消费能力成为新的阶层划分标尺,而核心人员的可支配收入有较为明显提升	消费升级需求,消费导向的混合功能空间	高消费群体需要体现自己的"阶层身份",这就意味着消费升级,生产目标从第二产业的大众型生产消费产品升级为第三产业的特殊型服务消费产品,落实到空间上,即以独特的高品质环境(历史氛围、自然风光、舒适公共空间、主题化特色)提供具有多元化体验的文化休闲消费场所,这就促发了消费导向的混合功能空间开发
提升消费效率	扩大消费途径、延长消费时间	混合功能多样化、时间延长化	办公、商业、文化娱乐、旅馆、居住等各功能相互混合,夜间消费活动兴起
保证生产消费环境	避免中心区衰退环境及不安定的社会氛围对生产消费造成影响	空间"堡垒式"开发	混合功能开发局部地段绅士化、私有化、内向半封闭化
		空间环境营造	提升整体自然环境质量,营造重点空间环境品质
大规模生产	延续福特主义意味着其大规模生产逻辑不变	依托大企业	在国际化背景下,大型企业对小型企业实施吞并,以拓展自身内部的生产弹性
市场自由	劳动力制度弹性需要减弱工人阶层的集体意识,所以需要给予市场足够自由度,令其制定新的弹性劳资关系,国家不能再对工人阶层进行整体性保护,但需要对其进行安抚,以保证生产	对抗贫困	提升贫困人口就业能力,改善其居住环境从而缓和其敌对社会情绪
		新自由主义经济	国家减少干涉,地方政府与企业形成发展联盟,以企业化城市模式对高消费群体进行争夺

(资料来源:作者绘制)

(3) 后福特主义影响下的土地混合利用衍化

1990 年代,随着后现代社会科学技术蓬勃发展以及消费群体多元化需求的日益细分,福特主义式的"大规模生产"的本质逻辑彻底不可持续(Tallon,2013:136),这意味着其生产逻辑需要得到根本变革,而不是像新福特主义式的延续,尤其是在受到意大利、法国、德国、日本等国家先进生产方式变革的冲击下,后福特主义生产方式得以最终建立,其基本逻辑是提升生产过程效率,减少一切对最终价值无用的不必要环节、消耗和人员,并为特定对象提供特定需求产品。后福特主义逻辑下,劳动力被极大解放,生产主体和消费主体日趋"全民化",这就从本质上影响了旧城中心区土地混合利用衍化方向(表8-2-5)。具体而言,其生产消费环节的时空紧密压缩要求,最及时、最快速、最与众不同、最高质量的生产目标,最自由化的劳动力制度,最多元广泛的劳动力群体和消费群体等特征促进了旧城中心区土地混合利用向着高强度的土地混合利用状态,最大化承载创新产业,协调组织大小型企业紧密合作,为最广泛的劳动力提供多元化住房、多元化公共服务设施和文化娱乐设施,营造绿色健康生态环境,社会民主制度等方向衍化。

表8-2-5 后福特主义生产消费方式对旧城中心区土地混合利用衍化的作用机制

	后福特主义生产消费模式特征		对旧城中心区土地混合利用衍化影响
提升效率、缩短过程	要求生产"最快速、最及时",所以要求"生产-消费"过程中的各个环节更为紧密的结合	高强度的土地混合利用	最大容量、最紧密地混合各功能
生产目标升级	"最及时"地了解消费群体多元化需求,且能够"最快速"地创出新的、高度细分的、与众不同、高品质的消费产品以满足和刺激消费市场,所有有关判断、生产这一类产品和提升这一过程效率的功能成为最大化利润产业,这就是我们通常所说的"创新产业"(或现代服务业,详见4.2.3.2节)	创新产业集聚,促进土地混合利用状态提升	一方面它们的高利润属性可以令其负担得起中心区高地租,另一方面它们需要最紧密的互相交流、最紧密地贴近消费群体,而这类产业的多元化特征就加剧了中心区土地混合利用状态
劳动力制度自由化	不再固化劳动力形式和制度,劳动力组织体系分散化,从而最大化减少对生产过程的约束,提高生产弹性、效率和速度	大、小型企业并重	不受官僚化制度阻碍的小型企业显然具有更灵活的发展思路和能动力,而大型企业具有传统的资本优势、组织管理经验和生产销售经验,所以建立大型企业和小型企业之间的分工合作关系成为提升生产效率的必要选择
劳动力市场多元	创新产业的多元化以及大、小型企业的分工多元化和就业自由度导致劳动力市场日益丰富,呈现"全民生产"特征	促进各阶层就业	多阶层劳动力对"全民生产"各个生产环节具有各自不可或缺的作用,有利于提升全民收入,刺激消费
消费群体多元	劳动力市场多元,意味着具有消费能力的消费者多元	促进各阶层消费	有利于最大化提升各阶层生活满意度,刺激带动多元化生产
保持稳定可持续的生产消费过程	争夺创新产业人群,维系稳定的多元化劳动力和消费群体	为全体市民提供稳定、舒适、便利、健康、有尊严、高品质的生活环境	提供可支付的多元化住宅、多元包容便捷的公共服务设施和文化娱乐设施,安全且有归属感的氛围,以及高品质绿色健康的生态环境
	保持生产资料可持续使用、生产消费环境可持续使用	环境可持续	高效节约利用各类资源能源,提升环境可持续性
生产消费全民化	政府无力进行整体垄断式管理,也不能仅仅偏向个别私人资本和富裕阶层	建立社会民主制度	在协商和信任的基础上对各方利益进行协调,满足最广泛的各方利益,维系社会稳定

(资料来源:作者绘制)

(4) 警惕社会机制的缩小化应对

总之,从演变历程看,随着社会生产消费方式的演变,社会生产主体和消费主体都发生了巨大变化,社会生产需求和消费需求也就随之改变,这就对旧城中心区土地混合利用的路径演变起到了深刻影响。因此,旧城中心区土地混合利用演变如果想要趋向更好的时空状态和实施效果,就必须彻底地应对社会生产消费方式,在当前,就是要更好地向应对后福特主义生产消费方式发展,从而真正地满足全体市民需求。

同时,虽然在某些具体项目实施时,需要满足当地社区居民和周边居民的相关利益需求,但旧城中心区本身具有承载城市最广泛利益的本质特征,所以需要警惕因为贪图短暂的即时利益,打着满足社会需求的幌子,落入仅满足部分市民需求的窠臼,如仅满足高消费群体或仅满足局部地区居民,这违背了当今全民生产、全民消费、全民需求的本质特征,就会造成绅士化、同质化、自私化等非正义现象,最终会影响到城市社会机制的健康运行。

8.2.2.2　市场机制：把握市场经济规律是直接动力

尽管从上节分析可得,社会生产消费方式从根本上决定了旧城中心区土地混合利用演变路径,但其影响调节机制是一个相对缓慢的过程,如福特主义到后福特主义的转变就历经了几十年。而市场机制却能够更为敏锐地觉察人们的喜好,及时做出反应,这从其在土地混合利用复苏阶段起到的主动应对角色中可见一斑,同时其也能够准确判断建设的可操作性,并直接决定着最终建成效果,是土地混合利用开发状态的"提供者"。因此,把握市场经济规律,有助于在具体更新建设中促进土地混合利用向更好的供给状态演变,从而为实现多维度的土地混合利用效果奠定基础。

(1) 影响旧城中心区土地混合利用的主要经济学原理

土地混合利用作为一种土地利用系统结构,其市场机制自然受到土地利用相关经济学原理的支配,根据演变实践路径,笔者认为影响旧城中心区土地混合利用的主要经济学原理包括地租与地价理论、区位理论和产业发展理论等三方面①。

① 地租与地价理论

地租与地价具有同一性,都是土地所有权的经济体现(王万茂和王群,2010:36-37;田莉,2016:13),地租是购买一定土地使用权的价格,而地价是地租的资本化还原。地租与地价对旧城中心区土地混合利用的影响体现于以下几方面:

a. 竞租理论。阿隆索(Alonso)于1964年提出,土地使用者愿意支付的地租价格取决于土地预期可能获得的利润,这一预期利润跟区位有关,所以土地利用结构就是不同类型的经济活动因能够支付地租的不同在区位空间上竞争博弈的结果。如旧城中心区土地混合利用瓦解阶段,商业、办公等高经济利润功能取代工业、居住等低利润功能就是这一理论的体现。

b. 租隙理论。史密斯(Smith)于1979年提出,土地租金存在"潜在地租"(土地在较高较好利用时的期望地租)与"实际地租"之间的差价,这种差价足够高时会吸引资本投资。典型的表现如,旧城中心区土地混合利用复苏阶段,资本回流中心区,购买衰退社区或工厂进行更新改善后再出租或出售,由此看出,这类理论往往伴随着质量提升或功能转化。

c. 供需理论。古典经济学理论和西方现代地租理论中都有以"供需关系"为切入点分析地租理论的思想(田莉,2016:16-17),顾名思义,这类思想认为地租决定于供求关系形成的最终竞争

---

① 有关土地利用的经济学原理多元复杂,笔者仅从纯经济视角出发的经典理论进行总结,因为这体现了企业以纯市场角色对经济利益的追逐,而不对诸如福利经济学、政治经济学、制度经济学、社会经济学、生态经济学等理论做分析,因为其中已经融合了政治因素、社会因素或生态环境因素。

性价格，从而影响资本流动。这类理论下土地混合利用受到的影响如，1990年代初，长期办公和商业开发导致空间大量空置，而人口开始回流急需居住空间，在此供需关系下，空置的办公和商业空间开始向居住空间转化。

② 区位理论

区位理论主要是研究人类经济活动的空间选择规律以及空间布局之间关系的理论，其基本逻辑是不同经济活动会因为各类区位条件因素而选择不同的区位。其经历了古典到现代的演进，城市区位理论①对旧城中心区土地混合利用的影响主要体现于以下三方面：

a. 成本市场理论。最大盈利区位的选择是综合考虑生产成本和市场销售等各环节因素确定的。如旧城中心区土地混合利用复苏阶段，对旧工业用地商业化改造，获取土地成本、交通成本、劳动力成本相对较低，而更新后的消费空间受当时人们的喜爱所以市场销售前景好，因此符合了成本市场理论，也就成为当时更新开发的风靡模式。

b. 行为学理论。这类理论认为当企业管理日趋成熟、城市交通体系日益便利时，市场开始向消费导向型转变，人的心理需求、消费偏好等方面成为区位选择的主要因素，此时追求的是最满意的区位而非最佳区位。如旧城中心区土地混合利用衍化阶段，因为创意人才、单身人士对旧城中心区居住环境的喜爱，旧城中心区居住功能建设量日益增加，这违背了传统竞租理论，但却符合行为学理论。

c. 空间经济学理论。空间经济学理论是新经济地理学对传统区位理论的发展，其基本理念是，在经济全球化和区域一体化发展背景下，经济发展呈现"边际收益递增"（指知识依赖型经济体系中，随着知识和技术的投入，收益持续增加，这与传统经济学中报酬递减理论不同）、"不完全竞争"（指在竞争过程中至少有一个大到足够影响市场的买方或卖方，因此无法形成传统经济学中的完全竞争状态）和"路径依赖"（技术或制度拥有类似物理学中的惯性，一旦选择进入某种路径，就会对其产生固化的依赖感，从而试图一直保持下去）等特征。在此特征下城市产业区位布局是一系列"聚集力"和"分散力"相互作用的结果（朱妍，2010）："聚集力"指知识经济体系下，企业会向信息交换便捷、交通便捷、相互协作便捷、接近最大规模市场、生活成本低的地方聚集，这种"聚集力"会因为生产产品差异化程度增加（既可以提升相互协作水平，又可以降低生产成本和生活成本）和规模程度增加（因边际收益递增原理而持续吸引资本、技术和劳动力）而增加，并在路径依赖作用下持续发酵；而"分散力"则指当同类企业过于集中影响盈利或生活成本过高导致劳动力（也是消费者）流失时，企业会另寻聚集地的行为。在这一理论下，就可以解释旧城中心区土地混合利用衍化阶段，功能多样化、大小企业协同发展、提供多样化可支付性住房和公共服务设施分别增加了产品差异化和相互供给协作便捷化并降低了生活成本，从而成为提升中心区发展的重要"集聚力"。

③ 产业发展理论

产业发展理论是研究产业发展规律、发展影响因素以及资源配置政策的理论，其对企业在不同阶段制定相关决策从而保证健康发展具有重要意义。对旧城中心区土地混合利用的影响主要在于以下三方面：

a. 产业结构演变理论。产业结构伴随社会经济发展会呈现纵向和横向两种发展方向：纵向发展指由低级向高级演进，一方面是指劳动力和生产方式将依循第一、二、三产业主次升级，另一

---

① 在此，城市区位论指1950年代后发展的现代区位论，而不对古典区位理论进行分析，因为古典区位一方面针对的是二战之前的农业社会、工业社会（如农业区位论、工业区位论），另一方面针对的是宏观区域中心体系（如中心地理论），笔者认为对微观层面百多年的旧城中心区内部土地混合利用演变的解释意义相对不直接。

方面指产业自身因为资本、技术、管理等方面提升导致生产效率的提升;横向发展指的是产业之间的相互联系从简单向复杂演变。由产业结构演变理论纵横向演变过程,可以很容易地应对旧城中心区土地混合利用演变过程中,功能从第二产业到第三产业的转变、从劳动型服务业到知识性服务业的转变以及从功能隔离到功能混合的转变。

b. 区域分工相关理论。区域分工理论本是指各个区域应根据自身要素禀赋和生产条件,选择发展具有优势的产业。后在此基础上发展出新的产业相互关系理论,如产业集群理论、产业融合理论等。产业集群理论是在传统分工协作理论、规模经济理论、增长极理论等理论基础上发展而来,其认为在一定区域内集聚相互关联的企业、研究机构、行业协会、管理机构,从而形成产业链条长、交易成本低、专业化分工细、人才集中、技术领先、服务便利等优势,从而具有强大竞争力。产业融合理论则是指通过不同产业之间的渗透、交叉和重组等方式,促进产业结构优化和升级,从而有助于产业创新,提升产业竞争力和经济一体化。对旧城中心区土地混合利用而言,区域分工相关理论从产业生产力角度要求其尽量发展高度细分多元的、不同规模的、不同领域的产业,从而促进提升集群和融合的效果。

c. 功能关联作用理论[①]。根据不同城市功能之间相互促进关系,功能关联类型可分为竞争型、共栖型、互补型、协作型、主体型功能关联等五种类型(王朝晖和李秋实,2002:90),功能关联的基础是不同功能间具有一定的协同关系(表8-2-6),在此基础上,通过同种类型功能差异化竞争(竞争型)、不同类型功能共同发挥服务效果(共栖型、互补型、协作型),或以某一种功能为引领形成功能集群效果(主体型)等方式提升整体经济效益。从演变历程看,功能关联作用是旧城中心区土地混合利用复苏和进一步衍化的最直接的经济理论支撑。

表8-2-6 中心区主体功能协同作用矩阵

功能类型	商业零售	商务办公	旅馆酒店	居住	会议贸易	文化娱乐
商业零售	—	重要性:4 提供顾客人群,尤其是高比例的办事员	重要性:4 提供短期顾客人群,如商务旅客	重要性:4—5 提供长期稳定顾客	重要性:4 提供短期顾客人群	重要性:4 促进提升购物环境,提供少量顾客
商务办公	重要性:3 提供极大便利性	—	重要性:4 为远途客户提供便利	重要性:2 职住平衡	重要性:1—2 提供一定辅助便利	重要性:4 提供工作之余活力
旅馆酒店	重要性:3—4 提供极大便利	重要性:4—5 为旅馆提供顾客	—	重要性:2 提供少量需求酒店设施的顾客	重要性:4—5 为旅馆提供顾客	重要性:4 提升吸引力
居住	重要性:4—5 提供极大便利	重要性:2 吸引就近居住	重要性:2 接待客人	—	重要性:1 提供活力	重要性:4 提供家庭娱乐场所

---

① 此类理论并不是经典的产业理论,可以看作是城市规划领域里以城市功能要素相互关系作为研究对象的一种理论,其类似于产业之间的关系,因此笔者将其归为产业发展理论的一种。

(续表)

功能类型	商业零售	商务办公	旅馆酒店	居住	会议贸易	文化娱乐
会议贸易	重要性：3—4 提供较大便利	重要性：2 就近支撑	重要性：4 提供极大便利	重要性：1 提供活力	—	重要性：3 提升业余时间活力
文化娱乐	重要性：3—4 带动开发	重要性：4 提供顾客人群，尤其是高比例中产	重要性：4 提供短期顾客人群	重要性：4—5 提供长期稳定顾客	重要性：4 提供短期顾客人群	—

（资料来源：Schwanke, 2003：85）

注：重要性指横行功能对左侧竖列功能的重要性，1＝较弱，2＝弱，3＝中，4＝较强，5＝强。

（2）市场经济规律的利用机制

当市场机制纯粹依循经济学原理运行时，其对旧城中心区土地混合利用是一把"双刃剑"，对其进行正负作用分析（表8-2-7），可以发现，分析结果符合旧城中心区土地混合利用演变过程中的各类现实状况，即其正向作用大多集中在可以提升其经济产出的方面，如促进产业结构升级、高容量开发、围绕交通节点开发、多功能混合开发、环境质量提升、衰退地区更新等作用；而负向作用则集中在对社会利益和生态可持续的忽视或侵害，如过度开发商业性功能、出现各功能内部绅士化与私有化现象、排斥社会服务功能、排斥对环境质量无明显直接作用的绿色基础设施建设（无法让消费者和使用者明显感知）等问题。

表8-2-7 市场依循经济学原理运行对旧城中心区土地混合利用的正负向作用

经济理论		正向作用	负向作用
地租与地价理论	竞租理论	产业结构升级；高容量开发；围绕交通节点开发	商业性功能增加，居住功能减少；办公、商业、居住绅士化现象出现；排斥社会服务功能；排斥长期见效的绿色基础设施建设
	租隙理论	产业结构升级；高容量开发；缩小地块间环境质量差异；衰退地区更新	商业性功能增加，居住功能减少；办公、商业、居住绅士化现象出现；郊区化发展
	供需理论	"职住娱"功能混合；高容量开发；围绕交通节点开发；24小时活力；共享利用	办公、商业、居住绅士化现象出现；短时内同类型功能过度开发
区位理论	成本市场理论	衰退地区更新；历史要素保护再利用；高容量开发；围绕交通节点开发；多功能混合开发；环境质量提升；24小时活力	商业性功能增加，居住功能减少；办公、商业、居住绅士化现象出现；空间同质化；排斥社会服务功能；排斥长期见效的绿色基础设施建设
	行为学理论	"职住娱"功能混合；历史要素保护再利用；24小时活力；环境质量提升；绿色基础设施建设	办公、商业、居住绅士化现象出现；空间私有化；空间同质化
	空间经济学理论	高容量开发；围绕交通节点开发；不同产业类型、规模类型企业共存；各阶层就业、消费、居住空间供给；"职住娱"功能混合	形成地点必须是具有极大顶端优势的城市；同类型功能拥挤开发外溢现象极易出现；人口拥挤现象极易出现；生活成本极难控制

	经济理论	正向作用	负向作用
产业发展理论	产业结构演变理论	产业结构升级；多功能混合开发	商业性功能增加，居住功能减少；办公、商业、居住绅士化现象出现
	区域分工相关理论	产业结构升级；高容量开发；多功能混合开发；不同产业类型、规模类型企业共存	办公、商业、居住绅士化现象出现；短时内同类型功能过度开发
	功能关联作用理论	"职住娱"功能混合；不同产业类型、规模类型企业共存；环境质量提升	办公、商业、居住绅士化现象出现；忽视长期见效的绿色基础设施建设

(资料来源：作者绘制)

因此，如果要利用市场经济规律促进土地混合利用良性演变，就必须一方面顺应经济学原理，创造条件促进企业开发意向，引发正向作用，另一方面则需要利用经济学原理在保持市场机制积极性的前提下，对其进行控制与引导，削减其负向作用。这也正是英美国家"胡萝卜加大棒"(carrots and sticks)的运作机制，根据英美国家实践演变过程中的具体运作，这种对市场经济规律的利用机制体现为三种状态。

① 在某一区域不符合经济学原理或整体氛围处于经济低迷期时，将促进土地混合利用良性演变作为降低市场成本、提高收益的途径，达到促进开发的同时保障良性演变的目的。如土地混合利用复苏阶段时，对促进混合功能开发、居住建设、公共服务设施建设、历史保护一系列行为予以容积率奖励，对住房修葺行为提供无偿产权转让和贷款等方式皆是秉持此类逻辑。

② 在某一区域符合经济学原理或整体氛围处于经济蓬勃期时，通过将促进土地混合利用良性演变作为必要条件甚至是竞争条件，达到更好地促进良性演变的目的。如土地混合利用衍化阶段时，公共交通枢纽地区成为城市更新的重点，而对其往往要求承担更多的居住建设和社会公共服务建设，再如城市挑战(City Challenge)等项目要求通过竞标方式获取国家经济拨款，其中是否建立政府、资本、社区之间良好的合作组织成为竞标获胜的关键。

③ 以上两种状态势必是同时存在或互相转换的，为了能够保证土地混合利用良性演变的稳定性，这就要求一方面需要将促进土地混合利用良性演变的基本条件作为严格要求纳入土地开发制度体系中(如法定规划、区划要求、城市设计导则、开发建设标准等)，从而将其变成市场经济规律运行时必须要面对的固定成本，如限定某区域内可支付性住房比例、公共空间面积、绿色建设标准等，另一方面需要将促进土地混合利用良性演变的更高条件作为弹性要求，成为上述两种状态中的刺激方式或必要条件，如提供更多的可支付性住房、更多的中小企业入驻空间、更多的公共服务设施与空间、更多的绿色基础设施等。

8.2.2.3 政策机制：制定立体全面政策是切实保障

从动力机制演变历程可以看出，政府政策已经成为英美国家促进旧城中心区土地混合利用的主导机制，其主导地位在于：一方面，其体现了社会机制与市场机制的综合需求，是各方利益博弈的集中结果；另一方面，其通过综合全面的政策制度对土地混合利用的良性演变起到促进和保障作用，是重要的"督促者"。依据土地混合利用演变历程，这种"督促者"的主导机制体现在三个方面。

(1) 通过"立体网络化"政策应对多层级需求，营造整体倾向性氛围

首先，中心区对地区、城市、区域甚至是国家都具有重要意义，如伦敦中心区国王十字地区的

功能定位之一是"国家重要的对外门户枢纽",因此,旧城中心区土地混合利用集中承载的多样化功能对应着不同层级空间的不同维度需求,在政府分级管理体制背景下,这就势必通过上下贯通一致的"立体层级化"和"全面网络化"规划政策才能够实现。

其次,土地混合利用在设计或管理失位情况下,不免造成不同城市功能之间或不同可持续维度之间的负面影响,这就在某些地区或某一段时间挫伤了市民和开发者坚持土地混合利用的积极性,易出现功能单一化、空间绅士化、自私化、经济利益至上等相悖发展态势,所以,"立体网络化"的政策措施不但有利于应对多层级需求,而且也有利于营造一种从国家到地方的全社会整体性氛围,起到潜移默化的社会宣传影响与鼓励作用。

因此,英美国家在国家到地方各层级、各类型规划政策中均明确将土地混合利用确定为重要原则,强调相关功能要素、时空模式和权力制度等内容,形成"由上至下"、严密的"层层嵌套落实机制",从而在能够促进旧城中心区土地混合利用的良性演变的同时,令其实现不同层级效用。其中英国因为执行明确的"中央—地方"的规划管理层级,所以其"立体网络化"特征更为明显(图8-2-1)。

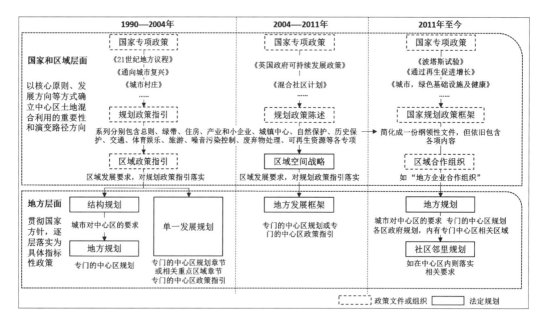

图 8-2-1　衍化阶段英国促进旧城中心区土地混合利用良性演变的"立体网络化"政策体系
(资料来源:作者绘制)

具体体现为:

① 在国家和区域层面的相关政策文件中,以核心原则、发展方向等方式确立中心区土地混合利用的重要性和演变路径态势,如城市复兴政策纲领文件《通向城市复兴》(*Towards an Urban Renaissance*)明确强调"实现正确的混合"(Getting the Right Mix),即促进职住娱不同功能临近布局、促进融合自然环境以及促进不同家庭的社会融合,类似的思想也体现在《规划政策指引》(*Planning Policy Guidance*)和《区域性及战略性导引》(*Regional and Stratigic Guidance*)等国家和区域政策中,并延续至后期国家各类政策当中。

② 在地方层面,各城市贯彻国家和区域政策的指导方针,并将其落实为具体指标性政策。以伦敦市的混合居住政策为例,最新版《伦敦规划》(*London Plan*)(2015年)"要求提供不同大小、类型的住房,令所有人有所选择并可负担,促进混合社区开发",并进一步提出对不同社会群体的住房提供原则、大致总体数量和满足的基本普适化标准;在此基础上中心区规划《中央活力区补充

规划导引》(*Central Activities Zone Supplementary Planning Guidance*)(2016年)对理念进行具体解决措施要求,"要求各区通过出让空置公共住房、出租住房以及在开发地块内部兴建可支付性住房等方式促进混合社区开发,并注意建设容量变化,在不影响主体功能的区域及交通枢纽地区宜高容量建设";接下来,中心区相关区政府规划文件中进一步将中心区规划要求进行位置化和指标化落实,如《维斯特敏斯特城规划》(*Westminster's City Plan*)(2016年)划定帕丁顿机遇区(Paddington Opportunity Area)为提供住房的主要位置,限定到2031年前提供最少1 000套住房,并详细规定每个时间段的住房供给数量,同时要求当地块内办公建筑拓展超过200平方米、其他商业性建筑拓展超过400平方米时,超出部分的30%必须供居住使用,而在所有新增居住面积中根据不同地块条件,25%~35%的居住空间需要是可支付性住房。

(2) 通过"开发控制"向"开发管理"的角色转变,为良性演变提供最大可能性

政府立体网络化规划政策的提出,保障了土地混合利用良性演变的法律地位和倾向性氛围,而实施运作时,政府的开发控制角色则保障了良性演变的具体实现。

开发控制(Development Control)是城市规划体系中的核心组成部分(王世福,2004),具体指对所有实际开发活动的控制(庞晓媚,2018),是在城市规划法规体系制度环境中建立的一种控制开发的运行制度(庞晓媚等,2010)。如在英国,指当地规划政府根据各级政府制定的政策、指引、条例和编制的城市规划法规、法案,对管理范围内的开发活动申请进行审批的法定程序(于立和杨睿,2012),而美国大多数开发控制的核心依据则是区划条例及相关规划法律和规范(周明祥和田莉,2008)。

由上述定义可知,开发控制是政策机制中决定实际开发状态的最直接制度工具,对旧城中心区土地混合利用而言,就是从政策机制角度决定其演变方向和呈现状态的重要手段。从演变历程看,开发控制的灵活度提升有利于促进功能混合开发,并实现经济、社会和环境等多维度目标,有效应对了旧城中心区土地混合利用良性演变需求。总体而言,在美国体现为从一种严格明确地控制土地利用方式的传统区划转变为具有高度弹性的,包含谈判、激励、征税在内的,甚至是摒弃以地块整体功能、容积率为指标,转而以开发质量为评价标准的各种新型区划,在英国则体现为从明确"蓝图式"区划方案的严格控制转变为具体项目具体分析的结构性控制,并逐步扩大无须提交审批申请的开发活动范围(如功能转换),同时将审批权力逐渐下放到地方甚至是社区。

这种提升开发控制弹性的做法本质,是逐渐将"开发控制"(Development Control)转变为"开发管理"(Development Management)(表8-2-8),其主要转变逻辑体现在两方面。

表8-2-8 "开发控制"与"开发管理"的区别

开发控制	开发管理
消极的、应对式的	积极的、主动的,让好的项目在好的时间发生在好的地方
关注在审批过程	拓展至申请前的讨论以及对实施效果监督
本质在于预防坏的发生	关注更好地实现发展目标
有限的参与合作	主动与各方合作,以获取积极效果
仅局限于对局部地块的考量	过程和资源分配更为均衡,更符合上一层级对更广泛区域的要求
需要根据最直接限定法规做出判断	需要考量更广泛的政策和指引
利益相关者站在对立位置	通过合作促成"利益共同体"意识

(资料来源:Cullingworth et al.,2014:140)

① 促使开发者从更好地"服从"(conforming)向更好地"执行"(performing)转变,将开发控制从一个被审查过程转变为一个创造性过程,目的是尽可能地营造发挥自由度高的开发环境,令开发者依据实际情况营造符合人们美好愿望、激发人们美好情感的宜居场所,也就是促进土地混合利用的多维度效果提升。

② 政府角色从"应对式控制者"转变为"主动式辅助者",为营造高质量场所提供最大可能性,而不是保证实施更多的计划,对待具体开发项目的态度是"它是否足够好",而不是"它是否已经符合了规划要求",帮助其"实现更好的表现",而不是"简单地对其说不",这就保证了土地混合利用向更好的方向发展。

同时,我们可以发现,随着"开发控制"向"开发管理"的转变,政府的工作任务实际上是增加的:一方面,弹性的增加意味着不确定性的增加,政府必须针对具体项目进行具体分析与管理;另一方面,弹性的增加是因为想要土地混合利用实现更为广泛的可持续目标,而不仅仅是物质空间上的功能组合。因此,工作任务的增加就要求政府必须丰富自己的管理手段,从而能够真正实现土地混合利用的良性演变,而不是放任开发者在弹性释放后的肆意无序发展,这也就是笔者下文要谈及的政策主导机制的第三个方面。

(3) 通过"强制均衡化""动态过程化""利益共享化"的全面干预,保障实施效果

为了能够在弹性释放后保障土地混合利用的良性演变,最终发挥更好的多维度效果,政府必须拓展自己的管理维度。在前文,笔者已经分析了演变路径中管理维度呈现出"更综合细致""更趋向全过程""更公众"的特征,这些特征恰恰体现了政策机制在实施层面对土地混合利用良性演变的"强制均衡化""动态过程化""利益共享化"的保障作用。

首先,通过实践演变过程看,随着土地混合利用可持续维度的演变,影响土地混合利用实施效果的因素呈倍增式变化,然而,各可持续维度之间具有原发性矛盾(图8-2-2),这是不可避免的,而且在中心区这种矛盾表现得更为激烈,因此,如果要保障旧城中心区土地混合利用的良性演变,就必须发挥政策机制的权威性和强制性,秉持均衡发展理念,以更为综合的管理制度对物质空间、社会文化、经济发展、生态环境等各方面实施效果加以干预。

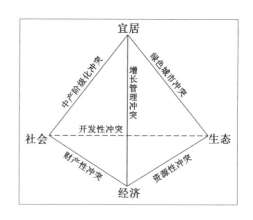

图8-2-2 "永续棱锥"模型下各要素间原发性矛盾
(资料来源:伯克等,2009:37-40)

其次,旧城中心区土地混合利用演变集中体现了城市规划的动态性特征,在不同阶段、不同状态下面对的现实问题千差万别,因此,针对不同的混合利用路径演变阶段(如处于追求职住娱功能平衡阶段,或处于追求可持续维度平衡阶段)、不同的地区发展条件(如空间是否固化饱和),以及不同的实施阶段(如设计、建设或运作阶段),制定具有弹性的、关注全过程的管理制度,有利于保障混合利用路径良性演变的"动态持续性"。

再其次,城市规划作为政府公共政策,是以应对社会公共需求为目标,通过调控资源分配最终实现公共利益的策略方案,其体现了一种协调机制,即实现"最大满意化的利益分享"(梁晓农和赵民,2007)。而旧城中心区土地混合利用的良性演变就是为了更好地满足多样化人群的多样化需求,因此为了令各方得到"最大满意化的利益分享结果",同时避免利益分享过程被某一方独

自控制,就必须要建立"利益共享化"的政策机制,于是,建立多方合作共享的社会民主制度就成为必然。

8.2.2.4 三者的相互制约关系

有学者认为,政府、市场、社会三种动力是以一种"综合模型"方式相互制约地对最终实施效果形成影响,即以其中一种动力为主导方向,其他两种动力根据自身动力权重对主导方向形成不同程度的"偏差"制约(张庭伟,2001)。笔者认为旧城中心区土地混合利用演变机制是以政策为主导的、应对社会根本需求和市场开发动力的合力体系,符合上述"综合模型"理论,因此,本书在其基础上尝试分析三者对旧城土地混合利用良性演变的综合影响机制作用(图8-2-3)。

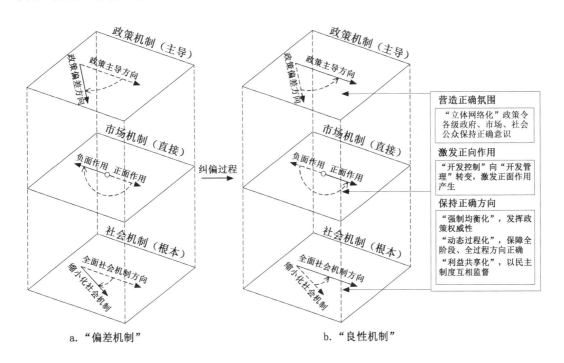

图 8-2-3 "政策-市场-社会"动力体系综合模型运作机制
(资料来源:作者绘制)

(1)"偏差"机制的形成

通过上文分析可得,社会机制是决定演变方向的根本动力,但存在因缩小化社会机制而出现暂时或局部偏差的现象,而市场机制是决定演变方向的直接动力,但本身因为其经济主导属性,而存在正负向双面作用。在此背景下,政策机制作为决定演变方向的主导动力,容易受短期经济效益诱惑,忽视了对经济机制负面作用的约束,错误地以满足缩小化社会机制为目标,从而令旧城中心区土地混合利用演变偏离了应对最广泛利益的社会机制方向,这就形成了"偏差机制"(图8-2-3a),结果是导致短期内功能失衡化开发、各功能内部绅士化、私有化和忽视历史环境要素、生态环境等不可持续发展现象。

(2)"良性"机制的运作

为了避免"偏差"机制的形成,政府必须坚守政策机制的主导作用(图8-2-3b)。

首先,通过"立体网络化"政策体系,从各级政府到社会民众营造正确的土地混合利用演变氛围,从而令负责具体实施的各地方政府机构、市场主体和不同社会群体保持正确的意识,避免落入经济利益至上和缩小化社会机制的窠臼。

其次,通过树立积极的"开发管理"的开放性态度,从开发控制层面,为市场机制提供更弹性的和刺激性的开发条件,从而激发土地混合利用良性演变的发生。

再其次,通过"强制均衡化""动态过程化""利益共享化"的全面干预,从权威性、全程性、民主性等各个角度彻底避免市场机制的负面作用和缩小化社会机制的不良影响,保障土地混合利用良性演变的正确方向不动摇。

8.3 多面化:混合利用路径演变本质

8.3.1 路径演变的内在逻辑

8.3.1.1 体现了实践中概念理解的演变:从物质空间技术到场所氛围营造手段

城市规划理论与实践常存在脱离现象(De Neufville,1983;向俊波,2004),实践中的践行准则与理论的设想并不一致,尤其是当实践者对理论的理解与理论本源形成偏差时,就会造成"挂羊头卖狗肉"的结果,因此实践中的认知对理论的"知行合一"作用具有重要意义。从前文可知,土地混合利用理论从复苏到衍化,其实际内容框架并没有颠覆式变化,之所以复苏阶段并未实现可持续效应,很大原因在于实践过程对理念的片面应用。因此,可以说旧城中心区土地混合利用逐渐实现可持续效应的过程,恰恰体现了践行者对其概念内涵的认知逐渐贴近理论本源的过程。

(1) 复苏阶段的"功能混合"

在复苏阶段,实践者对土地混合利用的理解是:不同功能在物理空间上的混合,其主要目标是满足不同活动群体(居民、工作者、购物者、游客)的需求。在此理解框架下,不同实践者对其概念理解的区别主要体现在混合功能种类以及物理空间上的尺度与组合方式,而并未涉及社会、生态环境等维度内容。典型的定义如美国城市土地协会(Urban Land Institution)1976 年出版的技术手册《土地混合利用:土地利用的新方法》(*Mixed-Use Development:New Ways of Land Use*),在总结美国各城市实践基础上,将土地混合利用定义为"三个及以上能产生收益的功能(如零售、办公、居住、旅馆、娱乐等)紧凑大规模(往往在容积率 3 以上)的混合开发,彼此之间具有物理和功能上的紧密联系(往往是以不可分割的多维度步行体系连接),是统一连贯的规划的结果"(Witherspoon et al.,1976:6-8)。而英国各城市实践时则对功能种类没有明确要求,认为一栋建筑中含不同功能、一个项目中含不同功能、沿街商铺或街区中含不同功能都可视为土地混合利用(Coupland,1997:5),如伯明翰 1980 年中心区规划中对混合功能区(Mixed Use Areas)的要求仅为"促进地区内不同的功能互相兼容"(City of Birmingham,1980)。

因此,根据上述定义,复苏阶段实践者对土地混合利用理解的特征是:

① 本质:将"人"的不同活动需求集中混合,是一种物质空间布局方式;
② 目标:产生经济集聚效应,激发地区人口活力;
③ 规模:建筑、地块、街扩、街区内均可,一般为步行体系联系范围内;
④ 方式:垂直、水平方向,但更强调紧凑集中的垂直方向混合;
⑤ 机制:统一规划形成,政府提供政策资金扶持。

(2) 衍化阶段的"场所氛围"

衍化阶段,土地混合利用成为可持续发展的重要原则。随着英美国家和各地方城市管理者、实践者对土地混合利用效应的认知改变,对其概念理解也发生了显著变化。

第一,明确"职住娱"混合逻辑,尤其强调居住功能的重要性。如 2006 年美国第一届土地混合利用开发行业会议上,国际购物中心理事会(International Council of Shopping Centers,ICSC)、全国工业与办公物业协会(National Association of Industrial and Office Properties,NAIOP)、国际建筑业主与经理人协会(Building Owners and Managers Association International,BOMA)和全国多种住房理事会(National Multi Housing Council,NMHC)等组织联合制定土地混合利用概念为:将不同功能综合规划、呈现步行友好和"居住-工作-娱乐"环境氛围、充分利用空间,具有良好的服务和建筑意向表现并有利于缓解交通和城市扩张的规划项目。而伦敦中心区维斯特敏斯特区政府 2014 年发布的第 18 号手册《混合功能及办公向居住转换》(*Mixed Use and Office to Residential Conversion*)认为,土地混合利用的首要特征就是能够促进中心区居住开发。Hirt (2007)在研究美国俄亥俄州东北部实践过程后也认为,土地混合利用指多种功能相互交织地位于一个步行可达的地域内,尤其是居住功能与非居住功能的混合,这样可以满足日常生活的多种需要,非居住功能之间混合则相对并不那么重要。

第二,强调土地混合利用营造要素多元化。如英国皇家特许测量师学会(Royal Institution of Chartered Surveyors)1996 年提交的报告《土地混合利用:概念和现实》(*Mixed-Use Development: Concept and Realities*)认为,土地混合利用概念模糊难以界定,但至少包含 7 个方面内容:①宜人的肌理;②建筑到街区的尺度;③中心区、衰退、郊区等区位;④可通过保存、渐进式更新和综合性更新等方式形成;⑤社会氛围感知;⑥产权和占有方式;⑦时间维度的充分利用。再如美国的学者通过对各城市实践总结,认为土地混合利用实践成功在于各城市开发者充分把握了成功要素,即街区宜人肌理、小街区渗透性、集中开发强度密度、覆盖 24 小时的不同功能类型以及街道层面亲民活力(Wardner,2014),其中尤其强调公共领域空间环境质量和丰富多元氛围(Herndon,2011),并通过地方性文化特色、自然特色、空间肌理特色、建筑特色、设施特色营造场所的独特性(Herndon,2011)。

第三,跳脱"功能混合"框架,重视满足不同属性人群需求。如英国 1992 年城市村庄小组(Urban Village Group)颁布的实施纲领性文件《城市村庄:一个在可持续尺度创造混合功能城市发展的概念》(*Urban Villages: A Concept for Creating Mixed-use Urban Developments on a Sustainable Scale*)就强调土地混合利用必须通过多样化活动、多样化产权以满足不同收入、不同文化、不同年龄的人群需求,而 1999 年开始实施的城市复兴纲领文件《通向城市复兴》(*Towards an Urban Renaissance*)中对创建混合收入、混合产权的社区再次进行了强调。而在美国,2011 年国家颁布的精明增长框架(Smart Growth Network),明确指出土地混合利用是为了通过安置满足多样化人群的功能,从而能够令人们获取更好的宜居场所、采取更公平可持续的交通方式、更安全的场所、更具活力的经济,最终能够吸引更多、更丰富的多元化人群,促进社区融合、提升生活质量。因此,其真正实现的是生活方式的混合(mixed-life place),即不同地位、收入、种族、信仰、年龄、性别、文化背景的人群生活模式的混合(Francis,2015)。

第四,充分认知土地混合利用多维度作用。如《伦敦中央活力区规划》(2016 年)中没有明确界定土地混合利用定义,但认为"土地混合利用能够产生许多积极效应,如提升住房供给、促进 24 小时各类活动、提高土地利用效率、增加空间活力、增强地方特色与吸引力、增强社会安全性、缩减通勤交通、增加绿色空间、降低拥堵和空气污染"。而纽约 2012 年颁布的政府手册《混合功能区划》(Mixed-Use Zoning)也认为"土地混合利用能够发挥土地功能协同效应、增进社区绿色交通、提供可支付住房机会、提升住房全生命周期利用、提升服务设施和工作地点可达性、增进社会融合、提升新鲜健康食品供给、提升场所特色和归属感"。

第五，意识到政府政策的全面引领地位。如英国皇家特许测量师学会（Royal institution of Chartered Surveyors）1998 年提交的报告《规划混合功能发展：问题和实践》（Planning Mixed Use Development：Issues and Practice），认为保证土地混合利用需要政府采取多样化措施，具体包括具有弹性的政策理念、在规划制定过程中制定法规或与申请者进行沟通谈判并充分与相关利益群体协商，具体可包括规划政策（plan policy）、规划条件（planning condition）、法定开发协议（legal development agreement）、规划标准（planning standard）、规划义务（planning obligation）、规划许可（planning permission）、规划简介（planning briefs）、资金资助（grant aid）、购置土地等。而美国城市土地协会（Urban Land Institution）在 2003 年根据实践情况更新出版的《混合功能发展手册》（Mixed-Use Development Handbook），也认为良好的土地混合利用实施离不开政府的规划政策宣传、区划制度创新、开发控制过程精细、土地征收、税收优惠、基础设施提供以及资金和经营参与等多样化举措。

由上观之，在衍化阶段，管理者和开发实践者均不再认为土地混合利用仅仅是一种"功能混合"，更多的是一种社会文化氛围（DCLG，2006），实践的目的是通过规划"营造场所氛围"，从而促进实现多维度预期效果（Rabianski et al.，2009c）。在此理念下，土地混合利用的概念理解变得日趋扩大与模糊。如英国办公厅（British Council for offices）在 2004 年提交的报告《混合功能发展及投资》（Mixed Use Development and Investment）认为"土地混合利用是一种能够创建更具活力的城市形态、高密度开发和可持续的建筑环境的开发方式"。而美国城市土地协会（Urban Land Institution）也不再坚持其 1976 年提出的原有定义，反而强调以地区为基础的更新政策（area-based regeneration），认为建立一个有氛围的场所（a sense of place）比在一栋建筑里功能混合更为重要（Robbins，2013），在其最新出版的土地混合利用指导手册《混合功能发展：九个复杂项目的研究》（Mixed-Use Development：Nine Case Studies of Complex Projects）（2016 年）认为"土地混合利用是一个应对时代需求从而不断发生演化的概念，以目前的态势看，其更倾向于发生在内城，尤其是中心区，其组成要素和追求目标也更加多元化"。

综上，笔者认为衍化阶段实践者对土地混合利用的理解的新特征主要是：

① 本质：满足"不同属性人"的"职住娱"多元化需求及可持续多维度期许，是一个场所氛围营造过程；

② 目标：产生经济效力、提高土地利用效率、提升场所特色、营造安全融合的社会氛围、改善提升生态环境质量等多维度效应；

③ 规模：建筑、地块、街扩、街区内均可，但步行体系联系范围内的混合更为重要；

④ 方式：注重肌理、渗透性、开发强度密度、街道层活力、房产产权、公共领域氛围、时间维度的场所营造；

⑤ 机制：既有功能调整、局部更新、综合性更新、新建等多种方式，政府政策、制度、资金全面引领。

（3）演变趋势的启示

通过复苏阶段和衍化阶段实践者对土地混合利用理念理解的演变对比，我们可以清晰地发现，衍化阶段实践者的认知转变与土地混合利用路径的演变特征高度一致（表 8-3-1），呈现出更加贴近土地混合利用理论内涵的趋势。这也充分证明，实现土地混合利用的可持续效应，首先必须促进全社会树立正确的概念认知，清楚地了解土地混合利用的混合本质是什么、通过混合应该产生什么作用、能够产生作用的混合时空模式是什么形式以及促进混合的有效动力机制是什么等问题，才能够在实践过程中选择正确道路。

表 8-3-1　概念认知与路径演变的对应关系

实践过程中概念认知演变特征	对应的土地混合利用路径演变特征
本质演变	功能要素混合逻辑转变
目标演变	功能要素可持续维度演变
规模与方式演变	时空模式应对性演变
机制演变	权力制度的保障性演变

（资料来源：作者绘制）

8.3.1.2　体现了中心区本质属性的回归："社会活力集聚区"的恢复与超越

从发展历程看，人们对中心区的认知经历了传统中心区、中央商务区、中央游憩区、中央活力区等阶段性变化，这一本质认知的转变过程直接影响了实践中对土地混合利用理论的运用。以此角度观之，旧城中心区土地混合利用可持续效应的实现，恰恰体现了旧城中心区本质属性的回归。

（1）中心区本质回归历程

"中心区"这一具有地理区域和场所区域双重意义的概念，在人们认知中形成之初，被认为是商业、社会和公共生活的集中区域(Fogelson, 2001：183)，是一个真正的混合社会的"大熔炉"(melting pot)，是不同种族、不同经济地位、不同社会状况的人共同生活的地方。人们在这里居住、生产、消费、投资、娱乐并举行各类社会活动，社会包容与民主被认为是中心区发展的重要因素，决定了历史自然发展形成的中心区的多样性(Isenberg, 2004：6)。可以看出，诞生之初，中心区是城市社会活动高度集中的载体，是城市最具社会活力的地区，其本质是人与人社会关系互动的缩影。

工业革命后，伴随着城市生产力的爆炸式提升，中心区因其交通区位优势、信息交换区位优势、商业贸易交换区位优势以及社会认知区位优势，成为城市生产消费等经济活动的核心区。在市场经济规律的支配下，中心区的商业、商务功能逐年增加，"中央商务区"的概念由此诞生。在此认知下，一切高利润经济活动成为中心区的主要职能，而如居住、生活服务、大型制造业等相对低产值功能则被排斥出中心区。因此，中央商务区改变了中心区的最初本质，令其成为城市最重要、最高端的生产消费地区，中心区本质转变为城市经济活动的"心脏"。

进入后现代社会，城市经济发展带来的物质资源日益丰富令市民的需求逐渐多元，在国际生产关系结构布局调整下，西方国家城市属性由生产转向消费。在面对城市经济结构转型和解决中心区"空心化"问题的双重需求下，中心区由中央商务区转型为中央游憩区就成为必然。中央游憩区是以消费为导向的建设目标，一切能够促进消费的功能成为核心职能，作为消费职能的主体文化娱乐功能就实现了与之前中央商务区主体功能的相互渗透交织，因为这样有利于彼此协同以促进消费行为、延长消费时间。对市民而言，中心区成为城市最重要的消费娱乐区，在第三产业成为城市经济引领力量背景下，中心区本质实际上仍旧是城市经济活动的核心。

全球化时代，竞争成为各西方城市的主旋律，争夺的是最具竞争力的产业（高端生产性服务业，或称知识密集型服务业，亦或称创新产业）以及最广泛的劳动力市场与消费人群，具体表现为大力倡导新经济产业与旅游文化产业、提高公共服务水平、绿色环境质量与居住环境品质，并对多元化人群需求提高关注，中心区因此由中央游憩区转变为中央活力区。虽然，从生产角度看，这可以理解为是一种通过塑造形象进行商品营销的手段，其目的是吸聚投资和人口，从而获取经济、社会、文化和政治等方面利益①(Tallon，2013：120-128)，但从实施结果看，中央活力区令中心区跳脱出近一个世纪的唯经济职能论桎梏，成为多元、共享、包容、绿色、创新的社会发展"引擎"。

(2) 本质回归与土地混合利用可持续效应实现的耦合关系

中心区的本质应该是承担财富创造与公共精神的融合之所，但却逐渐长期沦为政府和开发商手中的经济产值制造工具，在此过程中，原本承载了中心区多元功能和人口融合特征的土地混合利用，势必会因为经济生产需求而遭受瓦解和片面应用，其所承担的社会维度作用、环境维度作用因与经济效益无关而遭到长期忽视。正如Gruen在1960年代初提出的批判："健康的中心区不仅仅是创造产值的地方，而是一个具有多元吸引力的场所，无论富有、中产或贫穷，无论其职业，都可以享受中心区带来的感官刺激和宜人生活氛围，这种吸引力应该能够在每一个季节、每一周、每一天的完整时间上持续不断。"(Gruen，1964：86)。这恰恰是土地混合利用理念复苏的核心内涵。

伴随着中央活力区令中心区本质属性回归，中心区需要重新体现其融合特征，是经济、社会、文化、政治、环境职能的融合，更是多元人口属性的融合。如鲍米尔所说(鲍米尔，2017：3)："经历数十年的困苦，城市中心区正要求恢复其芸芸众生、丰富色彩、多样性和惊奇性，成为去寻觅、去探知、去娱乐和被款待、去看且被人看、去邂逅、工作、学习和享受的地方，是成百万人的家和吸引无数访客拜访的地方。"而要实现这一恢复，就必须发挥"不同属性人"的三方面作用(Evans，1997：98)：一是环境生产者②(开发商、投资者、规划制定者、正式与非正式建设者)，二是使用者(物业拥有者、就业、售卖、居住、游客)，三是中间角色(政府、房地产及旅游中介、环境维持者、志愿团体、政治集团)。

由上观之，中心区本质特征的丧失与土地混合利用可持续效应的偏废同步，而其本质的恢复以及恢复路径又与土地混合利用可持续效应和实现机制不谋而合，因此说，中心区本质的回归与土地混合利用可持续效应的实现是相辅相成的耦合关系(图8-3-1)。

笔者认为，这种本质回归相对于中心区起源之本质更有质的飞跃，因为其不再是历史自然形成的结果，而是人们出于发展历程的经验教训，主动做出的选择，而且增添了基于未来长远考虑的环境可持续发展维度新内容。从这个方面看，土地混合利用可持续效应是人们通过规划实践有意识营造出的、超越了"返璞归真"的氛围效果，人们掌握这种氛围营造的核心要素，将有利于长久维系中心区本质属性，实现真正的可持续发展。

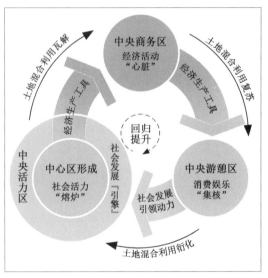

图8-3-1 中心区本质属性回归与土地混合利用路径 演变耦合关系
(资料来源：作者绘制)

---

① 利益具体包括：经济方面创造财富和工作岗位；社会方面提升生活品质，促进本地人口发展及和谐相处；文化方面提升归属感和自豪感；政治方面得到执政肯定和认同感。

② 在Evans的书中，环境生产指的是物质与非物质环境的营造者，因此非正式建设者可以解读为氛围制造者，如街头艺人、街头临时摆摊者，以及举办参与街头节庆活动的人。Evans显然是从"供给-获取"角度划分生产者与使用者，笔者认为从空间包容性使用角度，非正式建设者这类人也可以归为第二类使用者。

8.3.1.3 体现了"以人为本"的内涵提升：个体需求与共存需求的双重提升

城市的出现是人类聚居的结果(梁鹤年,2016),城市本体也许是一种自身内化的文化经济网络、是吸引社会与资源的磁性容器(刘建军和姜锐瑞,2018),抑或是社会组织配置资源的工具(薛立新,2016),但其主体一定是具有普世意义的"人",而不是神、集权统治者或经济资本(石楠,2017)。由此可得,城市本质目标是满足"普世人"的需求,"以人为本"也就势必成为城市发展的核心价值,而旧城中心区作为城市的起源和缩影,就更应该体现这种价值追求。

何谓"以人为本"？所有人都希望通过城市去追求幸福,因此城市作为人类社会关系的集合,需要均衡恰当地满足"人"自存和"人类"共存的双重需求(梁鹤年,2014),这种均衡满足个体需求和对社会公正的追求,也可以理解为同时满足私人利益与公共利益的追求,即是"以人为本"。从个体需求看,根据马斯洛人本需求理论,个体需求存在一个层次提升过程；从公共利益看,存在一个"从一到多"的拓展过程(乔艺波,2018)；而从自存与共存的关系看,城市从政治、经济中心逐渐回归到"社会体",从一分部人优越于另一部分人享受城市带来的福利,到追求以包容和谐的态度确保社会所有人享有恰当的工作条件和生活水平,并且不影响未来人的需求(石楠,2017),这亦是一个内涵提升过程。落实到城市规划实施,实现城市发展"以人为本",就是需要通过土地用途"点"和"量"的部署去实现上述需求不断提升的过程(梁鹤年,2014)。笔者认为,这恰恰就是旧城中心区土地混合利用逐渐实现可持续效应的过程。

(1) 个体需求提升与土地混合利用可持续效应实现的关系

根据马斯洛人本需求理论,人的需求存在生理、安全、情感、尊重、自我实现五个层级,落实到旧城中心区土地混合利用,就是通过土地利用方式演变不断提升服务品质的过程(图8-3-2a)。

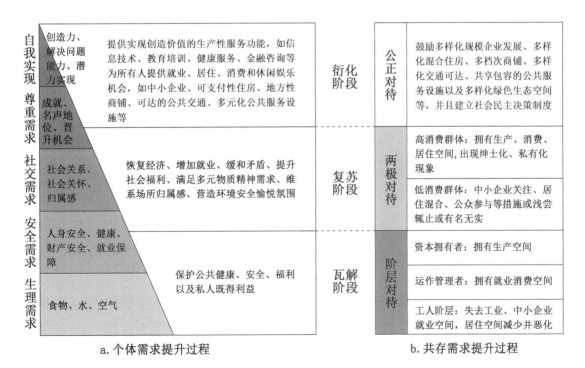

图8-3-2 "以人为本"的内涵提升与土地混合利用路径演变耦合关系
(资料来源：作者绘制)

瓦解阶段,土地混合利用被认为威胁到了居民生存安全、健康和私有财产价值,因此出于保护公共健康、安全、福利以及私人既得利益,开始实施"洁净"式严格区划。

复苏阶段,秩序空间规划不但没有有效解决贫困人口的居住环境恶化困境,反而导致经济衰退、失业率增高、社会关系断裂、城市特色丧失、贫富差距增加、内城安全丧失等新问题。因此为了复苏旧城中心区活力,应对后现代多元文化需求,具体而言,就是实现恢复经济、增加就业、缓和矛盾、提升社会福利、满足多元物质精神需求、维系场所归属感、营造环境安全愉悦氛围等目标,土地混合利用开始复苏。

衍化阶段,土地混合利用的复苏因为偏重经济维度,从而呈现绅士化、私有化、忽视社区与弱势群体等现象。而在新时期为了提升竞争力,吸引创新人才和最广泛的劳动力群体,就必须一方面为创新人才提供实现创造价值的生产性服务功能,如信息技术、教育培训、健康服务、金融咨询等,另一方面则需要为所有人提供就业、居住、消费和娱乐机会,如中小企业、可支付性住房、地方商铺、可达的公共交通、多元化公共服务设施等内容,因此,土地混合利用也就随之呈现衍化趋势,而这实际上就是令所有人得到尊重并得以自我实现的过程。

综上,我们可以清晰地发现,旧城中心区土地混合利用从瓦解到复苏,再到衍化的过程,实际上就是不断满足人本需求层次提升的过程。

(2) 共存需求提升与土地混合利用可持续效应实现的关系

从共存需求角度看,土地混合利用实现可持续效应的过程,实际上就是处理人与人的社会关系从阶层对待到两极对待,再到公正对待的过程(图8-3-2b)。

瓦解阶段,随着土地混合利用状态分解,中心区主要职能转变为商务办公、金融服务、高端零售、文化娱乐等商业性活动类型,在福特主义生产模式带来的生产环节决定阶层的背景下,其实实际上就是服务于富裕阶层占据中心区高产出空间,从而通过城市更新最大化获取资源再分配利益。在这一过程中,工人阶层、贫困人口等弱势群体因为缺乏资源分配权力,从而遭受到不公正排挤,体现在因工业外迁、中小企业倒闭而导致的就业机会减少,因无力支付更新后住宅而不得已选择更为拥挤的贫民窟,因消费物价提升而导致的生活水平下降等。

复苏阶段,内城及中心区贫困引发的社会经济问题引起各方重视,政府试图发挥"福利国家"作用,以提升居住社区环境、公共服务设施等方式对抗贫困,但富裕阶层外迁导致的内城经济坍塌以及国际经济危机背景令凯恩斯主义逻辑崩溃,应对后现代社会的消费环境转型,以"涓滴"经济逻辑拯救旧城中心区成为各西方城市的选择。在此逻辑下实现的土地混合利用复苏,其本质就是为私人资本投资生产和富裕阶层消费提供机会,以期令财富从富裕阶层渗透至贫困阶层,从而令全社会得益。这种以消费能力两极化区分的态度,在私人经济资本引领更新的模式操纵下令"涓滴"本意荡然无存,体现在中小企业关注、居住混合、公众参与等社会公正措施或浅尝辄止或有名无实,反而出现居住、就业、消费绅士化和空间私有化现象,社区和弱势群体在此过程中受益微乎其微。

衍化阶段,可持续发展理念成为国际公认的核心准则,其中社会可持续被认为是首要本质内涵(石楠,2017)——"令城市提供的发展资源、机遇和收益得到公平分配,以包容和谐的态度确保社会所有人享受恰当的工作条件和生活水平,并不影响未来人的需求"。这一追求社会公正的思想不但成为国际共同认知的责任,也成为各城市提升可持续发展竞争力的重要手段。于是,土地混合利用的社会维度和环境维度内容得到关注,具体表现为,鼓励多样化规模企业发展、多样化混合住房、多档次商铺、多样化交通可达、共享包容的公共服务设施以及多样化绿色生态空间等,并且建立社会民主决策制度,令各阶层获得均等的决策权力,从而通过城市更新为社会各阶层的就业、居住、消费、娱乐等生活内容提供多样化、包容性选择。因此,可以说社会公正追求的实现,就是土地混合利用可持续效应的实现。

8.3.2 路径演变的辩证性思考

8.3.2.1 重点即难点：协调的内容与过程

从演变路径特征、机制和内在逻辑等内容我们可以发现，旧城中心区土地混合利用可持续效应的实现过程中充斥着需要协同、均衡、兼顾、制约的多元要素体系，这充分证明旧城中心区土地混合利用集中体现了城市规划作为公共政策的协调机制本质，协调各种联系或对抗、竞争或合作、冲突或妥协、相符或相悖的要素就成为可持续效应实现的重点，而这一"博弈"过程因其复杂性，同时也往往是影响可持续效应实现的难点。

（1）协调内容

根据协调关系的层次，旧城中心区土地混合利用涉及的协调内容可以分为内外之间和内部之间两个层次。

① 内外之间的协调

一方面，内外协调是因为承载功能需要服务不同区域对象产生的兼顾需求。如需要满足国家、城市、地区、街区不同层级需求，国家、城市的需求往往需要中心区土地混合利用包含可持续经济引领发展功能（如国际与国家型高技术、知识密集型、绿色经济等）和城市公共服务功能（如大型商业、文化娱乐等），而地区、街区的需求则指以促进人口发展、增强内需、提升居民归属感为目标，强调对日常生活服务功能（居住功能，日常消费娱乐、教育培训、健康医疗等）和地方商贸功能（地方和社区居民的企业商铺）的承载。因此，协调"外向型"商务商业功能与"内向型"日常生活功能的融合（即居住功能与非居住功能的混合）、"外来性"国际连锁企业商铺与"内生性"地方特色企业商铺的融合，以及"外侵性"全球现代建筑特色与"内续性"地方风貌肌理特色之间的融合，成为此方面的关注重点。

另一方面，内外协调是因为需要处理地块与周边、中心区与城市的关系从而产生的协同需求。如内外功能体系协同，以实现与周边功能互补互动的效果；再如内外交通体系协同，将内部各功能、各地块彼此之间的步行交通联系与城市公共交通、私人交通、货运交通体系良好衔接；还如内外景观生态体系协同，建立借景、续景、对景、完景的整体自然、人文景观体系，并完善优化整体生态环境体系和局部地区微气候环境与节能减排体系。

② 内部之间的协调

一方面，内部协调需要在保证功能相互促进的积极作用前提下，避免各功能不同属性特征产生的彼此负面影响。如满足互不影响的人员、货物流线和建筑标准需求，保证各功能能够独立运转；再如处理功能之间因声音、气味、光照、排水、交通、垃圾、公共空间与服务实施使用权利和维护责任产生的权益纠纷。同时，积极促进各功能发挥协同作用，如发挥共用基础设施与服务设施的最大效率、发挥产业活动关联的最大经济效益、利用多元人群营造社会活力氛围等。

另一方面，内部协调需要兼顾各方利益需求。从更新利益角度考虑，需要满足投资者、既有产权拥有者、政府、公众等多方利益目标，并妥善处理建设后各产权拥有者和使用者之间的利益博弈关系；从社会人群利益角度考虑，需要为不同属性人群提供就业、消费、娱乐、居住的机会，尤其是需要包容弱势群体，因此如何令高收益功能兼容低收益功能，以及如何令私有商业功能兼容公共社会功能就成为协调重点；从权力利益角度考虑，私人资本不会主动承担社会和环境责任，这就需要政府加以引导与管控，但经济发展有时也会成为政府的首要目标，政府就会与私人资本建立"联盟"，忽视社会与环境利益导向的公共建设，这就需要社会力量的参与和监督，但同样社会群体本身也会出现"自私现象"[如"别在我家后院"（Not In My Back Yard）现象或因想获取不当私利而恶意阻挠破坏建设现象],所以反过来也需要政府政策的强制性与公正性,以保障更广泛公共利益,因此协调政府、私人资本和公众在土地混合利用演变中的决策权力力度就成为重点。

(2) 协调过程

正因为需要协调的多元因素呈现层次有别、内外有别、角度有别、阶段有别等差异化状态,所以为了实现土地混合利用可持续效应,协调动作也就存在于整个演变进程的多线程当中,而为了确保协调起到积极作用,必须确立正确的协调原则、明晰具体的协调过程。

① 协调原则

协调原则的正确性是确保协调机制能够促进土地混合利用良性演变的根本保障。纵观演变历程,协调原则应当包括:a. 整体性原则,保证国家到街区各层次需求、地块及周边需求得到全面均衡满足,避免中心区整体或各步行范围局部出现功能失衡与相互负面影响,以及空间私有化、断裂化等现象;b. 公平正义原则,保证弱势功能(地方商铺、中小企业)和弱势群体(贫困人口、外来人口、年龄性别弱势人口、未来人口)利益得到保障,避免出现绅士化、社会排斥、环境资源透支等非正义现象;c. 民主监督原则,保证政府、私人资本和社会公众平等地享有土地发展决策权,并彼此监督制约,避免出现政府公共角色失位、私人经济利益至上或社会机制自私化等现象。

② 协调过程

前文所述权力制度保障方式的演变以及政策实施机制的运作实际上就是政府为了更好地协调土地混合利用各方面需求做出的应对努力。但这些努力只是建立了一个保障土地混合利用良性演变的政策环境,在具体项目实施时,还需要根据更新过程,落实项目进程中不同阶段的协调内容(表8-3-2),从而确保政策环境切实发挥效力。

表 8-3-2　土地混合利用演变过程中不同阶段协调重点与手段

阶段	协调重点	协调手段	主要应对解决的协调内容
项目启动阶段	① 明确功能内容与比例要求 ② 经济、环境、社会各层面优先要素和保护底线 ③ 明确角色、责任和权利	① 政策强制性和开发管理弹性,如区划条例、开发协议 ② 民主协商制度	① 内外协调中承载功能需要服务不同区域对象产生的兼顾需求 ② 内部协调中更新权益,以及各方及不同人群多元利益
项目设计阶段	① 落实功能内容要求 ② 促进体系协同 ③ 避免负面影响	① 政策强制性和开发管理弹性,如城市设计控制、可持续评价 ② 民主协商制度	① 内外协调中需要处理地块与周边、中心区与城市的关系从而产生的协同需求 ② 内部协调中保证功能相互促进,避免负面影响 ③ 内部协调中更新权益,以及各方及不同人群多元利益
项目运作阶段	① 进一步明确各方使用权利与维护责任 ② 避免负面影响 ③ 促进协同效果实现	① 政策强制性,如公共空间管理制度、可持续评价 ② 民主协商制度,如限制性条约	① 内部协调中保证功能相互促进,避免负面影响 ② 内部协调中更新权益,以及各方及不同人群多元利益

(资料来源:作者绘制)

更新项目启动前,需要确定明确的目标与机制。目标包括明确政府、私人资本、公众对此地块需要承载的功能内容与比例要求,以及经济、环境、社会各层面优先要素和保护底线,从而应对"内外协调"中不同区域层次需求,并保证内外功能体系协同。机制主要指明确政府、私人资本、公众在更新过程中的各自角色、责任和权利,如资金、产权、人力、使用权利等内容的提供与占有分配方式,从而协调各方利益与责任共享。此阶段需要发挥政策强制性和开发管理弹性,刺激促进项目顺利启动并保障各方利益(尤其是社会公共利益、弱势群体利益),同时,需要建立民主化制度,充分赋予各方平等的协商权力,从而起到互相监督约束的作用。最终以区划条例、开发协议等方式将具体条款予以落实。

更新项目设计建设时,需要对目标进行空间落实。通过设计落实更新目标中的功能内容和比例,进而能够更好地促进内外功能体系协同、交通体系协同、景观生态系统协调,保证各功能本身良好的运作流线,尽可能避免功能彼此之间产生负面影响,并为后期调整留有余地。同时,保证公共利益导向的公共社会功能空间以及包容公正导向的弱势群体相关设计内容的落实及切实可用。此阶段需要充分利用城市设计控制、可持续评价、民主化制度等方式,对"系统"及"量""点""质"等设计内容予以保障。

更新项目运作时,需要促进实现可持续效果。通过进一步明确政府、私人资本、公众(尤其是弱势群体、中小企业、当地社区)的使用权利与维护责任,辅助事前设计,保障各方利益,避免功能间、人员间的负面影响。同时,建立长期实施效益评价机制,定期监测经济、环境、社会效益,从而做出及时应对性调整。此阶段需要运用限制性条约、公共空间管理制度、可持续评价、民主化制度等手段,在项目运作的全周期中起到促进土地混合利用发挥效应的作用。

8.3.2.2 不是万能药:实践与理论缝隙的不断弥合,并不意味着理论效应实现的必然

城市规划理论与实践之间的分离状态(planning theory-practice gap)一直是学界有所共识,也有所争议的话题。一方学者认为理论与实践的缝隙在不断加大(霍尔,2009:390-392),但是理论可以通过实践者根据不同的应用条件加以运用,从而实现理论与缝隙的弥合(De Neufville,1983);另一方认为,理论分为规范性理论(normative theory,从理论思想出发推导至政策)和实证性理论(positive theory,从实践出发提升至规律),因为规划是微观政治环境下的实践,所以不管是哪种理论,都将与实践之间一直存在缝隙(Alexander,1997)。

就旧城中心区土地混合利用路径演变历程看,其体现了上述争议的两面性。

(1)实践与理论缝隙不断弥合

纵观演变历程,实践者运用各种实践方式,令旧城中心区土地混合利用实践逐渐实现了其理论内涵要求(图8-3-3)。如在复苏阶段,实现了早在瓦解阶段现代规划理论中就已经提出的保护利用自然资源以及历史要素保护再利用等内容。而在衍化阶段,则终于逐渐实现了早在瓦解阶段就已提出的"职住娱"临近布局、强调社会融合、切实实现公众参与等内容,以及复苏阶段理论框架中提出的关注地方小企业、多样化混合住房、各阶层就业消费机会、街区安全感归属感、促进绿色出行、空间尺度宜人、保持全天活力等内容,甚至还一定程度上实现了在衍化阶段才刚提出的创新经济载体、商业与社会功能平衡、缓解应对气候、围绕公交站点开发、公共空间共享包容氛围、社区赋权、全程管理等要求。可以看出,实践实现理论内容的效率呈现逐渐提升状态。

之所以能够实现实践与理论的逐渐弥合,除前文述及的实践认知不断贴合理论本源外,笔者认为还有其他两方面主要原因。

首先,土地混合利用理论属于上述所讲的实证性理论,是从实际问题出发、结合历史经验提出的理论。如雅各布斯本身是一名记者,从敏锐的切身体验中提出的多样性理论,而林奇的空间意象是经过广泛社会调研验证过的理论,再如格伦、波特曼、布坎南等人重归中心区的建设理论都是基于实际规划建设经验总结出的概念模型。同时,理论者心中的范本并不是凭空想象,是以工业革命之前传统的欧洲城市老城区高密度、多功能以及社会与文化的多样性氛围为范本进行

的畅想。综上观之，土地混合利用理论本身具有高度的可实施性。

其次，现实需求的倒逼，令实践者需要不断地应对性解决问题，理论效应因而得以逐渐实现。如复苏阶段，洁净化区划导致的经济衰退、失业率上升、社会贫富差距增加等问题引发内城大规模骚乱，毁坏历史遗迹等行为也遭遇民众强烈声讨，同时后现代社会日益增长的多元物质文化需求需要得到满足，因此，管理者认为恢复旧城中心区经济活力是当务之急，有利于缓和阶层矛盾、提供就业机会并满足消费需求，所以土地混合利用中能够产生经济效益的因素得以实施。而进入衍化阶段，在经济复苏后，民众追求社会公正的意识日趋强烈，绅士化、私有化等问题成为集中诟病的焦点，同时，愈发恶化的气候和减少的资源令市民生存危机觉醒，而可持续发展竞争力的主要因素——创新人才与广泛劳动力，恰恰也需要"多元、包容、绿色"的社会生活环境。因此，土地混合利用理论中社会维度和环境维度内容得到实施，并发挥出一定积极效应，如上文提及的促进了步行出行、丰富了人口结构、提升了社会安全程度、激发了创新产业发展、增进了社会民主包容氛围等。

（2）理论效应实现的非必然性

然而，土地混合利用的可持续效应实现牵涉到复杂的功能混合逻辑、时空组成模式、政策管理制度等多元要素，并受不稳定的动力机制体系影响，尤其如上文所述，效应实现必须同时协调多维度要素，这些纷繁芜杂的影响因素令理论效应的全面实现变得极其困难。尽管从大趋势上讲，旧城中心区土地混合利用理论效应

理论维度内容		瓦解阶段	复苏阶段	衍化阶段
经济维度	①提升集聚效应	○	●	
	②强调日常生活服务	○		●
	③促进不同的活动类型、产业类型、时间类型混合		○—●	
	④促进不同档次类型、规模类型的企业共存共荣，尤其关注地方小企业的生存		○————●	
	⑤创新可持续经济			○—●
	⑥强调商业功能与公共社会功能平衡			○—●
社会维度	①强调社会融合		○————●	
	②公共利益优先		○————●	
	③多样化住房，尤其是廉价住房，促进社会混合			○—●
	④多样化办公与商铺，为各阶层提供就业和消费机会			○—●
	⑤提升街区安全感		○——————●	
	⑥保持地方特色，提升居民归属感		○—●	
	⑦公共设施均等包容化布局			○—●
	⑧提倡多样化、高质量、公共可达性高、包容性高的公共空间			○—●
环境维度	①提升绿色空间，提升公共环境质量	○—●		
	②减少机动车出行，节约能源，减少污染排放		○————●	
	③保护自然资源	○——————●		
	④节约利用土地		○————●	
	⑤强调基础设施高效利用		○————●	
	⑥提倡多样化能源及可再生能源利用			○—●
	⑦减少排放，应对气候变化			○—●
	⑧强调绿色建筑与环境设计			○—●
空间维度	①高容量集中开发	○—●		
	②强调居住、就业、娱乐临近		○——————●	
	③小街区，渗透性		○————●	
	④地区及内部尽可能多的区域多功能混合临近		○——————●	
	⑤提升以街道为代表的外部空间活力，提倡步行交通联系		○——————●	
	⑥垂直混合开发		○—●	
	⑦鼓励公共交通		○——————●	
	⑧围绕公共交通节点混合开发			○—●
	⑨包容性人性化设计			○—●
时间维度	①保护历史要素		○—●	
	②延续历史脉络		○————●	
	③保持全天活力		○————●	
	④相同空间的错时共享，以及相同空间的同时共享			○—●
	⑤联系历史、现在与未来			○—●
管理维度	①公众参与		○——————●	
	②地方社区赋权		○——————●	
	③多部门合作		○—●	
	④政府资助扶持		○—●	
	⑤提升公众参与程度		○—●	
	⑥多方合作			○—●
	⑦政府引导			○—●
	⑧弹性管理			○—●
	⑨加强建设及使用全程管理评价			○—●

○理论提出阶段　●实践践行阶段

图 8-3-3　旧城中心区土地混合利用实践与理论不断弥合的过程

（资料来源：作者绘制）

逐渐呈现出全面维度的实现趋势,但落实到具体空间与时间时,却并非尽皆如此。

这种理论效应的失效现象发生在经济、社会、环境等各方面。

① 经济方面。如 DeLisle 和 Grissom 对美国西雅图土地混合利用实施后地区的调研发现,其并不能取得所设想的经济活力目标,反而存在大量空置率、投资回报低等问题(DeLisle & Grissom,2013)。英国同样存在土地混合利用项目中地面层空置率高的问题(Foord,2010;Ferm & Jones,2016),而且调研发现并不能明显起到提升地区活力的作用,多产权管理反而会拖慢甚至阻碍地区发展(DCLG,2006)。同时,一些项目的起初目标就是为了容纳住房(尤其是可支付性住房)和可支付性工作场所(affordable workplace)(为了容纳微小企业、新兴产业、草根文化等),因此未能通过土地更新应对经济增长需求,如未能解决就业空间的不足(Ferm & Jones,2016),且常因为短期收益不足导致运营难以为继(Foord,2010)。

② 社会方面。土地混合利用并不能保证提升社会多样性并促进社会融合(Talen,2005b;Francis,2015),即使通过各种政策强迫不同群体形成混合居住的状态,也并未能保证一定给贫困人口带来就业机会、收入、福利等方面的提升,反而会破坏原有社区的社会关系稳定性,并给不同社会层次的人带来一定的精神负担(Lees,2008)。因此,绅士化的现象在土地混合利用开发中依旧经常存在(Hamnett,2010)。同时,日常生活动能也时常无法在土地混合利用项目中得到保障(Foord,2010),社区安全问题也时常因为一些功能或人群的融入而持续恶化(Rabianski et al.,2009c)。

③ 环境方面。在一些局部街区土地混合利用项目中,依旧存在损害城市人性化肌理的现象(Ferm & Jones,2016)。而更为严重的是,事实证明,土地混合利用能够促进步行出行、公交出行的首要环境可持续效应在某些城市和地方并不能奏效(DCLG,2006;Ewing et al.,2011),反而会导致交通混乱、周末远距离出行等问题(Foord,2010),其中很重要的原因在于缺乏与其他方式的结合,如燃油税、过路费、停车费、交通管制等,这也说明仅仅依托土地利用空间方式实现可持续效应是远远不够的(霍尔,2009:433)。

(3) 辩证性思考:土地混合利用的未来

在各种失效作用影响下,开发商和居民屡屡出现反对土地混合利用的举措。

在开发商方面:其一方面认为强行规定混合开发忽视了市场规律,容易导致开发因为资金问题无法实施,并且会破坏中心区内的商业、商务用地潜力,影响其国际商业商务地位(Coupland,1997:206-207),同时因为土地混合利用会增加规划、实施与管理的难度及费用,并且伴随功能多样化、需求多样化,风险也呈现多样化趋势(Rabianski et al.,2009c),所以呈现抵触情绪,从而逃避甚至抵制土地混合利用开发;另一方面其仅仅以土地混合利用开发为噱头,试图依靠土地混合利用概念模糊化的"漏洞",获得政府政策或者资金支持,而实际设计运作上却并未全面体现土地混合利用本质内涵,从而令混合利用沦为名不副实的"表面口号"(Robbins,2013)。

而在社区居民方面:一方面,功能隔离带来的安全、环境品质提升等因素依旧在影响着居民的选择,为防止秩序混乱、消防隐患、功能和人群负面侵扰,居民有时依旧支持单功能开发(Hirt,2016);另一方面,邻避主义(Nimbyism)思想依旧存在,因此,空间私有化、绅士化现象就在所难免,体现公正包容思想的公共服务设施建设举步维艰。

既然存在各种失效现象,并且时常遭到开发商和居民的抵制,那么,旧城中心区土地混合利用是否应该有选择地、妥协地执行,或者不做强制规定,任由开发商和居民自由选择呢?答案显然是否定的。

上述效应失效现象充分体现了旧城中心区土地混合利用可持续效应实现的影响因素多元复

杂,任一环节的考虑不周都有可能导致最终结果差强人意。正因为如此,我们才更需要准确把握决定可持续效应实现的功能混合逻辑、时空模式和管理权力制度方式,全方位的保障土地混合利用向良性方向演变,并最终实现多维度可持续效应。但也切忌采取以一种固定模式去解决所有实际问题的"生搬硬套"做法,可行性和具体运作方式必须结合当地的实际情况(各方利益目标、地块属性、市场状况、资金情况等)量力而行,以实现尽可能地向良性方向实现最大化演变的目的,切不可贪功冒进,否则将事与愿违。

开发商和社区居民的抵制,则体现了市场机制和缩小化社会机制对土地混合利用良性演变产生的"偏差"机制影响。所以,旧城中心区土地混合利用要想实现可持续效应,必须强调政策机制的主导性,通过"立体网络化"政策,明确统一概念内涵,改变大众以往固有思维,营造正确积极氛围,并通过"弹性开放化""强制均衡化""动态过程化""利益共享化"等政策干预,保障良性演变和可持续效应的最终实现。

总之,我们需要认识到,旧城中心区土地混合利用可持续效应的实现依托太多不确定因素和周边外部条件,我们所做的所有努力只是为可持续效应的实现提供最大可能性,而不是创造一种"必然实现的充分条件"(Herndon,2011),我们没有办法强迫人们居住在工作地点附近、去更多地采取步行、公共交通等出行方式,并去主动接纳与自己拥有不同属性的人群,但我们依然需要公正地为所有人提供不同选择的机会与权利(Lees,2008)。原因正是笔者前文所述内容,旧城中心区土地混合利用可持续效应的实现应对了后福特主义生产消费方式下全民生产、全民消费、全民需求的社会机制根本需求,体现了旧城中心区多元、共享、包容、绿色、创新的"社会活力集聚区"本质特征,有利于同时实现个人需求层次提升和追求社会公正的共存需求提升的"以人为本"的城市发展目标。因此坚定推进旧城中心区土地混合利用并努力实现其可持续效应,是毋庸置疑的。我们秉持的正确辩证认知逻辑应该是,土地混合利用并不能保证解决城市所有问题,但是如果城市缺乏土地混合利用,便不能获取长远的繁荣与活力(Grant,2004;Hoppenbrouwer & Louw,2005;Herndon,2011)。

8.3.3 基于路径演变的土地混合利用认知

8.3.3.1 何为土地混合利用

从英美国家旧城中心区土地混合利用实践路径演变过程的本质出发,笔者认为可以从两个方面对土地混合利用进行定义。

(1) 从土地利用方式角度的理解

从土地利用方式的角度出发,土地混合利用是一种促使不同尺度的空间发挥多元维度可持续效应的土地利用方式。其空间组织上应该具备更广泛、更多维度的特征,而不应仅仅局限于局部地段空间的功能混合单维度发展,其应该基于功能混合的基本空间框架,整合实现功能平衡、居住-就业-娱乐空间混合、公共服务设施混合、步行渗透、沿街面连续、空间集约紧凑、历史延续、生态绿色等多维度的城市空间特征,从而尽可能同时为实现经济多元创新、社会融合包容、绿色低碳发展、历史文化传承、时空共享利用等多维目标创造空间载体。

(2) 从人的角度的理解

从人的角度出发,土地混合利用是供不同属性人群混合使用土地,从而满足多方面、多层次利益的一种"人地关系"。其根本目标在于保障多元化人群对某一范围内土地的共同使用,所以多方面、多层次的利益,既包括了"无差别的人"对城市宜居品质的诸多期许,以及个体需求层次的提升,也包括了"不同属性的人"共存时的共享、公平、正义、包容等目标需求。

8.3.3.2 何为土地混合利用的优化

根据土地混合利用的定义,土地混合利用的优化也可以从两方面进行理解。

(1) 从土地利用方式角度的理解

从土地利用方式的角度出发,土地混合利用的优化是指人们为了实现不断扩充升级的经济、社会、生态等多维度可持续效应[①],从而不断改善土地混合利用的土地利用系统结构的过程。这一优化过程的对象是包括功能混合状态、空间设计形态、空间可持续特征以及空间场所氛围等内容在内的土地利用系统结构,目标是为了追求更高质量的可持续效应,这一过程是动态演进与持续不断的。

(2) 从人的角度的理解

从人的角度出发,土地混合利用的优化是指为了能够更好地满足"无差别的人"的宜居生活品质需求和个体需求层次的提升,以及满足"不同属性的人"的更好的共存需求,从而不断优化土地混合利用逻辑和内容的过程。混合逻辑的优化,在于实现何种类型、何种状态的混合,而混合内容的优化,在于如何通过土地利用的时空组织方式,去实现混合逻辑的优化。

8.4　本章小结

通过梳理,我们可以清晰地发现,英美国家呈现出一致性的演变特征,这在一定程度上证明旧城中心区土地混合利用存在一条"良性演变路径"。在这一演变路径中,功能要素、时空模式、权力制度呈现协同演变趋势:功能要素混合逻辑由"功能隔离"到"多功能混合"再到"职住娱平衡",可持续维度由偏向经济维度到多维度均衡;时空模式在步行范围内的局部空间呈现出趋向"职住娱平衡"、趋向为多样化人口提供多样化空间,并与容量提升和街区尺度宜人化同步,整体空间呈现出趋向开放及绿色公共交通引领;权力制度则呈现出趋向尽可能提升功能混合弹性、保障多元可持续内容、全程保障实施效果、保障多元民主化决策机制等特征。协同演变的基本逻辑可以分为"协同促进功能混合逻辑的转变""协同促进功能可持续维度的提升"以及"协同促进可持续效应实现"三个步骤,尽管这三个步骤在实际中可能会同时发生,但从实现可持续效应的整体动态过程角度看,其基本过程遵循了这一逻辑脉络。

随后探究路径演变的动力机制,可以发现,1990年代前与后呈现出由市场主动应对到政府全面促进的明显变化,后者对保障路径良性演变起到重要作用。而在政府全面促进机制体系中社会、市场、政策各自起到了不同作用:社会机制是居民生产消费方式对路径的影响,"福特主义—新福特主义—后福特主义"生产消费方式变革对土地混合利用路径演变起到的作用可以证明社会机制是路径演变的根本动力;市场机制是市场基于经济规律做出的敏锐应对,它直接决定着土地混合利用的建成效果,但同时它对路径良性演变具有正负两方面作用,因此掌握利用市场机制将成为促进良性演变的直接动力;政策机制是政府通过控制引导政策对路径演变方向的实施决策,其不但要营造正确的整体氛围,而且要在为良性演变提供最大可能性的同时,切实保障实施效果,是良性演变的保障动力。三者相互制约的关系在政策机制错误地应对缩小化社会机制并忽视负面经济机制时会形成"方向偏差",因此,必须发挥政策机制的保障作用,并建立社会民主决策制度,才能够保障"良性"机制的运行。

再进一步剖析,实践者对土地混合利用概念理论理解由"物质空间技术"到"场所氛围营造手

---

① 不同时代对可持续效应的理解不同,但从时代演进看,可持续效应是在不断扩充升级的。

段"的演变、中心区"社会活力集聚区"本质属性的超越式恢复,以及个体需求与共存需求的双重应对,可看作是路径演变背后的内在逻辑。内在逻辑的存在并不代表着路径演变实施效果的必然,我们需要辩证地去看待良性演变:首先需要处理好路径良性演变过程中繁复的协调内容和困难重重的协调过程;其次需要正确看待良性演变的这一过程,即,实践效果确实呈现出与理论内容不断接近的趋势,但正因为浩繁的协调内容的存在以及各地微情境的不同,效果的实现并非必然,而我们却不应该因为这些失败案例,对良性演变进行否定或者妥协式处理,我们需要正确地认识土地混合利用及其优化过程,因为通过良性演变为可持续效应提供最大可能性是土地混合利用对城市长久繁荣的最重要贡献,也是城市管理者与规划者的职责。

参考文献

艾琳，2007. 后现代城市主义[M]. 张冠增，译. 上海：同济大学出版社.

白韵溪，陆伟，刘涟涟，2014. 基于立体化交通的城市中心区更新规划：以日本东京汐留地区为例[J]. 城市规划，38(7)：76-83.

鲍米尔，2017. 城市中心规划设计：原则与方针[M]. 冯洋，译. 沈阳：辽宁科学技术出版社.

贝里，等，2006. 商业中心与零售业布局[M]. 王德，等译. 上海：同济大学出版社.

贝纳沃罗，2000. 世界城市史[M]. 薛钟灵，等译. 北京：科学出版社.

伯克，戈德沙克，凯泽，等，2009. 城市土地使用规划[M]. 吴志强译制组，译. 北京：中国建筑工业出版社.

布莱克福德，2013. 美国小企业史[M]. 刘鹰，何国卿，等译. 杭州：浙江大学出版社.

布宁，萨瓦连斯卡娅，1992. 城市建设艺术史：20世纪资本主义国家的城市建设[M]. 黄海华，译. 北京：中国建筑工业出版社.

曹传新，2002. 长春市中心区人口空间扩散的调控[J]. 城市问题(2)：29-31.

曹康，2010. 西方现代城市规划简史[M]. 南京：东南大学出版社.

曹现强，张福磊，2011. 空间正义：形成、内涵及意义[J]. 城市发展研究，18(4)：125-129.

陈琳，2014. 当代大城市中央活力区发展与规划设计模式研究[D]. 大连：大连理工大学.

陈楠，陈可石，崔莹莹，2016. 城市中心区的小单元功能混合发展模式：伦敦中央活动区模式的启示[J]. 国际城市规划，31(3)：56-62.

陈楠，陈可石，方丹青，2017. 中心区的混合功能与城市尺度构建关系：新加坡滨海湾区模式的启示[J]. 国际城市规划，32(5)：96-103.

陈伟新，孙延松，2017. 中国特大城市核心区大街区统筹更新模式研究：从空间生产视角看深圳宝安中心区更新[J]. 规划师，33(S2)：140-146.

陈振宇，2009. 城市规划中的公众参与程序研究[M]. 北京：法律出版社.

程哲，蔡建明，杨振山，等，2017. 半城市化地区混合用地空间重构及规划调控：基于成都的案例[J]. 城市规划，41(10)：53-59.

仇保兴，2012. 新型城镇化：从概念到行动[J]. 行政管理改革(11)：11-18.

党云晓，董冠鹏，余建辉，等，2015. 北京土地利用混合度对居民职住分离的影响[J]. 地理学报，70(6)：919-930.

段进，2006. 城市空间发展论[M]. 2版. 南京：江苏科学技术出版社.

方可，2009. 简·雅各布斯关于城市多样性的思想及其对旧城改造的启示：简·雅各布斯《美国大城市的生与死》读后[J]. 国外际城市规划，24(S1)：177-179.

费瑟斯通，2000. 消费文化与后现代主义[M]. 刘精明，译. 南京：译林出版社.

高源，2007. 美国城市设计导则探讨及对中国的启示[J]. 城市规划，31(4)：48-52.

葛天阳，2018. 步行优先的英国城市中心区更新[D]. 南京：东南大学.

耿慧志，1998. 城市中心区更新的研究[D]. 上海：同济大学.

耿慧志，1999. 论我国城市中心区更新的动力机制[J]. 城市规划汇刊(3)：27-31.

耿志鹏，2013. 新疆和田市老城区混合用地特征及影响初探[J]. 北京规划建设(1)：89-92.

关于，阳建强，2019. 城市中心区功能要素的构成、关联与分布：基于资本循环的演替分析[J]. 城市规划，43(4)：15-23.

郭荣中，申海建，杨敏华，2019. 长株潭地区土地利用结构信息熵时空测度与演化[J]. 中国农业资源与区划，40(9)：92-100.

陈占祥，1979. 马丘比丘宪章[J]. 城市规划研究：1-14.

国际现代建筑学会，2007. 雅典宪章[J]. 清华大学营建系，译. 城市发展研究(5)：123-126.

哈维，2003. 后现代的状况：对文化变迁之缘起的探究[M]. 阎嘉，译. 北京：商务印书馆.

何明俊，2017. 包容性规划的逻辑起点、价值取向与编制模式[J]. 规划师，33(9)：5-10.

洪敏，金凤君，2010. 紧凑型城市土地利用理念解析及启示[J]. 中国土地科学，24(7)：10-13.

洪世键，张衔春，2016. 租差、绅士化与再开发：资本与权利驱动下的城市空间再生产[J]. 城市发展研究，23(3)：101-110.

洪文迁，2010. 纽约大都市规划百年：新城市化时期的探索与创新[M]. 厦门：厦门大学出版社.

后文君，葛天阳，阳建强，2019. 步行优先的城市中心区空间组织与更新：以英国伯明翰为例[J]. 城市规划，43(10)：102-113.

胡剑双，戴菲，毛玮丰，2010. 点的困惑与契机：城市土地混合使用下点状公园绿地研究[C]// 中国城市规划学会. 规划创新：2010中国城市规划年会论文集. 重庆：5225-5231.

胡昕宇，王前，李晨颖，2019. 特大城市中心区在建用地演变特征探析：以南京新街口中心区为例[J]. 华中建筑，37(7)：93-97.

华高莱斯. 城市更新之科技回归都市系列报告[R/OL]. (2017-12-01)[2019-10-30]. https：//mp. weixin. qq. com/.

华高莱斯. 用聚集成就绿色发展：武汉中央商务区再提升[R/OL]. (2018-09-19)[2019-09-15]. http：//www. 360doc. com/content/18/0919/18/32324834_788021025. shtml.

华夏，2016. 微观层面土地混合使用评价初探：以苏州工业园区居住用地为例[D]. 苏州：苏州大学.

黄光宇，陈勇，1997. 生态城市概念及其规划设计方法研究[J]. 城市规划，21(6)：17-20.

黄静，王净净，2015. 上海市旧区改造的模式创新研究：来自美国城市更新三方合作伙伴关系的经验[J]. 城市发展研究，22(1)：86-93.

黄林琳，2015. 混合功能发展与需求侧供能：高密度亚洲城市中心区再发展的节能契机[J]. 上海节能(2)：74-79.

黄明华，惠倩，2018. 田园城市？花园城市？——对霍华德Garden City的再认识[J]. 城市规划，42(10)：9-17.

黄玮，2006. 空间转型和经济转型：二战后芝加哥中心区再开发[J]. 国外城市规划，21(4)：53-60.

黄喜梅，2018. 基于GIS和ANN-CA模型的南宁市中心城区土地利用演化模拟[D]. 南宁：广西师范学院.

黄晓军，黄馨，2015. 弹性城市及其规划框架初探[J]. 城市规划，39(2)：50-56.

黄雄伟，2008. 基于GIS和RS的城市土地利用时空演化研究：以长沙为例[D]. 北京：中国地质大学(北京).

黄毅，2008. 城市混合功能建设研究：以上海为例[D]. 上海：同济大学.

霍尔，2009. 明日之城：一部关于20世纪城市规划与设计的思想史[M]. 童明，译. 上海：同济大学出版社.

霍华德，2009. 明日的田园城市[M]. 金经元，译. 北京：商务印书馆.

加文，2010. 美国城市规划设计的对与错[M]. 黄艳，等译. 北京：中国建筑工业出版社.

金广君，2001. 美国城市设计导则介述[J]. 国外城市规划，16(2)：6-9.

金经元,1996a. 再谈霍华德的明日的田园城市[J]. 国外城市规划,11(4):31-36.
金经元,1996b. 帕特里克·格迪斯的一生:把生物学、社会学、教育学融汇在城市规划之中[J]. 城市发展研究,3(3):24-28.
卡林沃思,凯夫斯,2016. 美国城市规划:政策、问题与过程[M]. 吴建新,杨至德,译. 武汉:华中科技大学出版社.
柯布西耶,2009. 明日之城市[M]. 李浩,译. 北京:中国建筑工业出版社.
柯布西耶,2011. 光辉城市[M]. 金秋野,王又佳,译. 北京:中国建筑工业出版社.
孔孝云,董卫,2006. 历史城市中心区的演变过程及其空间整合研究:以杭州市武林广场及周边地区概念性城市设计为例[J]. 城市建筑(12):42-45.
李芳芳,2006. 美国联邦政府城市法案与城市中心区的复兴(1949—1980)[D]. 上海:华东师范大学.
李浩,2016. 论新中国城市规划发展的历史分期[J]. 城市规划,40(4):20-26.
李俊芳,姚敏峰,季峰,等,2016. 土地利用混合度对轨道交通车站客流的影响[J]. 同济大学学报(自然科学版),44(9):1415-1423.
李铭,2012. 用地混合、街区尺度与交通出行关系的实证分析:以张家港为例[C]// 中国城市规划学会. 多元与包容——2012 中国城市规划年会论文集. 昆明:540-545.
李沛,1999. 当代全球性城市中央商务区(CBD)规划理论初探[M]. 北京:中国建筑工业出版社.
李群芳,2007. 基于土地适度混用的宜居城市建设[J]. 城市(10):45-47.
李甜,宋彦,黄一如,2015. 美国混合住区发展建设模式研究及其启示[J]. 国际城市规划,30(5):83-90.
李小英,彭望琭,曹彤,2002. 土地利用演化信息图谱的研究:以北京市顺义县为例[J]. 地球信息科学,4(2):55-60.
李雄飞,赵亚翘,王悦,等,1990. 国外城市中心商业区与步行街[M]. 天津:天津大学出版社.
李艳玲,2004. 美国城市更新运动与内城改造[M]. 上海:上海大学出版社.
李韵平,杜红玉,2017. 城市公园的源起、发展及对当代中国的启示[J]. 国际城市规划,32(5):39-43.
利维,2003. 现代城市规划[M]. 张景秋,等译. 北京:中国人民大学出版社.
梁鹤年,1999. 公众(市民)参与:北美的经验与教训[J]. 城市规划,23(5):49-53.
梁鹤年,2014. 再谈"城市人":以人为本的城镇化[J]. 城市规划,38(9):64-75.
梁鹤年,2016. 以人为本的城镇化[J]. 人类居住(4):6-8.
梁晓农,赵民,2007. 论城市规划公共政策中的"协调原则"[J]. 城市规划学刊(5):47-52.
梁远,2016. 近代英国城市规划与城市病治理研究[M]. 南京:江苏人民出版社.
梁远,刘金源,2015. 近代英国工业城市的空间结构与城市规划(1848—1939)[J]. 安徽史学(4):141-148.
林莉,王英行,2011. 再思土地利用的相容性:新形势下土地利用模式的思考[J]. 现代城市研究,26(11):64-68.
林奇,2001. 城市意象[M]. 方益萍,何晓军,译. 北京:华夏出版社.
刘丹,2018. 弹性城市与规划研究进展解析[J]. 城市规划,42(5):114-122.
刘建军,姜锐瑞,2018. 城市的本体、生长与规划——芒福德与雅各布斯核心思想比较评析[J]. 理论界(5):87-94,45.
刘金源,2006. 工业化时期英国城市环境问题及其成因[J]. 史学月刊(10):50-56.
刘念雄,1998. 环境魅力与社会活力的回归:欧美以购物中心更新旧城中心区的实践与启示[J]. 世界建筑(6):20-24.
刘竹柯君,2017. 试论 19 世纪英国城市公园的兴起成因[J]. 国际城市规划,32(1):105-109.
陆大道,陈明星,2015. 关于"国家新型城镇化规划(2014—2020)"编制大背景的几点认识[J]. 地理学报,70(2):179-185.

陆伟芳,2003. 城市公共空间与大众健康:19世纪英国城市公园发展的启示[J]. 扬州大学学报(人文社会科学版),7(4):81-86.

罗,科特,2003. 拼贴城市[M]. 童明,译. 北京:中国建筑工业出版社.

罗平,姜仁荣,李红旮,等,2010. 基于空间Logistic和Markov模型集成的区域土地利用演化方法研究[J]. 中国土地科学,24(1):31-36.

马库斯,弗朗西斯,2017. 人性场所:城市开放空间设计导则:第二版修订本[M]. 俞孔坚,王志芳,孙鹏,等译. 北京:北京科学技术出版社.

满洲,赵荣钦,袁盈超,等,2018. 城市居住区周边土地混合度对居民通勤交通碳排放的影响:以南京市江宁区典型居住区为例[J]. 人文地理,33(1):70-75.

孟潇,聂晓潞,纪若雷,2014. 关于现代服务业内涵辨析与发展经验的评析[J]. 经济研究参考(26):41-49.

宁晓平,2016. 土地利用结构与城市活力的影响分析[D]. 深圳:深圳大学.

庞晓媚,2018. 应对可持续发展的开发控制体系[D]. 广州:华南理工大学.

庞晓媚,周剑云,戚冬瑾,2010. 论开发控制体系的相对独立性[J]. 城市规划,34(7):9-16.

彭錞,2016. 土地发展权与土地增值收益分配:中国问题与英国经验[J]. 中外法学,28(6):1536-1553.

彭特,2006. 美国城市设计指南:西海岸五城市的设计政策与指导[M]. 庞玥,译. 北京:中国建筑工业出版社.

戚冬瑾,周剑云,2013. 基于形态的条例:美国区划改革新趋势的启示[J]. 城市规划,37(9):67-75.

戚冬瑾,周剑云,2017. 我国城市用地分类的地方性探索[J]. 城市规划,41(5):59-68.

钱林波,2000. 城市土地利用混合程度与居民出行空间分布:以南京主城为例[J]. 现代城市研究,15(3):7-10.

强欢欢,吴晓,王慧,2014. 2000年以来南京市主城区居住空间的分异探讨[J]. 城市发展研究,21(1):68-78.

乔艺波,2018. 演进的价值观:城市规划实践中公共利益的流变:基于历史比较的视野[J]. 城市规划,42(1):67-73.

余娇,2014. 重庆市主城区社会空间结构及其演化研究[D]. 重庆:重庆大学.

沈磊,2014. 城市中心区规划[M]. 北京:中国建筑工业出版社.

沈玉麟,1989. 外国城市建设史[M]. 北京:中国建筑工业出版社.

施卫良,2014. 规划编制要实现从增量到存量与减量规划的转型[J]. 城市规划,38(11):21-22.

石楠,2017. "人居三"、《新城市议程》及其对我国的启示[J]. 城市规划,41(1):9-21.

史北祥,杨俊宴,2019. 城市中心区混合用地概念辨析及空间演替:以南京新街口中心区为例[J]. 城市规划,43(1):89-99.

宋云峰,2006. 我国旧城中心区复兴的城市设计策略研究[D]. 上海:同济大学.

孙斌栋,刘学良,2009. 美国混合居住政策及其效应的研究述评:兼论对我国经济适用房和廉租房规划建设的启示[J]. 城市规划学刊(1):90-97.

孙斌栋,刘学良,2010. 欧洲混合居住政策效应的研究述评及启示[J]. 国际城市规划,25(5):96-102.

孙群郎,2005. 美国城市郊区化研究[M]. 北京:商务印书馆.

孙施文,2007. 现代城市规划理论[M]. 北京:中国建筑工业出版社.

泰勒,2006. 1945年后西方城市规划理论的流变[M]. 李白玉,陈贞,译. 北京:中国建筑工业出版社.

泰特,2005. 城市公园设计[M]. 周玉鹏,肖季川,朱青模,译. 北京:中国建筑工业出版社.

谭文勇,张楠,2018. 人行道的混合使用:观察、思考与建议[C]// 中国城市规划学会. 共享与品质——2018中国城市规划年会论文集. 杭州:1270-1278.

唐爽，张京祥，何鹤鸣，等，2023. 土地混合利用及其规建管一体制度创新[J]. 城市规划，47(1)：4-14.

唐子来，李明，2001. 英国的城市设计控制[J]. 国外城市规划，16(2)：3-5.

田莉，2016. 城市土地利用规划[M]. 北京：清华大学出版社.

王朝晖，李秋实，2002. 现代国外城市中心商务区研究与规划[M]. 北京：中国建筑工业出版社.

王丹，王士君，2007. 美国"新城市主义"与"精明增长"发展观解读[J]. 国际城市规划，22(2)：61-66.

王德，殷振轩，俞晓天，2019. 用地混合使用的国际经验：模式、测度方法和效果[J]. 国际城市规划，34(6)：79-85.

王慧，吴晓，2019. 分职业视角下南京市外来工就业空间分布研究：兼论其与城市就业空间的关联[J]. 城市规划，43(3)：17-26.

王兰，刘刚，2011. 上海和芝加哥中心城区的邻里再开发模式及规划：基于两个案例的比较[J]. 城市规划学刊(4)：101-110.

王量量，2005. 论城市中心区更新中功能构成与空间形态的关系[D]. 天津：天津大学.

王如松，1988. 高效·和谐：城市生态调控原则与方法[M]. 长沙：湖南教育出版社.

王世福，2004. 完善以开发控制为核心的规划体系[J]. 城市规划汇刊(1)：40-44.

王万茂，王群，2010. 土地利用规划学[M]. 北京：北京师范大学出版社.

王旭，罗思东，2010. 美国新城市化时期的地方政府：区域统筹与地方自治的博弈[M]. 厦门：厦门大学出版社.

王铮，2011. 基于混合使用概念的工业遗产保护再利用策略研究[D]. 北京：中央美术学院.

文雯，2016. 阿姆斯特丹混合使用开发的规划实践[J]. 国际城市规划，31(4)：105-109.

沃特森，布拉特斯，谢卜利，2006. 城市设计手册[M]. 刘海龙，郭凌云，俞孔坚，等译. 北京：中国建筑工业出版社.

吴贝西，2017. 1980年代以来南京新街口中心区发展演变[D]. 南京：东南大学.

吴次芳，宋戈，2009. 土地利用学[M]. 北京：科学出版社.

吴嘉慧，2016. 台湾公共空间活力与基于混合利用的活化策略研究[D]. 广州：华南理工大学.

吴明伟，孔令龙，陈联，1999. 城市中心区规划[M]. 南京：东南大学出版社.

吴晓松，张莹，缪春胜，2015. 中英城市规划体系发展演变[M]. 广州：中山大学出版社.

吴志强，2000.《百年西方城市规划理论史纲》导论[J]. 城市规划汇刊(2)：9-18.

武前波，陈前虎，2015. 2000—2010年杭州人口空间变动与城市空间组织重构[J]. 城市规划，39(11)：30-38.

夏梦晨，2014. 天津滨海新区中心区空间形态演变发展研究[D]. 北京：清华大学.

向俊波，2004. 理论与实践分离的城市规划[J]. 城市规划汇刊(2)：43-46.

小泽，2010. 生态城市前沿：美国波特兰成长的挑战和经验[M]. 寇永霞，朱力，译. 南京：东南大学出版社.

肖莹光，2006. 广州市中心区社会空间结构及其演化研究[D]. 上海：同济大学.

谢富胜，2007. 资本主义的劳动过程：从福特主义向后福特主义转变[J]. 中国人民大学学报，21(2)：64-70.

谢富胜，黄蕾，2005. 福特主义、新福特主义和后福特主义：兼论当代发达资本主义国家生产方式的演变[J]. 教学与研究(8)：36-42.

邢琰，2005. 规划单元开发中的土地混合使用规律及对中国建设的启示[D]. 北京：清华大学.

修春亮，1998. 对中国城市中心商务区演变规律的初步研究[J]. 人文地理，13(4)：53-56.

徐瑾，顾朝林，2015. 英格兰城市规划体系改革新动态[J]. 国际城市规划，30(3)：78-83.

许靖涛，朱俊华，王进安，2014. 浅析国内外城市用地"混合使用"的规划引导[J]. 西部人居环境学刊，29

(3):66-71.

许思扬,陈振光,2012. 混合功能发展概念解读与分类探讨[J]. 规划师,28(7):105-109.

许松辉,许智东,2009. 土地混合使用现状困境及对策探讨:谈基本功用、和谐、活力三层目标的构建[J]. 规划师(1):110-113.

许志强,2012. 1840—1914年伦敦贫民窟问题与工人住房建设分析[J]. 史学集刊(1):121-128.

薛立新,2016. 城市的本质[J]. 城市规划,40(7):9-18.

雅各布斯,2006. 美国大城市的死与生[M]. 2版. 金衡山,译. 南京:译林出版社.

严雅琦,田莉,2016. 1990年代以来英国的城市更新实施政策演进及其对我国的启示[J]. 上海城市规划(5):54-59.

阳建强,2012. 西欧城市更新[M]. 南京:东南大学出版社.

阳建强,2017. 城市中心区更新与再开发:基于以人为本和可持续发展理念的整体思考[J]. 上海城市规划(5):1-6.

阳建强,2018. 走向持续的城市更新:基于价值取向与复杂系统的理性思考[J]. 城市规划,42(6):68-78.

杨昌鸣,张祥智,李湘桔,2015. 从"希望六号"到"选择性邻里":美国近期公共住房更新政策的演变及其启示[J]. 国际城市规划,30(6):41-49.

杨东峰,2016. 重构可持续的空间规划体系:2010年以来英国规划创新与争议[J]. 城市规划,40(8):91-99.

杨东峰,殷成志,2013. 可持续城市理论的概念模型辨析:基于"目标定位-运行机制"的分析框架[J]. 城市规划学刊(2):39-45.

杨静雅,2014. 城市新区土地混合使用研究:以西安高新区为例[D]. 西安:西安建筑科技大学.

杨俊宴,2013. 城市中心区规划设计理论与方法[M]. 南京:东南大学出版社.

杨俊宴,2016. 亚洲城市中心区空间结构的四阶原型与演替机制研究[J]. 城市规划学刊(2):18-27.

杨俊宴,史北祥,2012. 城市中心区圈核结构模式的空间增长过程研究:对南京中心区30年演替的定量分析[J]. 城市规划,36(9):29-38.

杨俊宴,史宜,2014. 老城中心区的发展演替及动力机制研究:以上海市中心人民广场地区为例[J]. 城市规划学刊(2):51-59.

杨振,雷军,2018. 1982—2010年乌鲁木齐市主城区人口时空分布特征及模拟[J]. 中国科学院大学学报,35(4):506-514.

姚士谋,张平宇,余成,等,2014. 中国新型城镇化理论与实践问题[J]. 地理科学,34(6):641-647.

姚之浩,曾海鹰,2018. 1950年代以来美国城市更新政策工具的演化与规律特征[J]. 国际城市规划,33(04):18-24.

叶洋,2016. 基于绿色交通理念的城市中心区空间优化研究[D]. 哈尔滨:哈尔滨工业大学.

尹超英,邵春福,王晓全,等,2018. 基于改进熵的土地利用混合度对非通勤行为的影响[J]. 北京交通大学学报,42(4):92-97.

应盛,2009. 美英土地混合使用的实践[J]. 北京规划建设(2):110-112.

于立,1995. 英国发展规划体系及其特点[J]. 国外城市规划,10(1):27-33.

于立,2011. 控制型规划和指导型规划及未来规划体系的发展趋势:以荷兰与英国为例[J]. 国际城市规划,26(5):56-65.

于立,杨睿,2012. 英国开发控制系统的分析与其特征[J]. 城市发展研究,19(5):95-99.

于洋,2016. 纽约市区划条例的百年流变(1916—2016):以私有公共空间建设为例[J]. 国际城市规划,31(2):98-109.

翟强,2010. 城市街区混合功能开发规划研究[D]. 武汉:华中科技大学.

张更立, 2004. 走向三方合作的伙伴关系：西方城市更新政策的演变及其对中国的启示[J]. 城市发展研究, 11(4)：26-32.

张冠增, 2011. 西方城市建设史纲[M]. 北京：中国建筑工业出版社.

张翰卿, 2005. 美国城市公共空间的发展历史[J]. 规划师, 21(2)：111-114.

张鸿雁, 2001. 城市中心区更新与复兴的社会意义：城市社会结构变迁的一种表现形[J]. 城市问题(6)：2-4.

张京祥, 2005. 西方城市规划思想史纲[M]. 南京：东南大学出版社.

张京祥, 唐爽, 何鹤鸣, 2021. 面向创新需求的城市空间供给与治理创新[J]. 城市规划, 45(1)：9-19.

张俊, 2005. 英国的规划得益制度及其借鉴[J]. 城市规划, 29(3)：49-54.

张梦竹, 周素红, 2015. 城市混合土地利用新趋势及其规划控制管理研究[J]. 规划师, 31(7)：42-48.

张若曦, 苏腾, 黄梦然, 2018. 国外生态城市近十年研究回顾：基于Citespace软件的可视化分析[J]. 生态城市与绿色建筑(1)：36-42.

张庭伟, 2001. 1990年代中国城市空间结构的变化及其动力机制[J]. 城市规划, 25(7)：7-14.

张庭伟, 2019. 规划的初心，使命，及安身[J]. 城市规划, 43(2)：9-13.

张庭伟, 王兰, 2011. 从CBD到CAZ：城市多元经济发展的空间需求与规划[M]. 北京：中国建筑工业出版社.

张占斌, 2013. 新型城镇化的战略意义和改革难题[J]. 国家行政学院学报(1)：48-54.

张占录, 张正峰, 2006. 土地利用规划学[M]. 北京：中国人民大学出版社.

章征涛, 宋彦, 丁国胜, 等, 2018. 从新城市主义到形态控制准则：美国城市地块形态控制理念与工具发展及启示[J]. 国际城市规划, 33(4)：42-48.

赵宝静, 沈璐, 2015. 城市更新语境下中央活力区城市设计方法初探[J]. 上海城市规划(1)：31-36.

赵明阳, 2018. 包容性城市：缘起、蕴涵与治理路径[D]. 济南：山东大学.

赵壬嫄, 薛姣, 2017. 住区用地功能混合视角下的外部空间活力评价模型：以天津市为例[J]. 住宅与房地产(24)：266.

赵永华, 2014. 面向土地混合使用的规划制度研究：以上海市为例[D]. 上海：上海交通大学.

郑红玉, 吴次芳, 沈孝强, 2018. 土地混合利用研究评述及框架体系构建[J]. 经济地理, 38(3)：157-164.

郑红玉, 吴次芳, 郑盛, 等, 2016. 空间一致性视角下的城市紧凑发展与土地混合利用研究：以上海市为例[J]. 中国土地科学, 30(4)：35-42.

郑泽华, 2011. 治理城市衰败社区的最新尝试：美国授权区和企业区项目初论[J]. 科学时代(3)：14-17.

钟炜菁, 王德, 2019. 上海市中心城区夜间活力的空间特征研究[J]. 城市规划, 43(6)：97-106.

周国艳, 于立, 2010. 西方现代城市规划理论概论[M]. 南京：东南大学出版社.

周麟, 金珊, 陈可石, 等, 2015. 基于空间句法的旧城中心区空间形态演变研究：以汕头市小公园开埠区为例[J]. 现代城市研究, 30(7)：68-76.

周敏, 林凯旋, 黄亚平, 2013. 我国城市更新中的绅士化运动反思[J]. 规划师, 29(12)：116-120.

周明祥, 田莉, 2008. 英美开发控制体系比较及对中国的启示[J]. 上海城市规划(6)：18-22.

周蓉, 2011. 城市中心区土地再开发功能定位研究：以湘潭市福星路两厢土地再开发为例[D]. 长沙：中南大学.

朱俊华, 许靖涛, 王进安, 2014. 城市土地混合使用概念辨析及其规划控制引导审视[J]. 规划师, 30(9)：112-115.

朱喜钢, 周强, 金俭, 2004. 城市绅士化与城市更新：以南京为例[J]. 城市发展研究, 11(4)：33-37.

朱晓青, 2014. 混合功能人居："产住共同体"聚落的演进、机理与建构[M]. 北京：中国建筑工业出版社.

朱妍, 2010. 劳动力流动、产业转移与城市发展研究：新经济地理学视角[D]. 天津：南开大学.

朱渊，2008. 网络化(network)城市建筑研究初探：从"十次小组"(Team 10)谈起[J]. 建筑师(5)：51-59.

朱渊，汪坚强，2009. 从"十次小组"(Team 10)研究看当代基于时间纬度的城市与建筑关联[J]. 建筑学报(S2)：130-134.

诸葛承祥，2014. 基于自组织理论的城市交通和土地利用动态演化机理研究[D]. 北京：北京交通大学.

庄淑亭，任丽娟，2011. 城市土地混合用途开发策略探讨[J]. 土木工程与管理学报，28(1)：33-37.

庄淑亭，2011. 基于低碳的城市土地混合使用探讨[C]//中国城市科学研究会. 2011城市发展与规划大会论文集. 北京：135-138.

卓旻，2014. 西方城市发展史[M]. 北京：中国建筑工业出版社.

邹兵，2013. 增量规划、存量规划与政策规划[J]. 城市规划，37(2)：35-37.

Abbott C, 1993. Five downtown strategies: policy discourse and downtown planning since 1945[J]. Journal of Policy History, 5(1): 5-27.

Aldous T, 1992. Urban Villages: a concept for creating mixed-use urban developments on a sustainable scale[M]. London: Urban Villages Group.

Alexander C, 2013. "A city is not a tree" from Architecture Forum(1965)[M]// Larice M, Macdonald E. The urban design reader. London: Routledge: 152-166.

Alexander E R, 1997. A Mile or a millimeter? Measuring the 'planning theory — Practice gap'[J]. Environment and Planning B: Planning and Design, 24(1): 3-6.

Alexander I, 1974. City centre redevelopment[J]. Progress in Planning, 3: 1-81.

Arndt H W, 1983. The "trickle-down" myth[J]. Economic Development and Cultural Change, 32(1): 1-10.

Arnstein S R, 1969. A ladder of citizen participation[J]. Journal of the American Institute of Planners, 35(4): 216-224.

Atkinson R, Blandy S, Flint J, et al, 2005. Gated cities of today? Barricaded residential development in England[J]. Town Planning Review, 76(4): 401-422.

Atlanta Regional Commission(ARC). Quality growth toolkit - mixed use development[R/OL]. (2002-04-26)[2019-10-25]. https://www.dekalbcountyga.gov/sites/default/files/user18/mixed_use_development.pdf.

Attoe W, Logan D, 1989. American urban architecture: catalysts in the design of cities[M]. Berkeley: University of California Press.

Awuah K G B, Hammond F N, Booth C A, et al, 2014. Evolution and development of urban land use planning: analysis from human action theory perspective[J]. Theoretical and Empirical Researches in Urban Management, 9(2): 35-67.

Baldwin P, Nightlife in the city[R/OL]. (2015-03-02)[2019-03-10]. https://oxfordre.com/americanhistory/view/10.1093/acrefore/9780199329175.001.0001/acrefore-9780199329175-e-178.

Ballon H, 2012. The greatest grid: the master plan of Manhattan, 1811-2011[M]. New York: Museum of the City of New York.

Barlow Commission, 1940. Royal commission on the distribution of the industrial population[R]. London: H. M. Stationery Office.

Barlow J, Gann D, 1993. Offices into flats[M]. York: Joseph Rowantree Foundation.

Baum-Snow N, Hartley D, 2020. Accounting for central neighborhood change, 1980—2010[J]. Journal of Urban Economics, 117: 103228.

BDP. Liverpool: regeneration of a city centre[R/OL]. (2009-12-30)[2009-10-01]. http://www.bdp.

com/globalassets/about/publications/liverpool_one_book. pdf.

Beauregard R A, 2005. The textures of property markets: downtown housing and office conversions in New York City[J]. Urban Studies, 42(13): 2431-2445.

Bell J, 2008. Mixed-use goes mainstream [J]. Mortgage Banking, 68(7): 80-85.

Bhattacharjee S, Goetz A R, 2016. The rail transit system and land use change in the Denver metro region [J]. Journal of Transport Geography, 54: 440-450.

Birch E L, 2002. Having a longer view on downtown living[J]. Journal of the American Planning Association, 68(1): 5-21.

Birch E L, 2005. Who lives downtown [Z]. Washington, D. C. : Brookings Institution.

Birch E L, 2009. Downtown in the "new American city"[J]. The ANNALS of the American Academy of Political and Social Science, 626(1): 134-153.

Bluestone B, Harrison B, 1982. The deindustrialization of America: plant closings, community abandonment, and the dismantling of basic industry[M]. New York: Basic Books.

Bohl C C, 2002. Place making: developing town centers, main streets, and urban villages[M]. Washington, D. C. : Urban Land Institute.

Booth C, 1889. Life and labour of the people in London[M]. London: Macmillan.

Booth P, 1999. From regulation to discretion: the evolution of development control in the British planning system 1909-1947[J]. Planning Perspectives, 14(3): 277-289.

Bouncken R B, Reuschl A J, 2018. Coworking-spaces: how a phenomenon of the sharing economy builds a novel trend for the workplace and for entrepreneurship[J]. Review of Managerial Science, 12 (1): 317-334.

Boyce R R, Clark W A V, 1963. Selected spatial variables and central business district retail sales[J]. Papers of the Regional Science Association, 11(1): 167-193.

Bristol City Council. Bristol central area plan: sustainability appraisal[R/OL]. (2014-02-01)[2019-03-25]. https: //www. bristol. gov. uk/documents/20182/34536/Sustainability + Appraisal + Report + 2018/880c325a-b039-4985-acb9-5c6870603dc2.

British Council for Offices(BCO). Mixed use development and investment [R/OL]. (2004-11-01)[2019-04-11]. http://www. bco. org. uk/Research/Publications/Mixeduse2610. aspx.

Bromley R D F, Morgan R H, 1985. The effects of enterprise zone policy: evidence from Swansea[J]. Regional Studies, 19(5): 403-413.

Bromley R D F, Tallon A R, Thomas C J, 2005. City centre regeneration through residential development: contributing to sustainability[J]. Urban Studies, 42(13): 2407-2429.

Bromley R D F, Thomas C J, Millie A, 2000. Exploring safety concerns in the night-time city: revitalising the evening economy[J]. Town Planning Review, 71(1): 71.

Brown L J, Dixon D, Gillham O, 2014. Urban design for an urban century: shaping more livable, equitable, and resilient cities[M]. 2nd ed. Hoboken: Wiley.

Brownill S, 1990. Developing London's Docklands: another great planning disaster? [M]. London: Paul Chapman Publishing Ltd.

Bryan J, 2005. Fostering educational resilience and achievement in urban schools through school-family-community partnerships[J]. Professional School Counseling, 8(3): 219-227.

Buchanan C, 1963. Traffic in towns: a study of the long term problems of traffic in urban areas[M]. London: H. M. Stationery Office.

Bullen P A, Love P E D, 2009. Residential regeneration and adaptive reuse: learning from the experiences of Los Angeles[J]. Structural Survey, 27(5): 351-360.

Burgess J, 1978. Conflict and conservation in covent garden[J]. L'Espace Géographique, 7(2): 93-107.

Burton E, 2000. The compact city: just or just compact? A preliminary analysis[J]. Urban Studies, 37(11): 1969-2006.

Callies D L, 1985. Developers' agreements and planning gain[J]. The Urban Lawyer, 17(3): 599-612.

Carmon N, 1999. Three generations of urban renewal policies: analysis and policy implications[J]. Geoforum, 30(2): 145-158.

Carmona M, de Magalhães C, Hammond L, 2008. Public space: the management dimension[M]. London: Routledge.

Castleton H F, Stovin V, Beck S B M, et al, 2010. Green roofs: building energy savings and the potential for retrofit[J]. Energy and Buildings, 42(10): 1582-1591.

CBRE. U. S. Urbanization trends: investment implications for commercial real estate[R/OL]. (2016-05-10)[2019-03-11]. http://cbreglobalinvestors.com/research/publications/Documents/Special%20Reports/US%20Urbanization%20Trends_SUMMER%202016.pdf.

Center for an Urban Future. Creative New York[R/OL]. (2015-10-01)[2019-10-27]. https://nycfuture.org/pdf/Creative-New-York-2015.pdf.

Charlton M, Pyrke A, Shapland A, et al. Beyond retail: redefining the shape and purpose of town centres[R/OL]. (2013-11-01)[2019-08-19]. https://thegreatbritishhighstreet.co.uk/pdf/Beyond-Retail.pdf?1540804457.

Cherry G E, 1974. The evolution of British town planning: a history of town planning in the United Kingdom during the 20th century and of the Royal Town Planning Institute, 1914-74[M]. New York: Wiley.

Chicago Loop Alliance. Loop economic study & impact report[R/OL]. (2011-02-01)[2019-01-15]. https://loopchicago.com/assets/Uploads/324bf45871/2011_Loop_Economic_Study_FINAL.pdf.

Chicago Plan Commission. Central area action plan[R/OL]. (2009-08-20)[2019-02-01]. https://www.cityofchicago.org/city/en/depts/dcd/supp_info/central_area_plandraft.html.

City Centre Planning Group. Liverpool city centre plan[R]. Liverpool: City and County Borough of Liverpool, 1965.

City of Birmingham, 1980. Birmingham central area district plan (draft written statement)[R]. Birmingham: [s. n.].

City of Westminster. Mixed use and office to residential conversion. [R/OL]. (2014-12-01)[2019-3-1]. https://assets.publishing.service.gov.uk/media/55926834ed915d1592000013/Exhibit_2_-_mixed_use_and_office_to_residential_conversion.pdf.

Collins R C, Waters E B, Dotson A B, et al, 1991. America's downtowns: growth, politics & preservation[M]. Washington, D. C.: Preservation Press.

Colquhoun I, 1995. Urban regeneration: an international perspective[M]. London: B. T. Batsford Ltd.

Couch C, 1990. Urban renewal: theory and practice[M]. London: Macmillan.

Couch C, Dennemann A, 2000. Urban regeneration and sustainable development in Britain: the example of the Liverpool Ropewalks Partnership[J]. Cities, 17(2): 137-147.

Couch C, Fraser C, Percy S, 2003. Urban regeneration in Europe[M]. Oxford: Blackwell Science.

Coulson A, Wright G, 2013. Brindleyplace, Birmingham: Creating an inner city mixed-use development in times of recession[J]. Planning Practice & Research, 28(2): 256-274.

Coupland A,1997. Reclaiming the city: mixed use development[M]. Oxford: Alden Press.

Cox E, Ryan-Collins J, Squires P, et al. Re-imagining the high street: scape from clone town Britain[R/OL]. (2010-09-01)[2019-06-09]. https://b.3cdn.net/nefoundation/1da089b4b1e66ba2b3_v8m6b0c0w.pdf.

Cullen G,1961. Townscape[M]. New York: Reinhold Pub. Corp.

Cullingworth J B, 1993. The political culture of planning: American land use planning in comparative perspective[M]. New York: Routledge.

Cullingworth J B, Cherry G E,1975. Environmental planning,1939—1969[M]. London: H. M. Stationery Office.

Cullingworth J B, Nadin V, Hart T, et al, 2014. Town and country planning in the UK[M]. 15th ed. London: Routledge.

Daniels P W,1977. Office location in the British conurbations: trends and strategies[J]. Urban Studies,14(3): 261-274.

Davies H W E,1998. Continuity and change: the evolution of the British planning system, 1947—97[J]. Town Planning Review, 69(2): 135.

Davies R L,1985. Shopping centre development in Newcastle upon Tyne and Tyne and Wear metropolitan county[M]//Dawson J, Lord D. Shopping centre development: policise and prospect. Beckenham: Croom Helm: 161-184.

Davies R L, Champion A G,1983. The future for the city centre[M]. London: Academic Press.

Dawson J,1983. Shopping centre development[M]. New York: Longman.

Day K, 2003. New urbanism and the challenges of designing for diversity[J]. Journal of Planning Education and Research, 23(1): 83-95.

de Neufville J I,1983. Planning theory and practice: bridging the gap[J]. Journal of Planning Education and Research, 3(1): 35-45.

Del Rio V, 2018. From downtown to the inner harbor: Baltimore's sustainable revitalization: Part 2[J]. Focus,14(1): 17.

DeLisle J, Grissom T, 2013. An empirical study of the efficacy of mixed-use development: the Seattle experience[J]. Journal of Real Estate Literature, 21(1): 25-57.

Department for Communities and Local Government(DCLG). Mixed use development, practice and potential [R/OL]. (2006-05-05)[2019-03-02]. www.livingtransport.com/library/pdf.php?id=102.

Department for Communities and Local Government(DCLG). Planning Policy Statement 3 (PPS3): Housing [M]. 4th ed. London: H. M. Stationery Office,2011.

Department of New York Cultural Affairs. Vendor power! A guide to street vending in New York City[R/OL]. (2009-05-06)[2019-04-15]. http://www.wiego.org/sites/default/files/resources/files/United-States-of-America-A-Guide-to-Street-Vending-in-New-York-City.pdf.

Department of Planning and Development. The Chicago central area plan[R/OL]. (2003-05-01)[2019-11-01]. https://www.cityofchicago.org/city/en/depts/dcd/supp_info/central_area_plandraft.html.

Design Council. Design Review: principles and practice[R/OL]. (2003-04-11)[2019-05-06]. https://www.designcouncil.org.uk/sites/default/files/asset/document/DC%20Cabe%20Design%20Review%202013W0.pdf.

Dixon T, Eames M, Hunt M, et al, 2014. Urban retrofitting for sustainability: mapping the transition to 2050[M]. London: Routledge.

Dixon T, Marston A, 2003. Mixed use urban regeneration at Brindleyplace, Birmingham and Gunwharf Quays, Portsmouth: an assessment of the impact on local and national economies[R]. [S. l.]: Reading, British Property Federation.

Drummond-Cole A, Bond-Graham D, 2012. Disneyfication of downtown Oakland: business improvement districts and the battle for public space[J]. Race, Poverty & the Environment: 49-52.

Duany A, Plater-Zyberk E, 1999. The lexicon of the new urbanism [R]. [S. l.]: Duany Plater-Zyberk & Company.

Duany A, Speck J, Lydon M, 2010. The smart growth manual[M]. New York: McGraw-Hill.

Dynarski M, James-Burdumy S, Moore M, et al, 2004. When schools stay open late: the national evaluation of the 21st-century community learning centers program[R]. Washington, D. C. : U. S. Department of Education.

Ehlers Smith Y C, Ehlers Smith D A, Ramesh T, et al, 2017. The importance of microhabitat structure in maintaining forest mammal diversity in a mixed land-use mosaic[J]. Biodiversity and Conservation, 26 (10): 2361-2382.

Ellickson R C, 1973. Alternatives to zoning: covenants, nuisance rules, and fines as land use controls[J]. The University of Chicago Law Review, 40(4): 681.

Elliott J A, 2006. An introduction to sustainable development[M]. 3rd ed. New York: Routledge.

Emery J, 2006. Bullring: A case study of retail-led urban renewal and its contribution to city centre regeneration[J]. Journal of Retail & Leisure Property, 5(2): 121-133.

Enright T E, McIntyre C, 2019. Art and neighbourhood change beyond the city centre[J]. Canadian Journal of Urban Research, 28(1): 34-49.

Evans A W, 1967. Myths about employment in central London[J]. Journal of Transport Economics and Policy, 1(2): 214-225.

Evans G, 2014. Living in the city: mixed use and quality of life [M]//Cooper R, Burton E, Cooper C L. Wellbeing: a complete reference guide, wellbeing and the environment. Chichester: John Wiley & Sons: 119-146.

Evans G, Foord J, 2007. The generation of diversity: mixed-use and urban sustainability[M]//Thwaites K, Porta S, Romice O, et al. Urban sustainability through environmental design : approaches to time-people-place responsive urban spaces. London: Routledge: 95-101.

Evans R, 1997. Regenerating town centres[M]. Manchester: Manchester University Press.

Ewing R, Greenwald M, Zhang M, et al, 2011. Traffic generated by mixed-use developments: six-region study using consistent built environmental measures[J]. Journal of Urban Planning and Development, 137 (3): 248-261.

Fainstein S S, 1994. The city builders: property, politics, and planning in London and New York[M]. Cambridge, MA: Blackwell.

Fainstein S S, 2005. Cities and diversity: should we want it? Can we plan for it? [J]. Urban Affairs Review, 41(1): 3-19.

Farr D, 2011. Sustainable urbanism: urban design with nature [M]. Hoboken: John Wiley & Sons.

Faulk D, 2006. The process and practice of downtown revitalization[J]. Review of Policy Research, 23(2): 625-645.

Felce D, Perry J, 1995. Quality of life: its definition and measurement[J]. Research in Developmental Disabilities, 16(1): 51-74.

Ferm J, Jones E, 2016. Mixed-use 'regeneration' of employment land in the post-industrial city: challenges and realities in London[J]. European Planning Studies, 24(10): 1913-1936.

Fernández-Olmo I, Andecochea C, Ruiz S, et al, 2016. Local source identification of trace metals in urban/industrial mixed land-use areas with daily PM_{10} limit value exceedances[J]. Atmospheric Research, 171: 92-106.

Florida R L, 2005. Cities and the creative class[M]. New York: Routledge.

Florida R L, 2014. The rise of the creative class: revised and expanded[M]. New York: Basic Books.

Fogelson R M, 2001. Downtown: its rise and fall, 1880—1950[M]. New Haven: Yale University Press.

Foord J, 2010. Mixed-use trade-offs: how to live and work in a compact city neighbourhood[J]. Built Environment, 36(1): 47-62.

Forbes G, 1998. Vital signs: Circulation in the heart of the city: an overview of downtown traffic[J]. Ite Journal-Institute of Transportation Engineers, 68: 26-29.

Forshaw J H, Abercrombie P, 1943. County of London plan[M]. London: Macmillan.

Foster J, Lowe A, Winkelman S, 2011. The value of green infrastructure for urban climate adaptation[J]. Center for Clean Air Policy, 750: 1-52.

Francis M, 2015. Mixed-life places[M]// Banerjee T, Loukaitou-Sideris A. Companion to urban design. London: Routledge.

Frieden B J, Sagalyn L B, 1989. Downtown, Inc: how America rebuilds cities[M]. Cambridge: The MIT Press.

Frost M, Spence N, 1993. Global city characteristics and central London's employment[J]. Urban Studies, 30(3): 547-558.

Gamsu S, 2016. Moving up and moving out: The re-location of elite and middle-class schools from central London to the suburbs[J]. Urban Studies, 53(14): 2921-2938.

Gandini A, 2015. The rise of coworking spaces: a literature review[J]. Ephemera, 15(1): 193.

Gans H J, 1962. The urban villagers: group and class in the life of Italian-Americans[M]. New York: Free Press of Glencoe.

García B, 2004. Cultural policy and urban regeneration in Western European cities: lessons from experience, prospects for the future[J]. Local Economy, 19(4): 312-326.

Gerometta J, Haussermann H, Longo G, 2005. Social innovation and civil society in urban governance: strategies for an inclusive city[J]. Urban Studies, 42(11): 2007-2021.

Getz D, 1993. Planning for tourism business districts[J]. Annals of Tourism Research, 20(3): 583-600.

Geyer H, Quin L, 2019. Social diversity and modal choice strategies in mixed land-use development in South Africa[J]. South African Geographical Journal, 101(1): 1-21.

Gibbs R J, 2012. Principles of urban retail planning and development[M]. Hoboken: John Wiley & Sons.

Gibson M S, Langstaff M J, 1982. An introduction to urban renewal[M]. London: Hutchinson.

Glass R L, 1964. London: aspects of change[M]. London: MacGibbon & Kee.

Goddard J B. Office linkages and location: a study of communications and spatial patterns in central London[M]. Oxford, Pergamon Press: 1973.

Goodchild B, 1998. Learning the lessons of housing over shops initiatives[J]. Journal of Urban Design, 3(1): 73-92.

Goodwin, et al. The structure of the United States economy[R/OL]. (2006-08-16)[2019-08-06]. http://www.ase.tufts.edu/gdae/pubs/te/mac/MAC_8_US_Economy_Aug_16_06.pdf.

Gottfried H, 1995. Developing neo-fordism: a comparative perspective[J]. Critical Sociology, 21(3): 39-70.

GPF. The UK's shifting economic structure[N/OL]. (2017-03-31)[2019-07-11]. https://geopoliticalfutures.com/uks-shifting-economic-structure/.

Grant J L, Gregory W, 2016. Who lives downtown? Neighbourhood change in central Halifax, 1951—2011[J]. International Planning Studies, 21(2): 176-190.

Grant J, 2002. Mixed use in theory and practice: Canadian experience with implementing a planning principle[J]. Journal of the American Planning Association, 68(1): 71-84.

Grant J, 2004. Encouraging mixed use in practice[C]//International Planning Symposium on Incentives, Regulations and Plans: the role of States and Nation-states in smart growth planning. Netherlands.

Gratz R B, Mintz N, 2000. Cities back from the edge: new life for downtown[M]. New York: John Wiley & Sons.

Grazian D, 2009. Urban nightlife, social capital, and the public life of cities[J]. Sociological Forum, 24(4): 908-917.

Greater London Authority. Central Activites Zone supplementary planning guidance[R/OL]. (2016a-03-01)[2019-11-01]. https://www.london.gov.uk/sites/default/files/caz_spg_final_v4.pdf.

Greater London Authority. Culture and the night-time economy[R/OL]. (2017b-11-01)[2019-09-10]. https://www.london.gov.uk/sites/default/files/culture_and_night-time_economy_spg_final.pdf.

Greater London Authority. London office policy review 2017[R/OL]. (2017a-06-07)[2019-06-06]. https://www.london.gov.uk/sites/default/files/london_office_policy_review_2017_final_17_06_07.pdf.

Greater London Authority. London plan annual monitoring report 14[R/OL]. (2018a-08-01)[2019-07-15]. https://www.london.gov.uk/what-we-do/planning/implementing-london-plan/monitoring-london-plan.

Greater London Authority. London plan annual monitoring report 7[R/OL]. (2011-01-01)[2019-05-05]. https://www.london.gov.uk/what-we-do/planning/implementing-london-plan/monitoring-london-plan.

Greater London Authority. Mixed use development and affordable housing study[R/OL]. (2004-03-01)[2019-10-20]. www.london.gov.uk.

Greater London Authority. Small offices and mixed use in CAZ[R/OL]. (2015a-08-01)[2019-08-14]. https://www.london.gov.uk/file/24189.

Greater London Authority. Work and life in the Central Activities Zone, northern part of the Isle of Dogs and their fringes[R/OL]. (2015b-08-01)[2019-11-01]. https://www.london.gov.uk/sites/default/files/gla_migrate_files_destination/Working%20Paper%2068.pdf.

Greater London Authority. Culture for all Londoners[R/OL]. (2018b-03-01)[2019-11-15]. https://www.london.gov.uk/sites/default/files/2017_draft_strategies_culture_2.0.pdf.

Greater London Authority. Economic evidence base for London 2016[R/OL]. (2016b-11-01)[2019-05-11]. https://www.london.gov.uk/sites/default/files/economic_evidence_base_2016.compressed.pdf.

Greater London Authority. Living roofs and walls: from policy to practice[R/OL]. (2019-04-01)[2019-11-10]. https://livingroofs.org/wp-content/uploads/2019/04/LONDON-LIVING-ROOFS-WALLS-REPORT-2019.pdf.

Greater London Authority. Living roofs and walls[R/OL]. (2008-02-01)[2019-10-17]. https://www.london.gov.uk/sites/default/files/living-roofs.pdf.

Greater London Authority. Retail in London: looking forward[R/OL]. (2015d-01-01)[2019-12-11]. https://www.london.gov.uk/sites/default/files/gla_migrate_files_destination/Retail%20in%

20London%20-%20Final%20Version. pdf.

Greater London Authority. The creative industries in London[R/OL]. (2015c-10-01)[2019-11-30]. https://www.london.gov.uk/sites/default/files/creative-industries-in-london.pdf.

Greater London Authority. The London plan[R/OL]. (2015e-03-01)[2019-11-01]. https://www.london.gov.uk/sites/default/files/the_london_plan_malp_final_for_web_0606_0.pdf.

Greater London Council, 1969. Tomorrow's London: a background to the Greater London Development Plan [M]. London: Greater London Council.

Green S D, 2004. Development agreements: Bargained-for zoning that is neither illegal contract nor conditional zoning[J]. Capital University Law Review, 33: 383.

Griffin D W, Preston R E, 1966. A restatement of the "transition zone" concept[J]. Annals of the Association of American Geographers, 56(2): 339-350.

Griffiths R, 1998. Making sameness: place marketing and the new urban entrepreneurialism[M]// Oatley N. Cities, economic competition and urban policy. London: Paul Champman: 41-57.

Grodach C, Ehrenfeucht R, 2016. Urban revitalization: remaking cities in a changing world[M]. New York: Routledge.

Grodach C, Loukaitou-Sideris A, 2007. Cultural development strategies and urban revitalization: a survey of US cities[J]. International Journal of Cultural Policy, 13(4): 349-370.

Gruen V, 1964. The heart of our cities — the urban crisis: diagnosis and cure[M]. New York: Simon and Schuster.

Gullino S, 2008. Mixed communities as a means of achieving sustainable communities: a comparison between US experiences and UK policy intentions[J]. Local Economy, 23(3): 127-135.

Haas T, 2012. Sustainable urbanism and beyond: rethinking cities for the future[M]. New York: Rizzoli.

Hackworth J, Smith N, 2001. The changing state of gentrification[J]. Tijdschrift Voor Economische En Sociale Geografie, 92(4): 464-477.

Hae L, 2011. Dilemmas of the nightlife fix: post-industrialisation and the gentrification of nightlife in New York City[J]. Urban Studies, 48(16): 3449-3465.

Hajna S, Dasgupta K, Joseph L, et al, 2014. A call for caution and transparency in the calculation of land use mix: measurement bias in the estimation of associations between land use mix and physical activity[J]. Health & Place, 29: 79-83.

Hall P, 1971. London 2000[M]. London: Faber and Faber Ltd..

Hall P, 1989. London 2001[M]. London: Unwin Hyman.

Hall P, Peacock B, 1973. The containment of urban England: Vol. 2 [M]. London: Allen & Unwin.

Hall P, Tewdwr-Jones M, 2011. Urban and regional planning[M]. 5th ed. New York: Routledge.

Hall P, Thomas R, Gracey H, Drewett R, 1973. The containment of urban England: Vol. 1[M]. London: Allen & Unwin.

Hall T, 2006. Urban geography[M]. 3rd ed. London: Routledge.

Hall T, Barrett H, 2012. Urban geography[M]. London: Routledge.

Hall T, Hubbard P, 1996. The entrepreneurial city: new urban politics, new urban geographies?[J]. Progress in Human Geography, 20(2): 153-174.

Halpern K, 1978. Downtown USA: urban design in nine American cities[M]. New York: Whitney Library of Design.

Hambleton R, 2015. Leading the inclusive city: place-based innovation for a bounded planet[M]. Bristol：

Policy Press.

Hamnett C, 2010. Moving the poor out of central London? The implications of the coalition government 2010 cuts to housing benefits[J]. Environment and Planning A: Economy and Space, 42(12): 2809-2819.

Hamnett C, Whitelegg D, 2007. Loft conversion and gentrification in London: from industrial to postindustrial land use[J]. Environment and Planning A: Economy and Space, 39(1): 106-124.

Harris R, 1993. Industry and residence: the decentralization of New York City, 1900—1940[J]. Journal of Historical Geography, 19(2): 169-190.

Harvey D, 1978. The urban process under capitalism: a framework for analysis[J]. International Journal of Urban and Regional Research, 2(1-3): 101-131.

Harvey D, 1989. From managerialism to entrepreneurialism: the transformation in urban governance in late capitalism[J]. Geografiska Annaler: Series B, Human Geography, 71(1): 3-17.

Healey P, 1992. Rebuilding the city: property-led urban regeneration[M]. New York: E & FN Spon.

Heath T, 1997. The twenty-four hour city concept: a review of initiatives in British cities[J]. Journal of Urban Design, 2(2): 193-204.

Heath T, 2001. Adaptive re-use of offices for residential use: the experiences of London and Toronto[J]. Cities, 18(3): 173-184.

Herndon J D. Mixed-use development in theory and practice: learning from Atlanta's mixed experiences[R/OL]. (2011-05-05)[2019-09-11]. https://smartech.gatech.edu/bitstream/handle/1853/40790/JoshuaHerndon_Mixed-Use%20Development%20in%20Theory%20and%20Practice.pdf?sequence=1&isAllowed=y.

Hertz D K. Watch Chicago's middle class vanish before your very eyes[R/OL]. (2014-03-31)[2019-07-10]. https://danielkayhertz.com/2014/03/31/middle-class/.

Hill D R, 1988. Jane Jacobs' ideas on big, diverse cities: a review and commentary[J]. Journal of the American Planning Association, 54(3): 302-314.

Hirt S A, 2007. The mixed-use trend: planning attitudes and practices in Northeast Ohio[J]. Journal of architectural and planning research: 224-244.

Hirt S A, 2016. Rooting out mixed use: revisiting the original rationales[J]. Land Use Policy, 50: 134-147.

Holliday J C, 1973. City centre redevelopment: a study of British city centre planning and case studies of five English city centres[M]. New York: Halsted Press.

Home R K, 1982. Inner city regeneration[M]. New York: E & FN Spon.

Home R, 1992. The evolution of the use classes order[J]. Town Planning Review, 63(2): 187.

Hooper A, Punter J, 2006. Capital Cardiff 1975-2020: regeneration, competitiveness and the urban environment[M]. Cardiff: University of Wales Press.

Hopkins G, Goodwin C, 2011. Living architecture: green roofs and walls[M]. Collingwood, Vic.: CSIRO Publishing.

Hoppenbrouwer E, Louw E, 2005. Mixed-use development: theory and practice in Amsterdam's Eastern Docklands[J]. European Planning Studies, 13(7): 967-983.

Hopwood B, Mellor M, O'Brien G, 2005. Sustainable development: mapping different approaches[J]. Sustainable Development, 13(1): 38-52.

Houstoun L O, 2003. Business improvement districts[M]. 2nd ed. Washington, D.C.: Urban Land

Institute, International Downtown Association.

Hoyt H, 1939. The structure and growth of residential neighborhoods in American cities[M]. Washington, D. C.: U. S. Government Printing Office.

Hunt D B, DeVries J B, 2013. Planning Chicago[M]. New York: Routledge.

Hyra D S, 2012. Conceptualizing the new urban renewal: comparing the past to the present [J]. Urban Affairs Review, 48(4): 498-527.

Im H N, Choi C G, 2019. The hidden side of the entropy-based land-use mix index: clarifying the relationship between pedestrian volume and land-use mix[J]. Urban Studies, 56(9): 1865-1881.

Imrie R, Lees L, Raco M, 2009. Regenerating London: governance, sustainability and community in a global city[M]. London: Routledge.

Imrie R, Thomas H, 1999. British urban policy: an evaluation of the urban development corporations[M]. 2nd ed. Thousand Oaks: Sage.

Irvine K N, Warber S L, Devine-Wright P, et al, 2013. Understanding urban green space as a health resource: A qualitative comparison of visit motivation and derived effects among park users in Sheffield, UK[J]. International Journal of Environmental Research and Public Health, 10(1): 417-442.

Isenberg A, 2004. Downtown America: a history of the place and the people who made it[M]. Chicago: University of Chicago Press.

Islington Council. King's Cross regeneration project: managing change-maximising benefits [R/OL]. (2005-05-01)[2019-05-10]. https://www.islington.gov.uk/media/sharepoint-lists/public-records/environmentalprotection/publicity/publicconsultation/20112012/20120303sustainabilityappraisalkingscrossmay2005.

Jabareen Y R, 2006. Sustainable urban forms: their typologies, models, and concepts [J]. Journal of Planning Education and Research, 26(1): 38-52.

Jabareen Y, 2013. Planning the resilient city: Concepts and strategies for coping with climate change and environmental risk[J]. Cities, 31: 220-229.

Jackson K T, 1987. Crabgrass frontier: the suburbanization of the United States[M]. Oxford: Oxford University Press.

Jenks M, Burton E, Williams K, 1996. The compact city: a sustainable urban form? [M]. New York: E & FN Spon.

Jenks M, Dempsey N, 2005. Future forms and design for sustainable cities[M]. Boston: Elsevier.

Jepson E J Jr, Haines A L, 2014. Zoning for sustainability: a review and analysis of the zoning ordinances of 32 cities in the United States[J]. Journal of the American Planning Association, 80(3): 239-252.

Jha A K, Miner T W, Stanton-Geddes Z, 2013. Building urban resilience: principles, tools and practice [M]. Washington, D. C.: World Bank.

Jones C. Office markets & public policy[M]. Chichester: John Wiley & Sons, 2013.

Jones P, Evans J, 2013. Urban regeneration in the UK[M]. London: Sage.

Jones P, Hillier D, Comfort D, 2003. Urban regeneration companies and city centres[J]. Management Research News, 26(1): 54-63.

Jonn E. "Friends" has a lot to answer for: 11 things we just learnt about city centre living in England & Wales[N/OL]. (2015-11-06)[2019-08-11]. https://www.citymetric.com/skylines/friends-has-lot-answer-11-things-we-just-learnt-about-city-centre-living-england-wales-1565.

Joseph M L, Chaskin R J, Webber H S, 2007. The theoretical basis for addressing poverty through mixed-income development[J]. Urban Affairs Review, 42(3): 369-409.

Joseph M, Chaskin R, 2010. Living in a mixed-income development: resident perceptions of the benefits and disadvantages of two developments in Chicago[J]. Urban Studies, 47(11): 2347-2366.

Kane K, Hipp J R, Kim J H, 2018. Los Angeles employment concentration in the 21st century[J]. Urban Studies, 55(4): 844-869.

Kautz B E, 2002. In defense of inclusionary zoning: Successfully creating affordable housing[J]. University of San Francisco Law Review, 36: 4.

Kayden J S, 2000. Privately owned public space: the New York City experience[M]. New York: John Wiley.

Keating W D, 1986. Linking downtown development to broader community goals: An analysis of linkage policy in three cities[J]. Journal of the American Planning Association, 52(2): 133-141.

Keating W D, Krumholz N, 1991. Downtown plans of the 1980s: The case for more equity in the 1990s[J]. Journal of the American Planning Association, 57(2): 136-152.

Kenworthy J R, 2006. The eco-city: ten key transport and planning dimensions for sustainable city development[J]. Environment and Urbanization, 18(1): 67-85.

Kim A M, 2012. The mixed-use sidewalk: vending and property rights in public space[J]. Journal of the American Planning Association, 78(3): 225-238.

Kim Y O, Shin H W, Kong E M. Establishing a method to construct pedestrian network in downtown area [C]// Proceedings of the 6th International Space Syntax Symposium. Istanbul: 2007, 115.

Knaap G, Talen E, 2005. New urbanism and smart growth: a few words from the academy[J]. International Regional Science Review, 28(2): 107-118.

Koster H R A, Rouwendal J, 2012. The impact of mixed land use on residential property values[J]. Journal of Regional Science, 52(5): 733-761.

Larkham P J, Adams D, 2011. The post-war reconstruction planning of London: a wider perspective[M]. Birmingham: Birmingham City University.

Lassar T J, 1989. Carrots & sticks: new zoning downtown[M]. Washington, D. C. : Urban Land Institute.

Latham I, Swenarton M, 1999. Brindleyplace: a model for urban regeneration[M]. London: Right Angle.

Law C M, 2000. Regenerating the city centre through leisure and tourism[J]. Built Environment, 26(2): 117-129.

Law C M, Grime E K, Grundy C J, et al, 1988. The uncertain future of the urban core[M]. London: Routledge.

Lawson H A, van Veen D, 2016. Developing community schools, community learning centers, extended-service schools and multi-service schools[M]. Berlin: Springer.

Lee A C K, Maheswaran R, 2011. The health benefits of urban green spaces: a review of the evidence[J]. Journal of Public Health, 33(2): 212-222.

Lees L, 2008. Gentrification and social mixing: towards an inclusive urban renaissance? [J]. Urban Studies, 45(12): 2449-2470.

Lees L, Slater T, Wyly E, 2008. Gentrification[M]. London: Routledge.

Lehmann S, 2010. The principles of green urbanism: transforming the city for sustainability[M]. London: Earthscan.

Lélé S M. Sustainable development: a critical review[J]. World development, 1991, 19(6): 607-621.

Lerman B R, 2006. Mandatory inclusionary zoning: the answer to the affordable housing problem[J].

Boston College Environmental Affairs Law Review, 33(2): 383-416.

Leslie T F, 2010. Identification and differentiation of urban centers in Phoenix through a multi-criteria kernel-density approach[J]. International Regional Science Review, 33(2): 205-235.

Levermore G, Parkinson J, Lee K, et al, 2018. The increasing trend of the urban heat island intensity[J]. Urban Climate, 24: 360-368.

Liverpool City Planning Officer, 1972. Liverpool city centre plan review [R]. Liverpool: City Planning Department.

Liverpool Vision. Liverpool city centre strategic investment framework 2012 [EB/OL]. (2012-11-01) [2019-12-15]. http://www.liverpoolvision.co.uk/wp-content/uploads/2014/01/Liverpool-City-Centre-Strategic-Investment-Framework-20121.pdf.

Lloyd-Jones T, 2010. Retrofitting sustainability to historic city core areas[J]. Municipal Engineer, 163(3): 179-188.

London Assembly. Rewrite the night: the future of London's night-time economy[R/OL]. (2018-02-01) [2019-10-12]. https://www.london.gov.uk/sites/default/files/rewrite_the_night_final.pdf.

London Borough of Southwark. Planning application for the Aylesbury estate regeneration: design code [R/OL]. (2015-03-01)[2019-05-11]. http://www.aylesburynow.london/web/uploads/files/Planning_Application/Overall_Masterplan/06_Masterplan_Design_Code_Revised.pdf.

London County Council, 1960. Administrative county of London development plan: first review 1960[R]. London: London County Concil.

London Enterprise Panel. London BIDs Handbook[R/OL]. (2015-03-21)[2019-10-10]. https://www.london.gov.uk/file/17959/download?token=rbJJwwp_.

London School of Economics and Political Science. Charles Booth's London-poverty maps and police notebooks[E/OL]. (2016-12-09)[2019-08-19]. https://booth.lse.ac.uk/map/14/−0.1174/51.5064/100/0.

Lord D, 1985. Revitalization of shopping centres[M]// Dawson J, Lord D. Shopping centre development: policise and prospect. Beckenham: Croom Helm: 226-242.

Loukaitou-Sideris A, Banerjee T, 1998. Urban design downtown: poetics and politics of form[M]. Berkeley: University of California Press.

Louw E, Bruinsma F, 2006. From mixed to multiple land use[J]. Journal of Housing and the Built Environment, 21(1): 1-13.

Lovatt A, O'Connor J, 1995. Cities and the night-time economy[J]. Planning Practice & Research, 10(2): 127-134.

Low S, Smith N, 2013. The politics of public space [M]. New York: Routledge.

Lowe M, 2005. The regional shopping centre in the inner city: a study of retail-led urban regeneration[J]. Urban Studies, 42(3): 449-470.

Lélé S M, 1991. Sustainable development: a critical review[J]. World Development, 19(6): 607-621.

Madanipour A, 2021. Whose public space? International case studies in urban design and development[M]// Mitrašinović M, Mehta V. Public space reader. New York: Routledge: 436-443.

Madanipour A, Miciukiewicz K, Vigar G, 2018. Master plans and urban change: the case of Sheffield city centre[J]. Journal of Urban Design, 23(4): 465-481, 2018.

Malizia E, Song Y, 2016. Does downtown office property perform better in live-work-play centers? [J]. Journal of Urbanism: International Research on Placemaking and Urban Sustainability, 9(4): 372-387.

Manning P. Office design: a study of environment[R]. Liverpool: The University of Liverpool,1965.

Marmaras E V, 2015. Planning London for the Post-War Era 1945-1960[M]. Berlin: Springer.

May R A B, 2014. Urban nightlife: entertaining race, class, and culture in public space[M]. New Brunswick: Rutgers University Press.

Mayor of Liverpool. Invest in Liverpool: Liverpool City Enterprise Zone[R/OL]. (2014-10-01)[2019-11-15]. www.investinliverpool.co.uk.

McGovern S J,1998. The politics of downtown development: dynamic political cultures in San Francisco and Washington, D.C.[M]. Lexington: University Press of Kentucky.

Mckenzie M, Hutton T, 2015. Culture-led regeneration in the post-industrial built environment: complements and contradictions in victory square, Vancouver[J]. Journal of Urban Design, 20(1): 8-27.

Mell I C, Henneberry J, Hehl-Lange S, et al, 2013. Promoting urban greening: valuing the development of green infrastructure investments in the urban core of Manchester, UK[J]. Urban Forestry & Urban Greening,12(3): 296-306.

Mentens J, Raes D, Hermy M, 2006. Green roofs as a tool for solving the rainwater runoff problem in the urbanized 21st century?[J]. Landscape and Urban Planning, 77(3): 217-226.

Miles S, Paddison R, 2005. Introduction: the rise and rise of culture-led urban regeneration[J]. Urban Studies, 42(5): 833-839.

Ministry of Housing, Communities & Local Government. Design guidance[R/OL]. (2014-03-06)[2019-09-17]. https://www.gov.uk/guidance/design.

Ministry of Town and Country Planning, 1947. Advisory handbook on the redevelopment of central areas [M]. London: H.M. Stationery Office.

Mitchell D, 2003. The right to the city: social justice and the fight for public space[M]. New York: Guilford Press.

Mommaas H, 2004. Cultural clusters and the post-industrial city: towards the remapping of urban cultural policy[J]. Urban Studies, 41(3): 507-532.

Montgomery J, 2003. Cultural quarters as mechanisms for urban regeneration: Part 1[J]. Planning Practice & Research,18(4): 293-306.

Moos M, Vinodrai T, Revington N, et al, 2018. Planning for mixed use: Affordable for whom?[J]. Journal of the American Planning Association, 84(1): 7-20.

Mumford E P, 2002. The CIAM discourse on urbanism,1928—1960[M]. Cambridge: The MIT Press.

Murphy R E,1971. The central business district[M]. New York: Longman.

Nabil N A, Eldayem G E A, 2015. Influence of mixed land-use on realizing the social capital[J]. HBRC Journal,11(2): 285-298.

Nathan M, Urwin C, 2005. City people: city centre living in the UK[M]. London: Centre for Cities.

National Endowment for the Arts. A decade of arts engagement: findings from the survey of public participation in the arts, 2002—2012[R/OL]. (2015-01-01)[2019-03-20]. https://www.arts.gov/sites/default/files/2012-sppa-jan2015-rev.pdf.

Nelson A L, Bromley R D F, Thomas C J, 2001. Identifying micro-spatial and temporal patterns of violent crime and disorder in the British city centre[J]. Applied Geography, 21(3): 249-274.

Neuman M, 2005. The compact city fallacy[J]. Journal of Planning Education and Research, 25(1): 11-26.

New Yorkers for Parks. The open space index[R/OL]. (2010-04-08)[2019-04-11]. http://www.ny4p.org/client-uploads/pdf/OSI/NY4P_Open_Space_Index.pdf.

Newcastle City Council. Walker riverside design code[R/OL]. (2007-05-01)[2019-05-10]. https://www.theguardian.com/society/pictures/image/0,9731,-10404923278,00.html.

Nicholas R, 1945. City of Manchester plan: prepared for the City Council[M]. Norwich: Jarrold & Sons.

Niemira M P, 2007. The concept and drivers of mixed-use development: insights from a cross-organizational membership survey[J]. Research Review, 4(1): 54.

Northampton Borough Council. Upton design code[R/OL]. (2005-03-02)[2019-06-11]. https://www.northampton.gov.uk/download/downloads/id/3804/upton_design_codes.

NYC Department of City Planning. Employment patterns in New York City[R/OL]. (2016-07-01)[2019-10-11]. https://www1.nyc.gov/assets/planning/download/pdf/planning-level/housing-economy/employment-patterns-nyc.pdf.

NYC Department of Small Business Services. NYC Business Improvement District trends report[R/OL]. (2018-06-01)[2019-05-10]. https://www1.nyc.gov/assets/sbs/downloads/pdf/neighborhoods/fy17-bid-trends-report.pdf.

Németh J, 2009. Defining a public: the management of privately owned public space[J]. Urban Studies, 46(11): 2463-2490.

Németh J, Schmidt S, 2011. The privatization of public space: modeling and measuring publicness[J]. Environment and Planning B: Planning and Design, 38(1): 5-23.

Oakley D, Tsao H S, 2006. A new way of revitalizing distressed urban communities? Assessing the impact of the federal empowerment zone program[J]. Journal of Urban Affairs, 28(5): 443-471.

Oberndorfer E, Lundholm J, Bass B, et al, 2007. Green roofs as urban ecosystems: ecological structures, functions, and services[J]. BioScience, 57(10): 823-833.

Oc T, Tiesdell S, 1997. Safer city centres: reviving the public realm[M]. London: Paul Chapman.

Office of the Deputy Prime Minister (ODPM), 2005. Planning Policy Statement 1 (PPS1): delivering sustainable development [M]. London: H. M. Stationery Office.

Ofsted (The Office for Standards in Education, Children's Services and Skills). Engaging small and medium enterprises in work experience and apprenticeships in London[R]. 2015.

Ogilvie R S, Zimmerman J. Opening school grounds to the community after hours: a toolkit for increasing physical activity through joint use agreements[R/OL]. (2010-01-28)[2019-10-12]. http://www.changelabsolutions.org/sites/default/files/CA_Joint_Use_Toolkit_FINAL_(CLS_20120530)_2010.01.28.pdf.

O'Brien C. City centre regeneration in the south west[R/OL]. (2013-09-05)[2019-08-15]. https://slideplayer.com/slide/12217761/.

O'Connor J, Wynne D, 2017. From the margins to the centre: cultural production and consumption in the post-industrial city[M]. London: Taylor and Francis.

O'Connor T H, 1995. Building a new Boston: politics and urban renewal, 1950—1970[M]. Lebanon: UPNE.

Padilla C, Eastlick M A, 2009. Exploring urban retailing and CBD revitalization strategies[J]. International Journal of Retail & Distribution Management, 37(1): 7-23.

Park K, 1997. The Korean American dream: immigrants and small business in New York City[M]. Ithaca: Cornell University Press.

Paule-Mercado M A, Ventura J S, Memon S A, et al, 2016. Monitoring and predicting the fecal indicator bacteria concentrations from agricultural, mixed land use and urban stormwater runoff[J]. Science of the Total Environment, 550: 1171-1181.

Peterson J A, 2003. The birth of city planning in the United States, 1840—1917[M]. Baltimore: Johns Hopkins University Press.

Peyroux E, Pütz R, Glasze G, 2012. Business Improvement Districts (BIDs): the internationalization and contextualization of a 'travelling concept'[J]. European Urban and Regional Studies, 19(2): 111-120.

Portas M, 2011. The Portas Review: an independent review into the future of our high streets[M]. London: Department for Business, Innovation and Skills.

Procos D, 1976. Mixed land use: from revival to innovation[M]. Stroudsburg: Dowden, Hutchinson & Ross.

Public Policy Institute for Wales. Increasing the use of school facilities[R/OL]. (2016-03-01)[2019-06-16]. http://ppiw.org.uk/files/2016/04/Increasing-the-Use-of-School-Facilities-Report.pdf.

Punter J, 1990. Design control in Bristol, 1940—1990: the impact of planning on the design of office development in the city centre[M]. Bristol: Redcliffe.

Punter J, 2010. Urban design and the British urban renaissance[M]. London: Routledge.

Rabianski J S, Clements J S. Mixed-use development: a review of professional literature[R]. Herndon: The National Association of Industrial and Office Properties Research Foundation, 2007.

Rabianski J S, Gibler K M, Clements J S, et al, 2009a. Mixed-use development and financial feasibility: Part I [J]. Real Estate Issues, 34(1): 11-17.

Rabianski J S, Gibler K M, Clements J S, et al, 2009b. Mixed-use development and financial feasibility: Part II [J]. Real Estate Issues, 34(2): 17-22.

Rabianski J S, Gibler K M, Tidwell O A, et al, 2009c. Mixed-use development: a call for research[J]. Journal of Real Estate Literature, 17(2): 205-230.

Rannells J, 1956. The core of the city: a pilot study of changing land uses in central business districts[M]. New York: Columbia University Press.

Ratcliff R U, 1953. The Madison Central Business Area: a case study of functional change[M]. Madison: University of Wisconsin, School of Commerce, Bureau of Business Research and Service.

Riley C F, Taylor P, 1967. The city centre[J]. Planning Outlook, 3(1): 7-24.

Robbins G, 2013. Mixed use property development and its place in UK urban policy[D]. London: London Metropolitan University.

Robert K W, Parris T M, Leiserowitz A A, 2005. What is sustainable development? Goals, indicators, values, and practice[J]. Environment: Science and Policy for Sustainable Development, 47(3): 8-21.

Roberts M, 2006. From 'creative city' to 'no-go areas': the expansion of the night-time economy in British town and city centres[J]. Cities, 23(5): 331-338.

Roberts M, Gornostaeva G, 2007. The night-time economy and sustainable town centres: dilemmas for local government[J]. International Journal of Sustainable Development and Planning, 2(2): 134-152.

Roberts P, Sykes H, 2000. Urban regeneration: a handbook[M]. Thousand Oaks: Sage.

Roberts P, Sykes H, Granger R. Urban regeneration[M]. London: Sage, 2016.

Robertson K A, 1995. Downtown redevelopment strategies in the United States: an end-of-the-century assessment[J]. Journal of the American Planning Association, 61(4): 429-437.

Robertson K A, 1997. Downtown retail revitalization: a review of American development strategies[J]. Planning Perspectives, 12(4): 383-401.

Rowe D B, 2011. Green roofs as a means of pollution abatement[J]. Environmental Pollution, 159(8): 2100-2110.

Rowland J, 2014. Conceptualizing urban green space within municipal sustainability plans: parks, tree canopy, and urban gardens[D]. Washington, D. C. : The George Washington University.

Rowley A, 1996a. Mixed-use development: concept and realities[R]. London: The Royal Institution of Chartered Surveyors.

Rowley A, 1996b. Mixed-use development: ambiguous concept, simplistic analysis and wishful thinking? [J]. Planning Practice & Research, 11(1): 85-98.

Rowley A, 1998. Planning mixed use development: issues and practice[R]. London: The Royal Institution of Chartered Surveyors.

Ryan B D, 2008. The restructuring of Detroit: city block form change in a shrinking city, 1900—2000[J]. URBAN DESIGN International, 13(3): 156-168.

Ryberg-Webster S, 2013. Preserving downtown America: federal rehabilitation tax credits and the transformation of U. S. cities[J]. Journal of the American Planning Association, 79(4): 266-279.

Samsonov S V, Tiampo K F, Feng W P, 2016. Fast subsidence in downtown of Seattle observed with satellite radar[J]. Remote Sensing Applications: Society and Environment, 4: 179-187.

Sandburg C, Lippmann W, 1919. The Chicago race riots [M]. London: Dover Publications.

Sassen S, 1994. Global city[M]. Princeton: Princeton University Press.

Schill M H, Nathan R P, Persaud H, 1983. Revitalizing America's cities: neighborhood reinvestment and displacement[M]. Albany: State University of New York Press.

Schiller R, 1985. Land use control on UK shopping centres[M]//Dawson J, Lord D. Shopping centre development: policise and prospect. Beckenham: Croom Helm: 40-56.

Schwanke D, 1987. Mixed-use development handbook[M]. Washington, D. C. : Urban Land Institute.

Schwanke D, 2003. Mixed-use development handbook [M]. 2nd ed. Washington, D. C. : Urban Land Institute.

Schwanke D, Scott L A, Rhee K, et al, 2016. Mixed-use development: nine cases studies of complex projects [M]. Washington, D. C. : Urban Land Institute.

Schwieterman J P, Caspall D M, 2006. The politics of place: a history of zoning in Chicago[M]. Claremont: Lake Claremont Press.

Scott M, 1969. American city planning since 1890: a history commemorating the fiftieth anniversary of the American Institute of Planners[M]. Berkeley: University of California Press.

Sharp T, 1968. Town and townscape[M]. London: Murray.

Shirley P, Moughtin J C, 2004. Urban design: green dimensions [M]. 2nd ed. London: Routledge.

Short J R, 2006. Alabaster cities: urban U. S. since 1950[M]. Syracuse: Syracuse University Press.

Siksna A, 1998. City centre blocks and their evolution: a comparative study of eight American and Australian CBDs[J]. Journal of Urban Design, 3(3): 253-283.

Sim D, 1982. Change in the city centre[M]. Aldershot: Gower Publishing Company.

Simpson B J, 1988. City centre planning and public transport: case studies from Britain, West Germany and France[M]. Wokingham: Van Nostrand Reinhold.

Simpson M, Hardy D, Ward S. British Planning History 1900—1952 [R/OL]. (1989-08-09)[2019-03-20]. http://www.rtpi.org.uk/media/828289/british_planning_history_1900-1952.pdf.

Small Business Administration. Data on small business and the economy[R/OL]. (2012-03-14)[2019-09-11]. https://www.sba.gov/advocacy/small-business-economy.

Smith D P, Holt L, 2007. Studentification and 'apprentice' gentrifiers within britain's provincial towns and cities: extending the meaning of gentrification[J]. Environment and Planning A: Economy and Space, 39(1): 142-161.

Smith N, 2002. New globalism, new urbanism: gentrification as global urban strategy[J]. Antipode, 34(3): 427-450.

Smith N, 2005. The new urban frontier: gentrification and the revanchist City[M]. London: Routledge.

Smith P F, 2010. Building for a changing climate: the challenge for construction, planning and energy[M]. Stirling: Earthscan.

Sneed C T, Runyan R, Swinney J L, et al, 2011. Brand, business mix, sense-of-place: do they matter downtown? [J]. Journal of Place Management and Development, 4(2): 121-134.

Stansfield Jr C A, Rickert J E, 1970. The recreational business district[J]. Journal of Leisure Research, 2(4): 213-225.

Steel M, Symes M, 2005. The privatisation of public space? The American experience of business improvement districts and their relationship to local governance[J]. Local Government Studies, 31(3): 321-334.

Stevenson H H, Jarillo J C, 2007. A paradigm of entrepreneurship: Entrepreneurial management[M]//Cuervo Á, Ribeiro D, Roig S. Entrepreneurship. Heidelberg: Springer Berlin: 155-170.

Sustainable Development Commission. Mainstreaming sustainable regeneration: a call to action [R/OL]. (2003-12-01)[2019-10-09]. https://research-repository.st-andrews.ac.uk/bitstream/handle/10023/2239/sdc-2003-regeneration1.pdf?sequence=3&isAllowed=y.

Swyngedouw E, Moulaert F, Rodriguez A, 2002. Neoliberal urbanization in Europe: large-scale urban development projects and the new urban policy[J]. Antipode, 34(3): 542-577.

Talbot D, Böse M, 2007. Racism, criminalization and the development of night-time economies: Two case studies in London and Manchester[J]. Ethnic and Racial Studies, 30(1): 95-118.

Talen E, 2005a. New urbanism and American planning: the conflict of cultures[M]. New York: Routledge.

Talen E, 2005b. Land use zoning and human diversity: exploring the connection[J]. Journal of Urban Planning and Development, 131(4): 214-232.

Talen E, 2012. Jane Jacobs and the diversity ideal[M]//Hirt S, Zahm D. The urban wisdom of Jane Jacobs. London: Routledge: 145-155.

Tallon A R, Bromley R D F, 2004. Exploring the attractions of city centre living: evidence and policy implications in British cities[J]. Geoforum, 35(6): 771-787.

Tallon A R, Bromley R D F, Reynolds B, et al, 2006. Developing leisure and cultural attractions in the regional city centre: a policy perspective[J]. Environment and Planning C: Government and Policy, 24(3): 351-370.

Tallon A, 2013. Urban regeneration in the UK[M]. 2nd ed. London: Routledge.

Tesso G T, 2013. Challenges of mixed-use developments: an analysis of current mixed-use developments in U.S.A[D]. Arlington: The University of Texas at Arlington.

The City of New York. One New York: the plan for a strong and just city[R/OL]. (2015-04-20)[2019-09-09]. http://www.nyc.gov/html/onenyc/downloads/pdf/publications/OneNYC.pdf.

The City of New York. OneNYC progress report 2017[R/OL]. (2017-04-04)[2019-07-10]. http://onenyc.cityofnewyork.us/wp-content/uploads/2017/04/OneNYC_2017_Progress_Report.pdf.

The Commission for Architecture and the Built Environment. By design: urban design in the planning system [R/OL]. (2000-05-10)[2019-09-03]. https://www.designcouncil.org.uk/sites/default/files/asset/

document/by-design_0. pdf.

The Commission for Architecture and the Built Environment. Preparing design codes: a practice manual[R/OL]. (2006-11-01)[2019-05-07]. https://www.designcouncil.org.uk/sites/default/files/asset/document/DC%20Cabe%20Design%20Review%2013_W_0.pdf.

The Great London Council. Govent garden action area plan[R/OL]. (1978-01-24)[2019-02-20]. http://www.sevendials.com/resources/CG_Action_Area_Plan_78.pdf.

The Royal Borough of Kensington and Chelsea, 1982. District plan[R]. London: The Council of the Royal Borough.

The Secretary of State for the Environment, 1977. Policy for the inner cities[M]. London: H. M. Stationery Office.

The WHOQOL Group, 1998. Development of the World Health Organization WHOQOL-BREF quality of life assessment[J]. Psychological Medicine, 28(3): 551-558.

Thomas C J, Bromley R D F, 2000. City-centre revitalisation: problems of fragmentation and fear in the evening and night-time city[J]. Urban Studies, 37(8): 1403-1429.

Thomas E, Serwicka I, Swinney P. Urban demographics: where people live and work[R/OL]. (2015-07-03)[2019-10-06]. http://www.centreforcities.org/wp-content/uploads/2015/07/15-07-20-Urban-Demographics.pdf.

Thurik R, Wennekers S, 2004. Entrepreneurship, small business and economic growth[J]. Journal of Small Business and Enterprise Development, 11(1): 140-149.

Tibbalds F, 2004. Making people-friendly towns: improving the public environment in towns and cities[M]. London: Taylor & Francis.

Towers G, 2015. An Introduction to Urban Housing Design[M]. London: Routledge.

Tripp H A, 1942. Town planning and road traffic[M]. London: Edward Arnold & Co.

Trudeau D, 2018. Integrating social equity in sustainable development practice: Institutional commitments and patient capital[J]. Sustainable Cities and Society, 41: 601-610.

Tsouros A D, 2015. Twenty-seven years of the WHO European Healthy Cities movement: a sustainable movement for change and innovation at the local level[J]. Health Promotion International, 30(Suppl 1): i3-i7.

Tunstall R, Fenton A, 2006. In the mix, a review of mixed income, mixed tenure and mixed communities: what do we know[Z]. York: Housing Corporation, Joseph Rowntree Foundation & English Partnerships.

Turner R S, 2002. The politics of design and development in the postmodern downtown[J]. Journal of Urban Affairs, 24(5): 533-548.

Turok I, 1992. Property-led urban regeneration: panacea or placebo? [J]. Environment and Planning A: Economy and Space, 24(3): 361-379.

Turok I, 2009. The distinctive city: pitfalls in the pursuit of differential advantage[J]. Environment and Planning A: Economy and Space, 41(1): 13-30.

U. S. Census Bureau, 2012. Patterns of metropolitan and micropolitan population change: 2000 to 2010[R]. Washington, D. C.: U. S. Government Printing Office.

United Nations. Patterns of urban and rural population growth[R/OL]. (1980-12-30)[2019-03-17]. https://esa.un.org/unpd/wup/Archive/Files/studies/United%20Nations%20(1980)%20-%20Patterns%20of%20Urban%20and%20Rural%20Population%20Growth.pdf.

URBACT. Sustainable regeneration in urban areas[R/OL]. (2015-04-01)[2019-05-05]. http://urbact.eu/

sites/default/files/04_sustreg-web. pdf.

Urban Task Force, 1999. Towards an urban renaissance[M]. London: Routledge.

Urwin T J, Bennett J B, 1966. Bristol city centre policy report [M]. Bristol: City and County of Bristol.

Vescovi F, 2013. Designing the urban renaissance: sustainable and competitive place making in England [M]. Dordrecht: Springer.

Waldinger R D, 1999. Still the promised city? African-Americans and new immigrants in postindustrial New York[M]. Cambridge: Harvard University Press.

Wallace J E, 1995. Financing affordable housing in the United States[J]. Housing Policy Debate, 6(4): 785-814.

Walsh M J. Rethink city hall: master plan for Boston city hall and plaza[R/OL]. (2017-11-13)[2019-06-30]. http://rethinkcityhall. org/assets/meetings/2017 - 11 - 13% 20City% 20Hall% 20and% 20Plaza% 20Study%20-%20Community%20Meeting. pdf.

Wang C Y, Myint S, Wang Z H, et al, 2016. Spatio-temporal modeling of the urban heat island in the Phoenix metropolitan area: Land use change implications[J]. Remote Sensing, 8(3): 185.

Ward S V, 2002. Planning the twentieth-century city: the advanced capitalist world[M]. Chichester: Wiley.

Ward S V, 2010. Planning and urban change[M]. 2nd ed. London: Sage.

Wardner P, 2014. Explaining mixed-use developments: a critical realist's perspective[C]// The 20th Annual Pacific-Rim Real Estate Society Conference. Christchurch: 19-22.

Warner S B, 1995. The urban wilderness: a history of the American city[M]. Berkeley: University of California Press.

Waters-Lynch J, Potts J, 2017. The social economy of coworking spaces: a focal point model of coordination [J]. Review of Social Economy, 75(4): 417-433.

Whitehand J W R, 1978. Long-term changes in the form of the city centre: the case of redevelopment[J]. Geografiska Annaler: Series B, Human Geography, 60(2): 79-96.

WHOQOL Group, 1998. Development of the World Health Organization WHOQOL-BREF quality of life assessment[J]. Psychological medicine, 28(3): 551-558.

Whyte W H, 2009. City: rediscovering the center[M]. Philadelphia: University of Pennsylvania Press.

Wiese A, 2005. Places of their own: African American suburbanization in the twentieth century[M]. Chicago: University of Chicago Press.

Williams C C, Millington A C, 2004. The diverse and contested meanings of sustainable development[J]. Geographical Journal, 170(2): 99-104.

Williams K, Cutler T, Williams J, et al, 1987. The end of mass production? [J]. Economy and Society, 16 (3): 405-439.

Witherspoon R, Abbett J P, Gladstone R M, 1976. Mixed-use developments: new ways of land use[M]. Washington, D. C. : Urban Land Institute.

Wong T C, Yuen B, 2011. Eco-city planning: policies, practice and design[M]. New York: Springer.

World Bank Group. World inclusive ciites approach paper[R/OL]. (2015-05-04)[2019-07-15]. http://documents. worldbank. org/curated/en/402451468169453117/pdf/AUS8539-REVISED-WP-P148654-PUBLIC-Box393236B-Inclusive-Cities-Approach-Paper-w-Annexes-final. pdf.

Wright H, 2011. Understanding green infrastructure: the development of a contested concept in England [J]. Local Environment, 16(10): 1003-1019.

Wrigley N, Guy C, Lowe M, 2002. Urban regeneration, social inclusion and large store development: the

Seacroft development in context[J]. Urban Studies, 39(11): 2101-2114.

Young M, Willmott P, 1957. Family and kinship in East London[M]. London: Routledge & Kegan Paul.

Yue Y, Zhuang Y, Yeh A G O, et al, 2017. Measurements of POI-based mixed use and their relationships with neighbourhood vibrancy[J]. International Journal of Geographical Information Science, 31(4): 658-675.

Zahnow R, 2018. Mixed land use: Implications for violence and property crime[J]. City & Community, 17(4): 1119-1142.

Zaleckis K, Matijošaitienė I, 2012. Hidden urban revolution in Kaunas downtown area: 1935-1988-2011[C]//Proceedings of the 8th International Space Syntax Symposium, Pontificia Universidad Católica de Chile, Santiago: 1-16.

Zipp S, 2010. Manhattan projects: the rise and fall of urban renewal in cold war New York[M]. Oxford: Oxford University Press.

Zukin S, 1987. Gentrification: culture and capital in the urban core[J]. Review of Sociology, 13: 129-147.

Zukin S, 1989. Loft living: culture and capital in urban change[M]. New Brunswick: Rutgers University Press.

Zukin S, 1998. Urban lifestyles: diversity and standardisation in spaces of consumption[J]. Urban Studies, 35(5-6): 825-839.